权威·前沿·原创

皮书系列为
"十二五""十三五"国家重点图书出版规划项目

北京传媒蓝皮书

BLUE BOOK OF
BEIJING'S MEDIA

北京新闻出版广电发展报告
（2015~2016）

ANNUAL REPORT ON DEVELOPMENT OF BEIJING'S MEDIA
INDUSTRY (2015-2016)

北京市新闻出版研究中心／编
主　编／王　志
副主编／孙　玲

社会科学文献出版社
SOCIAL SCIENCES ACADEMIC PRESS（CHINA）

图书在版编目（CIP）数据

北京新闻出版广电发展报告. 2015－2016/北京市新
闻出版研究中心编. ——北京：社会科学文献出版社，
2016. 12
　　（北京传媒蓝皮书）
　　ISBN 978－7－5201－0066－3

　　Ⅰ.①北…　Ⅱ.①北…　Ⅲ.①新闻事业－研究报告－
北京－2015－2016 ②出版事业－研究报告－北京－2015－
2016 ③广播事业－研究报告－北京－2015－2016 ④电影事业
－研究报告－北京－2015－2016 ⑤电视事业－研究报告－北
京－2015－2016　Ⅳ.①G219. 271 ②G239. 271 ③G229. 271

　　中国版本图书馆 CIP 数据核字（2016）第 300546 号

北京传媒蓝皮书
北京新闻出版广电发展报告（2015~2016）

编　　　者/北京市新闻出版研究中心
主　　编/王　志
副 主 编/孙　玲

出 版 人/谢寿光
项目统筹/吴　敏
责任编辑/宋　静

出　　　版/社会科学文献出版社·皮书出版分社（010）59367127
　　　　　　地址：北京市北三环中路甲29号院华龙大厦　邮编：100029
　　　　　　网址：www. ssap. com. cn
发　　　行/市场营销中心（010）59367081　59367018
印　　　装/三河市尚艺印装有限公司

规　　　格/开本：787mm×1092mm　1/16
　　　　　　印张：23. 75　字数：395千字
版　　　次/2016年12月第1版　2016年12月第1次印刷
书　　　号/ISBN 978－7－5201－0066－3
定　　　价/89. 00元

皮书序列号/B－2016－565

《北京新闻出版广电发展报告 (2015～2016)》
编 委 会

主　任　杨　烁

副主任　王野霏　戴　维　杨培丽　王　霞　胡　东
　　　　　张　苏　卞建国　董　明

委　员　王　伟　赵红仕　王　志　孙　玲　陈含章
　　　　　朱鸿军　赵　均

《北京新闻出版广电发展报告 (2015～2016)》
课 题 组

课题组组长 王 志

课题组副组长 孙 玲

课题组成员 陈含章 朱鸿军 赵 均 苗伟山 耿伟茜
季诚浩 刘向华

课题合作单位 中国新闻出版研究院
北京新传智库科技有限公司
中国传媒大学
中国新闻出版广电报

北京市新闻出版研究中心简介

　　北京市新闻出版研究中心为北京市新闻出版广电局全额拨款事业单位，承担北京市新闻出版、著作权、广播影视等方面发展战略、规划、体制改革、政策法规的研究工作；承担研究项目、课题相关工作；组织推广应用科技成果，开展学术交流与合作，为新闻出版广电行业单位提供咨询服务；等等。

主要编撰者简介

王　志　北京市新闻出版研究中心主任，毕业于中国人民大学法学院，硕士，长期从事新闻出版广电及版权行业研究工作。曾主持"北京市全民阅读评估体系研究""数字化冲击下的北京新闻出版产业""北京市新闻出版产业发展报告（2014）""北京市新闻出版公共服务体系评价研究""北京市数字出版产业发展研究""全媒体时代出版物消费市场研究""北京市版权相关产业评估研究""首都公共阅读服务体系建设对策研究""北京市新闻出版广电产业发展状况分析""出版产业链协同模式与集群治理研究""北京市新闻出版业企业社会责任建设研究""精品图书传播推广研究""网络版权保护新机制研究""网络版权案例分析"等课题，参与《首都全面深化改革政策研究》《中国全民阅读蓝皮书》等图书的编写工作。

孙　玲　北京市新闻出版研究中心高级经济师。毕业于中国科学院大学，博士，主要从事新闻出版广电产业研究工作。主持并参与多个研究课题，在《出版发行研究》《中国新闻出版广电报》《传媒》《科技进步与对策》等期刊发表多篇文章。

摘　要

《北京新闻出版广电发展报告（2015～2016）》是由北京市新闻出版研究中心牵头，联合国内学术界、产业界众多专家学者共同编撰的北京新闻出版广电行业首部年度发展报告。全书由总报告、分报告、专题报告和附录构成。

总报告统领全书，全景呈现北京新闻出版广电行业在2015年的发展概况和新情况、新亮点，对2016年乃至今后几年的发展趋势进行预测，并提出推进北京新闻出版广电行业可持续发展的意见和建议。

分报告盘点了2015年首都图书、期刊、报纸、音像电子、印刷、发行、出版物进出口及版权贸易、数字出版、广播影视、网络视听新媒体等细分领域的发展情况和行业热点，探讨各领域今后的发展态势，并针对存在的问题提出建议。

专题报告以问题为导向，聚焦行业热点，对行业难题和创新案例进行深入研究和剖析，力争提出可供业界参考的对策建议。专题报告稿源，一方面是北京市新闻出版广电局和北京市新闻出版研究中心近两年的调研成果，经研究人员改编而成，如《北京市非公有文化企业及产业集聚研究》《北京市出版产业链协同发展调研报告》《北京市媒体融合发展调研》《推进北京广播影视体制机制创新研究》《网络版权保护机制研究》等；另一方面是邀请业界学界知名专家学者撰写的报告，如《2015～2016年传统出版与新兴出版融合发展报告》《新形势下传媒集团面临的四重压力》《六项举措繁荣精品力作生产》《传播学视角下的北京现代公共文化服务体系研究：背景与路径》《科技融合背景下广播影视发展对策思考》《中国视听新媒体政策与产业发展创新》等，兼具实践指导和理论参考价值。

本书认为，2015年，北京市新闻出版广电业在经济新常态下，坚持正确导向，始终把社会效益放在首位，不断推出更多精品力作，大力优化产业结构，积极推动产业转型升级，努力构建公共文化服务体系，国际影响力不断扩大，首都新闻出版广播影视业的整体实力和竞争力不断提升。在今后发展中，政府"十三五"规划将发挥重要的行业引导作用，精品创作将继续引领时代潮流，京津冀协同发展将带来产业结构和布局新变化，不断创新的公共服务模式将带来公共文化资源配置新格局和市场空间，传统媒体与新兴媒体将呈现加速融合趋势，"一带一路"战略将为"走出去"带来新的发展契机。

Abstract

Report on Development of Beijing's Media Industry (*2015 – 2016*) is compiled by Beijing Research Center of Press and Publication, associated with many industry experts and scholars, which is the first industry development report in this field. The whole book is consisted of General Report, Sub Report, Theme Research Report and Appendix (chronicle).

General Report brings out the theme, taking a panoptic view of the new situation and new achievements of Beijing's media industry in 2015. Meanwhile, this section gives a judgment of general trend on development of 2016, and provides suggestions to promote the sustainable development of this industry.

Sub Report fully and deeply shows progress and features of the development of Beijing's books, newspapers, periodicals, audio-visual electronic publications, printing, distribution, import and export of copyright trade, digital publishing, radio, film, television, new audio-visual media, discusses the development trend of the sub areas in the next few years, and some suggestions are given.

Being problem oriented, Theme Research Report focuses on industry hot spots, industry challenges and innovative case, strives to put forward suggestions for the industry's future. Some of the Theme Research Reports are adapted from research results of Beijing Municipal Bureau of Press and Publication, Radio, Film and Television and Beijing Research Center of Press and Publication in recent years by the researchers, such as "The Research of Non-public Publishing Enterprises and Industry Agglomeration" "Research Report on Collaborative Development of Publishing Industry Chain in Beijing" "Research Report on the Integration Development of Traditional Media and New Media" "Innovation Research Promotion on the System and Mechanism of Beijing Radio, Film and Television" "Research on Network Copyright Protection Mechanism" and so on. The others are written by the famous experts and scholars in media field, such as "Report on Integration and Development of Traditional Publishing and Emerging Publishing From 2015 to 2016" "Media

Group's Four Kinds of Pressure Under the New Situation" "Make the Excellent Works Production Boom" "Public Cultural Services System Building Viewed from the Perspective of Mass Communication: Background and Pathway" "Strategic Thinking of Radio, TV and Film Industry Development in the Background of the Convergence of Media and Technology" "The Innovation of China's Audio-visual New Media Policy and Industry Development" and so on. This part provides significant value to practice and theoretical study.

This book believes that in 2015, under the new economic situation, Beijing media industry adhere to the correct orientation, always put social benefits in the first place, continue to introduce more excellent works, to optimize the industrial structure, actively promote industrial restructuring and upgrading, and strive to build a public cultural service system, expanding international influence, and constantly improve the overall strength and competitiveness of capital media industry. In the future, "13th Five-Year" planning will continue to play a leading role, fine creation will continue to lead the trend of the times. Beijing-Tianjin-Hebei collaborative development will bring new changes in the industrial structure and layout. Public service innovation will bring new space of public cultural resources allocation pattern and new market. The accelerating trend of traditional media and new media will be faster and better. "Belt and Road Initiative" strategy will bring new development opportunities for "go global" strategy.

目　录

I　总报告

II　分报告

Ⅲ 专题报告

Ⅳ 附录

皮书数据库阅读**使用指南**

总 报 告

General Report

B.1

2015~2016年北京市新闻
出版广电行业发展报告

摘　要：　北京是全国的新闻出版中心、媒体传播中心、影视制作重要
　　　　　基地，汇聚了众多中央级和地方级的优秀新闻出版广播影视
　　　　　企业品牌。北京更是新闻出版广电产业政策制定的发源地，
　　　　　开全国风气之先，对全国新闻出版广电业有着极强的影响力
　　　　　和辐射力。2015年是全面完成新闻出版广电业"十二五"规
　　　　　划收官之年，2016年是"十三五"时期开启之年。本报告系
　　　　　统梳理了2015年北京市新闻出版行业发展的概况，并结合国
　　　　　家大政方针和地方政府工作计划，预测近期发展趋势，提出
　　　　　对策建议，力求真实反映行业全貌及新闻出版行业在全国经
　　　　　济和文化发展中的地位和作用。

关键词：　北京　新闻出版　广电行业

2015 年是全面完成新闻出版广电业"十二五"规划收官之年，同时也是全面深化改革的关键之年。北京市作为全国的首善之都、文化之都，是全国重要的新闻出版中心、媒体传播中心、影视制作基地，汇聚了众多在全国乃至全球有广泛影响力的国家级出版单位、广播影视媒体等。同时，北京也是行业政策制定的发源地，对全国新闻出版广电业有着极强的影响力和辐射力。2015年，北京市新闻出版广电业在经济新常态下，突出舆论引导作用，把社会效益放在首位，创造出很多精品力作，积极促进产业转型升级，继续优化产业结构，基本构建起行业公共服务体系，其国际影响力日益提高，首都新闻出版广播影视的整体实力和竞争力不断提升。传统产业增速放缓；数字化步伐加快；传统媒体与新兴媒体融合程度明显深化；在融合中创新、在创新中谋求发展成为年度突出特点。"互联网＋""大众创业、万众创新""PPP""京津冀协同发展""把社会效益放在首位"等成为年度行业关注热点。

2015 年，北京地区新闻出版广播影视产业总营收 2414 亿元，其中，新闻出版营业收入 1279.74 亿元（不含数字出版），广播电视实际创收 1102.78 亿元，电影票房收入 31.51 亿元。全市共有图书出版单位 238 家，报纸期刊 3421 种，音像出版单位 148 家，电子出版单位 116 家，出版物印刷企业 817 家，书刊发行网点 9036 处；省级以上广播电台 3 座、电视台 3 座，区县级电视台 10 座，有线广播电视站 50 个；电影院线 23 条，电影院 182 家；广播电视节目制作持证机构 3848 家，信息网络传播视听节目持证机构 123 家。全年全市共出版图书 20.6 万种、24.45 亿册；报纸 253 种、87.35 亿份；期刊 3168 种、9.32 亿册；播出公共广播节目 50 套，播出时长 43.46 万小时；播出公共电视节目 60 套，播出时长 48.8 万小时；生产电视剧 95 部 3646 集，动画片 12 部 390 集 4826 分钟，纪录片 2.73 万小时；生产电影 291 部。从以上数据可以看出，2015 年北京市新闻出版广电业稳步增长。

一 2015年北京市新闻出版广电行业发展概况

（一）政策环境进一步优化，继续为行业发展保驾护航

2015 年，为贯彻党的十八届三中、四中、五中全会和习近平总书记系列

重要讲话精神，中央和地方政府以及新闻出版广电行业主管部门围绕文化体制改革、新闻出版广电产业发展出台了一系列政策。10月19日，中共中央发布的《关于繁荣发展社会主义文艺的意见》，成为指导文艺工作的纲领性文件。

1.国有文化企业改革方面

2015年8月24日，中共中央、国务院印发了《关于深化国有企业改革的指导意见》，提出要分类推进国有企业改革、完善现代企业制度和国有资产管理体制、发展混合所有制经济、强化监督防止国有资产流失、加强和改进党对国有企业的领导、为国有企业改革创造良好的环境条件等。该指导意见成为新时期指导和推进中国国企改革的纲领性文件。9月14日，中共中央办公厅、国务院办公厅印发了《关于推动国有文化企业把社会效益放在首位、实现社会效益和经济效益相统一的指导意见》，突出强调在文化事业发展中，企业要提供精神产品，实现社会效益和经济效益相统一，把社会效益放在首位。10月25日，国务院又发布了《关于改革和完善国有资产管理体制的若干意见》，提出要推进国有资产监管机构职能转变，改革国有资本授权经营体制，提高国有资本配置和运营效率，协同推进相关配套改革等要求。

2.产业促进方面

2015年3月31日，国家新闻出版广电总局、财政部联合印发了《关于推动传统出版和新兴出版融合发展的指导意见》，推动传统出版影响力向网络空间延伸，实现传统出版和新兴出版融合发展，并提出要"加大中央文化产业发展专项资金支持力度"。这一意见的提出使融合发展成为年度行业关注热点。5月19日，文化部印发了《2015年扶持成长型小微文化企业工作方案》，方案提出了优化小微文化企业创业发展环境、缓解小微文化企业融资难等问题的具体方案。6月16日，国务院发布《关于大力推进大众创业万众创新若干政策措施的意见》。7月4日，国务院印发《关于积极推进"互联网＋"行动的指导意见》，在文化方面，提出要培育基于互联网的多样新型业态。9月1日，国务院常务会议通过《中华人民共和国电影产业促进法（草案）》，促进法（草案）的出台将为我国电影行业的持续繁荣发展提供完备的法制保障。9月4日，国务院办公厅印发《三网融合推广方案》，要求在全国全面推进三网融合，推动信息网络基础设施互联互通和资源共享。

3.公共文化服务方面

2015 年 1 月，中共中央办公厅、国务院办公厅印发了《关于加快构建现代公共文化服务体系的意见》，提出要统筹推进公共文化服务均衡发展，增强公共文化服务发展动力，加强公共文化产品和服务供给，推进公共文化服务与科技融合发展、创新公共文化管理体制和运行机制、加大公共文化服务保障力度等。《国家基本公共文化服务指导标准（2015～2020 年）》与意见一同印发。5 月 12 日，国务院办公厅转发文化部、财政部、新闻出版广电总局、体育总局四部门联合印发的《关于做好政府向社会力量购买公共文化服务工作的意见》，对如何提高公共文化服务效能做出重要部署。5 月 19 日，国务院办公厅转发财政部、国家发改委、中国人民银行印发的《关于在公共服务领域推广政府和社会资本合作模式的指导意见》，提出要在包括文化服务在内的若干公共服务领域，广泛采用政府和社会资本合作模式提供公共服务。10 月 20 日，国务院办公厅印发《关于推进基层综合性文化服务中心建设的指导意见》，提出到 2020 年，要在全国范围的乡镇（街道）和村（社区）普遍建立起群众满意度较高的基层综合性公共文化设施和场所，打通公共文化服务的"最后一公里"。12 月上旬，文化部、国家发改委、国家民委、财政部、国家新闻出版广电总局、国家体育总局、国务院扶贫办七部门联合印发《"十三五"时期贫困地区公共文化服务体系建设规划纲要》，提出了"十三五"时期贫困地区（共 839 个县）公共文化服务体系建设的总目标和具体举措。

4.区域布局方面

2015 年 3 月 23 日，中央财经领导小组第九次会议审议研究了《京津冀协同发展规划纲要》。4 月 30 日，中共中央政治局召开会议，审议通过《京津冀协同发展规划纲要》，标志着京津冀协同发展的顶层设计基本完成。

5.加快知识产权强国建设方面

2015 年 12 月 22 日，国务院下发了《关于新形势下加快知识产权强国建设的若干意见》，明确提出了 7 个方面共 32 条要求，其中包括推进知识产权管理体制机制改革、实行严格的知识产权保护、促进知识产权创造运用、加强重点产业知识产权海外布局和风险防控、提升知识产权对外合作水平、加强组织实施和政策保障等重要内容。

2015 年是全面推进依法治国元年。5 月，国家新闻出版广电总局下发了

《关于贯彻〈中共中央关于全面推进依法治国若干重大问题的决定〉的实施意见》，全面推进新闻出版广播影视（版权）系统的法治建设。

北京市2015年继续发力，积极落实党中央有关精神和国家有关规划。4月，出台《北京市出版业"走出去"奖励扶持专项资金管理办法》，加强对外推广平台建设，加大对"走出去"精品游戏出版物的补贴力度，助力产品和项目走向国际市场，提升海外影响力。5月，为落实中央《关于加快构建现代公共文化服务体系的意见》，北京市政府在全国率先出台了实施意见——"1＋3"公共文化政策文件，积极推动基本公共文化服务实现标准化、均等化、社会化和数字化。7月，北京市新闻出版广电局公布了《北京市新闻出版广电行业前置改后置审批项目表》，进一步深化行政审批制度改革，构建市场监管新格局。8月，北京华语联合出版有限责任公司成为国内唯一获得对外专项出版权的非公有制企业。12月，北京市人力资源和社会保障局（简称"人社局"）发布《北京市新闻系列（数字编辑）专业技术资格评价试行办法》和《北京市艺术系列（动漫游戏）专业技术资格评价试行办法》，北京成为第一个能够为数字编辑和动漫游戏行业人员评定专业技术资格的城市。2015年，北京市新闻出版广电局还着手研究制定《北京市实体书店扶持资金管理办法》《关于支持北京国家数字出版基地发展的若干意见》等重要文件。北京市各区根据实际情况，也制定了地区发展规划和产业促进相关政策。

（二）舆论引导力增强，社会效益突出，精品力作供给能力显著提高

2015年，北京市继续加强舆论引导，充分利用新媒体和传统媒体深入宣传党的十八届三中、四中、五中全会和习近平总书记系列重要讲话精神。围绕中国人民抗日战争暨世界反法西斯战争胜利70周年纪念活动，推出了"抗战老兵""让历史告诉未来""伟大的贡献"等一批高水平专题、专栏、专版，多层次、立体式、全媒体融合传播效果显著。7月2日，北京市新闻出版广电局充分发挥网络视听新媒体传播优势，在爱奇艺、优酷、搜狐、BRTN等20多家视听网站推送"宣讲家"网站策划制作的"在伟大转折的历史时期推进全面从严治党——纪念中国共产党成立94周年专题"重要版面展示，此项举措开辟了宣传新渠道，充分利用新媒体阵地，形成了强大的宣传声势，效果明显。

2015 年，北京市加大政策和资金支持，积极推动内容创新，引导出版与影视精品力作的生产，涌现出一批社会效益与经济效益双丰收的优秀图书和影视剧，很多出版、影视作品获得国家级甚至世界级奖项。在新闻出版领域，为弘扬社会主义核心价值观，北京地区继续推出了关于社会主义理论研究和社会主义建设的出版物。由外文出版社在 2014 年出版的《习近平谈治国理政》在 2015 年持续火热，跨入畅销书行列，多文种版频频亮相全球各大国际书展，受到海外读者追捧。中国民主法制出版社的《"一带一路"：全球发展的中国逻辑》，是国内第一本对习近平总书记提出的"一带一路"经济发展战略进行系统论述的著作。2015 年是纪念抗日战争胜利 70 周年暨世界反法西斯战争胜利 70 周年，北京地区出版了一批优秀主题图书。人民文学出版社的《抗日战争》被纳入中宣部、国家新闻出版广电总局推荐书目。北京市策划推出了《中国故事——中华文明五千年》《战斗力——中国共产党思想建设的长征》等 109 种主题出版读物，北京出版集团、北京燕山出版社等出版的"北平抗战实录丛书"（12 种）及《战争启示录》等 5 种图书入选国家新闻出版广电总局纪念抗战胜利 70 周年优秀出版物书目。

2015 年，北京地区多种出版物引领出版潮流。人民文学出版社出版的迟子建的《群山之巅》登上多个图书榜单，获"年度最有影响力"图书称号。二十一世纪出版社出版的《中华文明大视野》，入选首届向全国推荐中华优秀传统文化普及图书名单。中国大百科全书出版社出版的《DK 儿童人类历史百科全书》《DK 家庭医生》等入选 2015 年度"百科十大好书榜"。商务印书馆的《辞源》（第三版）全球同步首发，向国外传播中国传统文化。故宫出版社出版的《故宫日历 2016》引领日历消费热潮，位列京东图书艺术类销量榜榜首。紧随"互联网＋""大众创业、万众创新"的社会大潮，该类图书也迎来井喷之势。中信出版社出版了《互联网＋：国家战略行动路线图》《创业维艰：如何完成比难更难的事》《创业时，我们在知乎聊什么》。机械工业出版社出版了《互联网＋：从 IT 到 DT》等一系列图书，响应国家导向，服务社会需要。北京十月文艺出版社的《北上》《绝响》《少女萨吾尔登》《声音史》4 种选题入选国家新闻出版广电总局公布的"中国文艺原创精品出版工程"名单。北京联合出版公司引进出版的《秘密花园》，掀起成人涂色风潮，京东"6·18"当天，该书销量高达 2.5 万册，该书高居亚马逊中国发布的"2015

年度图书排行榜"榜首。《北京日报》等7家市属报刊入选2015全国百强报刊,《少年科学画报》入选全国66种向少年儿童推荐的期刊,《神奇科学》等3种图书、《红色家书》等36种音像电子出版物入选向全国青少年推荐的百种优秀图书和电子出版物。

广播影视方面,为了纪念反法西斯战争胜利70周年,国家推出了一大批弘扬爱国主义、加强革命传统教育的精品力作。《开罗宣言》《百团大战》等10部影片入选纪念中国人民抗日战争暨世界反法西斯战争胜利70周年国产重点献礼影片。其中,《百团大战》取得4.2亿元票房,社会效益、经济效益俱佳。由中央电视台科教频道、重庆市委宣传部等单位联合出品的10集纪录片《大后方》在科教频道开播。2015年北京市共生产电视剧95部3646集,现实题材创作播出继续占主流地位,《刑警队长》《平凡的世界》等优秀剧目广受好评;电影产量291部,电影票房达31.51亿元,在票房前20名的国产影片中,北京出品13部,占65%;票房超过10亿元的5部国产影片中,北京出品4部;生产动画片12部390集4826分钟,纪录片2.73万小时,整体质量明显提升,《西游记》《飞跃五千年》《伟大的抗战》等作品广受好评。5月6日,由北京电视台原创打造的"中国梦"主题三维动画片《戚继光》在中国国际动漫节荣获"金猴奖"动画系列片奖。

(三)文化惠民力度加大,公共服务提质增效

2015年,党中央、国务院、财政部等部门集中出台了一批推动公共文化服务发展的重要文件,包括《关于加快构建现代公共文化服务体系的意见》《关于做好政府向社会力量购买公共文化服务工作的意见》《关于在公共服务领域推广政府和社会资本合作模式指导意见》等,对公共服务的标准、要求、模式等一一做出规定。在这一大背景下,2015年,北京市积极响应,继续推动新闻出版广电公共服务体系的标准化和规范化,创新公共服务机制,大力发展公益性文化事业,精心实施全民阅读、有线广播电视覆盖、农村电影放映等文化惠民工程,并努力推进公共服务向数字化转型升级。

1.北京市率先印发"1+3"公共文化政策文件

为深入贯彻落实中共中央办公厅、国务院办公厅《关于加快构建现代公共文化服务体系的意见》,北京市在全国率先印发了"1+3"公共文化政策文

件（以下简称"1+3"文件）。"1"是指《关于加强基层公共文化服务工作的意见》（京政发〔2015〕28号），"3"是指《首都公共文化服务示范区创建方案》《北京市基层公共文化设施建设标准》《北京市基层公共文化设施服务规范》。"1+3"文件是全国首个落实中央《关于加快构建现代公共文化服务体系的意见》的省级地方性实施意见。《北京市基层公共文化设施建设标准》提到文化设施建设应采取"2+X"模式。"2"是指每个文化设施应建有一个室内多功能厅和一个户外文化广场，"X"是融合各相关部门服务的综合功能，可设置图书室、展览室、排练室、电影厅等。按照文件要求，到2020年北京要基本建成均衡发展、供给丰富、服务高效、保障有力的全市基层现代公共文化服务体系。

2. 依托"北京阅读季"创新开展全民数字阅读推广活动

2015年1月27日，李克强主持召开教科文卫体界人士和基层群众代表座谈会，在会上提出加强知识传播和积累，建设"书香"社会。北京阅读季依赖首善之都的优势，精心打造全民阅读品牌，搭建"六位一体"综合服务平台。4月，第五届北京阅读季，即"2015书香中国暨北京阅读季"以"阅读点亮中国梦"为主题，依托"2015北京书市"、"书香企业活动"和"第十三届北京国际图书节"等平台开展多种形式的阅读推广，举办北京大学生读书节、北京少年读书节、亲子阅读月、女性主题阅读周、公务员阅读汇等系列活动，创新推广形式，运用多种新媒体进行全民阅读推广，充分探索全民阅读的内容和形式。同时还开展了"书香家庭""阅读示范社区""金牌阅读推广人"系列评选活动，对入选者进行了表彰和奖励。约1000万人次参与了本年度阅读季活动，286家数字出版企业开展全民数字阅读活动，推出"4·23"世界读书日等34项主题活动，数字阅读率不断提升。2015年9月11日，"北京阅读新媒体联盟"在京成立，联盟包含了大多数阅读类新媒体和知名阅读推广人、阅读推广机构，豆瓣阅读、阿里文学、网易云阅读、新浪读书、凤凰读书、网易云阅读、耕林童书馆、雨枫书馆、千龙网、阅文集团等60个机构，成为北京阅读新媒体联盟的会员单位，共同促进北京全民阅读。2015年，北京市还研究制定了《关于支持北京国家数字出版基地发展的若干意见》，积极发展数字阅读，开展听书产品创作推广，积极引导和支持网络阅读平台的发展，为公众提供数字阅读产品，提高公众的数字阅读率。2015年，北京市综合阅读率为91.16%，居于全国领先水平。

3. 益民书屋向数字化转型升级，实体书店积极发挥社会公益作用

2005年12月，京郊第一个益民书屋落户延庆县大榆树镇东桑园村。十年过去，北京市已经建成益民书屋近4000个，实现行政村全覆盖，卫星数字书屋204个，全部投入使用。益民书屋建成以来已经成为各城区和各村镇学习新知识、丰富业余生活的好去处。与此同时，随着卫星数字书屋建设规模的扩大，益民书屋进一步提质增效。据调研，目前数字书屋可以保证每年更新精品图书2000册，少儿绘本300册，全国各地主流报纸100份。除了益民书屋，实体书店也借国家扶持政策的东风，迅速加入推广全面阅读活动的大潮，积极发挥社会公益作用。三联生活书店继2014年开设第一家24小时书店后（该书店得到李克强总理的书信鼓励，已成为北京的读书地标），2015年4月23日"世界读书日"再开一家分店——北京三联韬奋24小时书店海淀分店。该店处于海淀区五道口，这里云集了清华大学、北京大学、北京语言大学等众多知名学府，因此，一开店就受到老师、学子们的热烈欢迎。据悉，三联书店还计划用5年的时间在全国再开十家分店。

4. 广播电视实现全覆盖，院线发展日趋均衡

2015年，北京市共安装4782套直播卫星电视接收设备，基本实现了广播电视户户通。怀柔、延庆9个乡镇163个行政村有线广播建设完成，全市10个区县570个行政村的公共广播信号无线覆盖工程建设全部完成，实现了行政村广播基本覆盖。2015年，北京市积极开展6个台站中央广播电视节目地面数字化工程设计，加强转播站、行政村发射站及媒资共享平台运行维护管理，逐步完善广播电视公共服务设施运维工作机制。高清交互数字电视应用工程进展顺利，2015年全市有线电视用户569.13万，高清交互用户460.03万。政府加大了对五环以外影院建设扶持的力度，差别化落实多厅影院建设补贴3510万元，引导影院建设合理布局和均衡发展。为探索农村公益电影放映改革创新，北京市起草了《北京市全面提升公益电影放映服务能力和品质的方案》，修订了《北京电影公益放映供片办法》，建立放映监控平台，探索农村公益电影放映市场化。截至2015年底，全市电影公益放映完成17.79万场次，比年度计划16.80万场超额完成8000多场次。

（四）产业基础更加坚实，园区、基地汇聚作用凸显

1. 借助政策东风，实体书店回暖成为年度重要文化现象

2010 年前后"风入松"等一批知名书店出现"倒闭潮"，北、上、广等一线城市实体书店逐渐边缘化，这引起中央领导、政府管理部门和社会人士的高度关注。2013 年、2014 年中央财政共安排资金 2.09 亿元，支持实体书店 111 家。2015 年将试点范围扩大到北京等 16 个省市，累计安排资金达到 3 亿元，支持了一批重点实体书店实现转型升级。3 月，海南国贸书店的总经理孟波通过互联网给李克强总理写了一封公开信，"希望各级政府能够像'扶贫'一样，切实做好扶助实体书店的工作"。① 这封信受到总理的高度重视，总理做出重要批示，总局加快制定扶持政策。北京市也开始研究制定《北京市实体书店扶持资金管理办法》，探索设立行业发展专项基金，发挥政策导向作用。在中央和地方政策的带动下，2015 年北京地区实体书店无论是从数量、销售额上还是从服务上都有了明显的增长和提升，实体书店回暖是 2015 年一个非常重要的文化现象。根据方橙数据 2016 年初发布的《中国一、二线城市书店发展数据报告》，北京、上海、广州等八大城市中约 20% 的书店是新开业书店。一些品牌、特色书店通过与商圈、地产等开展合作，实现了经营和服务的转型升级，扩大了经营规模。3 月 12 日，单向空间（原名"单向街图书馆"）北京朝阳大悦城店在朝阳大悦城 5 层开业。4 月 23 日，三联书店海淀分店在五道口开业。6 月 15 日，新加坡的 Page One 书店在北京国贸三期地下二层开张营业。除了在业内升温以外，社会资本也开始向创办实体书店流动。2015 年 11 月，美国最大的出版商亚马逊在西雅图开设了首家书店，并计划再开设 300 ~ 400 家书店。随后，当当网宣布开设实体书店，计划用三年的时间在全国开设 1000 家书店。实体书店的回暖、出版物发行网点数量的增长为出版物发行市场实现增长夯实了基础。

2. 影院规模持续扩大，人均银幕数全国第一

2015 年国产电影票房总计 440.69 亿元，同比增长 48.7%，是近年来票房

---

① 《海口一民营书店老板上书要求总理求"拉一把"》，人民网，http://news.hainan.net/hainan/shixian/qb/haikou/2015/03/23/2303664_3.shtml。

增幅最大的一次。在电影基础设施建设上，中国银幕总数为 31627 块，全年新增影院 1200 家，新增银幕 8035 块，充分展示了 2015 年整个中国电影产业的蓬勃发展。[①] 2015 年，北京市共扶持 50 余家数字影院 346 个厅的建设，补贴资金达 3510 万元。截至 2015 年底，北京地区共有院线 23 条，影院 182 家，座位数 17.3 万个，银幕 1050 块。与上年相比，北京地区新增影院 13 家，且主要向五环以外地区布局；新增银幕 87 块，平均 2.1 万人拥有一块银幕，人均银幕数居全国第一[②]；新增座位数 1.1 万个。影院覆盖范围的扩大和银幕数量的增加直接带动观影人数和票房的激增，2015 年，北京地区观影 7164.2 万人次，同比增加 1979.6 万人次，人均年观影次数达到 3.3 次，为全国最高；票房收入 31.5 亿元，居全国首位。

3. 园区、基地汇聚作用开始显现

2015 年，中国（怀柔）影视产业示范区正式揭牌，北京国家数字出版基地、中国北京出版创意产业基地均已完成先导区建设，中国北京出版创意产业园区、星光影视园入选北京市首批四家市级文化创意产业示范园区，园区、基地在汇聚优秀企业方面的优势逐渐显现。中国（怀柔）影视基地以中影集团电影数字生产基地为核心，旨在打造国际高端水平、综合竞争力强的国家级影视产业示范区。2015 年，怀柔影视基地升格为国家级影视产业示范区，北京市新闻出版广电局推动出台市、区两级出资扶持的"1＋1"配套政策。[③] 北京国家数字出版基地是国家新闻出版广电总局批准的全国 13 家国家级数字出版基地之一，致力于发展数字出版，推动传统出版行业实现数字化转型升级。2015 年 8 月，基地 1 万平方米空间已作为先导区投入使用，北京国家数字出版基地技术、研究、金融和宣传四大平台正式运营。10 月，北京国家数字出版基地已有 13 家文创企业在园区注册，注册资本达 3.2 亿元。中国北京出版创意产业园已集聚文化法人单位近 40 家，包括磨铁、时代光华、时代华语、

---

① 《2016 中国电影产业报告》，http：//epaper. ynet. com/html/2016－05/26/content_ 200221. htm？div＝－1。

② 《北京 2015 年电影票房 31.5 亿》，千龙网，http：//beijing. qianlong. com/2016/0122/298311. shtml。

③ 《中国（怀柔）影视基地项目》，中国政府招商引资信息网，http：//www. zgzsyz. cn/News_ Content. aspx？NewsID＝10016419&MenuID＝1023。

天闻数媒、北京联合出版公司等知名书业企业，文化法人单位占比超过70%，成为目前国内最大的民营书业企业集聚地。2015年，园区企业北京华语联合出版有限责任公司成为国内唯一获得对外专项出版权的非公有制企业。

（五）产业融合步伐加快，民企迎来重大发展机遇

1. 产业融合步伐明显加快，政策、制度保障有力

2015年，中央和政府管理部门出台了一系列促进产业融合的政策文件。3月，广电总局、财政部出台了《关于推动传统出版和新兴出版融合发展的指导意见》，提出要推动传统出版影响力向网络空间延伸，推动传统出版与新兴出版在内容、渠道、平台、经营、管理等多个方面深度融合。9月，国务院办公厅印发《三网融合推广方案》，大力推动电信网、广播电视网、互联网三网融合，推动信息网络基础设施互联互通和资源共享。这两个文件将融合发展推向一个新的高潮，融合成为年度发展指南针。在这种背景下，2015年北京地区新闻出版广电传统行业数字化进程明显加快，在推动传统媒体数字化转型方面，北京日报报业集团等4家单位入选国家传统出版单位数字化转型示范单位。教辅与在线教育优势互补，紧密融合，教辅图书二维码、导学号已成为标配。出版社图书销售在当当、京东、亚马逊等网络销售渠道所占的市场份额越来越大。移动互联网也为传统书业提供了更多的社会化分销渠道，2015年出现了不少微商售书的成功案例，如吴晓波利用自媒体，"一款梅子酒＋一本书"捆绑销售，两三天就销售5000套。童书出版策划公司童立方利用公众号，2015年就发行一本书，回款已接近2000万元。2015年，以北京电视台为代表的传统媒体积极发展视听业务，歌华传媒集团正式成立，加速了与新媒体的实质融合。与此同时，北京市全面推进三网融合，推动信息网络基础设施互联互通和资源共享，北京市IPTV集成播控平台建设完成，并实现了与IPTV集成播控总平台和传输网络的对接，直播频道扩到110路，用户达55.42万户，三网融合成果初现。为保障人才供应，2015年北京市人社局发布《北京市新闻系列（数字编辑）专业技术资格评价试行办法》和《北京市艺术系列（动漫游戏）专业技术资格评价试行办法》，加强数字出版人才队伍建设，北京成为第一个能够为数字编辑和动漫游戏行业人员评定专业技术资格的城市。同时，为加强对新兴媒体的管理，北京市着手制定了《网络文学暂行规定》和《网络

文学作品登记制度》，加强网络文学监管，规范互联网电视发展，建立网上境外影视剧审核机制，为新媒体、新业态健康发展提供制度保障。

2. 民企迎来难得的发展机遇，资本融合、业态融合、渠道融合取得新突破

2015年国家发布的《关于深化国有企业改革的指导意见》《关于国有企业发展混合所有制经济的意见》，为推动国有企业与民营企业深度合作提供了政策依据。随着"互联网＋""大众创业、万众创新"被写入2015年《政府工作报告》，国务院又先后印发了《关于发展众创空间推进大众创新创业的指导意见》《关于大力推进大众创业万众创新若干政策措施的意见》《关于积极推进"互联网＋"行动的指导意见》等重要文件，创新创业环境得到显著改善，社会投资也更趋活跃。2015年，电子商务、在线教育、互联网金融等新业态出现了井喷式发展，万众创新创业达到前所未有的高度，也为新闻出版广电民营企业带来难得的发展机遇。

一是民营书企通过特殊管理股与国企合作，获得更大的出版权限。2015年8月，国家新闻出版广电总局正式批准中国北京出版创意产业园区企业——北京联合出版有限公司与北京时代华语图书股份有限公司新设立的有限责任公司的对外专项出版权，规定北京联合出版有限公司以拥有管理股为前提，与北京时代华语图书股份有限公司共同参与对外专项出版业务试点，授予新设立的混合所有制公司对外出版的专项出版权。北京华语联合出版有限责任公司成为国内唯一获得对外专项出版权的非公有制企业。党的十八届三中全会审议决定提出，在坚持出版权、播出权特许经营前提下，允许制作和出版、制作和播出分开。2015年，为深化出版体制改革，总局围绕"图书制作与出版分离"专门召开座谈会进行研究，并形成意见稿。在此之前，北京市创意出版园区企业——北京联合出版社已经开始试点"图书制作与出版分离"，并取得不错的效果。

二是网络文学IP资源撬动版权经济，出版、影视、动漫、教育等多种业态融合态势火热。目前，网络文学大多由民营网络书商运营。在互联网公司强势进入影视、动漫等泛娱乐产业的背景下，"IP"（Intellectual Property，知识产权）成文化产业"大热之词"，文学著作、网络小说改编成影视作品、动漫游戏等泛娱乐产品，蔚然成风。2015年，由网络文学改编的电影《左耳》等创造了4亿元票房，由网络文学改编的手游《花千骨》《斗破苍穹》《莽荒纪2》等备受玩

家喜爱。而下半年席卷电视荧屏的《花千骨》《琅琊榜》更是引发了新一轮的 IP 热。网络文学成为 IP 的主要源头，版权费已经进入百万元甚至千万元时代。随着 IP 升温，传统民营书商动作频频，磨铁中文网 2015 年下半年开展"作者千万奖励计划"，展开 IP 资源争夺战，并继续推动磨铁电影。BAT 等国内互联网巨头更是强势重塑网络文学新格局。3 月，腾讯以 8 亿美元收购盛大文学，合并成立"阅文集团"，打破之前盛大文学、腾讯文学、百度纵横文学三足鼎立的局面，借此形成市场垄断。4 月，阿里巴巴宣布成立"阿里文学"新业务，意图分庭抗礼。同月，手机阅读平台掌阅科技宣布成立文学集团"掌阅文学"。7 月，小米与阅文集团强强联手，为多看阅读注入网络文学资源。IP 热的出现，说明市场越来越重视对知识产权的开发和利用，这对打造中国文化娱乐全产业链无疑是个良好的开端。但在目前，全产业链的主角依旧是 BAT 等互联网巨头，民营网络出版机构获取的只是版权收益，想要打通产业链，仍要借助资本的力量进行资源整合。

三是民企与国企资本融合取得新突破，抢滩"新三板"、跨界投资成行业热潮。2015 年，民营出版企业掀起并购热潮，开始抢占"新三板"。国有出版企业在政策、版权资源方面的优势与民营出版企业高效灵活的市场运作方式相结合，能够很好地达到优势互补、扬长避短的双赢效果。2015 年 9 月，国务院发布了《关于国有企业发展混合所有制经济的意见》（国发〔2015〕54 号），明确提出鼓励非公有资本参与国有企业混合所有制改革，促进各种所有制经济共同发展。在此之前，国务院还发布了《关于深化国有企业改革的指导意见》，提出要推进国有企业混合所有制改革，并为国企改革工作定下时间表。这两项政策有力地促进了国有出版企业和民营出版企业加速并购重组。2015 年 12 月，99 读书人被人民文学出版社以持股 51% 的比例收购。为加快产业升级、打通产业链、拓宽实力版图，民营出版企业还积极借助资本力量，跨界投资。在企业上市方面，1 月，中文在线正式挂牌上市，募集资金升级改造数字内容资源平台，成为国内"数字出版第一股"。在中央鼓励"双创"的大背景下，新三板进入门槛较低，2015 年也有越来越多的民营出版企业参与其中，希望借此转型升级增强出版发行主业，或拓展影视、动漫、教育等新业务，获得更大的发展空间。如被称为书业新三板第一家的北京昊福文化传播股份有限公司，2014 年 5 月挂牌以来，将募集资金的大部分用于有利于公司发展的产业并购。2015 年，公司效益有明显提升，营业收入同比增长 38.05%，净利润增长 492.62%。2015 年 11 月，中航传媒获批挂牌新三板。12 月，中信出版集团成功挂牌新三板，成为国内首家登陆"新三板"的国有出版机构。

（六）"走出去"取得新突破，国际传播力日益增强

2015 年，国家继续大力支持新闻出版广电"走出去"，提升国际传播影响力。"经典中国国际出版工程"资助项目 102 个，输出语种 20 种。"丝路书香工程"重点翻译资助项目共资助 546 种图书，资助金额达到 6400 万元，有力地推动了丝路沿线出版发行建设。全球百家华文书店中国图书联展活动，亚马逊"中国书店"建设取得积极进展。10 月 15 日，中国在法兰克福国际书展期间成功加入国际出版商协会，极大地推动了我国出版业更好更快地"走出去"。2015 年，北京市利用首都区位优势，大力推动行业"走出去"。4 月，北京市出台了《北京市出版业"走出去"奖励扶持专项资金管理办法》，设立全国首家省级新闻出版"走出去"专项资金，旨在加强对外推广平台建设，助力产品和项目走向国际市场，提升海外影响力。在政策的有力带动下，2015年，北京市成功举办了第二十二届北京国际图书博览会和第五届北京国际电影节，两大展会继续发挥重要的外宣平台功能。

2015 年，北京国际图书博览会国际影响力进一步提升，世界第二大国际书展地位更加巩固。此次博览会共达成中外版权贸易协议 4721 项，比上年增长 8.6%。展会吸引了 82 个参展国家和地区，2302 家参展商，来自英、法、美、韩、日等国的 1305 家海外出版机构报名参展（比上年增长 6.2%）。博览会展示了近 30 万种精品图书，举办了 1000 多场文化交流活动，共达成各类版权输出与合作出版协议 2887 项，比上年同期增长 11.3%，再创历史新高。2015 年主旋律图书进入欧美主流市场，取得新突破，《习近平时代》登上美国亚马逊领袖图书销售排行榜第三名，中文版排名第五，同时外文版权已销售到其他 16 个国家和地区。在第 22 届白俄罗斯图书展、第 28 届莫斯科国际书展和第 60 届贝尔格莱德国际书展上，《习近平谈治国理政》《当代中国系列丛书》《中国创造系列》《中国文化系列》等图书引人关注，受到读者的青睐。截至 2015 年 8 月，《习近平谈治国理政》全球累计发售突破 520 万册，这是改革开放以来中国国家领导人著作海内外发行的最高纪录。《中国梦》（英文版）

成为近年来美国本土销量最大的中国版权图书。

2015 年，北京市围绕"欢乐春节""一带一路"等开展一系列品牌活动，北京市举办戛纳电视节北京日、班芙国际媒体节北京日、北京国际电影节戛纳推介会等，加大对北京生产的影视精品的宣传推介力度。20 余部影视剧在"中国优秀影视剧英国展播季"普罗派乐卫视黄金时间段展播，400 集电视剧、17 部电影在北京影视剧非洲展播季展播，有力地提升了北京影视的国际影响力。中国国际广播电台 46 种语言节目在 70 多个国家和地区播出。中央电视台纪录频道海外版共有中、英、西、法、阿、俄 6 个语种，7 个频道向海外播出。4 月，第五届北京国际电影节成为全球电影盛事，共有 50 余个国家和地区 1.4 万余名电影人、340 余家中外电影机构、境内外 350 余家媒体、1500 余名记者、超百万群众参与其中。此次电影节共签约项目 36 个，签约总额高达138.45 亿元，较第四届北京电影市场上涨了 32%，稳固了亚洲第一电影市场的地位，国际影响力和传播力得到全面提升。

二　北京市新闻出版广电行业发展趋势

"十三五"时期是落实"四个全面"战略布局、实现"两个一百年"宏伟目标的关键时期，也是全面推进新闻出版事业产业繁荣发展的关键时期。在全面深化改革、经济新常态、"一带一路"战略、"京津冀一体化"、生态文明建设等重大历史背景下，结合国内国际政治经济文化发展的大形势以及"十二五"时期的具体实践，预计北京市新闻出版广电业在"十三五"初期将呈现以下几大趋势。

（一）政府"十三五"发展规划将发挥出重要的产业引导作用

北京市新闻出版广电业的繁荣发展离不开政府的支持与引导。2015 年作为总结"十二五"、布局"十三五"的关键一年，北京市新闻出版广电局加强顶层设计，着手编制未来五年发展规划，并分别于 2015 年 7 月和 2016 年 2 月向社会发出《北京市"十三五"时期新闻出版业发展规划提纲（征求意见稿）》和《北京市广播影视"十三五"发展规划（征求意见稿）》。两个规划在总结"十二五"新闻出版广电业取得的成绩和面临的形势的基础上，明确提出了"十三五"时期北京市新闻出版广电事业产业的发展目标、重点任务和保障措施。规划提到到2020年，要"将北京建设成为中国特色和国际一流的'阅读之都'和'版权之都'"，要"推动北京广播影视全面发展，成为全国广播影视繁荣发展的排头兵"，"视听传媒产业实现跨越式发展，成为国民经济重要组成部分"等目标。两个规划都提出了"十三五"时期要坚持正确的舆论导向、加快推进新兴媒体与传统媒体融合发展、实施精品战略、推动公共服务全面升级、建立京津冀协同创新合作机制、加大"走出去"力度等主要任务。规划虽然还未正式发布，但从征求意见稿中可以看出，北京市新闻出版广电业未来五年发展的战略重点以及政府将继续加强行业指导的决心、信心和力度。

（二）精品力作将继续引领时代潮流

唱响主旋律、传播正能量，是中央既定的宣传方针。从公布的《北京市新闻出版广电局2016年度绩效任务》中可以看出，在"十三五"初期，北京市将继续贯彻执行这一方针。该任务提出2016年北京市将继续"坚持舆论导向，培育和践行社会主义核心价值观，实施精品工程，繁荣发展文艺创作"。在开展社会主义核心价值观、"中国梦"等主题宣传上，北京市将加大统筹传统主流媒体和网络视听新媒体力度，形成正面宣传的舆论声势。中国出版政府奖、国家出版基金、北京市新闻出版广播影视精品工程也将继续发挥引导作用，引导新闻出版广电企事业单位积极开展马克思主义中国化、中国特色社会主义理论体系和"中国梦"宣传教育、社会主义核心价值观、习近平总书记系列重要讲话精神等各类重大主题出版、主题宣传工作。互联网、移动终端等新兴传播渠道将成为提高价值引导力、文化凝聚力、精神推动力的重要载体。

（三）京津冀协同发展将带来产业结构和布局新变化

京津冀协同发展是一项重大国家战略。2015年，《京津冀协同发展规划纲要》的发布标志着京津冀协同发展顶层设计基本完成。纲要指出，推动京津冀协同发展的核心是"有序疏解北京非首都功能"，并提出要在京津冀交通一体化、生态环境保护、产业升级转移三个重点领域率先取得突破。早在2014年9月，京津冀三地相关部门已签署了《京津冀新闻出版广播影视协同创新战略框架协议》，旨在推动建立新闻出版广播影视协同创新合作机制，通过政策扶持、产业规划和重大项目对接等方式，提升京津冀新闻出版广播影视业的发展质量和市场竞争力。北京市新闻出版广电局两份"十三五"规划征求意见稿也做出了建立京津冀协同创新合作机制、推进资源整合、促进产业转型升级、促进京津冀人才一体化等战略部署。在政府的引导下，一些印刷企业开始有序地向天津、河北转移。与此同时，"绿色印刷"业务也将迎来发展曙光。根据北京市年度工作计划，2016 年全市将拿出 1344 万元用于绿色印刷工程项目，并推动"绿色印刷图书网上销售示范专区"上线运行。为提升北京市绿色印刷产品质量，北京市新闻出版广电局提出 2016 年要确保中小学教科书和优秀青少年出版物绿色印刷示范项目等出版物质检合格率达到 98% 以上、推出绿色印刷优秀青少年读物不低于 800 种的目标。2016 年 6 月，中共北京市委宣传部、北京市发展和改革委员会联合发布《北京市"十三五"时期加强全国文化中心建设规划》，将建设"京津冀地区文化产业发展协作区"作为"十三五"期间北京市文化创意产业重大项目之一，提出要"从人才、资金、项目、企业、政策等方面加强资源共享及统筹力度，进一步促进产业链上下游和区域分工协作，带动三地产业结构和空间布局不断优化，加快推动形成京津冀文化产业一体化发展的良好布局"。预计在"十三五"初期，北京市新闻出版广电业的产业结构和布局将有新的变化，跨地域协同发展将取得实质性突破，京津冀文化产业的综合实力和竞争力将有望进一步提升。

（四）政府购买公共服务模式将带来公共文化资源配置新格局和市场空间

2015 年 5 月，国务院办公厅转发文化部等部门《关于做好政府向社会力量购买公共文化服务工作意见的通知》，明确了政府购买公共服务的模式、范围，对公共文化服务购买机制、绩效评估、监督管理等做出规定。该文件为社会力量参与国家公共服务提供了政策依据和路径，也意味着市场将成为重要的资源配置手段参与北京市公共文化服务供给，原有封闭、垄断的公共文化资源配置格局和供给机制将被打破，新的格局将形成。2016 年 7 月，北京市人民政府办公厅转发市文化局等部门《关于政府向社会力量购买公共文化服务的实施意见的通知》（京政办发〔2016〕37 号），并同时印发北京市的《政府向社会力量购买公共文化服务指导性目录》。意见提出到2020年要在全市"形成与本市经济社会发展水平相适应的公共文化服务资源配置机制和供给机制""公共文化服务内容日益丰富"等目标。与此同时，近年来北京市也在逐年加大对公共文化服务的投入力度。根据《北京市新闻出版广电局2016年度绩效任务》，2016年北京市全民阅读工程项目、广播电视公益广告专项资金扶持项目、农村电影放映工程项目的预算总额接近4000万元。可以预计，由公共文化服务带来的新的市场发展空间也将很快显现。

（五）传统媒体与新兴媒体将呈加速融合趋势

2014年被称为媒体融合元年。2015年，政府连续出台了《关于推动传统出版和新兴出版融合发展的指导意见》《三网融合推广方案》两个文件，将融合发展推向一个新的高度。2016年7月，广电总局再次印发了《关于进一步加快广播电视媒体与新兴媒体融合发展的意见的通知》，显示了政府主管部门在未来一段时间将继续推动媒体融合的决心。北京市为推动数字出版与传统出版融合发展，已着手制定《北京市人民政府关于加快数字出版产业发展的意见》，旨在加快发展手机出版、网络出版、云出版等数字出版新业态，筹建数字出版云平台，推动传统出版尽快向数字出版转型升级。在广电影视方面，北京市已将三网融合列入工作重点，北京市新闻出版广电局表示将继续推动广电试点企业歌华有线公司，充分利用双向进入业务许可开展宽带接入、歌华飞视等三网融合业务，引导相关企业发展三网融合新业态，推进台网联动，深度融合，促进三网融合新产品和新业务的推广应用，提升广电媒体在新媒体领域的竞争力。在政府的鼓励和支持下，传统出版与数字出版产业势必加速融合，产业转型升级步伐加快，传统媒体有望进军新兴舆论阵地，并形成新的经济增长点，主流媒体的核心竞争力、对网络舆论的影响力有望得到大的提升。

（六）"一带一路"战略将为"走出去"带来新的发展契机

我国《国民经济和社会发展第十三个五年规划纲要》提出，未来五年要着力提高文化开放水平，创新对外传播、文化交流、文化贸易方式，推动中华文化走向世界，增强文化传播亲和力。北京是中国的首都，在国际影响力上具有天然的优势。当前是中央加强周边国家外交和推进"一带一路"倡议的重大战略部署时期，北京市紧紧围绕这一战略部署，制定了本地区的"走出去"发展战略，进一步发挥全国文化中心示范作用，提升北京市新闻出版和广播影视对外传播力。2016年7月，北京市新闻出版广电局在全国率先发布了《北京市提升出版业传播力奖励扶持专项资金管理办法（试行）》和《北京市提升出版业国际传播力奖励扶持专项资金评审办法（试行）》，拿出3000万元支持出版"走出去"。与此同时，国家"丝路书香出版工程"作为国家"一带一路"战略的重大项目，涵盖了重点翻译资助项目、丝路国家图书互译项目、汉语教材推广项目、境外参展项目、出版物数据库推广项目等，也将对北京市出版企业起到积极的引导作用。可以预测，这一系列政策的施行将有效提升北京市出版企业"走出去"的积极性。根据《北京市新闻出版广电局2016年度绩效任务》，2016年北京市预算资金近1亿元用于搭建对外展示与交流平台、推动企业参加国际大型展会等，包括举办第十四届北京国际图书节、第六届北京国际电影节、北京影视剧非洲展播季等，以推动产品和项目走向国际市场，提升海外影响力。借助国家"一带一路"战略布局，有针对性地实施"走出去"战略，北京市新闻出版广电业将迎来新的发展契机，国际影响力和竞争力有望得到大幅提升。

三　推进北京市新闻出版广电行业发展的建议

（一）完善精品创作生产长效机制，推出更多优秀作品

北京作为中国的首都、首善之区，是敏锐反映全国政治、经济、文化的风向标，因此也担负着引导社会舆论、传播正能量的重任。近年来，北京地区新闻出版广电产业在内容创作方面仍然存在有"高原"、缺"高峰"的情况。建议政府管理部门继续完善精品创作生产长效机制，推出更多表现中国梦主题、弘扬社会主义核心价值观、传承中华优秀传统文化、反映时代精神、展现首都风采的图书和广播影视精品。

一是建议加强各种奖项、基金的引领作用，争取推出更多出版精品。以中国出版政府奖、国家出版基金、优秀古籍整理出版项目等为抓手，抓精品、抓原创，完善政府扶持精品出版物长效发展机制，引导出版单位和作家多出书、

出好书。二是建议以工程项目为带动，推动创作更多优秀影视作品。包括实施中国梦影片创作工程、社会主义核心价值观电影创作工程等，从立项、资金、人才、播映、评奖等方面支持重点选题，精心组织电视剧、电影、动画片、纪录片的创作生产。开展北京地区广播电视公益广告专项资金扶持项目，提升公益广告播出质量。三是建议净化网络环境，提高网络视听节目质量。建议开展专项行动，净化网络环境。强化播出机构和创作者的社会责任意识，突出强调社会效益优先于经济效益，推动网络剧、微电影、网络视听节目精品创作。

（二）加强产业发展顶层设计，实现产业深度融合发展

"十三五"已经开启，建议政府主管部门尽快出台北京市新闻出版广电行业"十三五"时期发展规划，优化产业顶层设计，加强园区、基地建设，打造京津冀一体化产业圈，继续走生态文明发展道路等，引领产业在未来五年实现新的突破和发展。

科技是第一生产力，尤其是在当前数字技术突飞猛进的大背景下，更应把推动科技创新作为产业发展的第一推动力。在新闻出版方面，建议加强对大数据、云计算、人工智能、3D打印技术、绿色印刷技术、现代物流技术的应用，提升各产业链的科技含量，降低生产成本，创造产业附加值。在广电领域，建议加大对影视特效，3D、4D影视制作，显示放映技术，移动多媒体广播（CMMB），下一代广播电视网（NGB）等服务支撑技术，人机交互、大数据智能处理等文化科技中间技术的研发与应用力度，推动广播影视制作、传输、播映全流程的优化升级，提高数字化水平。

在当前创新融合的大背景下，建议将推动北京市传统业态和新兴业态融合发展最终形成一体化发展格局作为产业重要的发展目标。一是加快发展新媒体新业态，鼓励传统媒体占领新兴舆论阵地、形成新的增长点，推动主流媒体积极拓展视听新媒体业务，推进首都大媒体平台建设，增强主流媒体对网络舆论的影响力。二是加快网络出版、手机出版、云出版等数字出版新业态发展，推动广电试点企业歌华有线公司，充分利用双向进入业务许可开展宽带接入、歌华飞视等三网融合业务，引导相关企业发展三网融合新业态，促进三网融合新产品、新业务的推广应用。三是发挥北京网络广播电视台作用，推进台网联动，深度融合，提升广电媒体在新媒体领域的竞争力，最终构建起多元化的产业发展格局。

（三）完善公共文化服务体系，提升公共服务水平

北京市新闻出版广电公共文化服务虽然走在全国前列，但在公共服务标准化、均等化等方面仍存在问题，在全民阅读工程，益民书屋工程，广电村村通、户户通工程等方面仍存在有待完善和提升的地方。有鉴于此，建议北京市可在以下几个方面着力，进一步完善公共文化服务体系，提升公共服务水平。

以北京市人民政府出台《关于加强基层公共文化服务工作的意见》《首都公共文化服务示范区创建方案》《北京市基层公共文化设施建设标准》《北京市基层公共文化设施服务规范》等"1＋3"文件为契机，积极推进公共服务的标准化、均等化。一是推进社区书屋建设。北京市社会建设工作领导小组办公室关于实施《北京市社区基本公共服务指导目录（试行）的意见》，明确将社区益民书屋的建设纳入北京市为群众拟办重要实事内容。目前，全市共建设898个标准不一、情况不同、各具特色的图书室。建议下一步统一社区书屋建设标准，扩大覆盖范围，实现服务标准化和均等化。二是统筹利用广播电视村村通、户户通等传输覆盖方式，完善村村通、户户通等公共服务保障机制，提升广播电视公共服务品质。三是完善农村公益电影放映管理办法，开展电影惠民放映活动，利用重大节日开展电影"进社区、进工地、进军营、进福利院所"活动，丰富北京地区农村群众的文化生活。

鼓励引导社会力量、社会资本参与新闻出版广播影视公共服务体系建设，探索政府与社会资本合作模式（PPP模式）。美国新闻出版公共文化服务模式运作是PPP模式的典范，充分运用了PPP所带来的"一加一大于二"的机制效应，突破简单化的"融资模式"理解，上升到从管理模式创新的层面上理解和总结。2016年，北京市也出台了《关于政府向社会力量购买公共文化服务的实施意见》和《政府向社会力量购买公共文化服务指导性目录》，建议益民书屋、户户通工程采取政府和社会资本合作模式，允许企业尤其是民营企业参与其中，解决公益类工程因经费短缺而造成的管理缺失和可持续发展问题。

建议吸收民间力量，设立北京市"全民阅读公益基金"，推进全民阅读。文化基金会通常比政府更能满足公众差异化的文化需求，并且能够对政府的文化职能进行补充。目前，随着国家和社会对推动全民阅读工作的重视，"买书难"的情况已有所缓解，但市民在图书选择方面仍然缺乏专业选书指导，缺

少专家解读，缺乏激发阅读欲望的恰当形式，而政府机构在推动全民阅读的具体工作上往往难以兼顾，因此，建议由政府发起倡议通过吸收民间力量来设立"全民阅读公益基金"。在具体做法上，可以由政府拿出一部分资金，倡议民间机构与企业合力设立公益基金，或政府发出倡议，由民间力量设立基金。

（四）加快"走出去"步伐，提升对外传播水平

北京地区汇聚了大量优秀的新闻出版广电企事业单位，拥有众多优秀文化产品资源，在"讲好中国故事"，"传播中国声音"，推动新闻出版广播影视作品、资本、品牌"走出去"方面具有得天独厚的优势。建议进一步加强顶层设计，推动新闻出版广播影视产品和服务"走出去"，提升首都出版广电行业的国际影响力和传播力。包括：围绕"一带一路""丝路书香工程"等，设计制定若干"走出去"奖励扶持政策和办法，加大对出版"走出去"内容产品的补贴力度，支持电台、电视台节目境外落地，支持"走出去"机构在海外实施公司化运作、本土化战略、全媒体发展等；鼓励企业参加美国书展、釜山国际电影节、戛纳电视节、中国国际版权博览会等国际大型展会和交流活动；提升北京国际电影节、北京国际图书节等平台的服务水平，吸引更多国外展商，提高节展的国际化水平；发挥企业主体作用，积极总结民营企业"走出去"经验做法，鼓励企业通过设立、收购、合作等方式，到境外投资兴办实体，壮大"走出去"力量，实现企业"走出去"、品牌"走出去"和资本"走出去"。

分 报 告

Topical Reports

B.2
2015年北京市图书出版业
发展报告

摘　要：　2015 年北京图书出版业整体发展态势良好，产业结构、相关
　　　　　政策、与电商的合作、数字阅读规模、实体书店等领域的发
　　　　　展都有可圈可点之处。但存在的问题也很明显，体制现代化
　　　　　有待提高，经营方式依然较为落后，数字化转型依然在路上。
　　　　　针对这些问题，建议着重从体制、经营、数字出版等方面采
　　　　　取有针对性的措施。

关键词：　图书出版业　数字阅读　数字出版　北京

2015 年，我国图书出版业的发展态势良好，整体实现了平稳增长。图书
出版共实现营业收入 822.6 亿元，较 2014 年增长 4.0%；利润总额达 125.3 亿
元，同比增长 7.0%。图书出版种类达 47.58 万种，较 2014 年增长 6.11%；总
印数达 86.62 亿册（张），同比增长 5.83%。① 与此同时，我国绝大多数出版

---

① 国家新闻出版广电总局：《2015 年新闻出版产业分析报告》，2016。

社的经营规模都实现了不同程度的增长。与全国图书出版业发展态势基本吻合，无论是从出版单位的数量，还是从图书品种、总印张、总印数、总定价等指标来看，平稳增长是 2015 年北京地区图书出版业发展的总体状况。与其他地区所不同的是，作为全国的文化中心，北京市出版单位的数量占到全国出版单位总数的四成，其中不乏颇具影响力的中央级出版单位和优秀的市属出版社，这些都为北京地区图书出版业的发展创造了良好的先天条件，为此，过去一年北京图书出版业出现了诸多亮点。当然，受网络媒体的持续冲击以及传统体制机制改制不彻底等因素的影响，北京地区的图书出版业也存在一些问题。

一　2015年北京市图书出版业的基本情况

（一）图书出版业整体发展态势良好

根据相关调查统计，近年来，北京地区出版单位数量约占全国四成，主要为中央级出版单位。截至 2015 年底，北京地区共有图书出版单位 238 家，其中，中央级出版单位 219 家，北京市属出版单位 19 家，共占全国图书出版单位总数的 40.75%。大规模优秀的出版单位为北京地区新闻出版业的发展奠定了坚实的基础。

如表 1 所示，2015 年，北京地区出版图书 205992 种，新出图书 115397种，重版、重印图书 90595 种，相较于 2014 年，分别增长 6.04%、1.58%、12.33%，增幅远远超过 2014 年同期；2015 年，全国出版图书、新出图书和重版、重印图书分别为 475768 种、260426 种、215342 种，较 2014 年同期分别增长 6.10%、1.77%、11.84%。2015 年北京地区与全国图书出版品种数量增速基本持平，且均较 2014 年度有大幅度增长，说明图书生产能力进一步增强。而无论是北京地区还是全国，重版、重印图书增速均远超新出图书，这说明图书出版结构经过调整、优化的成效进一步显现出来。

2015 年，北京地区图书出版行业资产总额达到 786.25 亿元，较 2014 年增加 70.88 亿元，增长 9.91%；营业收入 422.97 亿元，较 2014 年增加 12.90 亿元，增长 3.15%；增加值 150.22 亿元，较 2014 年增加 14.35 亿元，增长10.56%；利润总额 41.32 亿元，较 2014 年减少 12.16 亿元，降低 22.74%。

其中，资产总额、营业收入和增加值均实现稳步增长，说明北京地区图书出版行业整体发展态势良好。

表1 北京地区和全国图书出版种数

单位：种，%

指标		出版图书		新出图书		重版、重印图书	
		种数	年增速	种数	年增速	种数	年增速
2014年	北京地区	194259	1.10	113605	1.56	80654	0.48
	全国	448431	0.90	255890	-0.04	192541	2.17
2015年	北京地区	205992	6.04	115397	1.58	90595	12.33
	全国	475768	6.10	260426	1.77	215342	11.84

表2 北京地区图书出版业经济规模

单位：亿元，%

年度	资产总额		营业收入		增加值		利润总额	
	金额	年增速	金额	年增速	金额	年增速	金额	年增速
2014	715.37	12.12	410.07	-0.26	135.87	-0.17	53.48	-7.19
2015	786.25	9.91	422.97	3.15	150.22	10.56	41.32	-22.74

综合以上指标，可以看出，目前，北京地区图书出版产业发展程度相对成熟，2015年继续实现了正增长，发展态势稳定，具有较强的图书生产能力。

（二）图书出版产业在产业结构中比重逐步加大

从产业结构来分析，图书出版产业资产总额、营业收入、增加值、利润总额四个指标在北京市新闻出版全行业中的占比如表3所示，资产总额自2011年以来逐年增长，到2015年占比达到35.31%，在图书出版、音像电子、报纸期刊、印刷复制、出版物发行等产业结构排名中居首位。营业收入占比从2011年的28.48%增长为2015年的33.05%，在北京地区新闻出版产业结构中居首位。增加值所占比重由2011年的22.93%逐步增长为2015年的31.66%，较上一年增加4个百分点。利润总额所占比重，从2011年快速增长到2015年的63.19%，实现了大幅度增长。综上可知，近年来，北京市图书出版业发展态势良好，在新闻出版行业中所占份额逐步扩大，已逐渐发展成为北京地区新闻出版广电产业的核心支柱产业。

表3　图书出版产业在北京地区出版产业结构中的占比

单位：%

年度	资产总额	营业收入	增加值	利润总额
2011	29.31	28.48	22.93	37.05
2012	30.76	29.86	26.17	42.11
2013	32.48	32.68	26.69	48.21
2014	33.52	32.42	27.66	45.02
2015	35.31	33.05	31.66	63.19

（三）相关政策的出台稳步推进出版改革

2015年9月，中共中央办公厅、国务院办公厅印发了《关于推动国有文化企业把社会效益放在首位、实现社会效益和经济效益相统一的指导意见》。指导意见指出了出版单位下一步的主要改革方向，在完善国有文化企业内部运行机制、推进股份制改革、推进兼并重组、完善资产监管等方面做出了具体的规定。

1. 制定传媒企业特殊管理股办法

2013年中共十八届三中全会提出，已经完成转制的重要国有传媒企业探索实行特殊管理股制度。2015年，围绕特殊管理股制度的实施范围、实施办法等，中央有关部门开展了一系列的调研工作，特别是针对新媒体的快速发展，制定了实行特殊管理股的办法，2016年正式进行试点。

2. 成立有对外专项出版权的企业

2014年，国家新闻出版广电总局制定了《非公有制文化企业参与对外专项出版业务试点办法》，规定非公有制文化企业与国有出版机构合作成立新公司，可以给予对外出版的专项出版权。2015年，此项改革初见成效。8月，经总局批准，北京华语联合出版有限责任公司成立，该公司由北京联合出版有限责任公司（国有出版机构）以持管理股方式与北京时代华语图书股份有限公司（非国有文化公司）共同出资设立，是我国第一家持有对外专项出版权的企业，也是我国第一家实行特殊管理股的出版企业。① 还有一些非国有文化公司也在申请对外专项出版权，预计未来会有更多企业获得此项权利。

3. 进一步推进产业升级和融合发展

近年来，随着信息技术的不断进步，数字出版呈现快速发展的趋势。与此同时，国家层面也对数字出版的发展给予了极大的关注和支持。2014 年 4 月，国家新闻出版广电总局、财政部联合发布《关于推动新闻出版业数字化转型升级的指导意见》，目的在于促进出版单位的进一步转型升级。2015 年 4 月，总局发布《关于推动传统出版与新兴出版融合发展的指导意见》，旨在进一步推动传统媒体与新兴媒体的融合发展。意见明确提出，要大力支持传统出版单位跨地区、跨行业、跨媒体、跨所有制发展，鼓励兼并、联营、重组，培育一批实力强大、具有国际影响力的新型出版传媒集团。

（四）出版社与电商平台合作加深

近几年，在第三方电商平台的快速发展与国家相关政策的支持下，出版跨界电商渐成热潮。2015 年，各类出版社积极与电商合作，出版相关图书，搭建和发展网络营销平台，发展数字出版平台。

1. 数字产品种类更加丰富

2015 年，随着与新兴媒体的融合发展进一步深入，传统出版单位纷纷搭建电商合作平台，上线数字产品。2015 年，中国大百科全书出版社采取了多项措施增强自身数字化建设：顺利研发完成并上线了《中国大百科全书数据库》的在线版、单机版等多个版本；全年新上线手机阅读产品达 100 余种，在线品种达 800 多种；为苹果 iBooks 成功制作并上传 100 余种作品，成为 iBooks 在中国地区的第一批内容提供商。② 近年来，中国农业科学技术出版社高度重视数字出版业务，2014 年 4 月，出版社成立了数字出版中心，积极谋划重大项目，截至目前，已有 7 个项目获立项；2016 年 8 月，中国农业科学技术出版社申报的"种业数字服务平台建设"项目获立项，成为出版社目前获得资助金额最大的一个项目。

---

① http：//bjrb.bjd.com.cn/html/2015 – 11/12/content_ 327060.htm.

② http：//www.chnyin.com/news/2016 – 01/17491.html.

此外，该出版社顺利成为国家数字复合出版系统工程应用试点单位。[①]

2. 线上销售渠道拓展升级

2016年1月，天猫图书首次对外发布了"2015天猫图书白皮书"，根据白皮书数据，2015年共有8000万消费者在天猫图书购书，总计成交75亿码洋，同比增长73%。[②] 而京东、当当的图书销售业绩也十分可观。2015年，京东纸质图书总销量超过2亿册，电子书总下载量达到5500万册。2015年，当当纸质图书销售近5亿册，电子书下载量达亿册，电子书同比增长近50%。线上整体销售增长速度同比高于线下实体销售，保持了强劲的增长势头。近两年，随着当当、亚马逊、京东等电商巨头对图书品类平台业务的进一步建设，线下书店和出版商与线上零售的关系发生了微妙的变化。实体书店开始更多地借助于电商平台构建线上销售体系；出版社改变与电商之间简单的供货关系，进一步以旗舰店形式进驻电商平台，并成为和电商平台、分销商共同构建的平台生态中的品牌维护者。

3. 自建电商平台成热潮

出版社自建电商平台的模式主要有在某个电商平台上建立店中店、开微店、自建销售网站等。2015年7月，人民卫生出版社慕课平台正式启动了医学类的慕课建设工作，计划建成68门医学专业教学慕课。截至目前，该计划的61门课程已经制作完成并发布。在此基础上，人民卫生出版社开始着手于人卫开放大学的建设，旨在打造智能型的综合服务平台，增强自身在业内的竞争力和影响力。[③]

4. 与电商合作范围更加广泛

2015年8月，第十三届北京国际图书节正式开幕，京东图书音像在本次图书节中成功参展，并荣膺唯一的电商平台协办方，充分印证了京东在国内图书电商中的领导者地位，也肯定了其品牌与价值在图书领域的影响力。随着全民阅读规模的逐渐扩大，京东将在图书音像市场中起到越来越明显的作用，其便捷的一站式阅读、丰富的购物体验将为其赢得更多的用户和发展空间，也将进一步推动全民阅读时代的到来。毋庸置疑，京东在图书生态链方面的全面布

---

① 《中国农业科学技术出版社最大数字出版项目获批》，出版网，2016年9月16日。
② http://fuwu.imaijia.com/detail/analyse/20160127/76892.htm.
③ 《2016数字出版：出版社转型升级"有为有位"》，创印网，http://www.chnyin.com/news/2016-01/17491.html。

局，将对图书出版业未来的发展产生深远的影响。①

这些在互联网的冲击下做出新尝试的出版企业，将为更多的出版企业提供成功的示范样板。

（五）数字阅读规模持续增长

近年来，随着移动互联网的迅猛发展，数字阅读已经成为主流的阅读方式。据 2015 年全国国民阅读调查报告，我国民众的纸质阅读率首次被数字化阅读率反超。2016 年，第二届中国数字阅读大会上发布的《2015 年数字阅读白皮书》显示：2015 年，中国数字出版总体产业收入已超过 4400 亿元，数字阅读用户规模达到 2.96 亿，可谓读屏时代已经到来。值得一提的是，手机凭借其便捷性成为用户进行数字阅读的首选载体，使用手机阅读的用户所占比重达到 52.2%，是使用电脑进行阅读的用户的两倍。此外，在中国数字阅读城市指数榜单中，成都名列第一，深圳、北京分别为第二、第三。②

为了顺应数字阅读的发展趋势，2015 年，北京市新闻出版广电局与中文在线共同推出了"书香中国"定制化移动阅读平台，该平台主要针对机构用户开发，旨在推动各级政府及企事业单位利用数字化的手段和移动互联网的方式开展全民阅读工作，从而拓展阅读资源、扩大受众范围，有利于促进学习型组织建设和"全民阅读"的繁荣发展。③

（六）实体书店发展前景值得期待

自 2013 年起，受各种扶持政策和措施的影响，图书发行领域出现了回暖的局面。据北京开卷公司的数据，2015 年，全国图书零售市场规模进一步扩大，销售额达到 624 亿元，较 2014 年的 553 亿元增加 71 亿元，增长 12.8%。全国实体书店零售市场在 2015 年继续保持正向增长，销售额达到 334 亿元，

① 《2015 北京国际图书节，京东成唯一电商平台协办方》，凤凰网，http：//book. ifeng. com/a/ 20150827/17154_ 0. shtml。
② 《我国数字阅读用户已接近 3 亿》，中国新闻网，http：//www. chinanews. com/sh/2016/04 - 13/7833251. shtml。
③ 《"书香中国"移动阅读平台正式启动》，中国百科网，http：//www. chinabaike. com/zixun/ hangyezonghe/2015/0830/3180864. html。

同比增长0.3%。其中，北京、上海等一线城市的实体书店发展较快，销售额同比增长达到5.8%。①

1. 实体书店扶持政策将进一步出台

2015年，国家新闻出版广电总局与中宣部、国家发改委、财政部等部门通过广泛调研，制定了扶持实体书店的政策措施，2016年已正式颁布。在相关政策的保驾护航下，北京市相当数量的实体书店将进一步增强自身实力，挖掘自身特色，打造专属品牌，形成具有一定规模的、多类型、高质量的实体书店群体，实现实体书店可持续发展。目前，实体书店资金扶持工作已纳入北京市"十三五"时期公共文化服务体系建设之中，预计5年资金总投入过亿元。②

2. 实体书店规模扩大

在良好的政策的推动下，北京市特色书店纷纷逆势扩张，开设分店。2015年3月12日，单向空间（原名"单向街图书馆"）北京朝阳大悦城店在朝阳大悦城5层开业。4月23日，三联韬奋24小时书店清华分店开业。

3. 网络书店向线下转移

2015年，互联网巨头开始进军线下，纷纷推出开设实体店的计划。2015年11月，亚马逊开设了第一家实体书店，并计划在2016年将实体书店数量扩展到400家。继亚马逊之后，当当网也推出了自己的实体书店发展计划，计划在三年内开设1000家实体书店，并且实行线上线下同价。③互联网巨头制定进军线下实体书店的策略，主要是基于丰富用户体验、利用线下反哺线上平台的考虑，这也侧面证明了实体书店提供的产品、服务、消费体验和文化氛围是网络书店所无法取代的。

三 北京市图书出版业存在的问题

根据有关统计数据，自2011年以来，北京市图书出版业资产总额逐年递

---

① 《报告：2015年全国图书零售市场同比增长12.8%》，中国经济网，http://www.ce.cn/culture/whcyk/cysj/201601/21/t20160121_ 8437397.shtml。

② 《北京今年投入1800万元扶持实体书店》，新华网，http://news.xinhuanet.com/book/2016 - 08/12/c_ 129225708.htm。

③ 《当当未来3年开1000家实体书店 超八成开在县城》，中国新闻网，http://finance.chinanews.com/cul/2015/12 - 03/7654027.shtml。

增，营业收入和增加值除在 2014 年出现小幅下滑外，都实现了逐年增长；利润总额总体增长明显，但年增长率并不稳定。整体来看，北京图书出版产业经济规模发展态势比较稳定。然而，近年来，在外部环境逐渐发生变化的情况下，北京图书出版业的发展仍面临体制机制、经营方式、数字化转型等许多问题，发展前景难以预料。

（一）体制现代化程度有待提高

1. 宏观管理体制

目前，北京市图书出版业仍存在一些管理体制上的问题，这些问题一定程度上阻碍了北京图书出版业的健康发展。

（1）条块分割问题尚未彻底解决

目前，在京的出版单位分为两类：中央单位与市属单位。其中，中央出版单位数量占到北京地区图书出版单位总数的九成以上，其总产值约占我国出版业的 50%。但二者之间不同的隶属关系和不同的利益关系加大了管理难度，制约了新闻出版管理体制的发展，同时，中央单位与市属单位之间缺乏有效的沟通渠道和行之有效的合作机制，这在一定程度上影响了北京地区图书出版业的健康发展。

（2）民营文化工作室与出版社的合作模式还未完全捋顺

近年来，民营文化工作室在图书出版市场中呈现良好的发展活力，但其虽为从事图书出版的行业内公司，却一直处于国家体制外的性质并没有彻底改变，这种状况不利于其在图书出版市场上的发展竞争。由于政策的限制，民营书业不能独立出版图书，图书出版只能通过以选题策划的方式与出版社合作，并且在合作中处于被动地位，没有自主决策权，这阻碍了其图书出版的发展。同时，这种合作模式使一些出版社过度依附于民营文化工作室，从而失去发展动力。

2. 微观管理体制

党的十八大以来，出版体制改革步入新的发展阶段。十八届三中全会明确提出：继续推进国有经营性文化单位转企改制，加快公司制、股份制改造。目前，大部分经营性出版单位已经完成转企的阶段性任务，但仍有许多出版企业只是简单地变事业单位为企业单位，并没有真正建立现代企业制度，转企改制尚不彻底。同时，经营主体地位不明确，不能真正实行企业化经营，阻碍了图书出版企业自身的良性运营。而在股份制改造方面，北京市的图书出版上市公司，目前基本没有建立股权激励。此外，许多图书出版企业尚未建立起合理有效的激励机制和系统的制度安排来适应市场竞争的需要，不利于企业自身的长远发展。[①]

（二）经营方式依然较为落后

1. 经营品种较为单一

北京地区图书出版存在的主要问题是新书的销售情况不理想，过去出版图书和引进版的图书长期占据畅销书排行榜。此外，在图书销售品类中，教辅类图书所占比例过大，各类图书出版比例呈现一定程度上的失调。这种情况长期来看必将会阻滞北京地区图书出版业的发展。而北京市属出版社图书出版情况主要是数量累加，经营品种比较单一，总体图书生产能力较弱。由此可见，北京地区图书出版结构仍然需要进一步优化调整。

2. 粗放式经营导致库存激增

目前，我国图书出版业的粗放式经营管理模式尚未得到明显改善，库存问题仍然存在。由于图书行业特殊的寄销模式，图书出版社与经销商之间缺乏统一对接的行业标准，信息流通十分不畅。出版社对图书的市场上架情况、销售情况不能及时掌握，从而很容易造成库存激增的问题。[②] 产品滞销压力全部由出版社承担，这种情况不利于北京地区图书出版业的健康发展。

（三）数字化转型依然在探索

随着数字阅读的日益发展和普及，数字出版渐成气候，出版企业纷纷进军数字出版谋求自身转型发展。尽管北京市数字出版产业发展势头强劲，产值屡创新高，但产业链尚不健全。同时，盈利模式、版权保护、行业标准、品牌影响、渠道建设、人才队伍等困扰数字出版产业多年的问题仍未完全解决。集中表现在：第一，数字出版产业链利益分配关系失衡；第二，优质数字内容生产

---

① 赖政兵：《中国出版业制度创新研究》，江西财经大学博士学位论文，2012。

② 《库存之殇：出版业粗放经营的"恶之花"》，https://site. douban. com/210084/widget/notes/13276908/note/502721820/。

较少，主流数字产品开发不足；第三，数字出版盈利水平和品牌建设能力较为弱小；第四，复合型数字出版人才短缺。此外，互联网思维的缺乏也是阻碍传统出版企业的数字化进程的主要原因。

1. 数字出版产业链利益分配关系失衡

数字出版产业链是由上游的内容提供商、出版商，中游的技术提供商、平台服务商和下游的产品发行商等多个环节构成的，涉及多个领域和行业，较传统的线性产业链更为复杂。其中，平台运营商由于拥有传统出版社所不具备的传播渠道和用户资源，从而获取了数字出版产业的绝大部分利益。而在技术、资金、经营理念和运营方面都不具备优势的出版社和不握有资源的作者由于缺乏谈判话语权和定价权，尽管付出了长期积累的品牌、信誉资源，却所得甚少。由此可见，数字出版产业链利益分配关系失衡，形成一条亟须整合的产业链。

2. 优质数字内容少，主流数字产品开发不足

由于图书出版业的数字化转型仍处于探索过程中，目前缺乏成熟有效的经验和模式。内容生产上，主要依靠线下图书产品和网络资源等，因而原创内容生产力不强。而随着数字出版规模的扩张，数字出版物的内容在数量上激增，加大了互联网出版监管的难度，从而便导致数字出版内容泛滥，质量参差不齐，导致为数不多的优质数字内容被淹没，这不仅不利于数字产品品牌的创建与打造，也在一定程度上导致同质化现象严重。与此同时，数字化阅读出现碎片化、快餐化浅阅读趋势，不利于提升读者的人文修养。

3. 数字出版盈利模式尚未成形

数字出版作为出版业未来一个时期的发展方向，受到传统出版企业的关注和追捧，但我国的数字出版目前还处于探索阶段，成熟的盈利模式尚未成形。

大部分出版社虽然采取了数字出版方式，但是盈利方式较以往并没有明显改变，尚未形成合理有效的盈利模式。出版单位凭借强大的内容优势可与技术运营商开展合作，但由于缺乏核心技术和用户资源，在合作中常常处于被动地位，受到多方面限制。此外，互惠互利的合作模式有待建立普及。单一的原始合作模式致使内容提供商和出版商无法参与数字化的过程，失去了对数字出版内容的自主决策权。这在一定程度上造成了图书数字出版利润小，出版社与出版商的数字化转型动力不足。

4. 数字出版人才紧缺

在传统出版企业的数字化转型过程中，复合型数字人才的培养和引进起到十分重要的作用。相较于传统出版，数字出版不仅是由技术的发展而带来的内容载体、传播渠道的变化，也不仅是整个出版产业链、出版体系的变革，而且还是互联网时代经营理念、出版观念的变化。因此，出版企业的数字化转型便对专业出版人才提出了更高的要求，人才短缺的问题也日益突显。而单靠技术人才的引进并不能解决当前的人才紧缺问题，因此，出版企业需要引进既熟悉数字技术，又了解市场需求的复合型数字出版人才，增强自身人才队伍建设。

5. 互联网思维缺乏

互联网思维对出版业的影响是全方位的，它深入传统出版业改革的每个环节。在互联网时代，"基础业务＋增值业务"是新兴的发展模式，但目前许多出版单位仍停留在传统图书出版业态上，对互联网的认识局限在图书增值服务上，仍寄希望于依托传统纸质图书出版寻求发展，从而导致出版的内容往往与市场的需求脱钩。

近几年传统出版业为谋求自身转型，纷纷开办了各色新业务，但这些新业务大多从自身业务资源和优势出发，所以高度依赖传统业务。由于缺乏对用户需求的考虑，传统出版业的运作效益往往不能得到保障，出现问题时，传统出版业多采取传统资源转移的方式来继续扶持。这种转型模式过度依赖出版单位原有的业务资源，传统业务处于快速下滑时，则会使出版单位陷入窘境。

在互联网时代，出版单位需要转变思维，以用户为中心，将内容和数据作为可为用户提供的产品，努力探索创造新的盈利模式。

四　北京市图书出版业发展对策

（一）推进体制建设

1. 优化宏观管理体制

近年来，民营出版企业不断发展壮大，对推动出版业的发展起到十分重要的作用。可尝试逐步将民营出版企业纳入体制内进行管理，从与出版社合作出版过渡到与出版社合资成立股份制公司。北京市政府可成立专门的民营出版企业监管机构，负责其内容选题、审核出版等工作，不断优化体制机制。目前正在探索的"制作＋出版"分离就是一种很好的尝试。

2.继续深化"转企改制"工作

北京市图书出版业"转企改制"工作已经取得一定成效，但仍需进一步深化。北京市政府应从顶层设计上对北京市出版行业的"转企改制"工作提出明确要求，例如，严格按照现代企业制度要求，深化内部改革，转变管理机制，建立产权清晰、权责明确、政企分开、管理科学的现代企业制度，并依照政企分开、政资分开的原则，逐步与原行政主管部门脱钩，加快公司制、股份制改造，大力推动出版传媒企业上市、加大兼并重组力度、加快现代管理制度建设、广泛开展跨界合作、积极开拓消费市场等，以实现科学发展，逐步把企业做强做大。

此外，出版社要实现转企和发展的目标，必须从根本上转变思想观念，树立市场意识，认识到"出版回归市场"的深远意义。

（二）创新自身经营方式

图书出版社需要转变自身经营模式，明确经营主体性质，建立现代企业管理制度，还以企业的本来面目，加快推进图书出版机构的公司制改造，完善法人治理结构。我国出版类上市公司的多元化经营或可提供给图书出版社一些新的启发。

目前，我国出版类上市公司的运营模式主要有以下三种。

第一种是为用户提供一站式服务的运营模式，这种模式以用户需求为中心，其优点：一是用户购买服务方便快捷；二是能同时满足用户的多种相关需求；三是可将品牌效应由一个环节扩展到整个产业链。

第二种是以内容为中心向关联产业多元拓展的运营模式。这种模式有利于内容产业与其相关产业间的资源整合与联动发展。

第三种是以版权为中心，实现多媒体联动发展。①

以上三种模式从内在本质上看都属于多元经营。多元经营在新的市场环境下固然有其优势，但企业切不可急于谋求发展而盲目追求多元经营。一方面，多元经营对企业的资本、人才、技术等各方面的条件有较高的要求，对自身情

---

① 《库存之殇：出版业粗放经营的"恶之花"》，https：//site. douban. com/210084/widget/notes/13276908/note/502721820/。

况评判不足容易掉入多元经营的陷阱；另一方面，多元经营不同于全面经营，它要求企业在正确认识自身资源优势和市场需求的基础上，有选择地着重拓展几个方向，而不是发展所有业务。

（三）推进数字出版进一步发展的措施

1. 完善数字出版产业链条

（1）政府加强宏观政策引导

政府相关主管部门通过制定各种方针政策，引导我国数字出版产业的发展方向和整体布局，并要采取各种措施来规范行业发展秩序，例如，建立行业准入机制以限制行业内个别企业的不当行为，从而为数字出版业创造有利的发展环境。相关职能部门需要承担起相应的监管职责，加大对市场的监管力度，加强对各项标准建设，制定并严格执行相关的条例政策，从而达到规范数字出版市场秩序的目的，为数字出版的健康发展提供良好的市场环境。

（2）整合数字出版产业链

内容提供商、内容出版商、技术提供商、产品运营商和用户是构成数字出版产业链的主要部分，它们相互依赖、相互补充，缺一不可。目前，我国的数字出版产业链尚不健全，数字出版单位应借助体制改革的契机，整合数字出版产业链，打破行业间壁垒，加强各环节之间的协作，创新数字出版机制，优化资源配置，完善数字出版产业链，促进数字出版的繁荣发展。

（3）建立共赢合作模式

数字出版单位要在做好内容生产的基础上，与技术解决方案提供商建立起良好的沟通合作机制，实现互利共赢和联合发展。

2. 优化数字产品内容

针对数字出版市场数字出版产品质量不高、同质化严重等问题，可以采取以下措施来把数字内容做优、做精。

（1）鼓励原创内容生产

无论是在传统媒体时代还是新媒体时代，内容生产的重要性都不容忽视。在数字化转型升级的进程中，传统出版单位一定要重视内容生产。图书出版单位应根据自身的优势内容资源和特色内容资源，进一步打造具有鲜明特点的数字出版产品，创建系列产品群，使内容资源的功效得到最大限度的发挥。除此之外，传统出版企业要发展和维护好自身出版人才队伍和作者队伍，努力提升优质内容资源的生产能力，同时还要重视和培养用户。

（2）加强对互联网出版的监管

在互联网出版监管方面，不仅要加大监管力度，强化执法，严厉打击数字出版的盗版侵权行为，保护著作者的合法权益；还要加大版权保护的宣传力度，强化版权保护意识，培养网络出版单位和网络技术、服务供应商的责任意识。在此基础上，形成以司法、行政、技术为支撑的完善的版权保护体系。

3. 增强盈利能力

数字出版代表着我国新闻出版未来的发展方向，是我国新闻出版业的战略重点。发展数字出版必须要加快技术升级和融合发展，加速战略转型，加强市场实践，增强盈利能力，将企业做强做大，进而实现新闻出版产业的大发展和大繁荣。

（1）融合发展，构建共赢模式

目前，传统出版单位的融合发展已成必然趋势，而要顺利推进转型升级，技术和渠道是必不可少的资源，因此，数字出版产业链各环节之间要进一步加强共赢意识，建立起良好的交流机制和有效的沟通机制，破除各行业之间的壁垒，实现资源共享、优势互补，确保产业链的平衡发展。同时，更要加强各行业、各地区之间的合作，共同构建新型产业发展模式，实现互惠共赢，进一步推动数字出版产业的发展。

（2）政府扶持，提升企业实力

政府主管部门应积极整合出版企业、技术提供商、渠道运营商、终端制造商等各项资源，打通数字出版产业链的上下游，破除行业壁垒，促进产业链上各个环节之间的协作与发展，推进数字出版重大项目建设。积极开展公共服务平台建设、内容资源数据库建设，加快数字出版软件产品的开发；鼓励终端阅读器等新产品、新载体的研发和应用；打造多网覆盖、技术先进、传输快捷的新型出版内容传播体系。通过鼓励数字出版重大产业项目建设，带动优质资源向大型数字出版企业靠拢，培育一批具有示范效应的优秀的数字出版产业，提高产业集中度，努力提升北京市数字出版产业的国际竞争力。北京市相关负责部门还应设立数字出版专项资金来支持数字出版企业，给予重点数字出版企业、数字出版项目及重大数字出版工程一些资金上的资助。

4. 增强复合型人才队伍建设

在数字化转型中，复合型人才的培养和引入起到十分关键的作用。因此，传统出版企业在数字化转型的过程中，一方面，要制订并实施数字出版高级人才培训计划，学习国外先进理念和技术，提高企业内部从业者的专业素质和能力；另一方面，要大力引进复合型数字出版专业人才，借助北京国家级数字出版基地的各项有利政策，引入既精通数字技术又了解市场需求的专业出版人才，培养一批适应时代发展需求的高素质复合型专业人才，加快国际优秀人才的交流与引入，通过人才体系建设提升自身实力。

5. 拥抱互联网，掌握自身"命运"

传统出版企业在数字化转型过程中，必须拥抱互联网，与用户建立及时、良好的互动，只有这样才能更好地促进自身的转型升级。传统出版企业应为自身注入更多的互联网基因，使互联网思维贯穿改革始终，无论在内容生产、渠道选择上，还是在平台的构建过程中都应以受众为中心，将受众的需求作为出发点。同时，传统出版集团应加快自建平台步伐，在做好内容提供商的基础上，提升自身技术实力，并进一步使自身发展成为渠道销售商，从而打造一条自己掌握的数字出版产业链。

在数字化时代，传统出版单位要立足"互联网＋图书"领域，需要做好三个方面的工作。一是努力做好个性化服务。出版社应该加大自身开发建设力度，提升内容质量，并利用大数据挖掘技术，为用户提供更好的阅读体验。二是聚合资本力量促发展。除了拓展融资渠道，引进互联网技术外，还要培养互联网人才，资金、技术、人才三者共同协作发展，才能顺利实现图书内容出版形态的升级改造。三是努力开发"互联网＋图书"的出版模式。只有拥抱互联网，通过互联网平台与用户形成良好互动，丰富用户体验，增强用户黏性，提高用户忠诚度，才能更好地推进自身的健康发展。

B.3
2015年北京市期刊出版行业发展报告

摘　要： 2015年北京期刊业得到长足发展，品种、产业规模继续扩
大，北京继续保持着全国期刊行业的龙头地位。报刊亭被拆
除，期刊发行量全国领先，多种期刊纷纷改名，成为2015年
北京期刊业的三件大事。但市场定位准确性不足、读者深入
研究缺乏、经营方式落后、新媒体冲击较大程度地制约着北
京期刊业的发展。为此，北京期刊业需要转变经营方式，关
注读者需求，寻求多样化发展，利用媒介融合等措施来实现
自身的突围发展。

关键词： 期刊业　媒体融合　多元经营　北京

2015年，北京市期刊出版行业取得了长足发展，期刊品种不断丰富，产
业规模不断扩大，北京市期刊行业在全国的龙头地位得到进一步巩固。同时，
面对媒介融合、数字化和互联网的冲击，北京市期刊行业在新形势下主动求
变，不断探索改革创新的发展之道。

一　2015年北京市期刊出版业发展概述

北京地区聚集了大量的优秀期刊，期刊种数占全国三成以上，为期刊出版
业的发展奠定了良好的基础。2015年，北京地区共出版期刊3168种，较2011年
增加124种，增长4.07%；平均期印数5539万册，较2011年减少452万册，下
降7.54%；总印数9.32亿册，较2011年减少8700万册，下降8.53%；总印张
68.02亿印张，较2011年减少8.72亿印张，下降11.36%；定价总金额104.13亿
元，较2011年增长7.32%。整个行业发展基本呈现稳定趋势。

图1图例：
种数（种）　平均期印数（万册）　总印数（百万册）
总印张（百万印张）　定价总金额（百万元）

图1数据：

2011年：3044　5991　1019　7674　9703
2012年：3064　5940　1031　7668　10267
2013年：3053　6094　1036　7802　10435
2014年：3123　5867　995　7404　10319
2015年：3168　5539　932　6802　10413

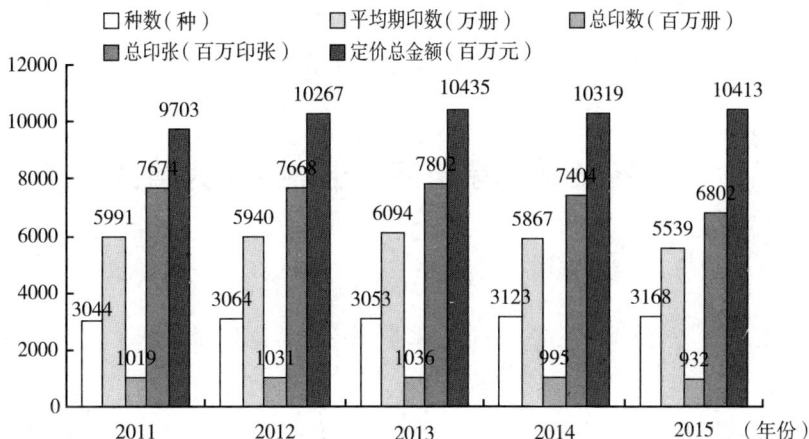

图1　北京地区期刊出版总量规模

如图1所示，近年来，北京市期刊出版业有着良好的行业基础，虽然2015年在个别数据上有所下降，但不影响其整体的良好发展趋势。特别是各项指标在全国的比重基本都呈现上升的趋势。如图2所示，期刊种数占全国比重稳步上升，期刊总印数占全国比重小幅波动，期刊总印张占全国比重增幅较大，期刊定价总金额占全国比重稳中缓升。

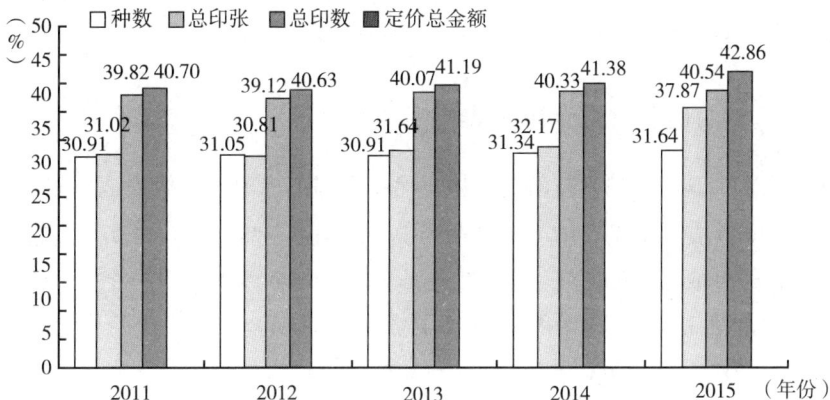

图2图例：（%）
种数　总印张　总印数　定价总金额

图2数据：

2011年：30.91　31.02　39.82　40.70
2012年：31.05　30.81　39.12　40.63
2013年：30.91　31.64　40.07　41.19
2014年：31.34　32.17　40.33　41.38
2015年：31.64　37.87　40.54　42.86

图2　北京市期刊业分项指标占全国比重

总而言之，北京市期刊出版业拥有良好的行业基础，而且在近年来稳步发展，北京地区期刊出版规模总体态势平稳，多数经济指标呈增长趋势。但是，近年来，期刊出版单位企业性质发生了大的变化，同时受互联网、自媒体等读者阅读习惯改变的影响，北京期刊产业经济规模出现波动。

二 2015年北京市期刊出版业重大事件

（一）报刊亭被拆除

从发行市场表现来看，2015年我国期刊整体平均销量延续了2014年的下滑态势，2015年下半年下降率为4.73%，各类期刊表现不一。但是，北京市作为一线城市以及全国的政治文化中心，仍然占据着期刊发行市场的较大份额。①

报刊亭拆改就是期刊发行下滑的写照。据统计，2008～2013年，全国仅邮政报刊亭就被拆除了1万多个，2014年和2015年报刊亭拆改建数量还在增加，拆除报刊亭的一部分原因是纸质报刊的消费者数量减少。另外，报刊亭迅速减少，必会影响读者购买，使读者进一步减少。目前，北京市决定在2016年对五环内的报刊亭全部进行治理。② 一方面，为了改进市容市貌；另一方面，因为报刊零售业下滑严重，特别是杂志销量下滑严重，时尚杂志、女性杂志基本上没有销路，《人物周刊》之类的期刊销路不佳，体育杂志、军事杂志销量都在下滑。

（二）期刊发行量全国领先

北京市期刊行业的发行情况整体仍然在全国范围内占据领先地位。如表1所示，全国销量排名前3的汽车类期刊中，位列第1的《汽车之友》和第2的《汽车导航》都是北京期刊。在女性高码洋时尚类期刊中，第2名的《瑞丽服饰美容》和第3名的《瑞丽伊人风尚》都是北京期刊。育儿类期刊销量全国前三的《妈咪宝贝·孕0～3岁版》、《父母必读》和《妈咪宝贝·孕妈咪》都

---

① 崔江红：《2015年中国期刊产业发展报告》，《中国传媒产业发展报告（2016）》，社会科学文献出版社，2016。
② 《北京：报刊亭、电话亭等五环内公共空间今年全部治理》，http：//cnews. chinadaily. com. cn/2016－03/19/content_ 23957449. htm。

是北京地区出版社出版的期刊。男性高码洋时尚类期刊销量排名前三的《男人装》、《男人风尚》和《时尚先生》都由北京地区的出版社出版。另外，家居类期刊中销量排名前三的期刊《瑞丽家居》、《时尚家居》和《安邸AD》也都由北京地区的出版社出版。

表1 2015年主要期刊销量排名与市场份额

单位：%

类别	期刊名称	销量排名	市场份额
汽车类	《汽车之友》	1	13.90
	《汽车导航》	2	9.67
	《轿车情报》	3	9.28
女性高码洋时尚类	《昕薇》	1	21.77
	《瑞丽服饰美容》	2	20.31
	《瑞丽伊人风尚》	3	14.12
育儿类	《妈咪宝贝·孕0~3岁版》	1	11.80
	《父母必读》	2	10.61
	《妈咪宝贝·孕妈咪》	3	9.94
男性高码洋时尚类	《男人装》	1	20.89
	《男人风尚》	2	15.61
	《时尚先生》	3	14.86
家居类	《瑞丽家居》	1	32.00
	《时尚家居》	2	22.26
	《安邸AD》	3	12.21

（三）多种期刊纷纷改名

2015年，北京市出版发行行业发生了许多变化，大环境催生了行业内部的主动求变。其中，许多期刊改名，是一种为了适应新环境需求的尝试，成为一个有趣的现象。

在期刊国际化的过程中，外文期刊获得了长足发展。2015年，我国批准创办了20种英文期刊，占总数的将近1/3。比如，2015年北京地区批准创办的期刊有《国际汉语教育》（中英文）、《中国东盟报道》（英文）和《当代世界》（英文）。另外，随着我国科研实力的不断增强，学术成果的大量增加，为了提高我国在国际学术界的话语权和影响力，外文学术期刊改头换面，更换刊名，以适应国际化的趋势，成为期刊行业的一大亮点。其中，北京地区的《中国文献情报》（英文）更名为《数据与情报科学学报》（英文），《国际造纸》更名为《造纸与生物质材料》（英文）。①

另外，"小众化"也是期刊出版行业发展的风向标。不少期刊在市场变化中重新定位，进行精细化发行，细分读者市场，满足市场多元化需求。"小众化"在期刊刊名的变化中，具体体现为刊名字义覆盖领域的细化和专业化，比如，2015 年《体育健康知识画刊》更名为《校园足球》，《北京广播电视大学学报》更名为《开放学习研究》。②

最后，不同的时代特点在期刊刊名发展过程中都会有所体现。2015 年，北京地区许多期刊都将新元素融入自己的新刊名。第一，"低碳"元素越来越多地在刊名中被使用。如今，"低碳"发展是许多行业谋求变革与可持续发展的路径，也是许多行业发展的未来趋势。所以，许多行业期刊也根据行业发展态势进行调整，刊名也越来越多地体现"低碳"等绿色元素。例如，北京地区出版的《石油石化节能与减排》更名为《石油石化绿色低碳》，《出口商品包装》更名为《绿色包装》。第二，"数字化"元素也在刊名中被更广泛地使用。在数字化时代，"数字""网络""在线""智能"等热词充斥于各个传播载体中。为了适应数字化的发展趋势，许多期刊也进行了更名，主动融入数字化时代的广阔空间。例如，《学习博览》更名为《在线学习》。第三，"安全"也是一个重要关键词。在科学技术不断发展的当今世界，安全问题所覆盖的维度和空间不断拓展，包括生产安全、信息安全和地区安全问题都成为近年来全球性的问题。许多期刊在原有基础之上，也对安全问题进行了倾斜。比如，2015 年国家批准创办《信息安全学报》，《电脑时空》更名为《信息安全研究》，《新风范》更名为《网络与信息安全学报》。③

---

① 秦洁雯、段艳文：《从 2015 年度期刊创办和期刊更名看我国期刊发展趋势》，《科技与出版》2016 年第 3 期。

② 秦洁雯、段艳文：《从 2015 年度期刊创办和期刊更名看我国期刊发展趋势》，《科技与出版》2016 年第 3 期。

③ 秦洁雯、段艳文：《从 2015 年度期刊创办和期刊更名看我国期刊发展趋势》，《科技与出版》2016 年第 3 期。

三 北京市期刊出版业发展的困境

目前，北京市期刊出版行业虽然在全国处于领先位置，但仍然面临了一些困境。导致期刊行业发展面临困境的因素很多，包括内部因素和外部环境等。

（一）缺乏准确的市场定位

一份优秀的期刊，必须包含先进的办刊理念、精彩的刊物内容以及合理的编辑排版模式。如果一份期刊缺乏明确的自身市场定位，不清楚自己面向的受众有什么需求，就不能够明确什么样的办刊理念、内容和编排方式能够在市场中受到欢迎。这种情况下，期刊的发展就会受到桎梏。一份受到市场欢迎的期刊，必须立足于市场实际需求，拥有明确的市场定位。特别是在大众传播"分众化"的现代社会，期刊由于具有一定的专业性，所拥有的潜在受众其实较为有限，受众群体范围比较狭窄。如果不能把握有限的受众，那么发行与经营就会出现问题。因此，一份优秀的期刊进行准确和全面的市场调查，做出明确的市场定位，并在此基础上合理办刊。目前，北京地区还有部分期刊停留在老一套的办刊思路和方法上，市场定位尚不明确，市场调查也不够详尽。这就导致了办刊理念不够明确，内容质量难以适应受众口味，对刊物自身的优势不能把握，无法避开自身的缺点，容易导致读者的流失。在这种情况下，盲目办刊，无法找到准确的市场位置和发行群体，自然不能获得成功的发行量和忠实的读者群体。①

（二）缺乏对读者的深入研究

读者是期刊出版应当考虑的首要问题，也是期刊出版的直接消费者。所以，要找准市场定位，必须要对读者进入深入调研。期刊的主要受众属于什么群体，受众群体具有什么喜好，都需要进行深入调查。读者调查的一般路径是：调查读者的知识水平和接受能力，进行受众心理分析，分析消费习惯与阅读需求，并进行读者行为的跟踪。如《知音》、《特别关注》和《求索少年》

---

① 刘清荣、刘忠林：《行业期刊的发展困境及突围之路》，《老区建设》2013 年第 20 期。

等一些知名期刊，在读者研究上已经做出成功尝试，对性别、年龄、职业、学历等不同层次的读者都进行了分类调查研究，[①] 并通过读者调查为自己的发行与经营提供现实依据。

当今流行的一个词叫"分众化"，对读者的研究其实也是期刊对自己目标"分众"的确认。当目标读者阅读到优秀的、适合自己的刊物时，马上会有眼前一亮的感觉，短时间内将被刊物的内容所吸引。然而，当前很大一部分行业期刊缺乏对读者的深入研究，还摸不透读者的心理和消费习惯，在图文选取、编排风格等方面还不能针对读者需求进行灵活安排，还不具备吸引读者的能力。[②]

（三）经营方式落后

大部分期刊经营方式落后，仍处于小、散状态，依然仅依靠发行来创收。期刊内容在各类发行物中具有比较高的专业性，本身受众面就比较窄，而且新闻出版行业的读者流失，更进一步导致发行状况不佳。所以，单纯靠发行收入很难维持期刊行业的日常经营，更不用说赢利。再加上近年来印刷与物流成本的上升，致使发行成本支出不断增加，导致一些期刊为了降低成本而减少发行。为此，期刊行业应当充分调动市场化经营手段，整合优势资源，发展多元业务，涉足新兴市场，实现经济效益与社会效益的共赢。但是，现实情况是许多期刊仍然处于固有的老化运作模式，没有真正实现市场化运营，经营模式相对落后，在多元经营层面涉足不够，多元业务的经营能力不强，没有形成固定的盈利模式。

（四）新媒体冲击较大

1. 新媒体掠夺期刊行业的资源

新媒体依托于信息技术优势，内容呈现多样化，传播方式互动化，对传统的新闻出版行业形成了冲击，吸引了大量的读者，也对期刊行业形成了挑战，使一些期刊生存空间越来越小。在此基础上，越来越多的广告主向新媒体倾

---

① 刘清荣、刘忠林：《行业期刊的发展困境及突围之路》，《老区建设》2013 年第 20 期。
② 刘清荣、刘忠林：《行业期刊的发展困境及突围之路》，《老区建设》2013 年第 20 期。

斜,一些传统期刊失去了广告主的青睐。

传统媒体与新媒体之间,在广告市场的竞争可谓相当激烈,传统格局风云突变。用户尤其是年轻群体对于传统期刊的阅读量和忠诚度明显下滑,而以手机 APP 为代表的新媒体被越来越多的人使用,不仅仅限于新闻资讯,还包括了原有期刊承载的具有专业与深度的内容。在媒介融合、大数据营销、多屏互动等新媒体发展趋势影响下,新媒体领域中的传播与经营模式日新月异,近年来扫描二维码参与互动、"摇一摇"等互动方式层出不穷,① 未来广告市场中新媒体所占据的分量可能会越来越大,导致传统期刊行业危机重重。

2. 期刊行业的人才向新媒体"迁徙"

目前,"互联网时代"已然来袭,我国已经进入互联网时代。互联网相关行业成为当下的热门行业,而且在未来的发展前途不可估量。当下,一些互联网行业的待遇已经超过传统行业,互联网行业越来越成为就业的首选。另外,互联网行业还倒逼传统行业开展互联网业务,这也导致对互联网人才的需求量增大。种种迹象表明,未来互联网行业的发展前景可能会超过传统行业。

所以,无论是发展前景还是工资待遇,互联网行业相对于传统行业,都对人才具有更大的吸引力。现今,很多互联网媒体凭借良好的待遇和优越的条件从传统媒体中挖人,一些优秀的传统媒体人向互联网媒体跳槽。人才流失也成为传统媒体今后发展的一大挑战。

作为典型的新闻媒体行业,期刊出版行业同样面临严重的人才流失问题。就某种程度而言,人才流失对期刊行业的打击,是传统媒体中相对而言较大的。因为专业人才对于专业性较强的期刊行业来说至关重要。所以,如何抵挡新媒体所带来的人才流失问题,是当下期刊出版行业面临的一个重要的挑战。②

四 北京期刊产业的突围之路

虽然北京市期刊行业在国内处于领先水平,但是相对于西方发达国家,北

---

① 任杰:《融媒背景下行业期刊的困境与突围》,天津师范大学硕士学位论文,2015。
② 任杰:《融媒背景下行业期刊的困境与突围》,天津师范大学硕士学位论文,2015。

京的期刊行业仍然处于不成熟的发展阶段，其市场发展潜力很大，仍存在有待开发的读者群体。目前，期刊产业作为一种文化产业，越来越受到重视。党和国家出台各类政策推动文化产业快速发展，促使文化产业在未来成为国民经济发展的支柱之一。

所以，在良好的政策环境中，北京市期刊出版行业如何利用政策，不断提高竞争力，开拓市场，这是一个亟须解决的问题。为此，北京市期刊出版行业需要转变经营模式，关注读者需求，寻求多样化发展，利用媒介融合，实现未来长足发展。

（一）转变期刊行业的经营模式

目前，各个期刊的读者群体其实早已稳定与固化。但在买方市场中，读者的需求必须是期刊行业进行转型与发展应当考虑的首要因素。读者存在什么需求，读者的需求存在什么变化，是指导期刊行业发展的导向。以"服务行业、指导行业"为办刊宗旨，想读者之所想，急读者之所需，有针对性地为读者提供最贴心、最实在的服务，全面提升服务行业发展的能力。与其他各类媒体相比，期刊往往更具有深度和专业性，有可能更好地把握行业的宏观政策、发展趋势以及标准信息的发布，在深度报道和分析上胜人一筹。在某些重要社会问题与事件中，期刊应当发挥优势，时刻关注热点，并进行深度分析与解读，推进社会舆论趋于理性。[1]

（二）关注读者需求，提高文章质量

期刊发行量的下降，还存在内容不受读者欢迎的问题。部分期刊内容陈旧，缺乏可读性和趣味性，不被读者所喜闻乐见。因此，期刊应当把内容放在更关键的位置，注重内容与形式相结合，通过知识性、趣味性和热点性相结合的内容激发读者阅读兴趣。通过深入浅出的行文方式，使读者在轻松阅读的过程中能够获取有用信息，以此壮大受众群体。对于热点问题，期刊应该发挥深度解读的优势，必要的时候进行专题、专刊报道。在文风上，期刊行业也可以

---

[1] 任杰：《融媒背景下行业期刊的困境与突围》，天津师范大学硕士学位论文，2015。

参考新媒体的流行用语,将时尚轻松的阅读体验纳入麾下,以此吸引年轻读者。[①]

(三)整合行业资源,寻求多样化发展

2016 年以来,期刊出版行业与其他新闻出版行业一样,缺乏有效的盈利模式,面临生存压力。所以,整合各类资源、开展多元经营是期刊行业盈利并得以继续生存的策略之一。事实上,虽然新闻出版行业中存在激烈竞争和严峻挑战,但是期刊具备其他大众媒体所不具有的优势。所以,期刊行业必须充分发挥和利用这些优势,为相关客户提供相应服务,比如,相关行业的深度分析与解读。除此之外,发展条件较好的期刊还可以开展与自身主营业务相关的连带服务,比如,发行电子期刊,进行会展、广告和咨询业务策划等,在多元业务齐头并进的基础上,逐渐实现社会效益和经济效益共赢,最终实现可持续发展。[②]

(四)搭乘媒介融合,开创发展之路

新媒体的广泛使用,改变了受众的媒介使用习惯,越来越多的人习惯于使用快速、生动以及不受时空限制的新媒体与互联网获取信息。而类似于传统期刊这类略显死板的传播媒体逐渐难以获得读者的注意,也不再适应当下的传播环境。这就导致了用户的流失,进而造成广告客户的流失,也就是主要经济收入来源的流失。面对互联网与新媒体的竞争,传统期刊行业是否还能够保持高姿态?答案是否定的。在当下媒介融合的趋势下,传统期刊行业只有与新媒体开展深度合作,才能够开创发展之路。具体做法有以下几点。

1. 发展电子化期刊

媒介技术决定了信息传播的载体属性,不同的传播载体具有不同的传播特性。当下的数字化技术已经被广泛运用,依托于数字技术的传播载体具有与众不同的特性。比如,数字媒介能够将文字、图像、音频、视频都转化为简易的数字信号,也就是所有的信息都能够被符号化和同源化。所以,期刊行业也应

---

① 任杰:《融媒背景下行业期刊的困境与突围》,天津师范大学硕士学位论文,2015。
② 刘清荣、刘忠林:《行业期刊的发展困境及突围之路》,《老区建设》2013 年第 20 期。

当充分利用和开发电子媒介。事实上，当今许多期刊已经开始出版电子版本，电子期刊与纸质期刊两种不同的载体承载相同的内容，通过两个渠道进行传播，吸引不同的受众群体。这种发展模式使媒介之间的界限逐渐模糊，也是一种媒介融合，逐渐成为期刊未来发展的路径之一。

2. 与新媒体开展合作

传统期刊行业在发展过程中，可以在必要时与新媒体开展合作。双方互帮互助，期刊行业的深度和专业性内容可以有偿出售给新媒体，而新媒体可以利用自身的传播优势，选择性地发布期刊所承载的内容。总而言之，内容生产和传播两项业务可以分开，由不同的媒体承担。一方面，相对而言，期刊行业的内容具有优势，业内具有一大批专业资源与人才，对一些专业领域具有相当高的解读与分析水平。另一方面，与期刊相比，新媒体的传播形式与渠道更加多元，如果能够将严肃专业的期刊内容生动活泼二次呈现和再度传播，能够吸引很多的读者。在此基础上，如果传统期刊行业与新媒体能够在收入分配上达成一致，不失为一种实现共同盈利的合作模式。

3. 依托大数据准确经营

进入大数据时代，用户的行为都可以用大数据记录下来，并转换为各个数据点。在积累了海量数据的基础上，期刊可以设计完整立体的个体行为模型，当个体数量和样本数量足够时，可以进行数据分析，对用户进行精细化分析。对于期刊行业来说，用户数据弥足珍贵。有了用户行为的详细分析，期刊可以调整自身的各项业务，节省大量成本，并且获得最大的广告效应。[①]

五　北京市期刊出版行业的数字化发展趋势

未来，数字化是北京市期刊出版行业的最重要的发展趋势。不仅仅是因为媒介技术的发展，也是社会发展的必然趋势。期刊的数字化发展，包括技术支撑、盈利模式和编辑模式三个层面。

首先，在技术支撑层面，数字化期刊是依托于新技术而出现的媒体形态。数字形式的电子期刊的出现，对传统期刊行业产生了强烈的撼动。新媒体借助

---

① 任杰：《融媒背景下行业期刊的困境与突围》，天津师范大学硕士学位论文，2015。

现代科技的力量发展，其外延在不断扩大。电子杂志、手机杂志以及各类移动或互联网重点的杂志都是期刊行业发展过程中数字化技术介入的体现。①

其次，在盈利模式层面，期刊数字化发展主要体现在由单一发行变为延伸产业链条。一方面，在数字化洪流中，期刊行业的数字化进程可以更加准确地锁定目标读者和开发特色产品。另一方面，电子商务服务商也是期刊发行的数字化平台。这些都是数字化对期刊行业盈利模式带来的发展空间。②

最后，在编辑模式层面，体现为由"期刊的数字化"变成"数字化的期刊"的发展路径。数字化的期刊采用的是数字化的编辑模式，这种模式包括网络化的内容发布系统和线上线下相结合的服务体系。所谓网络化的内容发布系统，可以满足读者在不同时间和空间的阅读需求。而线上线下相结合的服务体系，可以在作者投稿、编辑工作、专家审稿和发表见刊等方面提供交互式平台，优化稿件处理程序。③

---

① 李海燕：《传统期刊数字化转型研究》，《内蒙古师范大学学报》（教育科学版）2015 年第28 期。

② 李海燕：《传统期刊数字化转型研究》，《内蒙古师范大学学报》（教育科学版）2015 年第28 期。

③ 李海燕：《传统期刊数字化转型研究》，《内蒙古师范大学学报》（教育科学版）2015 年第28 期。

B.4
2015年北京市报业发展报告

摘 要： 报纸不可逆的颓势在北京报业中同样呈现得非常明显，广
告和发行等主要指标都呈现了较为严重的下滑，报业收入
首次出现了亏损。深入媒介融合、开展多元经营、改制彻
底、吸引人才依然是报纸摆脱困境、实现自身蜕变成长的
主要出路。

关键词： 报业 转企改制 媒介融合 北京

2015年，"断崖式跌落"成为中国报纸出版行业的关键词。无论是从
报业广告数据来看，还是从全国新闻纸用纸数量来看，报纸产品的萎缩显
而易见。北京作为全国的政治文化中心，报纸出版总量占全国总量的比重
超过10%，地区报业发展状况可谓国内整体状况的缩影。此外，北京作为
华北地区报业最繁荣的城市，报纸种类多，报纸出版业除了面临广告和发
行量的双重下跌，还要参与本地激烈的市场竞争。面临多重发展困境，报
业为保持市场地位，需要不断探索转型升级之路，推动报纸出版业的长远
发展。

一 北京报业发展困境

2015年，北京地区共出版报纸253种，较2014年减少3种，下降1.17%；
平均期印数3389.57万份，较2014年减少160.43万份，下降4.52%；总印数
87.35亿份，较2014年减少2.54亿份，下降2.83%；总印张267.50亿印张，
较2014年减少21.79亿份，下降7.53%；定价总金额94.98亿元，较2014年
减少4.06亿元，下降4.10%（见表1）。

其中，2015年北京市属出版单位共出版报纸35种，与2014年持平。北京地区报纸仍然以中央级报纸为主，北京地区报纸出版种数占全国的13.27%，市属报纸出版种数占全国的1.84%。

同时，2015年北京地区报纸出版实现营业收入112.27亿元，较2014年增加2.73亿元，增长2.49%；增加值45.24亿元，较2014年减少0.3亿元，下降0.66%；利润总额 - 9.56亿元，较2014年相对下降25.2亿元，下降161.13%（见表2）。

此外，北京报纸广告市场也出现较大幅度下滑。以北青传媒集团为例，北青传媒集团2015年上半年广告收入143093千元，较上年同期下降21.02%。[①] 房地产广告作为报纸的重点广告行业，2015年上半年，北京市汽车行业于北京都市报平面媒体的广告投放总量对比上年同期有所下降。

总体来看，2014～2015年，北京地区报业同全国报纸的市场趋势相同，发行和广告均出现较严重的下滑，在报业收入方面，2015年是北京报业自2010年以来首次出现亏损，亏损额将近10亿元，较2014年大幅度下降161.13%，北京地区报纸出版业经营面临前所未有的困境，亟须通过媒体融合拉动报业转型实现自身的生存与发展。

表1　2014～2015年北京地区报纸出版总量规模

项目		种数		平均期印数		总印数		总印张		定价总金额	
		数量（种）	年增速（%）	数量（万份）	年增速（%）	数量（亿份）	年增速（%）	数量（亿印张）	年增速（%）	金额（亿元）	年增速（%）
2014年	北京市属	35	0	343.75	- 15.31	9.46	- 13.16	54.05	- 19.54	8.50	- 15.71
	北京地区	256	0.79	3550	- 5.01	89.89	- 1.99	289.29	- 2.99	99.04	1.23
	全国	1912	- 0.16	22265	- 6.04	463.90	- 3.84	1922.30	- 8.37	443.66	0.75
2015年	北京市属	35	0	291.22	- 15.28	7.91	- 16.38	40.04	- 25.92	7.67	- 9.76
	北京地区	253	- 1.17	3389.57	- 4.52	87.35	- 2.83	267.50	- 7.53	94.98	- 4.10
	全国	1906	- 0.31	20968	- 5.83	430.09	- 7.29	1554.93	- 19.10	434.25	- 2.12

---

① 《北青传媒2015年业绩报告》。

表2　2014～2015年北京地区报纸出版经济规模

单位：亿元，%

年度	资产总额		营业收入		增加值		利润总额	
	金额	年增速	金额	年增速	金额	年增速	金额	年增速
2014	266.77	-2.58	109.54	-11.61	45.54	-28.28	15.64	44.01
2015	300.98	11.37	112.27	2.49	45.24	-0.66	-9.56	-161.13

二　深入实践媒介融合

据第十三次全国国民阅读调查报告，报纸阅读量持续下降，人均报纸阅读量为54.76期（份），同比下降了10.27期（份），报纸阅读率为45.7%，较2014年的55.1%下降了9.4个百分点。与报纸阅读率连续下降相反的，是数字化阅读的迅速发展。经过7年的持续增长，截至2015年，我国成年国民数字化阅读方式的接触率达到64.0%。成年国民日均手机阅读时长首次超过一小时，通过手机上网比例高于通过电脑上网比例。其中，微信阅读增长显著，超半数国民进行过微信阅读。在互联网的冲击下，传统报纸与用户之间的联系被逐渐切断，这也使传统报纸赖以为生的"二次销售"经营模式难以为继。[①]在此背景下，北京报纸深入实践媒介融合，搭建新的传播平台，重新建立与受众的联系，推动报业向全媒体、多元化媒介集团转型。

（一）媒介融合实践

1. 布局多元化传播渠道，提升互联网新闻传播能力

继2014年媒体融合元年的良好开局之后，北京报业在2015年继续积极推进媒体融合，着力打造"两微一端"（微博、微信、手机客户端），布局多元化传播渠道，提升自身互联网新闻传播能力。以中央级媒体人民日报社为例，媒体融合发展被视为首要战略，人民日报社以"品牌传播"为导向，立足报纸，借助多个入口级新媒体平台着力打造全媒体集群，成为拥有报纸、客户端、网站、微

---

① 范军等：《中国出版业发展报告（2015～2016）》，中国书籍出版社，2016。

博、微信、手机报、电子报、网络电视、网络广播等10多种载体，逐步实现数字化全面转型的新型主流媒体。报社共拥有118个微博机构账号、142个微信公众账号、31种手机客户端及44家网站。用户总数根据测算已超过3亿。截至2015年7月，"人民日报"客户端在各大应用平台的总下载量达到2825万，"@人民日报"在新浪微博和腾讯微博两大平台上的粉丝总数突破5200万个。

光明日报社以融媒体中心为依托，推出了"光明云媒3.0版""光明微站""光明都市传媒""光明校园传媒""光明媒体云""学术卡片""光明农信""光明药信"等一系列光明日报融媒体建设成果，以报纸为依托，逐步建立起数字移动终端、社交媒体平台、网站及电子信息屏等全媒体立体传播渠道。经济日报社借助新型载体与互联网技术，推动报纸、微博、网站等互联互通，形成资源共享的高效、多元传播格局。

除中央级纸媒以外，北京市报业集团也着力促进自身媒体融合。京报集团微博方面重点打造"北京日报官方微博"和"北京晚报官方微博"，强化集团主流信息平台和市民生活类信息实时发布平台的作用；在微信方面，北京日报社编辑部为活跃内部资源、推动新媒体项目探索与发展，于2014年推出《新媒体项目扶持办法》。扶持办法实施至今，《北京日报》目前已开设长安街知事、北京最新鲜、行走京津冀、理论周刊、艺绽、东张西望、党报帮您办、体育没有圈等15个微信小号，初步形成微信公众号集群，通过垂直细分精准定位更好地服务用户。此外，北京日报手机客户端于2015年正式上线，向手机用户进行北京日报原创内容的发布与推送。

《北京青年报》则以微信朋友圈为切入点，对内容产品的布局包括：以"团结湖参考"等为代表的时政类公众号，旨在提升北青新闻产品的传播力、影响力和引导力；以"教育圆桌""职人职说""老北京新生活"等为代表的本地垂直化公众号，主打垂直细分业务；以"青阅读""文艺评论""天天副刊"为代表的文化类公众号，凸显格调和情怀。

2. 报业内部数字化升级推进深度融合

对报业内部进行数字化升级改造、适应全媒体传播特点是深化媒介融合的关键点。北京报业积极开展数字化升级，打造全媒体平台，整理新闻资源，实现新闻生产的"滚动采集、滚动发布，统一指挥，统一把关，多元呈现、多媒传播"。

《人民日报》推出"人民日报社全媒体新闻平台"项目，对策划、采写、编辑、发布等环节进行流程再造，以"人民日报中央厨房"为核心，推动采编发布环节实现"互联网＋"，形成"一次策划、一次采集、多种生成、多元传播、全天滚动、全球覆盖"的模式；以微信公众号、法人微博和客户端"两微一端"为重点，打造新媒体传播渠道，推进渠道融合；发挥评论、理论及深度报道等传统优势，保证融合发展过程中的内容建设与话语体系建构。

以"全媒体新闻平台"为载体，人民日报社整合编采力量，统筹新闻资源，通过"报道内容定制化、报道方式故事化、报道数据可视化及报道流程平台化"，推出了策划、采写、编辑、发布一体化，播发渠道多元化的"中央厨房式"工作机制。从2014年全国两会报道开始，《人民日报》多次试运行"中央厨房"工作机制。通过运用新技术、创造新产品、运行新流程、探索新机制进行了融合报道的"压力测试"和"试错"演练，为内容、渠道、平台等方面的深度融合提供了有价值的实战案例。

"中央厨房"下设六种分工，分别是指挥员、采集员、加工员、技术员、信息员与推销员。指挥员即值班老总，负责统筹人民日报社旗下所有媒体的相关报道与内容发布。采集员即前方记者，除了写出成品稿件外，还需要提供多样化素材供后台使用。加工员服务于前方记者，但职能不仅仅是编辑类工作，还要对内容进行深加工，同时制作视频、H5等产品。采集员与加工员组成内容定制团队，一名前方记者平均配备4名后方编辑。后方编辑从前期策划与即时协作两方面协助前方记者，同时对新闻内容进行后期深度解读与多元化再加工。通过团队的整体协作，优化资源配置，缩短新闻生产周期。技术员包括美工、用户界面设计、用户体验、H5程序开发员等，协助生产适合网络传播的可视化内容，加强用户连接与互动。信息员负责团队之间与各传播渠道之间的信息对接，传递需求信息，实现资源共享与协同发布等，提高新闻生产效率。推销员负责新闻发布与推广，将产品推向各个终端，并与国内外媒体建立合作，进行新闻产品推广，实现新闻产品的全渠道立体发布，给新闻内容的传播价值与"人民日报"传播品牌做加法。

以2015年两会报道为例，"人民日报社全媒体新闻平台"推出各类新闻产品118个，涉及中共中央政治局常委的时政报道共60个，其中有35个实现首发。一系列深度报道、独家解读稿件、视频新闻、图片图表及H5产品通过多元化渠道广泛传播，有效地实现了传播效果最大化。"中央厨房"运用全媒体融合报道思路，在现场快速记录第一时间回传后，微博迅速发布精简的短消息，人民日报客户端同时刊送详细的记者问答，人民日报微信客户端及人民网等随后转发扩散，次日《人民日报》刊发详细的报道解读。针对每一个重大时政活动，中央厨房在提前规划外，摸索出一套三个波次的产品推送层级。求快：实现快讯消息全网首发；求全：历史资料和政策要点梳理，全面呈现新闻背景；求深：对新闻进行深度解读。通过报道梯度的层层推进，实现报道效果的步步升温，将两会时政报道逐步推向高潮。

京报集团也在2015年积极推进集团内部数字化升级，实施对旗下京报网的改造工程，计划将其打造成航母式的平台，这个平台既是集团信息聚集平台，又是展示平台和用户管理服务互动平台。京报集团在充分整合现有资源和挖掘潜力的基础上，先后启动两项重大工程：投资1500万元，建设"基于大数据的报纸与新媒体采编经营一体化云平台"；投入890万元，建设"北京报刊信息全媒体数据库"。两项基础性工作完成后，集团下属的各子报刊可通过这两个平台调用整个集团的各类数据信息，用于新闻信息及其他信息服务的内容生产。这两个平台既是传播的生产基地，也是每天融合产品的分发中心。《新京报》则采取"全员新媒体"的融合战略，以新媒体部门的突围带动整个报社向新媒体转型。全体采编人员不定时地向新京报新媒体提供内容产品，全天候采集、发布新闻及热点。

3. 与互联网媒体合作

在过去的一年中，传统媒体更加注重与互联网公司合作，将自身内容与互联网公司的平台对接，借助互联网公司既有产品的平台，扩大其内容的传播范围。

以光明网为例，光明网入驻新媒体今日头条，其通过今日头条客户端，所发文章每日可以达到数百万的阅读量。

4. 跨地区跨行业合作促进媒体融合

北京地区报业集团积极争取跨地区跨行业合作促进媒体融合。2015年8月11日，北京日报社与乌鲁木齐晚报社在新疆签署媒体融合战略合作协议，确立在新疆地区媒体融合领域，双方互为唯一战略合作伙伴关系。两家报社将围绕资源共享、技术合作、打造新媒体产品展开深入合作交流。2015年10月

13 日，北京日报社和张家口市、张家口日报社以北京携手张家口举办冬奥会为契机建立合作。北京日报社与张家口日报社在宣传、报社经营、报纸发行及新媒体建设等方面建立合作共享机制。

《北京青年报》在 2015 年 4 月公布了一系列全媒体战略合作项目，包括与清华控股有限公司联合打造"青清创"创新创业新媒体平台，与中国传媒大学签约共建"全媒体转型实验实践基地"，与浙江万里教育集团进行"新媒体协同创新基地"合作等。

通过跨地区跨行业合作可以有效整合资源，促进报社整体实力的增强和报纸影响力的提升。

（二）把握媒介融合

1. 树立"用户"意识

北京一些报社在搭建新媒体平台上取得不少成果，但是在适应"互联网＋"的过程中依然存在对互联网思维理解不够充分等问题。网络传播和社交新媒体时代，"内容"早已不再指简单的事件传播，更包括了读者的意见反馈与用户互动。在新媒体时代，报纸面临的主要困境之一是报纸与读者之间的连接由于新媒体的介入被割裂了，从而导致报业二次销售的商业模式难以为继。"重建用户连接"是报纸与新媒体融合的重要目标。通过搭建以大数据为支撑的信息平台，深入挖掘和分析用户数据，提供个性化与定制化新闻的精准推送，重新建立起报纸与用户的连接通道。然而纸媒转战新媒体后，对大数据技术缺乏了解与应用，在构建平台级应用方面基本上停滞不前，这也是目前媒体融合发展的主要阻碍。

2. 推进系统性融合

目前，北京大部分报社还停留在简单的内容融合上。尽管北京市的报纸在终端上多元布局，但更多的是依托微信、微博等平台传播内容，换言之，一定程度上是将传统载体上的内容直接搬到新媒体上，借助新媒体的平台让用户阅读。但媒体融合不是简单地"报纸内容＋新媒体传播方式"的简单加法，在新媒体环境下，人们的阅读习惯、媒介使用习惯都发生着变化。同时，以互联网为代表的新媒介技术的快速发展，还在消解传媒业内部各行业的界限。报业应当打破"文字"内容的限制，对语音播报、视频制作进行探索，有效利用自己的新闻资源，推进新闻形式多样化发展。例如，《人民日报》推出新闻早班车栏目,在早上五六点之间发送微信语音,对过去一天的新闻和今天的天气进行语音播报,收到了很好的效果。媒体融合是观念、内容生产、运营、机制体制和技术的全方位融合,单纯的内容融合或新型传播渠道的简单相加很难起到实质性的作用。

3. 探索有效的盈利模式

报纸类新媒体产品尚未探索出盈利模式是北京媒体融合过程中遇到的另一个问题。北青传媒集团在 2015 年上半年推进广告业务与新媒体资源的对接,依托报社集团官方微信公众号的影响力和公信力,为客户设计广告营销全案,开辟新媒体推广渠道。但是未能取得很好的效果,北青传媒集团 2015 年上半年广告收入较 2014 年同期下降21.02%。北京日报微博、北京晚报微博、光明云媒以及北京报纸主办的各类微信公众号目前都没有探索出有效的盈利模式。简单地将"二次销售"的商业模式套在新媒体平台上很难取得良好的效果,如何利用新媒体渠道实现经营收入,北京的报业还有很长的路要走。在有能力的情况下,传统媒体可以考虑构建自己的传播平台,以高质量的内容吸引用户,同时依靠平台进行数据采集,给予海量用户数据进行精准营销,探索数据库电商等新盈利模式。此外可以考虑集合资源进行产业链创新,提供生活服务,提升服务的价值等。

三 多元化经营探索与困境

面对发行收入和广告收入两项传统报业主要收入来源跌幅的连续扩大,部分报业选择了多元化经营拓展收入,通过经营非报产业帮助纸媒向产业实体转变,在实现产业链扩张、支撑报业发展的同时拓展报纸的多渠道影响力。影视、电商、文化、演艺、地产、金融、游戏、教育、体育、旅游、酒店、展会等多个行业都有报业的身影。

2015 年,北京青年报社与阿里巴巴集团达成合作,北青社区应用 OK 家及社区传媒的布局与阿里巴巴集团在商超、物流和本地生活等方面的业务显示出广泛的共赢空间。5 月 11 号,双方在京签署战略合作备忘录,将在 O2O、物流等方面展开合作。双方将利用各自的资源及优势,在物流快递方面展开数据系统对接;在 O2O 的社区领域开展地面市场联动;在线上商超的配送方面开展多层次合作。阿里巴巴集团将为上述合作的开展提供以云计算为基础的线上技术支持；北青将为上述合作的开展提供线下驿站资源。此外，北青传媒还投资成立河北聚精彩电子商务股份有限公司，运营电商平台采购网，将打造"京津冀最具影响力的区域性电商"。此外，2015 年 5 月 4 日，杭州溪畔投资咨询有限公司签订增资协议，同意以人民币 3000 万元现金向北青小区传媒进行增资，增资完成后，公司于北青小区传媒的股权由 76.14% 变化为 60.91%，北青小区传媒的股东各方承诺今后将利用各自的资源及优势，以《北青小区报》为平台，在物流、O2O 小区领域、天猫超市配送、小区驿站资源、广告等方面进行深度合作。

尽管北青传媒在 2015 年进行了多元化经营探索，但是从其 2015 年中的业绩报告来看，经营收入还是主要集中在广告收入、印刷收入等传统业务方面。上半年集团营业总收入为 2.77 亿元，较 2014 年同期下降 18.76%。① 在国内 7 家报业上市公司中，北青传媒市值最低，仅为 9.23 亿元，市值最高的华闻传媒（345.92 亿元）是其 37.48 倍。

作为国内上市的第一家纸媒和北京唯一上市的传媒集团，北青传媒 2003 年在香港 H 股挂牌上市，首轮融资就获得了超过 10 亿元的资金，但是由于缺乏跨行业运作能力，成长性差，加上境外上市所受的政策限制，北青传媒上市后所获资金迟迟无法全部投出去，这也在一定程度上制约了报社的发展。

从北京区域层面来看，地区报业在多元化经营方面均面临资金单一、融资投资渠道窄化以及上市动力不足的问题，而资本运营难以实施，制约了北京市报业的集团化转型和长远发展。

1. 社会资本难以进入，报业经营资本来源单一

报社事业单位的性质制约了社会资本进入。现阶段，北京市属报纸资金来源依旧单一，绝大部分依靠国家财政或者上级主管、主办单位拨款。只有极少数报刊出版单位转制为企业，吸纳少量社会资产进入。受到体制限制，很多北京市属报纸不具备独立法人地位，无法建立真正的现代企业制度，即无法开展以资本导向为中心的企业化运作，无法通过兼并、收购、重组、参股、联合等模式实施资本运营。我国的报刊出版单位是兼有机关、事业、企业特点的

---

① 《北青传媒 2015 年业绩报告》。

"复合体"，这和资本运营的前提要求存在根本性的矛盾，严重制约着资本运营的实施。

已经没有上级主管或主办单位的资金支持，同时未能有效吸纳社会资本进入参与经营，使报纸出版单位在应付数字化转型和报业整体产业转型升级时缺乏足够资金，发展相对迟滞。

2. 上市动力不足

2015年，国内有两家报业集团完成上市，自此，全国范围内共有三家党报集团实现经营性资产整体上市，分别是浙江日报报业集团、杭州日报报业集团和广州日报报业集团。而北京地区还没有一家报业整体上市。

尽管北京多数报刊从传统的事业单位转为企业，但是对自身的经济属性尚没有充分的认识。此外，承担宣传任务的报业单位如果想上市融资，重组工作难度很大，必须同时满足证监会和宣传主管部门的要求。重组工作还可能割断报纸的生产环节，产生业务上的矛盾及职员编制问题。此外，上市后还面临包括利润分流、税负增加等负面影响和信息透明化及投资规划等经营挑战，报刊普遍存在上市动力不足的问题。

四　转企改制不彻底掣肘报业发展

1. 转企改制"有名无实"

报纸出版行业的改革需要真正的市场主体。由于产权问题悬而未决，尽管报纸出版单位的体制改革已接近尾声，体制不活仍是制约报业发展的主要难题。尽管部分北京市属报纸出版单位已经注册了企业法人，有的甚至拥有事业法人与企业法人的双重资质，但运营模式未能从事业法人的旧有模式向企业模式转变。现代企业制度没有落实，资产性质、组织结构、产权关系、分配制度等涉及转制核心的根本问题没有按照企业体制进行改革。报纸出版单位仍然没有以市场主体的身份真正参与市场竞争，报业的产业化进程受到限制。

2. 行政型内部管理机制约束报业发展

行政型的内部管理机制也在某种程度上约束了报业的发展。北京大部分市属报纸出版单位采用类似国家机关的组织结构，按照行政级别来设立管理结构，所有管理层人员兼有职务与行政级别，由主管机构和部门负责任免。尽管有少数走在转企改制前沿的北京市属报纸出版单位建立起了现代董事会制度，但往往还是和党委会一套班子，政企难以分开。

事实上，尽管多数报纸出版单位仍定性为事业单位，在日常经营活动中面对的大部分却是产业发展的问题。党委会和董事会一套班子，依旧沿用带有行政强制性的集体决策机制，这种领导机制难以适应报纸发展的需要，在报业参与市场竞争的经营过程中容易出现决策上的失误或滞后。

五　报业人才流失

自传统媒体进入所谓的"衰落通道"以来，除了发行骤减、利润腰斩等断崖式下降，大量媒体人的离职也被业界形容为"传统媒体衰落产生的次生灾害"。

2015年，北京市《京华时报》新闻中心主任刘贺海离职，新京报传媒公司副总裁、"人们话题"APP创始人刘炳路正式离职，北京日报社副社长李洪洋离职显示出报业人才流失也是传统媒体目前要面临的主要问题之一。造成人才流失主要有以下几个因素。

1. 传统报业待遇问题

由于报业集团是从党委机关报社转制而来，定位于事业单位属性，受政策和观念限制、体制机制制约，现代企业制度还未真正建立，人力资源管理体制已不适应当前市场经济的发展需要。突出表现在以下几点，"官本位"思想在一些领导和员工当中还存在，遏制了人的个性发展。在收入分配上，用工制度较为复杂，有正式职工、集团聘用制人员、自聘人员和临时工等。通常自聘人员相比较正式工和集团聘用人员工资、福利待遇要低；而同类人员中一线记者编辑的工资收入也明显低于其他新媒体行业；内部分配还过多地向高职务、高职称人员倾斜。人力资源开发利用的水平不高，对人才重使用、轻培养，缺乏合理有效的人才培养规划和激励机制。在对人才的选拔聘任上，还过多重视资历条件，论资排辈，缺乏平等的人才使用机制，挫伤了一部分人的工作积极性和创造性，不能为人才提供施展的机会等。

2. 转企改制造成部分人才流失

转企改制后，一部分员工需要放弃编制进入经营单位，但是实际待遇没有提升，薪资和新媒体等同类人员的相比偏低，这就造成部分人才出走。同时，在很长一段时间内，报社对许多优秀人才有着很强的吸引力，然而改制以后，非事业编的身份、低薪水等劣势把广大年轻才俊阻止在门外。

六 数字化转型依然在探索

面对新媒体的猛烈冲击，依靠发行和广告这种旧的经营模式难以为继，传统报业必须立足互联网，通过数字化转型在竞争激烈的媒体环境下生存下来。北京报业尽管在数字化转型上做了诸多尝试和探索，但是也遇到了制约转型的体制和资本问题。对于传统报业，其在互联网转型过程中要注意以下几点。

1. 要有有效的资本手段和充裕的资金支持

传统报业通过融合发展进行转型是一个在短期内很难完成的过程，往往需要长期的投入与探索。如果没有资本作为基础，很难拉动报业转型升级。

2. 以技术为驱动

在当前全行业面向互联网转型的大趋势下，传统报业的转型也必须以技术为驱动。通过运用先进的媒体技术和大数据平台架构，生产多元化新闻产品，重建与用户的连接。

3. 要具有品牌思维

在新媒体技术发展为用户打开阅读方便之门的同时，海量信息给用户造成了注意力负担。一个权威、有黏度的传播品牌在目前迭代率很高的媒体环境中可以对报纸的生存与发展起到很好的作用。同时，品牌价值还可以延伸至传媒业之外的产业，帮助企业更好地拓展多元化经营。

4. 要进行体制创新

打破内部行政型管理的限制，建立现代企业制度，组建了解市场规律与资本运营的管理机构，参与市场竞争，推动报业转型升级。

B.5
2015年北京市音像电子出版业发展报告

摘　要：　2015 年，北京音像制品经济规模不断缩水，而电子出版物经
　　　　　济规模逆势上扬。为了实现产业的持续发展，本文认为应从
　　　　　以下五方面展开：借助先进技术实现数字化转型，优化内容
　　　　　服务；加快与新媒体的融合发展；加大版权保护力度，创建
　　　　　良好有序的市场环境；打造聚合云平台，探索新的商业模式；
　　　　　实施人才战略，促进产业创新发展等。

关键词：　音像制品　电子出版物　有声阅读　北京

2015 年，全国共出版音像制品 2.9 亿盒（张），同比降低 10.4%，占全部
数量的 0.5%；电子出版物 2.1 亿张，同比降低 38.8%。音像制品出版实现营
业收入 26.25 亿元，较 2014 年降低 10.13%，占全产业营业收入的比重降低
0.03%；电子出版物出版实现营业收入 12.41 亿元，较 2014 年增长 13.96%，
占全部营业收入的比重仅增长 0.01%。[①] 由此可见，我国音像电子出版业总体
发展形势不容乐观。北京作为全国的出版中心，音像电子出版单位数量占全国
四成以上，具有得天独厚的发展优势。2015 年，北京市音像电子出版整体规
模也出现一定幅度的缩小，这主要是因为新媒体的崛起使传统音像电子出版业
受到严重冲击。由于对新兴技术的反应不够灵敏，没有跟上市场快速发展的步
伐，传统音像电子出版业进行产业转型升级之路依旧存在诸多问题。

一　2015年北京市音像电子出版业的基本情况

（一）音像制品经济规模缩水，电子出版物经济规模扩大

截至 2015 年底，我国共有音像制品出版单位 368 家，电子出版物出版单

---

① http://www.199it.com/archives/506940.html.

位292家；北京地区共有音像制品出版单位148家，电子出版物出版单位116家，分别占全国的40.2%和43.0%，其中不乏诸如中国唱片总公司、中影音像出版社、北京科影音像出版社等实力强大的音像电子出版单位。

2015年，北京地区音像电子出版业的发展情况基本上与全国趋势一致，音像制品出版经济规模缩水明显，而电子出版物经济规模则逆势上扬，呈现明显的增长。

根据表1可知，2015年北京地区音像制品出版资产总额为24.53亿元，较2014年减少0.87亿元，下降3.43%；营业收入9.51亿元，较2014年减少0.74亿元，下降7.22%；增加值为4.30亿元，较2014年减少0.61亿元，下降12.42%；利润总额1.97亿元，较2014年减少0.57亿元，下降22.44%。以上四项经济指标均呈现不同程度的下降，资产总额出现小幅下滑，说明北京地区音像制品出版业大局上尚能维持稳定，而增加值和利润总额下滑幅度较大，说明2015年北京地区音像出版物整体发展态势并不乐观，新的利润增长点尚未成长起来。

表1　北京地区音像制品出版经济规模

单位：亿元，%

年度	资产总额		营业收入		增加值		利润总额	
	金额	年增速	金额	年增速	金额	年增速	金额	年增速
2014	25.40	33.33	10.25	8.58	4.91	35.64	2.54	41.90
2015	24.53	-3.43	9.51	-7.22	4.30	-12.42	1.97	-22.44

据表2可知，与音像制品出版经济规模缩小趋势不同的是，2015年北京地区电子出版物经济规模呈现良好的增长态势。2015年，北京地区电子出版物资产总额为17.53亿元，较2014年增加3.23亿元，增长22.59%；营业收入、增加值、利润总额分别为9.06亿元、5.02亿元和1.62亿元，同比分别增长15.56%、36.41%和8.00%。由以上数据可知，2015年，北京地区电子出版物规模实现稳定增长，说明在各项国家政策和措施的扶持下，效益有了明显提升。

综合上述情况可知，音像制品出版物的经济规模缩水严重，这主要是因为随着网络技术的日益成熟，读者通过网络对数字化音像制品进行在线阅览和下载的获取方式已成为主流，传统的音像制品出版已经走向式微。与之相反，电子出版物则借由互联网技术顺利走上数字化转型之路，实现自身的进一步发展。由此可见，面对互联网和新兴数字媒体的冲击，我国音像电子出版业也受到了极大的冲击，面临空前的压力。

表2　北京地区电子出版物出版经济规模

单位：亿元，%

年度	资产总额		营业收入		增加值		利润总额	
	金额	年增速	金额	年增速	金额	年增速	金额	年增速
2014	14.30	27.70	7.84	27.27	3.68	-5.15	1.50	-26.47
2015	17.53	22.59	9.06	15.56	5.02	36.41	1.62	8.00

（二）政策扶持提供坚实保障

2014年8月，中央全面深化改革领导小组第四次会议审议通过了《关于推动传统媒体和新兴媒体融合发展的指导意见》，对传统媒体的转型升级提出要求，并指明了传统媒体与新兴媒体融合发展的方向和实施路径。习近平总书记在会上强调，要着力打造一批形态多样、手段先进、具有竞争力的新型主流媒体，建成几家拥有强大实力和传播力、公信力、影响力的新型媒体集团，形成立体多样、融合发展的现代传播体系。在新媒体环境下，音像电子出版业应强化互联网思维，与新媒体优势互补，以先进技术为支撑，以内容建设为根本，实现在内容、渠道、平台、经营、管理等方面的全方位深度融合，进一步促进音像电子出版业的转型升级。与此同时，"互联网＋出版"行动计划的提出将推动传统出版行业与移动互联网、云计算、大数据、物联网等新兴技术的结合和相关产业的进一步发展。

为了进一步推动音像电子出版的发展，除了国家政策在顶层设计上的引导，政府还在资金上给予了大力的支持。2016年5月，北京市新闻出版广电局依据《北京市音像电子网络出版物奖励扶持专项资金管理办法（试行）》，开展了音像制品、电子出版物和网络出版物奖励扶持专项资金项目评审工作。8月，评审工作结束，所选出的58个"出版前补贴"选题和17个"出版后奖励"选题将获得498.2万元的补贴或奖励。其中，音像制品项目25个、电子出版物项目 11 个、网络出版物 39 个，分别占总资助项目的 33%、15%、52%。并且，相较往年，对主题出版工作的扶持力度加大了，获资助主题出版选题 18 个，资助金额 179 万元。自 2013 年至今，北京市音像电子网络出版物奖励扶持专项资金共支持了 200 多个项目，为北京地区音像电子出版和网络出版的发展做出了极大贡献。[①]

此外，《电子出版物出版管理办法》等相关法律的颁布，进一步加大了数字版权保护力度，明确版权所属权，控制盗版音像制品的传播。国家设置了多种项目基金鼓励和支持原创出版物，以期解决我国当前音像电子出版原创内容不足的问题。

相关扶持政策文件的出台和措施的施行，为音像电子出版业提供了较为宽松的政策环境，有力地促进了北京地区音像制品、电子出版和网络出版行业的发展、创新与繁荣。

（三）有声阅读借力移动互联网快速发展

随着移动互联网的快速发展，有声阅读 APP 在市场中的地位逐渐巩固。相关数据显示，在过去两年中，国内有声阅读市场用户量增长超过 50%，增速远远高于看书市场。各种有声阅读企业迅速崛起，其中，起步较早的喜马拉雅 FM、蜻蜓 FM、多听等用户已破亿。由此可见，有声阅读已告别小众走向大众。2015 年，有声阅读市场规模进一步扩大，在市场中得到普及并呈现良好的发展态势。根据易观智库发布的《中国有声阅读市场专题研究报告 2016》，2015 年有声阅读市场规模达 16.6 亿元，同比增长 29.0%；根据该报告预测，2016 年有声阅读市场规模有望进一步扩大，预计将达到 22 亿元。

随着有声阅读市场规模的扩大，行业竞争也日益激烈。为了提升自身竞争力，有声阅读平台纷纷与优秀出版社、网络文学平台合作，签约专业的播音人员，拓展自身的内容资源，加强内容建设。与发展初期市场秩序混乱、盗版侵权严重的情况相比，近两年有声阅读市场版权意识得到加强，市场规范进一步明晰，确保了有声阅读及其内容合作方的利益，有助于双方在发展过程中的正向循环，为行业的进一步发展提供了良好的竞争环境。随着支付宝支付、微信

---

① http：//www.chinaxwcb.com/2016 – 08/31/content_ 344514. htm.

支付等便捷付费手段在人们生活中的渗透，有声阅读也紧跟时势，引入付费、打赏等多种模式，以此助力有声阅读行业商业模式的更新。

（四）众筹模式使音像电子出版受益匪浅

互联网时代，随着众筹模式在全球范围内的兴起和成熟，越来越多的项目开始通过众筹模式筹集资金，进入实际操作层面，音像电子出版也通过众筹开始焕发出新的活力。2014年10月15日，北演公司与京东众筹合作开启的2015年第19届人民大会堂北京新年音乐会众筹网页正式上线，该众筹活动开启了北京新年音乐会19年历史上营销模式的新理念。2016年8月，作曲家许镜清在"摩点网"发起的"纪念86版《西游记》30周年"音乐会众筹项目，在上线24小时即完成100万元众筹目标。由此可见，随着众筹模式在我国的迅速发展和用户认可度的不断提高，其覆盖范围也在不断扩大。

根据零壹财经发布的《中国互联网众筹年度报告（2015）》，截至2015年底，我国约有365家互联网众筹平台，北、上、广所拥有的众筹平台数占全国的1/3，其中，北京正常运营的众筹平台有75家。随着电商巨头、科技媒体、金融机构的不断发力，我国的平台数量仍在继续增加。2015年，产品众筹累计筹款金额达到30.7亿元，累计支持人次约为1367万。其中，音乐和影视项目是较为热门的种类。电子音像出版社通过众筹模式，一方面，可以充分了解消费者的消费需求，并根据市场需求进行生产内容的调整；另一方面，也可以更好地解决音像电子产品制作中的资金问题，可谓一举两得。由此看来，众筹模式为传统音像电子出版社的发展提供了全新的思路。①

二　北京市音像电子出版业发展的对策

（一）借助先进技术实现数字化转型，优化内容服务

在新媒体日益发展的环境下，新技术的出现使音像制品从创作、存储到传

---

① 孙松、周荣庭、何同亮：《音像电子出版业新媒体转型路径研究》，《新闻传播》2016年第4期。

播各个环节都发生了巨大的变革。而移动互联网、大数据、云计算、物联网等信息技术层出不穷，为音像电子出版业的转型和发展提供了新的技术条件。音像电子出版单位要因时、因地、因人确定转型方向，摸清市场需求趋向，深耕自身特色长项。

传统的音像电子出版单位一直是以出版录音录像制品为主，录音录像制品在某种意义上也是一种数字产品，只是一种介于纸质出版物和数字出版物之间的不完全数字化产品。因此，相比于纸媒出版社，具有多年数字产品制作经验的传统音像电子出版社更具有发展数字出版的先天条件。但在数字化转型过程中，仅靠原有的技术来实现传统音像电子出版社的数字化转型是远远不够的，在某些对技术要求较高的制作环节，出版社往往选择与专门的技术提供商进行合作。由于缺乏有效的合作沟通机制，成品偏离出版社预想的情况时有发生。因此，传统的音像电子出版社应该加强对新技术的研发和引进，建立完善的技术体系，实现数字化转型。

利用大数据挖掘技术改进出版业务。在大数据时代，数据成为企业发展必不可少的宝贵资源，音像电子出版业务流程设计应当以用户需求为导向。传统音像电子出版社应当充分利用数据挖掘与分析技术，提高自身数据采集、存储、分析与运用能力，加强数据库建设，并利用所掌握的数据分析主体用户的个性化需求与消费偏好，及时调整音像电子制品的选题和内容创作，并选择与之相适应的市场营销方式，改进业务流程。①

通过数据分析优化内容服务。在出版活动前，出版社应首先通过数据分析了解消费者的多样化需求，从而确定出版产品的选题及内容制作，有针对性地为用户推送其需要的出版物。此外，在整个内容生产过程中，通过对用户数据的分析优化产品内容和推送，能够帮助出版机构降低服务成本，利用较低的技术投入达到提升用户满意度的效果。

使用新兴技术丰富音像制品呈现方式。3D影像、虚拟现实与增强现实等技术的快速发展增强了音像制品的呈现效果，并丰富了音像制品的呈现方式。基于此，用户能享受到更为逼真和立体的声音和影像效果，用户的体验度较之前则得到极大的提高。这些技术的进步为音像电子出版的转型和发展开拓了更

---

① 王洪波：《浅议数字传播时代音像出版变革的几个关键》，《中国传媒科技》2012年第7期。

加广阔的市场前景。传统音像电子出版社应顺应技术发展的趋势，加强自身技术体系的建设，改进出版业务，丰富音像制品呈现方式，提升核心竞争力。

（二）加快与新媒体的融合发展

习近平总书记在中央全面深化改革领导小组第四次会议上强调，传统媒体与新媒体的融合发展，要遵循新闻传播规律和新兴媒体发展规律，坚持优势互补，努力实现共同发展；强化互联网思维，坚持以内容建设为根本，以先进技术为支撑，推动传统媒体与新兴媒体的全方位深度融合。

中央关于传统媒体与新兴媒体融合发展的顶层设计，要求着力打造一批形态多样、手段先进、具有竞争力的新型主流媒体，建成几家拥有强大实力和传播力、公信力、影响力的新型媒体集团，形成立体多样、融合发展的现代传播体系。这既是传统媒体转型的方向，更是新媒体的发展机遇。传统音像电子出版行业应把握时机，转变体制机制，引进先进技术，打造优质产品，适应市场发展趋势，搭上与新兴媒体融合发展的快车。

要做到融合发展，还需要转变自身经营理念，加深对互联网思维的理解，从以传播者为中心变为以用户为中心，从单纯的内容生产者变为全方位服务提供商，增强与用户的交流互动，重视用户反馈，及时调整自身内容生产，以满足用户的多样化和个性化需求，从而增强用户黏性，实现自身进一步发展。在有声书领域做出优异成绩的北京鸿达以太文化发展有限公司便十分重视观众的反馈，并做到及时根据用户的需求对有声阅读产品进行调整。以鸿达以太在移动电台蜻蜓FM上投放的作品《修罗武神》为例，在连载《修罗武神》的过程中，鸿达以太因为声音制作设备的更换导致该作品较之前声音发生变化，听众发现后反馈给制作方，鸿达以太为此将部分内容重新制作，以满足听众的需求，从而使这部作品上线仅半年便获得了过亿次的点击率。

（三）加大版权保护力度，创建良好有序的市场环境

在新媒体环境下，互联网为用户提供了大量的免费资源并培养了用户免费获取资源的习惯，音像电子出版领域也是如此。由于数字化音像制品的盗版门槛低，而用户早已形成了免费获取影音资源的习惯，并且缺乏对知识产权和数字产品版权的保护意识，因此，网络盗版侵权行为屡禁不止。盗版侵权行为使

创作者的合法权益受到损害，同时，创作积极性也受到打击。而长期以来，侵权成本过低、维权成本过高则进一步助长了音像电子出版业的不正之风，直接影响到音像电子制品的实体销售，并导致音像电子行业原创动力不足。

《国家知识产权战略纲要》提出：保护知识产权应发挥以司法为主导的作用。针对此，2013年3月，经有关部门批准，中国音像协会正式更名为中国音像与数字出版协会，将数字出版纳入协会，说明国家对音像行业转型的支持。目前，百度、中文在线等网站都已经是协会会员，这对协会做好下一步的维权工作能够起到相当大的作用。随着版权正版化进程的推进，2015年7月，国家版权局启动规范网络音乐版权专项整治行动，下发了《关于责令网络音乐服务商停止未经转授权传播音乐作品的通知》。通知责令各网络音乐服务商停止未经授权传播音乐作品，并于7月31日前下线所有未经授权传播的音乐作品。对未按要求执行的网络音乐服务商，国家版权局将依法从重从严查处。随后，酷狗音乐、酷我音乐、QQ音乐、百度音乐、网易云音乐等主流音乐平台纷纷下架未获授权的音乐。此举一方面规范了我国网络音乐的市场秩序，对我国网络音乐的正版化进程起了积极的作用，保证了音乐制作人的合法权益；另一方面也刺激了各大音乐平台为留住用户，不断推出自己的音乐产品，从而引导各大网络音乐平台展开积极的市场竞争，走上健康有序的发展道路。

针对此，各大音乐平台开展了一系列举措，积极应对新的发展态势。腾讯音乐与海洋音乐、网易云音乐达成合作联盟，并签下多家华语唱片公司的独家代理权；虾米音乐和天天动听则合并为阿里音乐，并利用自身优势资源为阿里音乐实现商业化的模式。由于任何一家音乐APP都不可能垄断市面上所有的音乐版权，而同时使用多个音乐APP对于用户而言又十分不便，因此，未来音乐平台之间的转授权合作会越来越多。①

（四）打造聚合云平台，探索新的商业模式

我国音像电子出版业经过30多年的发展，目前已经具备了一定的规模。在新媒体发展日趋兴盛的趋势下，电商运营模式也为我国音像电子出版提供了有益的借鉴，传统音像电子出版社应加快与电子商务的融合发展，利用自身的资源优

---

① http：//it. people. com. cn/n/2015/1118/c1009 - 27829309. html.

势与平台运营商进行合作，搭建全媒体聚合云平台，整合当前市场资源，不断实现跨领域的产业创新，探索新的商业模式，推进音像电子产业的发展。

建立音像电子出版聚合云平台是音像电子出版单位谋求自身发展的新尝试，也是顺应时代发展的有益举措。聚合云平台的建立对传统音像电子出版企业意义重大，主要体现在以下几个方面：首先，云平台的建设促使企业丰富自身资源储备，升级原有数据库，建成更为庞大的云存储系统；其次，利用聚合云平台进行产品销售，扩大产品销售渠道，拓宽销售市场，促进产业经济增长；再次，聚合云平台的建立为进一步发展社群经济提供了便利；最后，融资方式的多元化为产业引入多方资本，众筹模式的兴起有力地助推"互联网＋音像电子出版"模式的发展。[1]

（五）实施人才战略，促进产业创新发展

实现传统音像电子出版向"互联网＋音像电子出版"模式的转型，引进和培养大量的数字出版人才是重中之重。而单纯地引进技术人才并不能解决传统音像电子出版社转型的当务之急，能够适应数字时代发展的复合型数字出版人才才是企业所需。与当前形势发展所不匹配的是，数字出版人才的培养、考核、激励等各方面体制并不健全，高素质、复合型人才缺失。加强复合型数字出版人才队伍的建设、优化产业人才结构、建立健全数字出版人才机制刻不容缓。

新时代音像电子出版人才必须同时具备以下几个特点：首先，要懂得出版企业的管理，对音像电子出版流程足够熟悉；其次，了解当前音像电子出版市场的情况，并能通过市场调研对市场发展动向做出准确判断，制定具体可行的出版方案；再次，知识结构多元化，既了解市场，又懂得技术，还熟悉业务流程，并能紧跟行业发展趋势，不断更新知识储备；最后，还要有较强的执行能力，能确保选题计划的顺利实施。[2] 此外，音像电子出版社还应该组织业内人员学习交流，加快其思维方式的转变，加强对业内人员的技能培养，大力引进跨界人才和创新型人才，进一步促进音像电子产业的发展。

---

[1] 孙松、周荣庭、何同亮：《音像电子出版业新媒体转型路径研究》，《新闻传播》2016 年第 4 期。

[2] http://www.cssn.cn/ts/ts_ wxsh/201511/t20151130_ 2718803.shtml.

三 北京市音像电子出版业的发展趋势

（一）相关政策扶持力度将进一步加大

近年来，有关政府部门出台了一系列政策措施来推进音像电子出版产业的转型升级，促进产业结构的优化。面对当前严峻的产业形势，通过政策扶持和资金支持，进一步加大对音像电子出版产业的扶持力度，并对音像电子出版企业进行有针对性的指导，激发市场活力。鼓励大型企业继续加强自身建设，进一步做大做强，形成自身品牌特色，增强国际竞争力，在行业中形成示范作用；鼓励中小企业在市场中找准自身定位，健全管理体系，凭借自身优势资源、特色资源，制定适合自身的个性化内涵发展之路。针对当前行业内存在的盗版侵权问题，有关行业主管部门、司法部门应加大监督和惩罚力度，加大版权保护的宣传力度，使版权意识进一步深入人心，为音像电子出版的健康发展创造良好的外部环境。

（二）数字化转型将进一步加快

互联网和信息技术的迅速发展为音乐、视频内容的传播和储存提供了更便捷的渠道，但与此同时也挤占了传统音像电子出版企业的生存空间。面对新兴媒体的威胁，传统出版企业纷纷展开了数字化转型的尝试，以求在新的市场环境下谋求自身的发展。数字出版将成为传统出版业在未来一段时间内的发展方向。

1. 与技术提供商合作实现数字化转型

大部分专业的音像电子出版社并不具备成熟的技术条件，因此在数字化转型中，将更多地与技术方案提供商展开深度合作。传统出版社借助合作方的技术优势进行资源整合、平台建设及信息的收集和处理，并根据市场需求及时调整自身的产品内容，与技术提供商实现信息共享与优势互补，共同建立互利共赢的合作模式。

2. 深耕企业优势内容资源

在数字化转型升级的过程中，中小型音像电子出版社应找准自身特色，通过"深耕细作"，将优势领域做专、做精、做强，打造自身品牌，从而带动企业的发展，增强企业在市场中的竞争力，更好地实现数字化转型。

未来，优质的内容资源、先进的数字技术和专业的知识服务将成为出版企业重点建设的三个方面，三者的结合将成为出版企业最核心的竞争力。

（三）大力发展跨界融合，推进多元渠道建设

在新媒体环境下，融合发展已成必然趋势。传统音像电子出版单位的转型不能局限于传统出版的思路和业务，而应该更多地立足于互联网思维，积极寻求跨界融合发展之路，推进多元化的渠道建设，加快商业模式的转型。

在未来一段时间内，平台、内容与渠道仍是音像电子出版业转型的发展重点。一方面，音像电子出版单位要进一步优化、创新传统渠道和商业模式，巩固原有的特色优势。另一方面，音像电子出版单位应积极与各类接触终端合作，搭建自身平台，借助平台拓展数据收集、处理渠道以及产品营销渠道，构建新型传播体系。

农业教育声像出版社在保持原有业务的基础上，积极开展数字产品，寻求跨界合作，拓宽渠道，探索新的服务经营模式，并在网络信息服务等领域深入拓展。此外，农业教育声像出版社还涉足了影视及广告制作领域，加强在该领域的开发经营，力求实现进一步的发展。

北京文化艺术音像出版有限责任公司通过实施"北京经典表演艺术数字音像馆（剧库）"项目，进一步实现了企业资源整合、产品开发和渠道拓展等，加快了企业的数字化改造。此外，借助自身戏曲表演等资源优势积极开展纪录片拍摄和网络节目制作，对戏曲等演艺资源进行深度开发，挖掘其二次利用的价值。这种跨界融合、全媒体融合的发展模式为传统音像电子出版业的发展提供了新的思路。

传统音像电子出版社综合利用大数据、电子商务、众筹出版等有效手段实现跨界融合，通过整合不同渠道、不同行业的内容，整合文字、图片、音视频等相关内容，形成立体的资源体系，打造具有自身特色的精品内容，为用户提供全方位的智能化服务将是未来一段时间的发展趋势。

（四）有声阅读市场将得到进一步规范

在有声阅读市场发展的初期，由于缺乏统一健全的行业规范，加之著作人与内容服务商整体版权保护意识不强，因此，盗版侵权现象严重。近年来，随

着著作权人版权保护意识加强和内容服务商对版权以及生产制作流程的规范化的重视，专业的内容服务商都要先获取相关授权才能进入录制转化流程，盗版空间越来越小。有声书内容服务商需要向著作权人获得复制权、表演权、信息网络传播权、改编权、汇编权等多项权利许可，才能引进著作权人的作品并对作品进行二次生产。规范有声读物内容的版权，一方面可以保护著作权人的利益；另一方面也能够让优质产品得到更广泛的传播。

众多有声阅读企业在版权保护方面达成共识，纷纷采取各种措施来开展版权保护。北京悦库时光正在搭建数字音频版权云平台，即将上线。该平台设有专业人员来进行版权审核、合同管理，未来还将增设其他业务，例如，将收集到的用户数据反馈给作家或版权方，实现对有声读物实时销售情况的监测。北京鸿达以太发展有限公司表示会对京东、淘宝、天猫等互联网渠道销售的有声读物评书机进行监测，当发现其独家买断版权的有声读物被非法销售时，会及时提交独家版权的相关证明，通过法律手段维权。东方视角专门建立了版权管理系统和播音录制管理系统来规范自身内容制作和对著作权人版权的保护。版权管理系统通过记录作品从引进至分发到各个平台过程中的每个环节，规避侵权行为的发生。而播音录制管理系统则负责记录每部有声读物从录制到产出、上传的全过程。此外，东方视角还在内部设有法务团队对主流平台进行监测，外部有相关的律师事务所合作对新作品进行监测，全方位开展版权保护工作。[1]

从总体形势来看，目前，政府大力鼓励创新，推动供给侧改革，保护知识产权的政策环境越来越好，有声阅读市场的生态环境也将得到进一步规范。

---

[1] 《国内有声阅读市场正成长 版权"声"态环境渐趋规范》，http://media.people.com.cn/n1/2016/0818/c40606-28646895.html。

B.6
2015年北京市出版物印刷业发展报告

摘　要：　2015 年，印刷设备更新换代、资源整合与企业兼并、数字印刷逆流而上、"按需印刷"来势汹汹、政府助推绿色印刷发展成为北京出版物印刷业的主体景观。面对环境保护倒逼技术更新，"互联网＋"时代所带来的电子商务、大数据、移动媒体的挑战，出版物印刷企业产能过剩这三大困境，本文建议从拓宽主营服务范围，发展自主品牌制造，积极拓展业务，全方位培训提升软实力，利用"互联网"转变经营模式，大力发展按需印刷，实现出版印刷智能化生产，京津冀协同发展实现新突破，推动差异化发展方面采取举措。

关键词：　出版物印刷业　按需印刷　绿色印刷　北京

在传统新闻出版广电行业受到互联网和新媒体冲击的大环境下，我国传统出版物印刷业也面临着巨大挑战。北京作为中国的文化中心，出版物印刷业同样迎来了行业新态势。特别是在 2015 年，在京津冀协同发展、疏解非首都核心功能和环保治理压力等诸多因素的影响下，北京市印刷产业大环境呈现持续低迷的态势。

一　2015年北京市出版物印刷业发展现状

从经济指标看，北京市印刷行业呈现下滑态势。根据表 1，2015 年北京市印刷行业的资产总额达到 491.07 亿元，相较于 2011 年增长了 27.26%，但 309.59 亿元的营业收入较 2014 年的 319.26 亿元下降了 3.03%，而 2015 年的利润总额呈现了大幅度下降，是近五年来的最低值。

表1　主要指标数据历年对比

单位：亿元

年份	2011	2012	2013	2014	2015
资产总额	385.88	407.66	442.96	461.41	491.07
营业收入	296.00	299.04	314.02	319.26	309.59
增加值	102.85	91.74	108.06	112.44	101.98
利润总额	28.80	28.30	28.80	28.90	19.35

从产业升级看，北京市印刷行业产业取得了较大进展。截至2015年底，北京地区共有印刷企业1744家（新设立印刷企业37家，注销34家），其中获得绿色印刷资质认证的企业128家，位列全国第一。北京地区印刷企业承接境外印刷品委托加工额5684万元，成绩显著。

出版物印刷企业是各类印刷企业中占比最大的一类。2015年北京市出版物印刷企业上报总数为817家，比2014年增加23家，完成主营业务收入139.58亿元，同比增长9.93%。

但是，北京市817家出版物印刷企业2015年的利润总额为8.82亿元，比上年下降24.62%。其中，亏损500万元以上的有20家企业，亏损1000万元以上的有8家企业。2015年，北京市出版物印刷企业的职工人数为36986人，相比上年增加了138人。

二　2015年北京市出版物印刷业重大事件

（一）印刷设备更新换代

虽然北京市出版物印刷企业整体呈现下降趋势，利润和从业人数都在下降，但是整个北京市出版物印刷企业完成主营业务收入139.58亿元，比2014年增长9.93%。这与近年来印刷企业技术更新相关，企业不断投入新设备以满足自身发展需求。但加大技术投入的同时，业务量却缺乏实质性拓展，虽然收入总量都不断增长，但企业利润反而增长乏力。

近年来，北京市出版物印刷业企业的主要设备发生了较大变化，如表2所示。

表 2　北京市出版物印刷业企业主要设备情况

单位：台

设备名称	2015 年	2014 年	2013 年	2012 年
直接制版机	307	270	231	192
商业八色轮转机	50	61	45	42
报纸单幅四色轮转	39	39	32	42
报纸双幅四色轮转	38	40	36	31
对开四色以上胶印机	616	622	626	579
数码印刷机	318	258	163	164
四色以上柔版印刷机	26	32	14	23
四色以上凹版印刷机	4	4	4	4
无线胶订生产线	241	201	179	184
精装生产线	43	41	33	28

资料来源：必胜网，http://www.bisenet.com/article/201607/160417.htm。

诸如直接制版机和数码印刷机等依托于计算机技术的高效快速生产设备数量近两年有较大幅度增长，无线胶订生产线和精装生产线等环保精细的生产设备也同样被广泛引进，引进设备直接增加了出版物印刷企业的支出。

（二）资源整合与企业兼并

2015 年，在北京市出版物印刷企业中，主营业务收入上亿元的企业共有 26 家，亿元以下 5000 万元以上的企业有 19 家，5000 万元以下 2000 万元以上的企业有 70 家。

26 家亿元以上企业完成主营业务收入 69.4 亿元，占出版物总收入的一半以上。主营业务收入在 2000 万元以上的企业共计 115 家，只占北京市出版物印刷企业数量的 17.6%，却完成主营业务收入 103.5 亿元，完成全市出版物主营业务收入的 77.9%。而 2000 万元以下的企业 537 家，占北京市出版物印刷 652 家企业的 82.4%，却只完成了全市出版印刷主营业务收入的 22.1%。

2015 年，北京市出版物印刷企业数量出现下降，行业集中度不断上升，优良资产在企业日常经营中发挥更多的作用。市场竞争日趋激烈，利润空间受压缩变小。随着印刷行业的门槛越来越高，规模较小或者污染严重、环保不达标的印刷包装企业不断关停。北京城区更是实施污染企业外迁的政策，城区内的传统印刷企业逐步迁至经济开发区，企业数量出现下降，生产能力更多的是集中在大中型规模印刷企业中，产业完成重新布局。

另外一些大型出版印刷企业在转型方面有很大突破，如中国文化发展集团公司将北京新华印刷与中国出版集团整合；将北京科印近代印刷技术有限公司与乐凯华光印刷科技有限公司重组，整合印刷影像材料市场资源，完善产业布局；关闭中印快印，集中发展文化创意产业、"新华 1949" 文创园，取得不错成效。

（三）数字印刷逆流而上

所谓数字印刷，就是将数字化的图文信息直接记录到承印材料上进行印刷，也就是说，输入的是图文信息数字流，而输出的也是图文信息数字流，要强调的是它是按需印刷、无版印刷，是与传统印刷并行的一种科目。①

虽然数字印刷企业一般与出版印刷企业被划分为两种平行的类型，但事实上，数字印刷已经在出版印刷中被使用。具体来说，第一，数字印刷技术优势多，市场增长速度极快。2015 年底，中国市场中的胶印、凹印和柔印大幅减少，数字印刷成为越来越重要的印刷方式。第二，数字技术快速地打开了印刷市场。由于数字印刷技术的高还原度，数字艺术作品的广阔市场前景成为可能。在遵守法律法规的前提下，数字印刷在健康的市场中得到开发和拓展。②

目前，数字印刷在我国已经逐渐深入传统出版物印刷业，一些企业直接引进数字印刷设备作为传统印刷设备的后备军，有些是直接加盟连锁开办数字印刷厂，也有许多专业出版社引进数码印刷设备。虽然尚未形成主流，但其独特优势和良好的发展前景已经越来越多地介入传统出版物印刷业。③

（四）"按需印刷"来势汹汹

数字印刷还成为按需印刷的基础。以数字形式储存的各类印刷品文本，只要存在印刷的需求，立刻可以进行印刷。所谓的 "按需印刷"，至少包含以下

---

① 唐黎标：《数字技术在出版印刷中的应用分析》，《印刷质量与标准化》2013 年第 4 期。
② 唐黎标：《数字技术在出版印刷中的应用分析》，《印刷质量与标准化》2013 年第 4 期。
③ 唐黎标：《数字技术在出版印刷中的应用分析》，《印刷质量与标准化》2013 年第 4 期。

几个特点：即时印刷（按时印刷）、按地印刷（远程印刷）、按量印刷（一册起印）、可变印刷（个性印刷）、随选印刷（可选印刷）、直接印刷（数字印刷）、快速印刷（闪电印刷）、绿色印刷（环保印刷）、永续印刷（随时印刷）和预售印刷（零库存印刷）等。① 这些特点都建立在数字技术之上。

2015 年，北京地区按需印刷发展迅猛。中国图书进出口（集团）总公司在北京启动全球按需印刷项目，北人集团与中国新闻出版研究院合作研发按需印刷出版全产业链，"中国教图按需印刷国际联盟"在北京成立，北大方正推出书刊制作与按需印刷云平台解决方案……这些事件都出现在北京出版物印刷业中，按需印刷已然来势汹汹。虽然阅读量、生产成本、版权等问题依然亟待解决，但是从颠覆传统生产模式的按需印刷来看，目前已经从概念阶段跨出了一大步。②

（五）政府助推绿色印刷发展

2013 年，北京市中小学的教材已经实现了绿色印刷全覆盖。2015 年，北京市新闻出版广电局继续对绿色印刷中小学教科书出版和印制环节实施奖励，积极鼓励教材绿色印刷工程的有效推广。2015 年共有 3000 多种 7000 多万册优秀青少年及婴幼儿读物获得政府奖励。

北京市对实行绿色印刷的企业向来慷慨解囊，给出版社补贴，给印刷厂奖励，不但实现了教科书绿色印刷，少儿读物绿色印刷的举措更是受到了家长、孩子和老师的一致推崇。继 2013 年拿出 3000 余万元奖励绿色印刷出版物后，2014 年更是对上千个品种的绿色印刷优秀青少年读物和婴幼儿读物进行奖励。

2015 年北京绿色印刷产业促进商务交流会再掀新高潮，形成全产业链融合发展，共同推进绿色印刷。出版社、印刷厂、供应商、发行单位协同发展，该项活动的影响力和企业关注度实现了极大程度的提高。60 家参展商，展示面积达到 2200 平方米，整个活动期间有近 2500 人次进行参观交流，这充分显示出京津冀三地印刷从业人员对绿色印刷发展的重视。

---

① 熊伟：《按需印刷的内涵、意义与发展方向》，《科技与出版》2005 年第 6 期。

② 《2015 "互联网＋"来势汹汹 按需印刷热度不减》，中国包装印刷产业网，http://www.ppzhan.com/news/Detail/41791.html。

三 北京市出版物印刷业的发展困境

（一）环境保护倒逼技术更新

近年来，新环保法的惩罚力度较大，加之雾霾等环境污染问题日益严重，使印刷出版企业意识到环境保护需求对行业自身发展的严峻考验。特别是在2015年，北京地区开始征收VOCs排污费，差别化排污收费、收费标准体现奖优罚劣，引导企业从源头减排。VOC收费后，最高企业可能要缴纳几百万元的排污费。关停限产并不能从根本上解决问题，只有从源头上找到症结所在，积极地寻找解决方案，探寻适合自己企业的管理模式才是正途。

为了创造更好的发展环境，唯有积极地探寻有效的解决方案，为此印刷企业积极行动。据统计，北京地区目前已有40余家印刷企业申请清洁生产，积极加入环保治理的队伍，目前有近一半企业通过了清洁生产认证。如北京华联印刷投入40万元启动清洁生产VOCs污染治理项目，车间的VOCs排放由无组织排放转变为有组织排放，排放量也达到国家出台的最新排放标准。此外，利丰雅高、新华社印刷厂、昌联等企业也启动了集中排放治理工作。[1]

但是要真正实现出版物印刷业的转型，企业在生产优化和环境保护的道路上仍然需要不断努力和改进。特别是由于生产设备的更新换代需要高昂的成本，而且从调试到正式投入生产需要大量的人力、物力，对习惯于传统生产模式的出版印刷行业来说，可谓是一个巨大的挑战。

（二）"互联网＋"时代的新形势

1. 电子商务的挑战

目前，一些中小型电子商务企业利用数字化、网络化的手段来进行业务、服务的拓展。对大型出版印刷企业，这种基于互联网的服务在总业务量中的占比很小，目前也仅仅是试水阶段。对中小型出版印刷企业，独自创建网络电子商务平台耗时耗力，并且需要不断维护，而基于现有平台如淘宝提供服务则更加省时省

---

[1] 《任玉成：精彩盘点北京印刷业的2015 十大方向值得思考》，必胜印刷网，http://www.bisenet.com/article/201601/155420.htm。

力，但缺乏特色，也缺乏客户稳定性。在未来一个时期内，面对同质化竞争，质量与服务将成为更大的竞争点。依托于大中小院校、优质社区、综合商业区而成长的中小型个性化电子商务网站比大型出版物印刷企业更具竞争性。

2. 大数据的挑战

目前所谓的大数据，其实没有真地实现"大"，更多的是部分企业和政府个体的数据搜集成果，也并没有实现数据的互通分享及利用。综合海量数据最大的价值是对现状的把控及对趋势的预测。对出版物印刷产业这样一个典型的传统行业，其一手数据信息目前还并不具备太多的开发利用性。但是，在大数据时代，印刷行业不能完全脱节。然而不论是建立起数据搜集、整理、分析的意识，还是实现企业内部的数据积累，以及在采购、业务推广、产品规划、服务等方面实现数据的依据性，到最后与行业内外数据拥有企业建立联系以实现更大范围的数据共享与获利，对于传统出版印刷企业来说都有很大难度。

3. 移动媒体的挑战

移动媒体的发展也确实能给出版物印刷行业增加更多的赢利点，尤其是增加在线印刷订单的可能性。针对印刷报价、印刷材料选购、任务下单等功能的 APP 已经上线，如印吧、简印、噗印、印乐、享印、口袋冲印等，基于个人消费的印刷形式以及社交分享等特点，在一定受众群体中具有市场。以小批量、个性化、定制化为特色的生产方式正在崛起。但是，对于规模化生产的出版印刷企业来说，不但在现阶段难以利用移动媒体进行生产经营，针对市场的探索和调研仍然不够。

综上，互联网时代，机遇与挑战并存，以书刊报纸出版为主的传统媒体业绩的下滑已经直接影响到印刷产业，但互联网的深化又使印刷企业探索出新的发展路径。除了要紧跟互联网时代步伐外，印刷企业普遍存在从业人员整体素质不高、人员流动性大的问题亟待解决，尤其在小型企业中人员问题更加突出。提高行业就业环境，通过高科技应用解决低产能，吸引高素质科技人才、技术人才加入是保证行业继续前进的动力。

（三）出版物印刷企业产能过剩

事实上，产能过剩问题在我国表现在各个行业。主要原因有两个：一是区域和企业存在盲目投资现象；二是低效产能、"僵尸企业"无法退出市场。"去产能"需要做好"加减法"。

出版物印刷业虽然不是国家产能过剩的重灾区，但是行业内的产能过剩现象对产业发展带来许多困难，所以也不容小觑。从出版物印刷业多年的发展状况来看，"供过于求"早已成为基本现象。过剩的产能压缩了出版物印刷企业的利润空间，迫使它们开始通过其他方式增加利润，比如，提高产品价格和减少劳动力成本。

另外，新技术开发对出版物印刷需求的影响始终存在，并且会成为限制其发展的重要阻力。除了生产力和生产效率的提高，新技术也通过创新产品帮助越来越多的企业在市场竞争中脱颖而出。所以，不断地推陈出新，满足市场日益变化的需求，加强产品的研发才是改善产能过剩问题的正途。

四　北京市出版物印刷产业转型升级对策

（一）拓宽主营服务范围

近年来，数字媒体快速发展，给纸媒体带来较大冲击。美国的《新闻周刊》、《财智月刊》、*PCMagazine*、《西雅图邮讯报》、《亚洲周刊》、《基督教科学箴言报》、《电视周刊》、《美国新闻与世界报道》，英国的《大英百科全书》，巴西的《巴西日报》和《纳塔尔日报》等都已经停止出版纸质印刷版。可见，纸质印刷的需求量已经发生变化，需要出版物印刷业拓宽业务范围。

国内，随着新媒体与数字技术的普及，传统的媒体格局将发生重大变化，特别是在北京这样的发展前沿阵地，传统印刷行业受到强烈冲击。所以，面对数字时代的变革，出版物印刷企业要适时调整经营方向。具体有两个建议：一是开发多媒体制作服务；二是尝试"按需印刷"。目前，北京京华虎彩已经在"按需出版"业务中有所尝试，并获得了一定成果。

（二）发展自主品牌制造

传统意义上的出版物印刷企业只是根据客户需求进行生产的服务企业，属于纯粹的加工服务商，但是，在印刷企业面临转型升级时，应当尝试向品牌制造商转型，开辟新的发展道路。例如，虎彩集团以印刷业为基础打造出自己的连锁文具品牌"七彩文具"。珠三角地区有些企业，以前主要承接海外立体儿童图书订单，最近已经尝试利用其资源优势，开发面向国内市场的自由立体书品牌。

（三）积极开拓业务

在当前出版物印刷市场发展遇到瓶颈的特殊时期，企业还可以积极利用已有积累，结合自身资源，跳出印刷行业，积极开展多元化尝试。例如，以出版物印刷为主产品线的北京国彩印刷有限公司牵手北京中科印刷有限公司，展开深层次战略合作，将北京中科印刷在单双色出版物和精装书产品的多元化优势发挥出来，为广大客户朋友提供更加多元化、深层次、全方位的印制服务。北京金色梧桐环保设备有限公司与北京今印联印刷器材有限公司强强联合，通过资源整合，从今印联公司的绿色环保印刷器材供应，到金色梧桐公司的末端治理，实现绿色印刷产业链的完美融合，同样是非常有价值的尝试和组合。

（四）全方位培训，提升软实力

经济增速放缓，市场竞争激烈，印刷企业发展一度受限。在此困难形势下，企业更是重视人才的培养。2015 年北京印刷协会下的毕昇培训学校，完成了 700 余名员工线上线下的培训教育工作。

在线教育培训也越来越普及，国内首家印刷在线教育平台——黄品青培训，联合业界专家、印刷技师等各方力量，为印刷企业一线员工、行业准从业者和业内相关人士等群体提供培训服务。线上——黄品青培训企业版在线注册人数 1000 余人，正在使用的企业数十家。包含印前、印刷、印后工艺技术及标准化、生产管理、营销等各大类课程，总时长已经突破 300 小时。线下——必胜印刷网（黄品青培训）协同中国印刷博物馆成功举办国家新闻出版广电总局人事司 2015 年培训计划"印刷企业生产管理人员业务素质提升培训班"，共招收 23 名学员，并邀请业内重量级专家讲师讲授核心课程，课程内容均紧密围绕印刷生产和管理的实战经验，与培训学员在日常生产和管理工作中的知识和经验需求很好地呼应，2016 年继续举办多期培训班，加大印刷人才培养力度。

（五）利用"互联网+"转变经营模式

近年来，随着"互联网+"的兴起，越来越多的行业与之融合发展，印刷行业也不例外。"互联网+印刷"一时间掀起了圈里的千层浪，再加之应运而生的印刷电子商务平台，"互联网+印刷"的全新发展模式逐渐成为新趋势。

例如，为了能在"互联网+印刷"的弄潮中找准方向乘风破浪，北京易丰印捷科技股份有限公司就始终在这条路上不断努力着，旗下蜂印网提供的按需印刷服务完美体现了"互联网+印刷"的商业模式，并与其精细化管理流程有机结合起来，保证了生产和销售环节的无缝对接。

（六）大力发展按需印刷

按需印刷建立在数字印刷基础上，数字印刷是依托于网络平台，通过线上线下的整体操作，实现远程印刷服务，印刷行业内称此为"云印刷"。专业云印刷即通过"点对点"的数字信息传输以实现 2D 和 3D 的打印。印刷技术、物流体系的结合，将促使越来越多的传统印刷企业搭上互联网快车，同时对提升生产效率、节省人力成本、满足客户多样化需求大有助益。

随着数字印刷发展的突飞猛进，人们的思维理念逐步在传统印刷与数字印刷互补融合发展上达成共识。相辅相成的发展才是出版物印刷行业探索的新思路，传统、数字"两条腿"走路才能走得更远。越来越多的传统印刷企业意识到这一点，尤其是书刊印刷企业，在海量图书库存的今天，按需印刷应运而生，随之而来的数字印刷的引入已成为必然，就北京地区来说，目前，出版社的总量占到全国将近 50% 的比例，但真正的按需印刷大环境还尚未形成，但印刷企业也都在积极的探索中。不过一些印刷企业已经有所发展，比如，虎彩集团、中国教育图书进出口有限公司（中教图）等企业在按需印刷业务上都比往年有明显增量，商业模式也逐渐清晰，业务及生产管理更加顺畅，出版社对 POD 模式的认知逐渐提升，市场培育效果明显改善。

（七）实现出版物印刷智能化生产

智能化已成为印刷企业发展的必然之路。要有效提升企业效率，降低人力资源成本，就不得不选择智能化发展的道路，智能化工厂更是助力中国从印刷大国走向印刷强国。

比如，北人集团在印刷智能化升级上的经验值得借鉴。该公司尤其是从传统向智能制造的转型升级这一过程中，成效显著。他们积极推动智能制造，用自动化手段代替人工劳动力，减少人员消耗的同时提升企业效率。天津荣彩、美盈森等设备制造商也瞄准这一方向，开启智能化印刷4.0新模式。

（八）京津冀协同发展实现新突破

2015年，京津冀协同发展实现新突破，总部经济模式显现，同时三地出版物网上审批还实现了互通、互联、互认。为了更好地推进京津冀协同发展，印刷厂开始外迁转型，从实际出发，探索合作新模式。

目前，一批成功案例已经涌现出来。人民教育出版社印刷厂和唐山润丰印务有限公司在唐山合作建设的"河北仁润印刷有限公司图书及包装印刷项目"，总投资10.6亿元，占地面积100亩。一期投资5亿元，主要是加工教学用书及纸张仓储；二期投资5.6亿元，主要生产食品、药品、文化用品、精致包装品印刷。北京盛通印刷股份有限公司为推进公司图书出版物印刷市场进行产能配套，在河北廊坊新设立了控股子公司——盛通（廊坊）出版物印刷有限公司，转移书刊印刷能力。北京多家出版社把印刷业务交由保定市中画美凯印刷公司负责，并与唐山、黄华等地的印刷企业保持密切联系，真正实现了三地印刷企业、出版社之间的协调发展。

（九）推动差异化发展，提升核心竞争力

在同质化竞争如此剧烈的今天，面对不断严格的疏解首都非核心功能的政策，如果印刷企业没有自己的核心竞争力和差异化特色，势必首当其冲成为被疏解出去以及被淘汰的对象。如铁道出版社印刷厂是一家传统的书刊印刷企业，多年来一直为铁道出版社和铁路部门提供相应的服务。为了顺应电子标签的发展，2011年，铁道出版社印刷厂尝试进入电子标签（RFID）领域，虽然仅仅是涉足后期封装一个工艺环节，全年的收入就增加了几百万元，目前主要为广深铁路火车票提供生产服务。

五 北京市出版物印刷业发展趋势

北京市出版物印刷业的发展，如今面临着互联网、环境污染、产能升级等诸多方面的挑战。但是透过错综复杂的社会现象，可以通过对北京市出版物印

刷业发展现状、困境和策略的梳理，对行业未来发展趋势进行预测。

第一，行业总体呈现平稳趋势。虽然近年来北京市出版物印刷行业在总体上呈现下滑的态势，但是由于政府政策的支持、企业自身发展转型以及新技术的推动，这种下滑趋势不可能持续。而且，北京市作为中国文化产业的聚集地，对出版物印刷的需求体量仍然较大。

第二，朝着数字化、精细化和无污染的方向发展。数字化的发展趋势以互联网技术为依托，事实上是互联网时代发展的结果。精细化则是生产社会更新换代的结果，更精密的设备会带来更加精准的产品。无污染的生产过程则是环境保护的必然要求。

第三，生产结构不断优化调整。主要表现为传统的出版物印刷层面，中小型企业将会逐渐被淘汰或兼并，大型企业将集合优势资源，并且加强互相合作。另外，一些个性或特色印刷服务将会在特定市场上占据一席之地。

B.7
2015年北京市出版物发行业年度发展报告

摘　要：　2015年北京出版物发行整体发展态势较为良好：出版发行业
　　　　　中心地位稳固，线上与线下发行协同发展。有利的宏观政策
　　　　　环境、集中的优质资源、稳定的文化需求和市场、不断优化
　　　　　的产业结构、良好的物流基础设施是北京出版物发行业的发
　　　　　展优势。建议在今后的发展中，扶持实体书店发展，加强物
　　　　　流基础设施建设，开发农村图书市场，充分开发多元化经营，
　　　　　完善转型升级模式评估，加强政府监督与管理，充分利用人
　　　　　才资源，发挥行业协会作用。

关键词：　出版物　发行　实体书店　北京

2015年，我国新闻出版业处于关键的发展时期，在经济新常态背景下保持了稳定的可持续发展，营业收入突破2.1万亿元。其中，出版物发行业的营业收入达到3234.02亿元，相比2014年增速达到6.95%。[①] 就北京地区而言，出版物发行也同样也实现了可持续增长，保持了稳步前进的发展态势。同时，北京市出版物发行也遭遇了发展困境，但业内也实现了许多创新与突破。

一　2015年北京市出版物发行业发展态势

如表1所示，2015年北京市新华书店系统、出版社自办发行单位出版物总购进数量25.98亿册（张、份、盒），总金额617.31亿元，较2011年分别

---

① 《2015年新闻出版产业分析报告》，http：//business.sohu.com/20160812/n463878168.shtml。

增加1.73亿册（张、份、盒）和123.47亿元，分别增长7.13%、25%；总销售数量24.82亿册（张、份、盒），总金额573.82亿元，较2011年分别增加0.81亿册（张、份、盒）和100.43亿元，分别增长3.37%、21.22%；总库存15.82亿册（张、份、盒），总金额453.46亿元，较2011年分别增加2.98亿册（张、份、盒）和114.01亿元，分别增长23.21%、33.59%。

表1 出版物发行总量规模

单位：亿册（张、份、盒），%，亿元

年度	总购进				总销售				总库存			
	数量	增速	金额	增速	数量	增速	金额	增速	数量	增速	金额	增速
2011	24.25	6.17	493.84	15.73	24.01	5.77	473.39	12.68	12.84	3.38	339.45	5.91
2012	26.00	7.22	519.51	5.20	25.78	7.37	503.58	6.38	12.99	1.17	351.13	3.44
2013	26.28	1.08	573.19	10.33	25.97	0.74	544.08	8.04	14.05	8.16	401.09	14.23
2014	25.79	-1.86	561.24	-2.08	24.80	-4.51	544.47	0.07	15.39	9.51	427.40	6.56
2015	25.98	0.74	617.31	9.99	24.82	0.08	573.82	5.39	15.82	2.79	453.46	6.33

但是，行业利润成为一个下滑的指标。如表2所示，2011～2015年，北京出版物发行业受人力、物力、租金、物流等成本上涨的因素影响，出现了销售数量增加，但利润下降的现象。2015年与2011年相比，北京地区出版物发行业的资产总额和营业收入均有所增长，但增加值、利润总额两项经济指标均有不同程度的下降，尤以利润下降最为明显。

表2 出版物发行经济规模

单位：亿元，%

年度	资产总额		营业收入		增加值		利润总额	
	金额	年增速	金额	年增速	金额	年增速	金额	年增速
2011	292.95	-5.57	247.19	-27.56	128.63	33.69	14.09	-77.80
2012	308.07	5.16	275.20	11.33	93.71	-27.15	7.87	-44.18
2013	322.55	4.70	263.57	-4.23	79.50	-15.17	6.15	-21.77
2014	370.92	15.00	276.88	5.05	72.26	-9.11	3.74	-39.20
2015	445.51	20.11	288.50	4.20	58.30	-19.32	2.00	-46.52

二 2015年北京市出版物发行业特征简述

（一）出版发行业中心地位稳固

北京作为中国文化产业的聚集地，其出版物发行业在全国具有举足轻重的地位。特别是在国家主流出版物层面，北京地区可谓一枝独秀。由中央文献出版社、中国方正出版社出版的《习近平关于党风廉政建设和反腐败斗争论述摘编》发行量超过550万册，国务院新闻办公室会同中央文献研究室、中国外文局编辑出版的《习近平谈治国理政》超过400万册。《求是》平均期印数超过100万册，《时事报告》两个版本每期平均印数合计超过400万册。《人民日报》《参考消息》《环球时报》等报纸平均期印数均超过100万份，《人民日报》和《参考消息》稳居年度报纸平均期印数排名前10。①

在期刊层面，北京地区的期刊发行量表现非常强劲。根据表3，在2015年平均期印数排名前10的期刊中，北京出版发行的占了半壁江山。具体来说，《时事报告》（大学生版）发行量排名第一，《求是》排名第五，《中共中央办公厅通讯》排名第六，《时事报告》（中学生版）排名第八，《青年文摘》排名第九。

表3 2015年平均期印数排名前10的期刊

排名	期刊名称	周期	所在省份	2014年排名
1	《时事报告》(大学生版)	半年刊	北京	3
2	《读者》	半月刊	甘肃	2
3	《特别关注》	月刊	湖北	1
4	《小学生时代》	月刊	浙江	10
5	《求是》	半月刊	北京	4
6	《中共中央办公厅通讯》	月刊	北京	6

---

① 《2015年新闻出版产业分析报告》，http://business.sohu.com/20160812/n463878168.shtml。

排名	期刊名称	周期	所在省份	2014 年排名
7	《知音漫客》	周刊	湖北	5
8	《时事报告》(中学生版)	月刊	北京	7
9	《青年文摘》	半月刊	北京	11
10	《意林》	旬刊	吉林	8

资料来源：《2015 年新闻出版产业分析报告》，http：//business. sohu. com/20160812/n463878168. shtml。

根据表4，在报纸发行量层面，北京地区共有两份报纸进入全国前十，分别是《人民日报》和《参考消息》。如表4所示，除了北京的两份报纸和《南方都市报》，其余都是教育类报纸，其影响力远远不能与《人民日报》和《参考消息》等党政综合性报纸相提并论。

表 4 2015 年平均期印数排名前 10 的报纸

排名	报纸名称	刊期	所在省份	2014 年排名
1	《英语周报》	周一刊	山西	1
2	《当代中学生报》	周一刊	江西	2
3	《学习方法报》	周一刊	山西	3
4	《中学生学习报》(初中版)	周一刊	河南	4
5	《英语辅导报》	周一刊	吉林	5
6	《人民日报》	周七刊	北京	6
7	《参考消息》	周七刊	北京	7
8	《关心下一代周报》	周一刊	江苏	9
9	《语文学习报》	周一刊	吉林	10
10	《南方都市报》	周七刊	广东	12

资料来源：《2015 年新闻出版产业分析报告》，http：//business. sohu. com/20160812/n463878168. shtml。

根据表5，在2015年单品种累积印数排名前10的书籍中，其出版单位位于北京地区的更是达到8种，分别是商务印书馆出版的《新华字典》（第11版），中国方正出版社出版的《中国共产党廉洁自律准则 中国共产党纪律处分条例》和《习近平关于党风廉政建设和反腐败斗争论述摘编》，新世界出版社出版的《走复兴路 圆中国梦》（初中生读本）和《奋发向上 崇德向善》（初中生读本），外文出版社出版的《习近平谈治国理政》（中文平装本）以及学习出版社出版的《法治热点面对面》。

表 5 2015 年单品种累计印数排名前 10 的书籍

排名	书籍名称	出版单位
1	《新华字典》(第 11 版)	商务印书馆
2	《中国共产党廉洁自律准则 中国共产党纪律处分条例》	中国方正出版社
3	《走复兴路 圆中国梦》(初中生读本)	新世界出版社
4	《水与生命》	浙江科学技术出版社
5	《习近平关于党风廉政建设和反腐败斗争论述摘编》	中国方正出版社
6	《中国共产党廉洁自律准则 中国共产党纪律处分条例》(烫金版)	中国法制出版社
7	《贵州省道德讲堂读本》	贵州人民出版社
8	《习近平谈治国理政》(中文平装本)	外文出版社
9	《奋发向上 崇德向善》(初中生读本)	新世界出版社
10	《法治热点面对面》	学习出版社

资料来源:《2015 年新闻出版产业分析报告》,http://business. sohu. com/20160812/n463878168. shtml。

根据表 6,在 2015 年总体经济规模综合评价前 10 位的图书出版集团中,北京是唯一拥有两个入围集团的省级行政单位。北京地区进入 2015 年总体经济规模评价前 10 位的集团分别是中国教育出版传媒集团有限公司和中国出版集团公司,分列第 4 位和第 8 位。

表 6 2015 年总体经济规模综合评价前 10 位的图书出版集团

单位:分

综合排名	集团	综合评价得分	2014 年排名
1	江苏凤凰出版传媒集团有限公司	3.0965	1
2	湖南出版投资控股集团有限公司	1.8193	2
3	江西省出版集团公司	1.6457	4
4	中国教育出版传媒集团有限公司	1.4274	3
5	浙江出版联合集团有限公司	1.0451	5
6	安徽出版集团有限责任公司	1.0228	7
7	河北出版传媒集团有限责任公司	0.9976	6
8	中国出版集团公司	0.9033	8
9	山东出版集团有限公司	0.6376	9
10	湖北长江出版传媒集团有限公司	0.5570	11

资料来源:《2015 年新闻出版产业分析报告》,http://business. sohu. com/20160812/n463878168. shtml。

总而言之,依靠首都的政治与文化的首位度以及较为发达的行业基础,北京市出版物印刷业在全国处于领先地位。从产业链上下游关系来看,北京地区集中了全国40%以上的出版单位，数量规模庞大的书报刊音像电子出版物均由北京发往全国，因此，北京地区既是出版物的生产加工中心，又是出版物的贸易交流中心，在全国出版物发行业中占据着核心地位。

（二）线上与线下发行协同发展

近年来，传统的出版物发行业受到电子商务的强力冲击。2015年全国图书零售市场同比增长12.8%，实体书店零售市场同比增长0.3%，而网络销售依然保持了30%以上的增长速度。纵观整个电商市场，经过近几年的发展，国内图书销售电商已形成了当当、亚马逊、京东等"诸侯争霸"的格局。[1]

面对全国市场的转变，北京地区一些电子商务服务商已经占据先机。诸如京东、当当等业内领军企业，充分利用总部位于北京的优势，不断集合优势资源，已从过去单纯的零售平台发展成为集零售与产品推广和品牌传播于一体的综合性平台，由于抓住了渠道的变化趋势，获得了强劲的增长。2015年，京东纸书全年销售超过2亿册；当当自营图书销售码洋过百亿元，其中有22家出版社在当当的销售码洋超过1亿元。2015年，当当自营图书销售码洋过百亿元，仅数字阅读用户已达2000万人。不仅如此，电子商务服务商已经将目光投向出版物发行的实体销售市场。比如，自出版和开书店无疑是当当图书在2015年的两个重大动作。[2]

面对线上发行的挑战，传统出版物发行商也采取了应对策略。例如，北京市王府井书店开设了微商城，通过两年多的运作已经获得了阶段性成果。目前，王府井书店微商城有3万人关注，年销售额达20万元左右。除此之外，2015年《故宫日历》也是网络销售的一个成功案例。《故宫日历》单本销售近1.3万册。另外，王府井书店在天猫、京东、亚马逊、当当都开设了店铺，通过借助第三方平台摸索B2C的发行渠道。[3]

---

[1] 《与其豆其相煎不如同拓共赢——来自当下图书销售电商生态圈的调查与思考》，http://www.gapp.gov.cn/news/1658/273087.shtml。

[2] 《与其豆其相煎不如同拓共赢——来自当下图书销售电商生态圈的调查与思考》，http://www.gapp.gov.cn/news/1658/273087.shtml。

[3] 《中国实体书店创新发展年会丨共商全面落实"实体书店扶持政策"》，http://www.cbbr.com.cn/article/106038.html。

另外，一些实体书店也通过改变经营方式应对发行困境。例如，北京三联韬奋书店从 2014 年 4 月起，开始试营 24 小时书店，开启"深夜书房"。人文化的经营模式吸引了诸多忠实客户。一年过去，三联书店交出了一份亮丽的成绩单，实现销售额翻番，利润也相应增长。①

三 北京市出版物发行业的发展优势

（一）有利的宏观政策环境

近几年来，中央出台多项政策大力推动出版物发行业发展。例如，全力推进"全民阅读"，各地读书活动不断；国家对"益民书屋"工程不断提高财政投入，拉动农村地区居民的图书阅读量；从 2013 年 1 月 1 日至 2017 年 12 月 31 日，对各类实体书店实行财政优惠政策，免征图书批发和零售环节的增值税。自 2013 年起，财政部对实体书店的奖励资金不断增加。②

中央奖励与优惠政策的不断出台，带动了北京市出台出版物发行业的扶持政策。目前，北京市对实体书店同样具有各种形式的资金补贴和财政支持。特别是在 2016 年，北京市"十三五"规划已经将实体书店资金扶持纳入公共文化服务体系建设。

（二）集中的优质资源

作为首都，北京地区集中了许多中央级出版物发行的优势资源，例如，《人民日报》《解放日报》等中央级报纸，商务印书馆等全国知名的大型出版社，更有优质的消费群体。而占据出版物发行半壁江山的京东、当当等电子商务服务商都在北京设立总部。

具体来说，第一，北京出版机构众多。北京市内有一大批新闻出版的优质与资深企业，比如，老牌国有出版社中华书局、法律出版社、学苑出版社等在

---

① 《探访北京实体书店　让文化之光点亮城市》，http：//politics. people. com. cn/n/2015/0423/c70731 - 26893148. html。
② 《探访北京实体书店　让文化之光点亮城市》，http：//politics. people. com. cn/n/2015/0423/c70731 - 26893148. html。

业内具有较大影响力；还有不少高水平的出版行业专业科研院所，比如，中国新闻出版研究院；另外还聚集了一大批民营出版企业，比如，北京时代华语图书股份有限公司、北京磨铁图书有限公司、北京龙之脊文化传播有限公司等。第二是业务水平高。北京市新闻出版企业在文化传播特别是全球化文化输出中做出了巨大贡献，比如，北京时代华语图书股份有限公司长期致力于弘扬中国文化，提高中国文化在世界范围内的影响力，目前已经在美国成立了出版公司。第三，物流资源比较丰富。北京市物流行业长期为出版业提供坚实后盾。例如，北京西南物流中心位于丰台区，已经为传统出版业提供物流服务长达12年，经验丰富，业务水平极高，服务内容覆盖面广，物流形式多样，已经拥有固定客户270余家，在全国范围内可谓首屈一指，为北京国家数字出版基地的传统图书物流转型升级提供了产业基础和资源优势。坚实雄厚的物流服务基础，吸引了许多出版行业巨头关注，也能够吸引龙头出版企业落户基地。①

（三）稳定的文化需求和市场

根据"书香中国·北京阅读季"领导小组办公室发布的《2014～2015年度北京市全民阅读指数综合报告》，北京居民综合阅读率为91.16%，纸质出版物阅读率为81.70%，数字阅读率为78.60%，人均纸质图书阅读量为9.49本。而第十二次国民阅读调查报告显示，我国国民综合阅读率为78.60%，人均阅读图书4.56本。由此可见，北京居民对出版物的文化需求高于全国平均水平，而且对纸质出版物的需求量也较高。

根据此报告，网络购书成为北京居民购买纸质图书的重要途径。其中，虽然仍有62.39%的北京居民选择实体书店购买出版物，但是通过网络购书的也达到44.06%。在青年群体中，网络购物与实体书店购书的比例大致相同。

阅读习惯和文化氛围是出版物发行的基础，也是市场容量的文化背景。在此基础上，人们会有更强大的市场购买意愿和购买力。根据调查，78.8%的北京居民表示"非常喜欢"或"比较喜欢"读书看报，具有良好的阅读习惯。60.5%的北京居民阅读过纸质图书，自费购买纸质图书的人均花费为318.17

---

① 《打造首都文化发展新空间新名片》，http://news.xinhuanet.com/newmedia/2015-08/09/c_134496241.htm。

元；报纸是北京居民获取信息的重要渠道，52.7%的北京居民阅读过报纸，自费购买和订阅报纸的人均花费为33.08元；北京居民对出版物的需求呈现多元化，不仅包括购买出版物，还涵盖了购买阅读设备、参与读书活动和办理读书会员卡等。①

（四）不断优化的产业结构

近年来，北京市新闻出版产业按照中央和主管部门要求，继续优化产业结构，转变经济增长方式，把社会效益放在首位，创造出更多有影响力的精品出版物，提升实力与竞争力，不断优化产业结构。②

一方面，内容加工不断优化。2010年，图书出版行业利润总额在北京地区新闻出版广电产业中所占比重为17.73%，报刊合计占23.12%，发行占39.96%，印刷占17.62%；而到2014年，图书出版利润占比接近一半（45.02%），成为北京地区新闻出版产业的支柱产业。可见，在经历了转企改制的重大变革后，产业结构调整显著，对内容加工要求比较高的图书出版发行行业就提到了更加重要的位置。

另一方面，新技术带来的产业结构升级。在各种新兴技术的推动下，北京地区各种终端互融互通，跨平台观看成为阅读消费的重要形态。电子图书阅读器和各种形式的新媒体产品等成为越来越多人进行阅读的载体。

（五）良好的物流基础设施

北京地区拥有功能完善的出版物物流中心，较为完善的物流网络，为出版物发行提供了良好的基础设施保障。

其中，新华联合物流中心项目是北京市出版物物流基础设施建设的一项重大工程。该项目工程位于北京市顺义区，投资总额约10亿元，为中国出版集团重点工程项目。项目总占地面积21.59万平方米，总建筑面积20.25万平方米。目前，库房和分拣车间建筑面积18.87万平方米，已于2015年7月竣工

---

① 《北京市首次发布全民阅读指数综合报告》，http://beijing.qianlong.com/2015/1031/60804.shtml。
② 《北京市首次发布全民阅读指数综合报告》，http://beijing.qianlong.com/2015/1031/60804.shtml。

并交付使用。这为出版物发行进一步规模化发展奠定了基础。

该项目建成后，不仅为中国出版集团及其下属各出版机构提供图书仓储物流服务，还将为行业内外的其他客户提供第三方仓储物流服务。该物流中心具有国际领先的现代仓储物流设施，能够高效地进行图书配发、包装、质检、路向分拣，实现数字化和现代化的流水运作。完全投产后，该项目将成为中国最大的出版物流通中心。

四 北京市出版物发行业的发展建议

（一）扶持实体书店发展

2016年6月，中宣部和国家新闻出版总局等11个部门联合发布《关于支持实体书店的指导意见》，进一步促进实体书店的发展。面对良好的政策环境，北京市出版物发行业应当牢牢把握政策优势，以推动新华书店规模化经营为立足点，在城市人口聚集区设立大型书城，在郊区和乡镇开设小型书店，在农村偏远地区设置覆盖面更为广泛的农村书屋，并在旅游景区和文化创意园区开发一些特色与个性书店。另外，基于北京市原有的优势，一些在业内具有龙头地位的大型出版物发行集团应当继续增强核心竞争力，并走出北京，面向全国，甚至在国际上成为知名品牌。除了大型出版物发行集团，同时应当培育一批"小而美"的特色民营发行企业，形成有集群优势的民营产业。

（二）加强物流基础设施建设

为了满足北京市出版物发行业日益增长的物流需求，需要加强物流基础设施建设。加强物流基础设施建设，一方面，要扩大物流行业的规模以满足不断增长的物流需求；另一方面，更为重要的是发展现代物流行业，实现信息化、数字化和智能化的管理和运作。在此基础上，利用物流行业打破城乡、地域之间的市场空间隔阂，加快不同市场的融合，整合资源，实现合作与共赢。除此之外，对北京市来说，应当以建设全国乃至国际出版发行物流中心为目标，按照高标准、高要求进行物流基础设施的升级与布局，建成若干能够在全国具有领先地位、技术先进、高效流畅的出版物物流中心。

（三）开发农村图书市场

开发农村图书市场，最重要的手段是继续全面推进"益民书屋"建设。"益民书屋"是深入农村图书市场的有效途径，所以，应当充分调动出版物发行行业内外的各种力量参与"益民书屋"建设。"益民书屋"不需要宏大的个体规模，但需要最广泛的覆盖面，以各种形式深入覆盖农村地区。其中，新华书店应当在"益民书屋"建设中起到领头羊的作用。比如，北京市可以参考其他地区新华书店农村出版物小连锁网店的经验和做法，通过主动宣传、私人订制等多元化营销手段，利用政府政策优势和公共财政支撑，将图书带进每一个农村，满足每一位有需求的客户，以"市内有书城、郊区有书店、乡乡有网点、村村有书屋"为目标，最终实现经济效益与社会效益的双丰收。

（四）充分开发多元化经营

在媒介融合趋势中，传统出版物发行业应该充分发挥自身资源优势，开展多元化经营，增加收入渠道。比如，北京是全国会展资源最丰富的地区，依托丰富的会展资源，开发新闻出版会展业务，打造新闻出版业信息交流、产品交易、项目合作的品牌展会，使之成为推进行业发展的重要途径。目前，图书交易博览会、北京图书订货会等出版发行业的会展已经取得一定成绩。另外，广告、文化创意和教育等都是出版物发行业可以涉猎的领域。一方面，这些领域与出版物发行行业息息相关，在传播与文化等多个层面具有共同性；另一方面，北京地区的广告、文化创意和教育资源十分丰富，是可以尝试进入的领域。

（五）完善转型升级模式评估

目前，包括出版物发行业在内的多个新闻出版传统行业都在谈论转型升级，但是什么样的转型升级模式是最合适的，要如何评估转型升级模式，是亟须解决的问题。所以，针对出版物发行业的转型升级态势，必须要确立一个完善的评估模式，使转型升级过程少走弯路，规避风险。具体来说，需要不断完善发行企业内部审核和行业审核机制，每个年度的行业统计与调查工作需要进一步细化，做出科学与完善的行业统计与分析，并在数据分析基础上对行业发展态势做出正确评估，以此为行业未来发展提出建议与参考意见。

（六）加强政府监督与管理

在国内环境中，由于市场发育不完全，如果出版物发行业完全市场化运作，容易出现失控。所以，要充分发挥北京市新闻出版行政主管部门的监督和管理作用，加强对出版物发行业的约束、规范和指导，对行业内的不合法、不规范行为进行惩罚。政府还应当制定与完善行业规范，建立出版物发行企业的信用档案，建立失信惩治机制，依托信用体系对整个行业进行规范、引导、管理与监督，杜绝不正当竞争和违法违规行为，营造良好的行业竞争环境。

（七）充分利用人才资源

北京是全国人才最为集中的地区，区域内有大量的高校和研究机构，所以，出版物发行业应当充分利用北京市的人才资源优势，不断引进和培养相关人才，进行人才梯队建设，为行业发展做好人才储备。出版物发行业还可以与高校合作，设立相关专业，为高校学生提供实习与就业机会，同时便于自身引进人才，实现双赢。另外，北京地区大量的科学研究机构可以充当出版物发行业的智库，为行业发展进行规划，提供科学建议，制定行业发展策略。

（八）发挥行业协会作用

出版物发行业不仅需要企业与政府的努力，还需要中间机构的协调作用。出版物发行行业协会就是一种良好的中间结构组织形式。通过出版物发行行业协会，一方面，可以促进行业间互帮互助，资源共享，实现共同发展；另一方面，行业协会可以对行业内行为进行约束与管理，对行业内部的争端进行公平公正的评判，营造良好的行业氛围。

B.8
2015年北京市出版物进出口
与版权贸易发展报告

摘　要：　随着新闻出版"走出去"战略的不断推进，北京市出版物进
出口与版权贸易的发展步入新阶段。2015年，北京市出版物
进出口发展态势平稳，版权输出增速明显，而IP改编热潮的
兴起使IP运营成为业界关注的热点。本文对新时期北京市出
版物进出口与版权贸易的发展情况进行了详细的说明，并在
此基础上，进一步指出了其在未来一段时间的发展方向。

关键词：　版权　出版物　IP　北京　版权贸易

一　2015年北京市出版物进出口
与版权贸易的基本情况

（一）宏观政策环境推动图书版权输出创新高

2012年，原新闻出版总署出台了《关于加快我国新闻出版业走出去若干
意见》，首次从国家层面对新闻出版业"走出去"进行全方位布局。[①] 意见明
确了加快版权"走出去"等8项重点任务和促进新闻出版"走出去"的10条
新政，有力地推动我国文化"走出去"的战略实施，对提升我国新闻出版业
的国际传播力和影响力意义重大。2013年11月，十八届三中全会正式确立了
"一带一路"国家战略。在良好的政策环境的推动下，我国新闻出版"走出

---

① 《新闻出版总署：力争版权引进输出比降至二比一》，央视网，http：//news.cntv.cn/china/
20120110/104561.shtml。

去"战略的实施成效显著，主要表现为对外出版合作交流日益活跃和深入，对外版权输出品种和数量不断扩大，贸易逆差明显缩小。2015年，我国中文图书的输出量猛增，全国共有10471种图书输往全世界近百个国家和地区。这一方面得益于中国图书出版产业结构的优化调整，图书质量较以往有了明显的提升；另一方面，北京国际图书博览会等大型版权交易平台的建立和中外出版交流活动的日益广泛深入，使我国图书"走出去"的平台和机会大大增多。

北京地区作为全国的文化中心，拥有开展新闻出版"走出去"的众多优势资源，如北京国际图书博览会、中国国际版权博览会等面向国际的大型博览会，以及众多对外出版平台等，是我国新闻出版"走出去"战略的重要窗口。2015年，北京地区着力推动出版产品"走出去"、品牌"走出去"、资本"走出去"，在国际书展同业下滑的大背景下，北京国际图书博览会的成功举办充分展现了我国出版业"请进来"的吸引力和"走出去"的号召力。2015年，第22届北京国际图书博览会规模进一步扩大，展览面积、参展国家、参展商等均较2014年有所增长。本届博览会共达成中外版权贸易协议4721项，较2014年增长8.6%；其中，各类版权输出与合作出版协议共达成2887项，同比增长11.3%；引进协议共达成1834项，同比增长4.7%；版权输出与引进比为1.57∶1，成功实现版权贸易顺差。① 目前，成立仅30年的北京国际图书博览会已经跃升为世界第二大国际书展。

随着"走出去"战略的全面实施和"一带一路"战略的不断推进，北京地区作为我国新闻出版"走出去"的重要窗口，其对外经济文化交流活动日益频繁，版权输出和引进比进一步提高，出版物进出口业发展态势良好，有力地推动了中国文化走向世界。

（二）北京市出版物进出口经济规模发展态势平稳

2015年，北京市出版物进出口发展态势良好，经济规模较2014年有明显的增长。与2014年相比，资产总额、营业收入、增加值三项经济指标均实现了两位数的增长。

---

① 《中外版权贸易协议达成近五千项 版权输出创新高》，中国出版网，http：//www. chuban. cc/yw/201509/t20150901_ 169746. html。

如表1所示，2015年北京地区出版物进出口资产总额为63.16亿元，较2014年增加21.12亿元，同比增长50.23%；营业收入42.97亿元，较2014年增加6.16亿元，同比增长16.73%；增加值4.54亿元，较2014年增加0.76亿元，同比增长20.11%；利润总额1.06亿元，较2014年减少0.26亿元，同比降低19.70%。资产总额与营业收入的大幅增长说明北京市出版物进出口整体的发展情况良好。

表1　2014年、2015年北京地区出版物进出口经济规模

单位：亿元，%

年份	资产总额		营业收入		增加值		利润总额	
	金额	年增速	金额	年增速	金额	年增速	金额	年增速
2014	42.04	3.88	36.81	7.57	3.78	1.61	1.32	11.86
2015	63.16	50.23	42.97	16.73	4.54	20.11	1.06	−19.70

（三）版权输出增速明显，数字出版物出口比重进一步提高

在新闻出版业良好政策环境的推动下，我国对外版权贸易与出版物出口平稳增长。2015年，我国共引进版权16467种，较2014年降低1.4%；输出版权10471种，较2014年增长1.7%；版权引进品种与输出品种比例为1.6∶1，与2014年基本持平。而近年来数字出版的快速发展，使数字出版物出口所占比重进一步扩大。①

近年来，北京地区新闻出版业全面实施"走出去"战略的成效初显。北京地区作为我国经济文化交流中心，出版物版权引进和输出总量一直居全国首位。随着出版业国际交流活动日益广泛，北京地区的版权贸易日渐频繁，版权市场也展现出更加活跃的生机。在过去的2015年，北京地区共引进版权8945项，占我国版权引进总量的一半以上。版权输出数量也实现了大幅增长，增速更是远超引进数量增速。

近年来，数字出版的快速发展拓展了中外出版交流合作的空间，除了保持

① 中国新闻出版广电网，http://www.chinaxwcb.com/2016−08/09/content_343602.htm。

原有的传统出版领域的合作外，中外出版合作项目也逐渐延伸至数字出版领域。在北京市出版业数字化转型的不断探索过程中，数字出版物出口占比进一步提高，数字出版产品特别是电子出版物版权交易总量不断增长。在对外合作中，北京市出版业不再固守传统的合作模式，而是从实物贸易、版权贸易、渠道建设、资本合作等多个方面纷纷向数字出版靠拢。

（四）出版业由产品"走出去"转向资本"走进去"

2015年国家对出版"走出去"的扶持力度进一步加大，"丝路书香工程"正式实施，"一带一路"战略进一步推进。北京市新闻出版业借力各项扶持政策，积极参与对外交流合作项目，拓宽交流合作渠道，扩大交流合作领域，增强出版对外交流合作的国际影响力，继续推动产品"走出去"，并利用各种市场化与本土化运营模式，继而推进资本"走进去"。

1. 在国外设立独资出版公司

2015年6月，中国国际出版集团在拉美开办区域中心，标志着中国期刊本土化工作迈上一个新的台阶。2015年，"十月作家居住地"在布拉格建立，该"居住地"由北京出版集团出资建立，并以捷克为轴心，辐射波兰、德国、俄罗斯、奥地利等"一带一路"沿线国家，扩大了我国出版集团在海外的影响力，有力地推进了"一带一路"战略的实施。北京出版集团拓展海外空间的计划并不止步于此。下一步，北京出版集团计划在境外设立自己的出版机构，进一步开辟海外市场。① 通过设立国外出版公司，能够更加便于国外出版业务的开展，进一步促进双方在文化、教育、社会等领域的相互学习和借鉴，为并购重组海外出版公司做准备。

2. 在国外设立合资公司或分社

2015年12月，北京师范大学出版社在约旦设立分社，旨在搭建中阿两国之间的出版文化交流平台，推进国际化发展战略。分社由北京师范大学出版社与约旦阿克拉姆出版机构合资成立，致力于通过文化产品的出版发行，增进阿拉伯国家民众对中国的认识和了解，促进两国在出版领域的交流合作。② 2016

---

① 中国出版传媒网，http：//www.cbbr.com.cn/article/104658.html。

② 国家新闻出版广电总局，http：//www.gapp.gov.cn/news/1659/271621.shtml。

年1月，中国人民大学出版社以色列分社成立，成为中国出版机构在以色列设立的第一家分社。该分社依托特拉维夫大学孔子学院，一方面，策划出版中以学者共同撰写的图书，翻译中国学者的学术著作；另一方面，推动以色列优秀学术著作在中国翻译出版。[①]与国外出版企业合资设立公司可以实现优质出版资源与发行渠道共享，实现国内与国外出版发行业务的联动，实现优质图书的异地同步出版。

3. 同国外出版企业战略合作

2015年6月，中国图书进出口总公司与俄罗斯国家图书馆签署"易阅通"战略合作协议，致力于中国主题数字出版资源在俄罗斯落地，形成数字化"走出去"新模式。[②] 8月，中国出版集团与阿拉伯出版商协会签署战略合作协议，拟与阿拉伯语国家开展大规模合作。

（五）IP 改编热潮兴起，版权运营成焦点

2015年，伴随着《寻龙诀》《花千骨》《琅琊榜》等改编自网络文学的影视作品的热映，IP爆发出其所蕴藏的巨大潜力，继而引发了出版业的IP改编热。IP改编热为出版产业的融合提供了新的发展思路，激发了出版业的内容运作活力，也将众多出版企业的目光引向数字内容版权运营。[③]

1. 新兴出版企业加大对优质原创 IP 的争夺

2014年底，百度集团成立了百度文学。腾讯、阿里紧随其后，相继进军网络文学领域，分别于2015年成立阅文集团和阿里文学。互联网巨头进入网络文学领域，一方面是为了利用网络文学自带的粉丝属性提高网站流量；另一方面通过买进网络文学的版权，进行版权运营，从而便于在游戏、电影、电视、动漫等领域进行布局。[④] 此外，2015年初，掌阅文学集团成立，并开始在网络文学、电子阅读等领域展开布局；4月，中国移动成立咪咕数字传媒有限公司，旨在发展手机阅读业务；2015年，中文在线也积极进军网络文学市场，通过"聚合众创"实现网络文学零门槛商业化创作，以此来增强网络文学资

---

① 中国新闻出版广电网，http：//www. chinaxwcb. com/2016 – 08/24/content_ 344176. htm。

② 中国出版网，http：//www. chuban. cc/yw/201506/t20150629_ 168025. html。

③ 国家版权局，http：//www. ncac. gov. cn/chinacopyright/contents/518/301588. html。

④ 必胜网，http：//www. bisenet. com/article/201601/155921. htm。

源储备。由此可见，随着网络文学的迅速崛起，出版企业和互联网公司看到其本身蕴藏的巨大发展潜力，纷纷在网络文学、网络游戏、网络影视等领域进行全面布局，加大对原创 IP 的挖掘、培养和竞争，并围绕 IP 进行全产业链运作。

2. 以 IP 运营为核心的"泛娱乐"生态体系彰显出强大的生命力

2015 年，以 IP 运营为核心的游戏、动漫、文学、音乐、影视跨界融合的泛娱乐浪潮更加澎湃，许多优质的影视、游戏、动漫作品内容都由图书内容衍生而来。经典文学作品《西游记》至今已被改编过 40 余次，周星驰版的电影《大话西游之月光宝盒》被奉为经典，而 2015 年上映的《西游记之大圣归来》创下 10 亿元票房，则再一次证明了 IP 的价值。IP 成为"互联网 + 文化"的发展主线与核心价值，互联网公司和出版企业纷纷围绕 IP 进行"泛娱乐"生态体系全产业链内容布局。2015 年，掌阅在出版、网络文学、动漫等领域展开了全方位的布局，推出电子书阅读器，优化用户的阅读体验；保持与原有的300 多家出版社的合作，加大优质 IP 资源的积累；向动漫领域进军，与多家动漫内容企业展开合作；建立掌阅文学，开始进行 IP 衍生的发展，推出多部热门游戏作品。如今的掌阅已建成了自身完整的生态体系，形成了一个以内容为中心，辐射文学、动漫等多个领域的数字阅读公司。①

3. 传统出版机构加大版权运营力度

在互联网巨头高度重视版权运营的同时，传统出版企业也相继在版权运营方面加大了力度，许多出版传媒企业大力投资影视作品，或者向影视媒体延伸。互联网融合时代，出版机构不再仅局限于传统的图书出版，而是以优质内容为基础，积极寻求跨界合作渠道，不断开发、打造、衍生出影视、游戏、动漫等产品，开发出全新的文化传媒新业态，出版机构进军热门影视和游戏等行业也成为潮流。2015 年 2 月，金盾出版社联合启迪传媒集团共同开发"中国金盾电视联播平台"。5 月，读者出版传媒与优酷土豆集团旗下合一影业、北京深蓝文化传播有限公司签署独家战略合作协议，进一步寻求媒体融合发展，计划将自身的文学资源优势开发为互联网影视作品，初步实现内容资源的二次

---

① 邢旭明：《IP + 数字出版，看掌悦如何布局?》，出版人杂志（微信公众号），2015 年 12 月 28 日。

开发。① 出版传媒企业向影视媒体延伸为版权运营创造了便利条件。

4. IP 概念热带动文化资本市场

IP 概念热引发了我国文化资本市场的收购热潮，被收购企业涉及文学、影视、动漫、游戏等多个领域。2015 年，我国文化资本市场共实现 42 起 IP 相关收购，其中 39 起对外披露了收购金额，总并购金额达 209.59 亿元。

（六）版权保护工作不断完善，成效初显

2015 年是"十二五"规划纲要的收官之年。这一年，国家进一步加大对文化产业和知识产权工作的重视，版权保护工作不断完善，效果初步显现。

1. 司法与行政保护力度加大

国家新闻出版广电总局、国家版权局印发了多项规范性文件来加强对数字版权的保护，对数字版权侵权现象多发的网络文学、网络音乐、网盘服务等领域分别下发了专门的文件，给予了明确指示。2015 年，北京市加大网络音乐版权保护力度。2015 年初，国务院下发《关于转发知识产权局等单位深入实施国家知识产权战略行动计划（2014~2020 年）的通知》，通知明确指出要规范网络作品使用，加强网络监管技术手段的研发，严厉打击网络侵权盗版；7月，国家版权局下发《关于责令网络音乐服务商停止未经转授权传播音乐作品的通知》，其后共有 20 余万首在线歌曲因版权问题下线。10 月 21 日，国家版权局正式下达了《关于规范网盘服务版权秩序的通知》，对网盘服务商进行"施压"，可谓关于网盘服务的第一号"禁令"。"禁令"明确要求网盘服务商要采取各种有效手段对网盘中的资源进行监督管理，发现侵权作品要主动屏蔽并及时移除，争取全面肃清网盘中的侵权现象。此外，侵权用户要受到相应的处罚，而监管不力者也要依法受到查处。②"剑网行动"通过加大对音频视频及文学网站、网游动漫网站以及网络电子商务平台的监控力度，从整体上规范了网络作品传播的版权秩序。

2. 数字版权保护法律制度进一步完善

针对互联网时代出现的一些新的版权问题，相关司法、行政部门积极展开

---

① 必胜网，http：//www.bisenet.com/article/201601/155921.htm。

② 界面，http：//www.jiemian.com/article/493790.html。

了法律制度的修订，力求通过立法改善数字版权的法治环境。目前，刑事保护和行政处罚方面的相关立法已陆续制定出台。2015年9月，国家版权局关于《著作权行政处罚实施办法（修订征求意见稿）》向社会公开征求意见，进一步完善版权行政保护制度，加强对盗版侵权行为的行政处罚；2015年11月1日实施的《中华人民共和国刑法修正案（九）》从刑事司法方面加强了对知识产权的保护，尤其强调了对著作权的保护，强化了对网络行为和网络犯罪的监管，明确了网络帮助侵权行为的刑事责任。

3. 版权保护体系不断完善

2015年10月28日，国家版权交易中心联盟在北京成立，旨在建立起新的版权合作机制，有利于加强版权管理机构和政府相关职能部门间的交流合作，实现我国版权产业的进一步发展。① 2015年7月，搜狐视频、优酷、土豆、腾讯、爱奇艺等互联网公司组建互联网视频正版化联盟，联合抵制盗版侵权行为；百度云盘也采取了一定措施来加强对盗版侵权行为的监管，并与6家视频网站及权利人签署了云盘版权保护共同声明。在政府相关职能部门和互联网企业自身的合理监管下，网络盗版侵权行为已得到初步控制。我国数字版权保护体系在各方的不断努力下正在不断完善。

二 未来一个时期北京市出版物进出口与版权贸易的发展趋势

（一）借助"一带一路"战略部署，进一步提升国际影响力

北京地区汇聚了众多具有影响力的新闻出版单位，拥有众多优秀的文化资源。随着我国"一带一路"战略的不断推进，北京市新闻出版产业将借助更多的国际项目合作平台，进一步提升其在国际上的竞争力。"丝路书香出版工程"是中国新闻出版业唯一进入国家"一带一路"战略部署的重大项目，于2014年12月5日获得中宣部正式批准立项，其中2014～2015年重点项目包括5大类8项，涵盖重点翻译资助项目、丝路国家图书互译项目、汉语教材推广

---

① 界面，http://www.jiemian.com/article/493790.html。

项目、境外参展项目、出版物数据库推广项目等。借助"丝路书香出版工程"的实施，北京市新闻出版业将积极搭建针对丝路国家的图书版权贸易平台，加强与丝路国家新闻出版业的交流合作与资源共享，加快推动中国精品图书、汉语教材等在丝路国家出版发行，提高对外传播力和影响力，讲好中国故事，提升国家文化软实力。

此外，北京市政府将出台若干"走出去"奖励扶持政策和办法，加大对出版业"走出去"内容产品的补贴力度。2016 年 7 月 6 日，北京市新闻出版广电局发布《北京市提升出版业传播力奖励扶持专项资金管理办法（试行）》和《北京市提升出版业国际传播力奖励扶持专项资金评审办法（试行）》，正式启动 2016 年专项资金申报工作。2016 年，北京市政府拿出 3000 万元财政资金扶持出版业"走出去"项目，用于对北京市出版业版权输出、境外投资等项目的奖励和补贴，推动我国文化"走出去"，资本"走出去"。此外，该财政资金还将用于对外合作交流平台的建设。这是目前全国省级单位中唯一推出的针对新闻出版"走出去"的专项资金政策，对发挥首都文化出版中心的引领示范作用、促进出版业"走出去"提质增效具有重要意义。

（二）切实执行好"十三五"规划，加快"走出去"步伐

2016 是"十三五"规划开局之年，出版业作为中国文化"走出去"的重要部分，肩负着讲好中国故事、传播好中国声音的重要使命。北京市新闻出版业要深入贯彻落实习近平总书记重要讲话精神，紧紧围绕国家重大战略和对外工作总体要求，坚持国家站位，以提质增效为重点，打造中国名片；加强对外合作出版，强化科技引领，实施创新驱动，不断提升对外传播能力；坚定文化自信，进一步以中国图书为载体，加强对外文化传播，增强国家软实力。

北京新闻出版业在中国国际经典出版工程、丝路书香工程、中国图书对外推广计划等政策的扶持下，大力发展对外文化贸易与投资，加快文化"走出去"和资本"走出去"的步伐；积极开展对外文化交流活动，加强对外文化合作，通过精品图书的不断输出，讲好中国故事，传播中国声音，提升国际影响力。2016 年 6 月，"中国图书对外推广计划"工作会议在成都召开。会议总结了中国图书对外推广计划的十年成绩，研究部署了"十三五"期间中国图

书"走出去"的工作。会议指出,十年来,"中国图书对外推广计划"以增进世界各国人民对中国的认知和了解为目标,致力于以图书为载体,讲好中国故事。该计划在国际图书市场上推出了众多优秀的出版物,其中的《习近平谈治国理政》《中国梦:谁的梦?》等图书在国际上产生一定影响,对我国国家形象的传播意义重大。由此可见,"让世界读懂中国"已成为我国出版业的共识。① 8 月 24 日,第十四届北京国际图书节在中国国际展览中心开幕。北京华语联合出版有限责任公司还与五洲传播出版社、中国建筑工业出版社、中国友谊出版公司等 18 家出版机构共同签署了"中国故事系列图书全球版权战略合作协议",为讲好中国故事、弘扬主旋律搭建了更广阔的平台。②

此外,为了加快我国新闻出版"走出去"的步伐,出版企业需要改变单纯的图书出版模式,将对外的出版合作范围延伸到全方位的文化投资。此外,还要将单一的版权输出模式融入全球产业链的运营,进一步加强国际影响力。同时,还可以通过在海外设立独资、合资出版公司,投资或收购兼并当地企业等方式,实现本土化经营。

(三)继续实施创新驱动,科技的引领作用进一步加强

随着移动互联网、智能物联网、云计算、3D 打印、VR(虚拟现实)等先进技术的日益发展和成熟,图书等各类出版物的移动性、交互性等特征快速增强。数字阅读、移动阅读将进一步发展普及,图书等各类出版物内容将载入可穿戴设备,多种功能的出版物也将面世。

出版业要及时把握行业内关键技术发展,重视相关科技研发,利用先进技术提高自身生产力和竞争力。积极学习、引进国际先进出版技术、前沿出版理念和新兴出版模式,以推进国内出版模式、出版业态以及出版形式的发展和创新。合理利用大数据平台的相关数据资源,借助数据分析技术处理信息,确立选题,带动产业升级。密切关注数字出版产业的发展动态,重视数字出版技术的研发和运用,推动出版业的数字化转型和创新。

---

① 人民网,http://paper.people.com.cn/rmrb/html/2016 - 06/09/nw.D110000renmrb _ 20160609 _ 6 - 02.htm。

② 新华网,http://news.xinhuanet.com/book/2016 - 08/25/c_ 129254804.htm。

（四）构建全产业链，进一步实现 IP 价值最大化

优质 IP 所蕴藏的巨大经济效益获得了业界的广泛关注，其价值也在不断地被挖掘。近年来，网络文学读者队伍的不断壮大促进了我国网络文学产业的繁荣发展。有关统计数据显示，截至 2015 年底，我国网络文学产业的创值接近 80 亿元，与之相对应的是已达 2.97 亿的网络读者群体，该群体在所有网民中占到 43.1%。随着网络文学读者群体的不断增长，网络文学产业价值链将进一步完善，优质 IP 的价值也会继续提升。以优质 IP 为核心，打造立体化全产业链，实现 IP 价值的最大化将成为未来一个时期出版企业的探索热点。

1. 积极打造立体化全产业链

即以优质 IP 为核心，在网络文学、游戏、动漫、影视等各个领域进行布局，打造一条完整的、立体化的文化产业链。作为处于行业领先地位的阅文集团，自《择天记》开始，便针对优质 IP 在连载初始期就进行"量体定制"，按照 IP 的风格，对其进行出版、影视、动漫、游戏等方面的深度开发，力图实现 IP 价值最大化。此外，当 IP 变为一个长期的文化符号，其自身价值将进一步增大。阅文集团凭借自身拥有的大量文学作品资源和签约作家，将实体出版作为 IP 品牌化、符号化的第一步。实体出版作为主流传播方式，不仅具备社会关注度及话题传播度，并且运作周期短、成本低，能高效充当 IP 的品牌孵化器，助推网络文学 IP 成为现象级的主流文化作品。未来，阅文集团致力将文学 IP 从单一的内容源头融入整个文化娱乐产业的生产环节中，打造一个立体的出版模式，增加版权附加值，形成闭环产业链条。①

2. 大力发展 IP 衍生品市场

IP 要实现利益最大化，就必须依靠庞大的 IP 衍生品市场。国外的 IP 衍生品市场十分成熟，给 IP 带来了丰厚的回报，例如，迪士尼的电影票房收益只占总利润的 10%~20%，高达 90% 的收益都来自周边、授权游戏改编等衍生品市场。目前，我国的 IP 衍生品市场依然属于拓荒阶段，离成熟还十分遥远，也因此蕴藏了巨大的发展空间。北京市新闻出版广电企业应积极探索成熟的 IP 衍生品开发运营模式，进一步实现 IP 价值最大化。

---

① 中国新闻出版广电网，http://www.chinaxwcb.com/2016-05/17/content_ 339213.htm。

3．"线上＋线下"一体化渠道布局

要实现IP价值最大化，应进一步拓展优质IP衍生品的业务，并进行"线上＋线下"一体化渠道布局。2016年，聚力传媒联合苏宁集团的平台资源，布局"线上＋上下"一体化的IP衍生品渠道，预计2017年内在国内100个城市打造1000个衍生品体验店，旨在丰富用户体验，增强用户黏性，从而进一步挖掘IP价值。

此外，还应进一步落实版权保护工作，切实维护内容生产者和所属平台的利益，以此推动IP生态链健康有序发展。

B.9
2015年北京市数字出版行业发展报告

摘　要：　我国数字出版业异军突起，发展态势迅猛：产业升级和优化不断推进，数字出版人才建设已起步，技术改进紧跟时代潮流，版权运营渐入佳境，国家数字出版基地投入使用。"创客"与"互联网＋"促进行业升级，电子书领域面临创新升级，出版营销模式不断开拓是北京数字出版业的三大发展趋势。针对体制建设不够完善，数字出版物水平参差不齐，中小市场的开拓尚显不足，版权保护尚未健全这四大问题，本文建议从强化内容扩大优势，培养数字出版人才，提升科技应用水平，积极探索新的盈利模式，借助资本力量，完善版权保护六个层面予以解决。

关键词：　数字出版　"互联网＋"　电子书　北京

近年来，数字出版行业呈现大幅度的增长，呈现巨大的发展前景。2015年，我国数字出版产业整体收入规模为4403.85亿元，同比增长30%。数字出版产业收入在新闻出版产业收入中的占比由2014年的17.1%提升至20.5%。[①]北京市数字出版行业在蓬勃向上的大环境下，维持着向上发展的态势，呈现新的发展特点和趋势。

一　2015年北京市数字出版行业发展态势

作为国家的文化中心，北京市的数字出版行业在各个方面都处于全国领先地位。截至2015年底，北京地区共有经国家新闻出版广电总局批准的数字出

---

① 张立等：《2015～2016中国数字出版产业年度报告》，中国书籍出版社，2016。

版单位 310 家。从业务类别上看，互联网出版的各个类别在北京都有代表性的企业。网络游戏出版单位有完美世界、搜狐畅游等知名游戏出版企业；网络文学出版单位有中文在线、红袖添香、晋江文学等；网络学术出版单位有同方知网、万方数据等；网络期刊出版单位有龙源期刊、维旺明等；网络教育出版单位有校园之星、明博教育等。

总而言之，2015 年，北京市数字出版行业呈现快速发展的基本态势，各项重要指标都大幅上涨，业务类型不断丰富，知名企业和品牌发展壮大。可以说，2015 年是北京市数字出版行业跨越式发展的一年。

二 北京市数字出版行业五大亮点

（一）产业升级和优化不断推进

2015 年，《关于积极推进"互联网 +"行动的指导意见》《关于促进大数据发展的行动纲要》《中共中央关于繁荣发展社会主义文艺的意见》等一系列政策文件先后出台，良好的政策环境为数字出版行业提供了发展契机。

在国家宏观政策的指导下，2015 年 4 月，国家新闻出版广电总局与财政部联合出台了《关于推动传统出版和新兴出版融合发展的指导意见》，该意见为新环境下新闻出版业转型升级提供了指导方向，并为数字出版行业的蓬勃发展提供了政策基础。

2016 年，在国家政策的鼓励和推动下，一些出版社的数字出版部门尝试逐步实行公司制运营，开始自力更生。例如，由中国大地出版社、地质出版社成立的中地数媒（北京）科技文化有限责任公司搬出了出版社大门，开始尝试独立经营。目前，国内数字出版行业的经营模式大概有三种，分别是部门制、公司制和股份制。其中，相当一部分数字出版机构仍然属于传统出版社的一个部门，也就是所谓的"部门制"，其直接负责人也只是出版社的一个部门主任。当数字出版机构逐渐向"公司制"和"股份制"发展时，需要参照独立经营的现代企业管理模式，采用股权激励、人才引进等管理手段，进行市场化运营。

一方面，传统出版社不断在数字出版领域开拓业务。如人民教育出版社、外语教学与研究出版社等传统教材教辅大社着力将存量教育资源数字化，加快建设在线教育资源平台；安徽教育出版社以"时代 e 博"为品牌打造"时代教育在线——电子书包应用服务云平台"；江苏教育出版社以题库内容资源为主建设"题库资源加工平台"。①

另一方面，互联网企业也开始涉足数字出版业。2015 年，百度、腾讯、阿里巴巴等互联网企业也通过并购重组与战略合作等方式，加大在数字教育领域的布局力度。一起作业网、学科网等互联网教育公司迅速崛起，为在线教育投入大量的研发资源。如一起作业网从 2010 年创立至今，服务能力和产品线持续扩大，从早期只有一款小学英语作业辅助类产品，到现在覆盖小学和中学阶段英语、数学、语文全科产品，在在线测试平台、在线教育资源和习题库、在线教育工具平台、在线直播教育等领域也有了丰富的资源、技术和产品积累。②

（二）数字出版人才建设起步

专业人才建设与培养是数字出版行业在转型升级过程中不可或缺的一个环节。但是目前，数字出版人才远远不能满足行业急速发展的需求，这也是一直以来限制数字出版继续发展的一大障碍。

为了弥补人才空缺，数字出版行业必须加强专业化人才的培养、引进，逐渐打造一支业务水平较高的数字出版人才队伍。2015 年，北京市数字出版人才培养工作已经受到数字出版行业管理部门的高度重视；相关部门已经组织了多次以"互联网＋"为主题的人才培养研讨会。另外，行业组织、出版企业以及科研机构也越来越重视数字出版人才的培养工作。值得一提的是，数字编辑职称评审已经在 2015 年被纳入北京市职称评审工作，资格考试用书和考试大纲已经基本确定，数字编辑正朝着正规化和制度化发展，这也为全国数字人才培养开了先河。

不仅如此，数字媒体准入资格考评体系已经被写入《北京市"十三五"

---

① 《2015～2016 中国数字出版产业年度报告解读》，http：//www.aiweibang.com/yuedu/143891007.html。

② 《2015～2016 中国数字出版产业年度报告解读》，http：//www.aiweibang.com/yuedu/143891007.html。

时期新闻出版业发展规划（征求意见稿）》。中国新闻出版广电总局也将进一步推进数字出版人才队伍建设作为新时期的工作重点之一，并着手制订人才培养规划。为了加强数字出版人才队伍建设，考评体系显得至关重要。一方面，考评体系可以规范行业行为；另一方面，通过完善的考评体系，优秀的数字出版行业相关人才能够真正为我所用，为行业发展做出贡献。

（三）技术改进紧跟时代潮流

2015 年，数字出版行业不断地将新技术应用到主营业务中，包括搭建大数据平台，进行动漫游戏研发，增加 AR、VR 互动体验，进行 5D/4D/3D 特效电影制作，等等。2015 年，北京地区出版社为了跟随数字时代的潮流，纷纷在互联网技术层面加大投入，主动与其融合发展。

一些出版企业已经在资源、内容、产品、市场、用户等各个领域的数据积累方面打下基础。所以，2015 年，这些企业都开始下一步的工作，比如，利用数据资源进行价值沉淀与挖掘，利用技术手段提升数据资源价值，进而以"内容＋互联网"的模式推动数字出版发展进程。

（四）版权运营渐入佳境

IP（知识产权）在 2015 年成为年度关键热词。如今，网络文学、网络游戏、网络影视剧和网络动漫等各个领域的数字内容版权运营已经日益成熟。一些互联网巨头开始涉足这些领域，比如，百度已经成立了独立的网络文学运营机构，并且将业务拓展到网络影视和网络游戏领域，逐渐形成了内容生产与数字传播之间的版权运营渠道。互联网企业的快速发展也倒逼传统出版企业加快改革，一些传统出版社也开始积极利用数字技术对内容版权进行合理化运营。产业内部的版权交易日益增多也日趋完善，数字版权运营已经逐渐进入良性发展的阶段。

其中，网络文学因具备较为完整的故事结构和一定的受众与口碑积累，被文化领域视为最重要的 IP 资源，得到各家企业的争夺。随着 IP 价值凸显，网络文学的商业模式逐步从依靠付费阅读和广告收入向开展全版权运营、打造泛娱乐生态模式发力，以实现 IP 价值的最大化。除了对作品的发掘，各家企业也开始注重对作品、作者从源头上的培育，精细筹划版权开发计划。

百度、腾讯、阿里巴巴等中国互联网大型企业纷纷通过网络文学向网络游戏、影视等泛娱乐内容产业广泛布局。继 2014 年底百度成立百度文学后，2015 年，腾讯与阿里巴巴也分别组建了阅文集团和淘宝文学作为网络文学的专属运营机构，并与各自相关业务实现对接，打造各自的产业链生态。其中，阅文集团旗下拥有多家有影响力的网络原创与阅读平台，可以说是占据了网络文学市场的半壁江山，在资源和品牌上都颇具优势；中文在线以精品内容结合多元化渠道打造版权衍生超级 IP，组建了全国最大的校园文学联盟，推进网络文学作者和作品孵化；中国最大的电信运营商中国移动在 2015 年整合其手机阅读基地相关业务，成立中国移动咪咕数字传媒有限公司，全面布局包括网络文学在内的数字阅读市场；同时市面上还涌现出掌阅科技等网络文学领域的后起之秀。可以看到，在激烈的市场竞争下，网络文学行业格局已逐步形成。[1]

（五）国家数字出版基地投入使用

北京国家数字出版基地规划占地面积 3.6 平方公里，是中国大陆 13 家国家级数字出版基地之一，也是北京市唯一的国家级数字出版基地。园区构建产业、商业、金融一体化发展平台，打造高端国际化智能型园区，培育具有自主知识产权的数字文化创意品牌。到 2020 年，北京国家数字出版基地预计总产值达到 800 亿元，届时将有超过 600 家企业入驻，其中超过 50 家品牌企业以及 5 家左右龙头企业。

2015 年 8 月，该基地已经投入 1 万平方米的空间作为先导区。这 1 万平方米将先引进数字出版产业不同领域的具有发展前景的企业以及其他平台项目入驻，建设一个示范性园区。基地建设目标是创建国际一流的数字文化创意基地。基地是中国数字出版行业内企业"走出去"的组织者，也是国际企业进入中国的合作交流平台。基地将以数字文化创意产业为龙头，带动城市和生活配套同步发展，使产业、城市及生活融为一体。该基地将成为北京市建设世界宜居城市的典范区域。

---

[1] 《2015～2016 中国数字出版产业年度报告解读》，http：//www.aiweibang.com/yuedu/143891007.html。

该基地未来将按照"差异发展、特色发展、错位发展"的理念，建成不同的功能分区，错位发展，包括数字出版核心区、数字出版产业实验区、文化创意产业功能区和融合发展示范区等，以建设中国文化创意与数字出版产业的"硅谷"。另外，北京国家数字出版基地还将建设数字出版产业的内容服务平台，为入驻企业提供配套服务。①

三　北京市数字出版行业的发展趋势

（一）"创客"与"互联网＋"促进行业升级

近年来，国家和北京市政府大力推行"大众创业、万众创新"战略，以促进文化产业的发展。在这样的大环境下，北京市数字出版行业的良性发展环境正在逐渐形成。作为一种新兴文化产业，在创客浪潮中，数字出版行业将逐渐拥有良好的发展平台。国家政策层面将会为数字出版创业者提供良好的工作空间、网络空间、社交空间和资源共享空间，这将对企业与人才孵化都起到推动作用。此外，各类创业扶助基金也为产业创新提供了巨大支持，成为产业创新的助推器。

不仅如此，在国家"互联网＋"行动战略的有力支持下，数字技术与出版行业的融合程度将进一步加强，数字技术成为出版产业得以发展的支撑。"互联网＋"行动策略将成为数字出版行业进行创新与提升的支撑，在内容、产品、模式与业态各个方面都将带动出版业服务能力的跨越式发展。②

（二）电子书领域面临创新升级

在过去的两年里，西方国家电子图书的发展遭遇瓶颈，增长速度正在放缓。这一趋势可以为中国电子图书的发展趋势提供参考。发展瓶颈代表着数字出版业在行业的早期阶段需要进行全面的创新和从产品到服务的升级。

---

① 《北京国家数字出版基地布局全产业链》，http：//finance. china. com. cn/roll/20151112/3439452. shtml。

② 《2015～2016 中国数字出版产业年度报告解读》，http：//www. aiweibang. com/yuedu/143891007. html。

但是，近年来我国"有声图书"发展势头迅猛。为获得更多的读者市场，数字出版行业可以加快发展包括"有声图书"在内的各类数字出版产品，满足人们在不同情况下的阅读多样化需求。同时，随着网络文学的发展，原创电子书的市场将会越来越广阔。

在终端方面，虽然从全球市场来看，由于智能手机和平板电脑普及，专业的电子阅读器的发展并不理想。但是，北京地区仍然有新的电子阅读器生产企业不断涌现。新一代电子阅读器在设计中更加注重细节，力求打造品牌特色。经过多年的发展，电子图书行业已经确立了以"内容为核心"的发展价值观，电子阅读器的技术为内容服务，改善阅读和使用体验。通过电子阅读器功能的不断改进，内容和技术的适配程度的日益加强，北京本土制造的电子阅读器在市场中的竞争力不断增强。[①]

（三）出版营销模式不断开拓

数字时代，出版业的内容呈现形式发生变化，同时传播方式也发生变化，营销模式也得以开拓。自媒体的兴起催生了网络社群的出现，也催生了"电商＋社群"的营销模式。"电商＋社群"也称网络社群营销，正作为新型营销模式，为电子出版业的营销带来重要影响。网络社群营销实现了电子出版营销流程的"去中介化"，用户与出版方实现了直接对接，通过线上线下有机结合的立体营销模式，为读者提供全渠道、多维度服务。[②]

数字出版本身就是数字时代的产物，所以，电子出版方更应当利用互联网中形成的社群关系迅速找到与用户之间的共同点，将营销理念快速传递，有效提升营销效能。在互联网环境下，出版业正在由资源思维向用户思维转变，用户的需求、用户的选择、用户的体验对于出版社作家和文本、图书整体设计、图书营销策划方案的影响越来越大。数字出版商本身具有网络社群的现实基础，能够更加清晰地了解读者的实际需求，这是数字出版商在出版行业未来竞争中的优势。

---

① 《2015～2016 中国数字出版产业年度报告解读》，http：//www.aiweibang.com/yuedu/143891007.html。

② 《2015～2016 中国数字出版产业年度报告解读》，http：//www.aiweibang.com/yuedu/143891007.html。

新型营销模式让数字出版营销更加精准，不但可以面向某一群体进行精准影响，甚至可以精确到某一个体，满足客户的特殊需求进行定制出版，而且精确化正成为数字出版行业的一大趋势。目前，已经有不少利用"电商＋社群"在数字出版营销中获得成功的案例，一些出版机构借此调整营销团队的组织架构，成立专业性的"电商＋社群"营销部门，为数字出版行业的营销工作开辟新空间。①

四　北京市数字出版业发展存在的问题

（一）体制建设不够完善

尽管现在许多出版商非常重视数字化转型，但是很多情况下许多出版社没有设置独立或专门的数字出版机构。传统出版社对数字出版的重要性仍然认识不足，加之以往长期占有优势资源和较小的生存压力，导致其对数字出版的长远发展和规划重视不够。相比于数字出版产业的发展速度，相关的出版体制与制度建设显得有些落后。②

另外，从全行业来说，虽然北京市数字出版行业在全国处于领先地位，但行业体系仍然不完整，尚缺乏行业共同认可的统一标准和基础。这容易导致行业内部的不正当竞争和管理混乱。当前，北京地区数字出版行业在许多领域仍然处于起步阶段，体制建设远远落后于技术、产业以及用户的需求，这也成为北京市数字出版行业发展的问题之一。

（二）数字出版物水平参差不齐

当年，数字出版行业的相关法律和管理规定并不是很健全，而且数字出版行业的准入门槛不高，所以数字出版行业没有像传统新闻出版行业那样严格的审核与把关机制，导致了数字出版物的水平参差不齐。在数字化环境中，人人

---

① 《2015～2016 中国数字出版产业年度报告解读》，http：//www. aiweibang. com/yuedu/143891007. html。
② 朱静雯、王涵、王一鸣：《我国出版企业数字出版发展战略现状及其问题分析——基于全国出版社的调查》，《信息资源管理学报》2015 年第 1 期。

都能参与内容的生产和传播，在公开的环境中，用户传播的内容并没有经过相关制度的筛选，相关内容的质量难以保证。这不仅不利于数字出版产品内容质量的提高与品牌的建设，也容易造成不正当竞争和版权问题。所以，健全数字出版行业的管理与把关制度显得极其重要，这是避免错误、低俗和糟粕的内容进入发行市场的重要保障。①

（三）中小市场的开拓尚显不足

只注重体量较大的"大市场"的开拓，忽略体量较小的中小市场的开发和利用，是当前数字出版行业的普遍现象。这导致了数字出版行业对市场的认识不足，对市场资源的利用与开发低效，忽略了可以开发的重要空间。所以，数字出版行业应当对中小市场加大调研和研究力度，制定精准的发展策略，充分利用中小市场的开发空间，为自身发展谋取更广阔的前景。②

（四）版权保护尚未健全

版权问题是许多出版社在数字出版行业前进的阻碍。北京地区乃至全国尚未形成成熟的数字版权保护机制，传统出版社以内容为主的盈利模式无法得到保障，使一些出版商对数字出版仍然抱以戒心，甚至有一些进入数字出版行业的出版社停滞不前。③

数字出版的版权保护面临诸多挑战。我国的相关法律法规、版权保护体系和交易机制不够完善，难以确保数字出版行业的有序发展。尤其是数字技术的不断发展，版权纠纷面临界定难题和取证成本高以及维权代价大的诸多问题，而且侵权行为的代价往往没有带来的经济收益大。所以，不少媒体明知故犯，数字出版中经常发生盗版、侵权等行为，这为保护数字出版版权增加了很大难度，也是行业应当解决的一个重大难题。④

---

① 岱沁：《我国数字出版现存问题分析》，《内蒙古科技与经济》2015 年第 11 期。
② 岱沁：《我国数字出版现存问题分析》，《内蒙古科技与经济》2015 年第 11 期。
③ 朱静雯、王涵、王一鸣：《我国出版企业数字出版发展战略现状及其问题分析——基于全国出版社的调查》，《信息资源管理学报》2015 年第 1 期。
④ 岱沁：《我国数字出版现存问题分析》，《内蒙古科技与经济》2015 年第 11 期。

五 北京市数字出版业发展的对策建议

（一）强化内容扩大优势

在出版行业向数字化转型的过程中，传统出版单位仍处于主动地位，内容优势是其中的关键因素。传统出版业在长期的发展过程中，掌握着丰富的内容资源，积累了大量的优势。所以，数字出版业需要在内容方面进一步增强，以增强自身的整体竞争力。[①]

（二）培养数字出版人才

数字出版人才是一种兼备数字技术和出版技能的专业性人才。这种人才能够降低传统出版行业数字化转型的风险，也能够为出版行业在数字化转型过程中获取经济盈利，所以，培养数字出版人才是出版行业进行数字化转型的重要基础。一方面，出版行业应当注重人才引进，提高经济报酬，增加收入激励，以此选拔优秀的可用之才；另一方面，出版行业也应当注重人才培养，与各大高校和研究机构展开合作，开设相关专业，提供实习与就业机会，进行数字出版人才储备建设。

（三）提升科技应用水平

目前，我国传统出版单位普遍加大了对新技术的研究和应用力度，但现阶段还存在新技术应用不灵活，技术与内容、产品协调欠缺，一些技术尚停留在浅层次应用上等问题。所以，数字出版行业首先需要找到内容、产品与技术的契合点，进一步强化借力意识；其次加强与技术企业的合作，充分借助他们已经成熟的技术应用方式和手段，以提升自身业务的技术应用水平；最后加强出版单位之间的沟通与合作，形成全行业互通互融的良性互动机制。[②]

---

① 范颜：《我国图书数字出版转型的对策建议》，《神州旬刊》2013 年第 7 期。
② 《2015～2016 中国数字出版产业年度报告解读》，http：//www.aiweibang.com/yuedu/143891007.html。

（四）积极探索新的盈利模式

我国数字出版行业最终是否能取得成功，取决于是否能找到一种适合行业本身的盈利模式。其中，当下数字出版行业存在一个问题——出版机构和单位往往用传统的出版行业经验和盈利模式进行数字出版运行，这种模式往往只是将相同的内容置于一个新的介质上，盈利模式的思维和价值等本质因素并没有改变，而且这种模式往往不能实现成功转型。[①] 所以，政府、行业和企业都应当进行更加深刻的调研和研究，最终找到一种适合行业本身的盈利模式。

（五）借助资本力量

资金是数字出版产业发展的重要支撑，而资本运营也是整个行业发展的重要基础。所以，数字出版业需要对资本市场具有更为全面深入的认识，通过各种渠道进行资本积累和扩大，以壮大自身实力。一是通过国家优惠政策为自己谋取合理的利益和资金；二是与银行等金融机构进行合作，争取它们的资金支持与金融服务；三是大型企业可以通过并购重组等手段，不断开拓，增强实力，扩大规模，积极开展跨区域的合作，将优势放大，增强竞争力；四是通过上市挂牌，更有效地打通资本和出版的通道，获取持续发展资本。[②]

（六）完善版权保护

随着内容市场竞争进入白热化阶段及外在关键相关利益方对版权规制的完善和版权经营的重视，早期那种无视版权大肆网罗各方信息的粗放式经营策略已越来越没有出路。如何将高品质内容的版权尽可能多地合法收归所有，已成为绝大多数数字出版商正全力试图实现的经营目标。

为了增强数字出版内容的版权保护，有以下几方面建议：第一，数字出版

[①] 张立：《我国数字出版产业的发展趋势及对策分析》，《出版发行研究》2008 年第 10 期。

[②] 《2015～2016 中国数字出版产业年度报告解读》，http://www.aiweibang.com/yuedu/143891007.html。

的内容生产者应当不以任何借口侵权盗版；第二，数字出版商应加大与传统出版社的合作力度，借鉴传统出版商的经验；第三，扩大数字出版商之间的合作，互相交流与监督；第四，选择合适的版权交易模式，避免盗版破坏原创内容的版权价值；第五，适度选用技术保护措施，在技术上避免和限制盗版行为的发生。

B.10
2015年北京市广播电影电视发展报告

摘　要：　在新媒体的冲击和影响下，整个传媒生态系统发生了很大变化，传统媒体更是面临着新的挑战和机遇。本文重点分析了2015年北京地区广播、电视和电影的行业发展，每个部分均以该行业的全国整体情况作为背景，分析北京地区的行业发展，这里包括市场主体、市场份额、受众分析、节目制作以及市场领跑者的案例分析等，最后总结了行业面临的问题，展望了前景，提出了可能的解决方案。

关键词：　传统媒体　广播　电影　电视　市场发展　北京

一　广播

（一）概况：总体稳定与区域性变化

2015年，我国共有广播节目2940套，整个年度制作的节目时间总长超过771.82万小时，广播综合人口覆盖率达到98.17%，较2014年提升0.1个百分点。在目前传播竞争激烈的今天，中国的广播接触率从2009年来一直持续在59.5%~60%之间，这充分说明了广播行业整体的稳定性和持续性。这部分是因为越来越多的受众选择手机移动设备、汽车和电脑终端来收听广播，同时随着手机APP的流行，在户外听广播的人也越来越多。随着移动设备和私家车的进一步普及，手机和车载广播将持续成为保持广播发展的主要领域。

在收听率方面，2015 年全年 35 个城市的收听率调查结果显示，整个广播市场的收听率相比 2014 年下降了 3.3%。但是因为各个区域的差异性，尽管超过一半的调查城市收听率出现了下滑，北京、上海、宁波等 15 个城市的收听率还是保持持续上升的势头，这也拉动了全国广播整体市场的相对稳定。

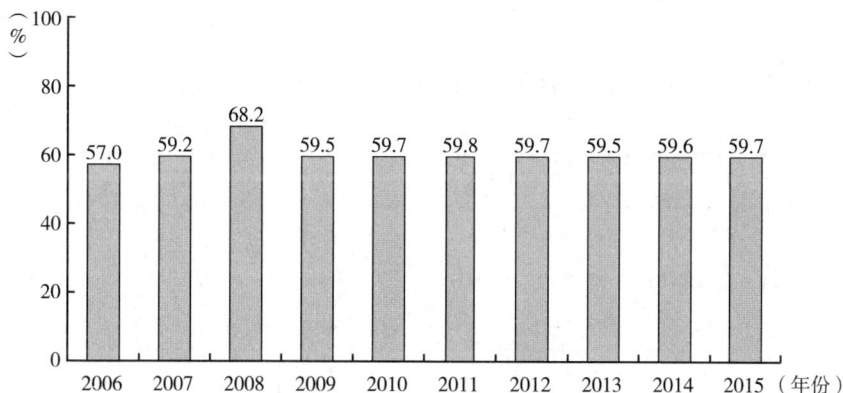

图 1　2006～2015 年中国广播接触率

资料来源：蔡奕璇《2015 年中国广播收听市场扫描》，http://blog.sina.com.cn/s/blog_4ed76c230102wadv.html。

（二）北京市广播概括：多元主体与市场份额

作为全国政治经济文化和传媒产业的中心，北京市的广播市场竞争异常激烈，既有中央人民广播电台、中国国际广播电台这样的国家台，也有专注于北京地区的北京人民广播电台，还有覆盖到北京的河北电台、承德电台、天津广播和廊坊电台等。除了不同电台之间的竞争，同一电台的不同频率之间也存在相互竞争的关系，以北京人民广播电台为例，2015 年资产总额为 35.61 亿元，比 2014 年增加了 1.89 亿元，增速为 5.60%；创收收入为 13.44 亿元，比 2014 年下降了 1.03 亿元，增速为 -7.12%；广告收入为 8.44 亿元，比 2014 年减少了 1.24 亿元，增速为 -12.81%。北京人民广播电台目前已经开通有交通、新闻、体育、城市、故事、外语、音乐、文艺、爱家、动听调频 10 套开路广播；有线调频广播共计 15 套、数字音频广播 13 套，试播出、数字视频广播 4

套，数据服务频道 2 个；北京有线电视网数字平台上播出的数字广播节目 16 套和动感音乐数字电视频道 1 个。① 由此可见，相比其他地区，北京广播的竞争更加多元化和激烈化。

2015 年北京市共计制作广播节目 17.89 万小时，比 2014 年增加 3.96 万小时，同比增长 28.43%。其中社会影视节目制作单位为 6.86 万小时，占全年制作广播节目时间的 38.4%。

表 1　北京市广播影视单位广播节目制作同期对比

单位：万小时，%

项目	2015 年	2014 年	增减值	增速
1. 北京人民广播电台	7.90	7.83	0.07	0.89
2. 社会影视节目制作单位	6.86	2.96	3.90	131.76
3. 区县广电中心	3.13	3.14	-0.01	-0.32
总　计	17.89	13.93	3.96	28.43

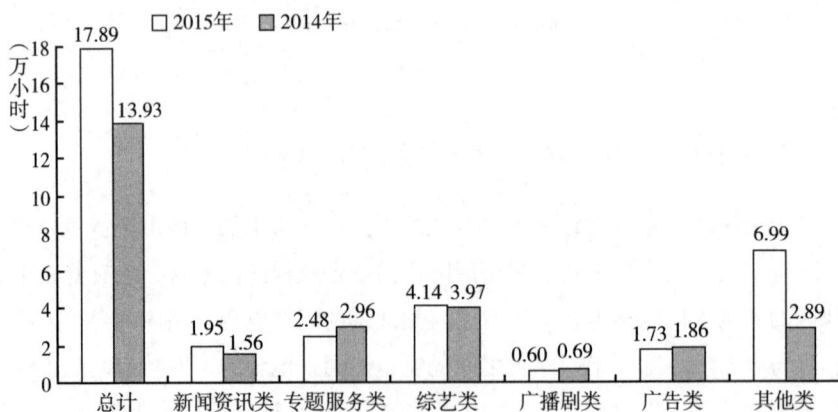

图 2　2015 年北京市广播节目制作类别与上年同期对比

---

① 《北京人民广播电台简介》，北京广播网，http://www.rbc.cn/dtjs/2016 - 06/02/cms179863article.shtml。

在这种充斥着多元市场主体的广播体系中，北京人民广播电台凭借着本土化运作的策略和多年的精耕细作，2015 年占据 63% 的北京市场份额，中央人民广播电台占据 28% 的市场份额，中国国际广播电台和周边电台频率总共占据将近 10% 的市场份额。作为具有较高社会知名度和广泛社会影响的北京电台，目前已经成为中国广播行业的标杆。相关数据显示，在早晚的交通高峰时间段，北京电台的收听市场份额已经高达 70.68%，平均每天的早晚高峰有100 多万收听。[①]

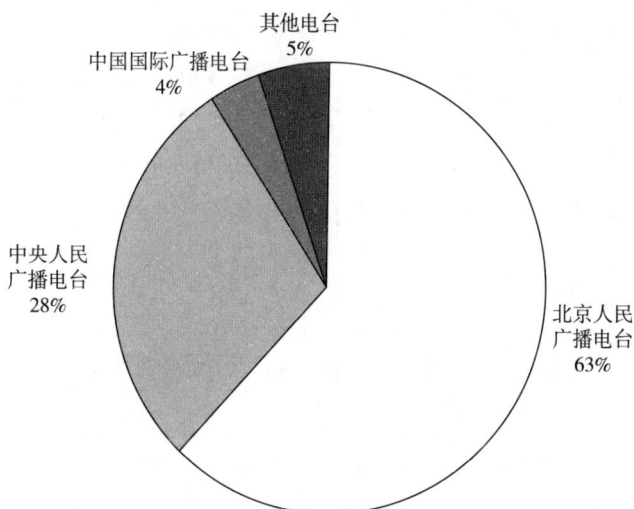

图 3　北京地区电台的市场份额

资料来源：赛立信《北京电台强势领跑，中央电台紧随其后》，
http：//toutiao.com/i6301429218244821506/。

如果按照频率考察，根据中国广播索福瑞媒介研究公司（CSM）对全国35 个城市的调研，我们发现，作为拉动广播市场的三驾马车——新闻综合、交通和音乐频率占据了整个市场总额的 70%。2015 年新闻综合类和交通类总体都有提升，而音乐类、文艺类有所下降。具体到不同城市，各个类型频率的竞争格局略有不同，在北京市，交通类占据首位；上海则是新闻综合类

---

① 《北京广播市场早晚高峰——北京电台占有绝对优势》，http：//gbgg.rbc.cn/ggw/2014 - 08/14/cms179079 article.shtml。

和音乐类主导。对比 2014 年和 2015 年的数据，我们也发现，在北京地区，新闻综合类、交通类、文艺类等的市场份额略有下降，而音乐类、经济类、教育类等有所提升。

表2　2014～2015 年主要城市广播频率市场份额

单位：%

频道	35 城市组		北京		上海		深圳	
	2014 年 4 波	2015 年 4 波	2014 年 1～11 月	2015 年 1～11 月	2014 年 1～11 月	2015 年 1～11 月	2014 年 1～11 月	2015 年 1～11 月
新闻综合类	27.80	27.15	21.60	18.45	37.55	39.04	32.29	29.79
交通类	23.01	23.73	31.05	30.14	5.91	6.59	24.73	25.62
音乐类	18.46	18.27	13.15	16.16	33.43	31.67	33.44	34.88
文艺类	10.46	10.04	21.87	20.26	8.07	6.09	0.00	0.00
经济类	6.7	7.08	2.39	3.30	6.78	10.72	2.67	2.46
都市生活类	8.23	8.08	3.01	3.04	5.53	3.65	4.72	4.79
农村类	0.67	0.6	0.34	0.11	—	—	—	—
教育类	0.18	0.34	0.38	0.69	0.00	0.00	—	—
体育类	0.64	0.73	2.61	3.29	1.97	1.90	—	—
其他类	3.84	3.79	3.6	4.5	0.75	0.33	2.16	2.17

资料来源：曹毅《2015 年广播收听市场概况》，《中国广播》2016 年第 2 期。

北京地区具体的广播频率排名中，根据赛立信的统计数据，在市场份额前十名的频率中，北京人民广播占据了五席，其中交通广播、音乐广播、新闻广播和文艺广播更是抢占了前四名的优势。而中央人民广播电台的中国之声、音乐之声、都市之声、经济之声、体育广播、文艺之声紧随其后，组成了北京市广播市场的另外半壁江山。

表3　北京地区主要电台频率的收听率和市场份额

单位：%

排名	电台名称	平均收听率	市场份额
1	北京交通广播	1.62	21.9
2	北京音乐广播	0.82	11.1

排名	电台名称	平均收听率	市场份额
3	北京新闻广播	0.76	10.3
4	北京文艺广播	0.64	8.7
5	中央中国之声	0.62	8.4
6	中央音乐之声	0.35	4.8
7	中央都市之声	0.35	4.7
8	中央经济之声	0.34	4.6
9	北京体育广播	0.32	4.3
10	中央文艺之声	0.22	3.0

资料来源：赛立信《北京电台强势领跑》《中央电台紧随其后》，http://toutiao.com/i6301429218244821506/。

表4　北京地区主要电台各个时间段的收听率

时间	北京交通广播	北京音乐广播	北京文艺广播	北京新闻广播	中央电台中国之声	中央电台都市之声	中央电台音乐之声	中央电台文艺之声	北京体育广播	中央电台经济之声
6:00	0.36	0.30	0.33	0.36	0.31	0.06	0.14	0.07	0.09	0.15
6:15	0.47	0.39	0.38	0.47	0.36	0.06	0.16	0.07	0.09	0.18
6:30	0.75	0.53	0.58	0.73	0.57	0.16	0.19	0.09	0.10	0.27
6:45	1.04	0.71	0.81	0.95	0.62	0.17	0.29	0.09	0.13	0.28
7:00	1.95	1.11	1.25	1.40	0.62	0.32	0.37	0.14	0.14	0.28
7:15	2.39	1.45	1.35	1.32	0.81	0.41	0.32	0.21	0.18	0.35
7:30	3.27	1.67	1.41	1.33	0.83	0.42	0.32	0.22	0.21	0.40
7:45	3.75	1.61	1.36	1.42	0.81	0.41	0.25	0.31	0.37	0.36
8:00	4.05	1.73	1.16	1.61	0.79	0.49	0.30	0.40	0.52	0.47
8:15	3.61	1.81	1.05	1.57	0.74	0.58	0.33	0.39	0.59	0.45
8:30	3.29	1.74	1.02	1.47	0.74	0.53	0.33	0.43	0.75	0.47
8:45	3.26	1.58	1.05	1.28	0.79	0.52	0.33	0.48	0.75	0.47
9:00	2.59	1.46	1.07	1.02	0.80	0.61	0.34	0.52	0.70	0.38
9:15	2.84	1.53	1.05	1.09	0.95	0.58	0.34	0.50	0.73	0.34
9:30	3.03	1.38	0.98	1.02	0.90	0.58	0.34	0.49	0.74	0.32
9:45	2.92	1.30	0.91	0.96	0.88	0.63	0.33	0.46	0.59	0.28
10:00	2.57	1.20	0.91	0.87	0.91	0.51	0.29	0.43	0.56	0.36

时间	北京交通广播	北京音乐广播	北京文艺广播	北京新闻广播	中央电台中国之声	中央电台都市之声	中央电台音乐之声	中央电台文艺之声	北京体育广播	中央电台经济之声
10：15	2.18	1.36	0.95	0.84	0.85	0.48	0.34	0.39	0.49	0.43
10：30	2.04	1.33	0.93	0.77	0.82	0.43	0.37	0.42	0.34	0.45
10：45	1.95	1.26	0.82	0.82	0.74	0.38	0.36	0.43	0.42	0.44
11：00	1.87	1.10	0.68	0.73	0.75	0.27	0.18	0.36	0.44	0.24
11：15	1.74	1.00	0.60	0.65	0.64	0.29	0.18	0.32	0.43	0.21
11：30	1.83	0.92	0.55	0.65	0.58	0.31	0.20	0.35	0.37	0.24
11：45	1.84	0.89	0.64	0.59	0.62	0.25	0.22	0.33	0.32	0.25
12：00	1.85	0.95	0.65	0.59	0.62	0.33	0.19	0.27	0.18	0.28
12：15	1.72	1.03	0.73	0.61	0.60	0.44	0.20	0.26	0.18	0.27
12：30	1.82	1.05	0.79	0.52	0.55	0.46	0.18	0.21	0.18	0.25
12：45	1.76	0.97	0.76	0.44	0.54	0.53	0.22	0.24	0.23	0.22
13：00	1.77	1.05	0.65	0.42	0.59	0.27	0.21	0.18	0.19	0.18
13：15	1.73	0.91	0.66	0.38	0.51	0.31	0.21	0.23	0.20	0.19
13：30	1.65	0.80	0.68	0.36	0.51	0.34	0.19	0.17	0.16	0.20
13：45	1.58	0.79	0.63	0.40	0.49	0.35	0.17	0.18	0.15	0.20
14：00	1.42	0.80	0.66	0.40	0.46	0.28	0.14	0.15	0.14	0.26
14：15	1.33	0.81	0.63	0.42	0.42	0.27	0.14	0.16	0.19	0.26
14：30	1.31	0.83	0.64	0.36	0.45	0.28	0.12	0.10	0.16	0.23
14：45	1.30	0.75	0.61	0.30	0.41	0.27	0.13	0.10	0.15	0.19
15：00	1.29	0.68	0.59	0.29	0.40	0.23	0.14	0.16	0.14	0.17
15：15	1.10	0.66	0.62	0.33	0.43	0.20	0.14	0.17	0.13	0.18
15：30	1.10	0.74	0.59	0.33	0.44	0.21	0.16	0.17	0.14	0.12
15：45	1.00	0.85	0.59	0.35	0.41	0.19	0.18	0.12	0.13	0.12
16：00	0.97	0.84	0.61	0.38	0.46	0.18	0.18	0.10	0.15	0.17
16：15	0.98	0.73	0.58	0.42	0.52	0.17	0.17	0.12	0.15	0.21
16：30	1.01	0.72	0.48	0.57	0.43	0.18	0.17	0.11	0.17	0.24
16：45	1.03	0.80	0.52	0.62	0.44	0.17	0.17	0.11	0.16	0.17
17：00	1.16	0.70	0.56	0.58	0.49	0.26	0.19	0.11	0.16	0.14
17：15	1.05	0.67	0.62	0.53	0.54	0.29	0.18	0.10	0.16	0.12
17：30	1.18	0.63	0.50	0.53	0.56	0.32	0.20	0.11	0.17	0.15
17：45	1.25	0.62	0.50	0.61	0.55	0.27	0.21	0.18	0.18	0.23
18：00	1.27	0.73	0.52	0.66	0.59	0.39	0.32	0.40	0.20	0.20

时间	北京交通广播	北京音乐广播	北京文艺广播	北京新闻广播	中央电台中国之声	中央电台都市之声	中央电台音乐之声	中央电台文艺之声	北京体育广播	中央电台经济之声
18:15	1.27	0.76	0.59	0.59	0.62	0.50	0.32	0.49	0.22	0.17
18:30	1.40	0.76	0.62	0.63	0.55	0.54	0.25	0.49	0.27	0.15
18:45	1.49	0.77	0.62	0.62	0.62	0.56	0.25	0.50	0.29	0.14
19:00	1.34	0.84	0.61	0.66	0.61	0.73	0.28	0.51	0.30	0.14
19:15	1.29	0.83	0.69	0.61	0.66	0.67	0.32	0.57	0.39	0.18
19:30	1.40	0.93	0.72	0.69	0.64	0.57	0.41	0.56	0.45	0.17
19:45	1.40	0.94	0.79	0.73	0.66	0.57	0.50	0.52	0.41	0.15
20:00	1.33	0.90	0.84	0.72	0.63	0.64	0.59	0.44	0.39	0.17
20:15	1.28	0.82	0.92	0.73	0.68	0.61	0.68	0.47	0.38	0.23
20:30	1.30	0.92	0.96	0.61	0.71	0.61	0.73	0.46	0.29	0.27
20:45	1.19	0.93	1.18	0.53	0.77	0.63	0.69	0.52	0.28	0.25
21:00	1.13	0.99	1.40	0.52	0.84	0.62	0.67	0.47	0.32	0.23
21:15	1.15	0.97	1.40	0.51	0.68	0.57	0.65	0.40	0.31	0.24
21:30	1.06	0.95	1.42	0.47	0.62	0.44	0.59	0.35	0.29	0.23
21:45	0.87	0.89	1.27	0.42	0.64	0.33	0.52	0.32	0.19	0.24
22:00	0.85	0.85	1.10	0.39	0.59	0.27	0.46	0.39	0.16	0.23
22:15	0.75	0.80	1.02	0.32	0.50	0.19	0.42	0.33	0.15	0.18
22:30	0.62	0.80	0.81	0.24	0.44	0.18	0.37	0.26	0.14	0.17
22:45	0.57	0.65	0.66	0.21	0.32	0.13	0.35	0.21	0.12	0.15
23:00	0.51	0.48	0.51	0.16	0.31	0.09	0.28	0.17	0.11	0.12
23:15	0.46	0.43	0.47	0.15	0.29	0.07	0.24	0.19	0.10	0.12
23:30	0.36	0.45	0.43	0.16	0.22	0.08	0.21	0.18	0.09	0.12
23:45	0.34	0.44	0.41	0.15	0.18	0.08	0.21	0.17	0.09	0.12

资料来源：黄学平主编《中国广播收听市场年鉴》，中国传媒大学出版社，2015。

（三）听众：差异化的群体

根据统计：2015年广播主体听众主要是25～44岁的中青年听众，男性居多，超过85％的广播听众都是高中及以上学历。相比2014年，2015年广播听众呈现以下一些变化。①在年龄构成上，广播核心听众依然集中在25～44岁，占比超过五成，但45～54岁中年听众占比超过两成，同比增长4.55个百分点。②受教育程度提升，2015年广播听众的受教育程度整体得到提升，高中及以上学历水平听众比例超过 85%，且同比上升将近 3 个百分点。其中，大专学历听众比例为 25.4%，本科及以上听众的比例为 13.4%。③整体收入提升，2015 年广播听众的受众价值也得到提升，月收入在 3000 元及以上的中高水平的广播听众比例将近七成，同比上涨将近 10 个百分点。其中，月收入在 5000 ~ 9999 元和 10000 元以上的听众占比分别为 22.8% 和 9.7%，同比分别上升了 6.47 个和 3.15 个百分点。

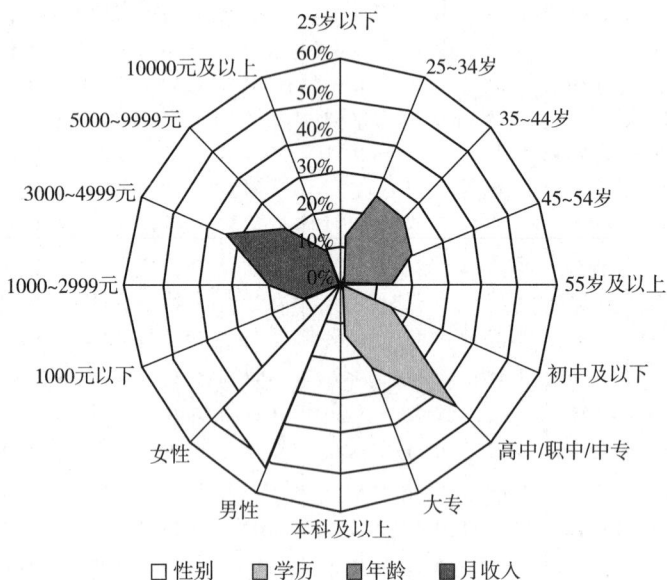

图 4 2015 年中国广播受众构成

资料来源：赛立信《2015 年中国广播市场扫描》，http：//www. bpes. com. cn/zh – CN/displaynews. php? id = 4107。

随着汽车、移动手机等的普及，广播的收听方式和场域也发生了很大变化，变得越来越多元化。根据 CSM 的分析，近些年来，家庭、工作和学习场合的广播收听率都在下降，只有车载广播的收听率在上升，这也是近些年来汽车广播的结构性增长带来的广播收听格局的稳定发展。值得关注的，不同的收听场域和环境汇聚了差异性的听众。CSM2015 年对 35 个城市的调查显示，家庭听众主要是年龄大的（45 岁以上占 61.4%）、低教育（大专以下的占 78.3%）、低收入（月收入 5000 元以下的占 80.1%）、女性（占 53.3%）等群体；而车载广播则是中青年（25~44岁的占64.1%）、高教育（大专以上的有44.2%）、高收入（月收入5000元以上有26.9%）、男性（占67.8%）为主。当然，不同的频率其收听的人群具有更大的差异性，CSM的数据也显示，在交通广播的听众中，不论是教育还是收入都在各个频率广播听众中处于领先地位。在这种受众差异化的区分下，车载广播及其听众毫无疑问地成为各个广播的目标和核心人群。

北京听众的收听习惯还呈现一些特征，这包括收听的时段、地点、频次和设备等。在收听时段上，工作日的收听呈现四个高峰，早晚上下班的收听高峰在7：00~8：30和17：30~18：30。夜间的收听高峰在21：00~22：00，另外午间的休息时间在12：00~13：00也会出现一个收听小高峰。休息日在午间和夜间也会出现两个小高峰，其峰值明显低于工作日，值得关注的是休息日的夜间高峰要比工作日前移，出现在20：00~21：00。在收听的地点方面，家里是最主要的收听场所，以老年群体最为显著；其次是私家车和公共交通上的收听，以中青年群体为主；而老年群体比中青年群体更多地选择在户外收听。在收听的时长上看，北京听众在工作日和休息日的平均收听时长为1.2个和1.24个小时，周末比工作日长，男性在工作日的收听时长略高于女性。在收听频次上，北京地区广播听众的平均周频次为5.7次，男性高于女性，中老年高于中青年，驾车群体高于非驾车群体。

表5　北京电台广播收听设备情况

收听设备	家中	私家车上	公共交通上	户外(马路/公园/小区)	办公室	学校
Base N =	571	398	264	149	96	19
手机自带收音机	50	10	69	66	52	53
车载收音机	N/A	92	N/A	N/A	N/A	N/A
传统收音机	44	5	8	24	19	21
手机/平板客户端	20	5	22	17	24	26
MP3/MP4	8	4	11	15	13	21
PC电脑互联网	9	N/A	N/A	N/A	27	21

资料来源：《2016中国广播电视年鉴》。

根据盖普索公司的统计，2015年北京广播听众的收听终端主要是由传统收音机、车载广播和智能终端三个渠道沟通。其中，手机是最主要的收听设备，其次是车载收音机和平板电脑等。而这一使用与相关人群的年龄段也存在关联，手机收音机的使用在各个年龄段的分布比较均衡，车载广播的使用集中在 20~49 的中青年年龄段，传统收音机则以 50 岁以上的老年人为主，手机/平板电脑客户端的收听中 20~29 岁的群体比重明显高于其他年龄段。

（四）领跑者：北京交通广播

随着私家车的普及和交通听众的增多，交通广播的市场份额不断增长。这种发展是伴随着城市交通建设、私家车发展，2001~2005 年汽车产业的五年计划中，中国政府拟定了重组和加强汽车产业的具体措施。以前专注于卡车生产和汽车组装的汽车产业转向重点生产轿车，并且调整价格鼓励公众购买私家车。汽车的私有化迅速扩张，北京、上海、广州等一线城市首先发展成了汽车城市。2007年，全国私家车的数量超过 1500 万辆。到 2012 年底，这个数字猛增至超过 5300万辆，与 2011 年的数据相比，增长率为 22.8%。[①] 2012 年，北京一个城市私家车的数量就超过 400 万辆。2014 年，我国已经有将近 50 个的私家车广播，占有交通频率整个市场份额的近 20%，占全国广播市场份额的 5%。

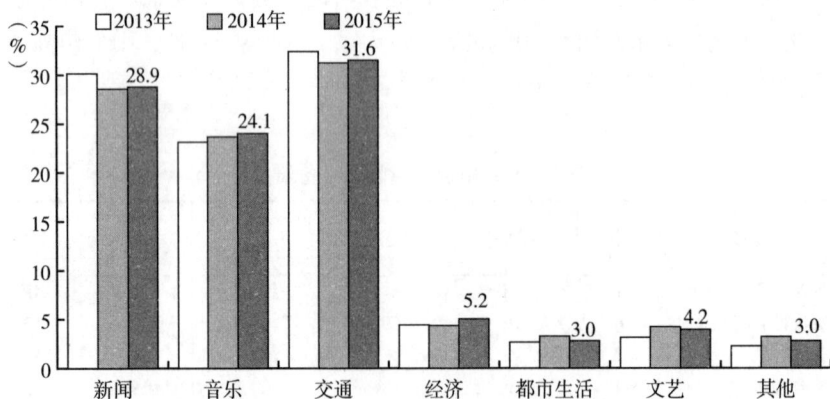

图 5　2013~2015 年全国各类广播频率市场份额

资料来源：赛立信《全媒体时代交通广播的现状及发展》，http://weibo.com/p/2304184ed76c 230102w21e? from = page_ 100606_ profile&wvr = 6&mod = wenzhangmod。

---

① 钱成、刘铮：《中国私人轿车保有量达 5308 万辆》，新华网，http://news. xinhuanet. com/2013 – 02/22/c_ 114771978. htm。

交通台以毫无悬念的优势占据了首位，这其中有深厚的社会转型、产业发展等原因。1991 年，全国第一个交通广播频率在上海广播电台开播，被命名为"交通信息广播"①，以"缓解交通，方便市民"为宗旨。在上海推出交通广播两年后，1993 年下半年，北京交通广播开播，这与出租车产业的迅速发展密不可分，而后者则是中国改革开放这一时代背景下的产物。如果说交通广播外部受到了这种商业化汽车应用的推动，那么由于国家拨款的收缩，广播领域引入市场机制和商业逻辑这一内在机理则更加有效地促进了交通广播的发展。从 1990 年起，北京广播电台开始内部改革，在接下来的几年，为满足不同的市场需求，陆续建立了一系列专业频道，如新闻频道、经济频道、音乐频道、儿童频道、教育频道，交通广播也是其中之一。② 电台推行了频道之间的内部竞争机制，并建立各频道自负盈亏、自主经营的商业模式。虽然交通广播以提供交通信息、协助交通管理为初衷，但是日常路况的报道并不足以填充整个频道空间，因此在交通信息之外，交通广播也提供新闻、实事、音乐和谈话等节目，并以广告作为其收入和利润来源。

按照商业模式操作的交通广播为正在努力寻找生路的省级、地方广播电台提供了一个可能的空间和模仿的样本。虽然覆盖区域内的交通网络运行未必需要交通广播来协助或有一个频率即可，但在盈利思路的主导下，省级、城市广播电台，尤其是省会城市广播电台，都陆续开播了交通广播。2013 年广播产业的市场调研数据显示，全国已经共有 249 个交通广播频率，在数量上仅次于共 340 个的新闻广播频率。除了频率数量之外，交通广播在市场份额、经济创收上在各地的电台中也处于举足轻重的地位。例如，北京交通广播长期占有北京广播市场 30% 左右的市场份额，2014 年广告创收达到 5 亿元，占北京电台广告创收总额的一半以上，在全国广播行业单频率广告创收中居领先位置。

（五）问题与挑战

移动互联网的迅猛发展，使得广播的传播渠道与收听通路都发生了相当大

---

① 黄铭兴：《空中"红绿灯"：记上海人民电台交通信息台》，《新闻记者》1992 年第 1 期。
② 汪良：《北京电台专业化办台的思考》，《新闻与写作》2002 年第 7 期。

的变化，广播所面临的问题已经不仅仅是原先的产业内部的变化，而是整个传媒产业的变革带来的全方位的挑战。

首先，变动的听众群体。近些年来，广播听众整体上表现为年龄下行、收入上行的变化趋势。移动互联网时代的广播听众已经裂变为三大族群：①传统广播的人群，即使用传统收听终端的人群；②车载收听人群，随着国内汽车普及率的提升，车载收听人群不断增长，已经发展成为不可忽视的主要收听人群；③新媒体听众，即使用网络平台收听广播的听众，在全国范围内用移动互联网收听广播的人群比例为10%~20%，这个群体虽然在整个收听市场中的占比较低，但移动互联网受众较为年轻、高教育背景、高收入的人群特征和潜在的迅猛发展速度都是值得密切关注的。

其次，收听终端的多样化和移动化趋势。各种新媒体形态出现后，为传统媒体提供了多样的传播平台，现在的广播已经从传统的 FM/AM 电波媒体渠道，发展为多终端、多平台、多入口、多应用的传播渠道。广播利用各种移动客户端、微博微信等多样化的平台，全方位、多角度地拓展了传播路径，听众的可选择面更为广阔。对此，各大广播电台也进行着不断尝试，北京交通广播2015年初启动频率公众号建设至今，"北京交通广播"微信已构建起出行查询、节目互动和个人中心三大板块，出行信息服务为其核心特色。除查询路况外，已实现查询小客车指标、尾号限行、公交地铁换乘、自行车租赁、停车场备案等多项功能。广东珠江经济广播《风云再汇》2015年"众筹"征集全年的制作经费，把听众的付费意愿作为节目是否播出的判断。本项活动于2015年2月在"众筹网"正式上线，目标为88万元，结果很快筹到计划金额，此举开创了中国广播业先河。

最后，受不同层面的影响，广播市场的竞争更加激烈。正如北京市场的竞争，既有中央电台的抢占，也有北京地方台的争夺。不仅如此，在移动互联网时代，广播传播的多渠道传播体系，打破了广播接收的区域性，所以，现今广播电台不仅要与地区内频率争夺市场，还要面临来自跨区域频率的竞争。此外，各类APP、微电台、海量音频产品定制服务等业外竞争。自2013年以来，喜马拉雅、考拉、荔枝等网络广播开通，蜻蜓、优听等听众规模迅速增长，酷狗等音乐类产品也加入点播类博客内容。这些新兴市场挑战者的加入和发展，都让未来的广播传媒格局不断变化。

面对这些问题和挑战，频率的竞争更加激烈，对广播媒体来说，在移动互联网时代，成败的关键就在于是否能够在各个平台提供更加吸引受众的产品内容。同时在平台开发上，要考虑到包装与分发渠道的同步升级扩展，研发符合听众需求的个性化服务。此外，将车载收听和移动收听有效地结合也是广播媒体需要不断探索的领域。最终，所有的发展都必须回到听众本身，在移动互联网时代，所有的策略都必须立足在用户这个最重要的目标上。在融媒体环境下，与受众的互动将突破以往传播模式，必将朝着移动化、线上线下高度融合的方向发展。受众在面对越来越碎片化传播信息环境中，广播媒体还必须借助各种文字、动漫、电影电视等多元化优质内容和渠道的力量，走真正的媒介融合之道。

二 电视

（一）基本情况

截至 2015 年底，北京市共有电视台 3 座，中央级 2 座（中央电视台和中国教育电视台），省级 1 座（北京电视台）。同时，北京地区共有区县级广播电视台 10 座，有线广播电视站 50 个。根据北京市新闻出版广电局 2015 年发布的信息，北京地区这一年度持广播电视节目制作经营许可证的机构 3848 家，本年累计新增 1167 家。

北京电视台 2015 年资产总额为 105.45 亿元，比 2014 年减少了 0.89 亿元，增速为 -0.84%；创收收入为 31.84 亿元，比 2014 年增加了 3.8 亿元，增速为 13.55%；广告收入为 25.85 亿元，比 2014 年增加了 4.29 亿元，增速为 19.90%。说明 2015 年北京电视台在激烈的竞争中稳步增长。

（二）机构与人才

截至 2015 年底，北京市广播影视统计法人单位 4218 家，比 2014 年增加 819 家，增长了 24.1%，其中行政机关 16 家、事业单位 38 家、企业单位 4108 家；从业人员约 5.72 万人，其中社会影视节目制作单位 4.63 万人，占北京市广播影视从业人员的 80.94%。

表6 2015年广播电视播出机构及节目开办情况

项目	数量	项目	数量
（一）机构情况	—	其中：市级（套）	16
市级广播电视台（座）	1	区县级（套）	9
区县广播电视台（座）	14	付费广播节目（套）	2
区县广播电视站（座）	4	公共电视节目（套）	26
乡镇广播电视站（座）	37	其中：市级（套）	12
企事业广播电视站（座）	9	区县级（套）	14
（二）开办广播电视节目情况	—	对外电视节目（套）	1
公共广播节目（套）	25	付费电视频道（套）	11

（三）节目播出

2015年北京市共计制作电视节目为17.97万小时，比2014年增加7.92万小时，同比增长78.81%。2015年北京市广播影视单位制作电视剧75部2878集，电视剧制作部数同比下降12.79%，电视剧制作集数则同比下降8.02%。其中社会影视节目制作单位制作73部2808集。

2015年，全年电视节目制作投资总额为72.76亿元，与上年同比下降8.73%；其中全年电视剧制作投资额为42.56亿元，比2014年减少7.96亿元，同比下降15.76%。社会影视节目制作单位全年电视剧制作投资额为42.53亿元，占电视剧制作总投资额的99.93%。

表7 北京市广播影视单位电视节目制作同期对比

单位：万小时，%

项目	2015年	2014年	增减量	增速
总　计	17.97	10.05	7.92	78.81
1. 北京广播电视台	2.55	2.41	0.14	5.81
2. 社会影视节目制作单位	14.61	6.70	7.91	118.06
3. 区县广电中心	0.82	0.94	−0.12	−12.77

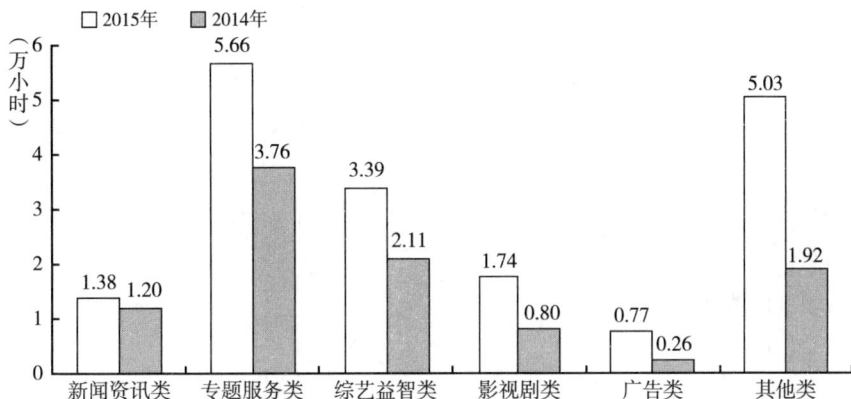

图6 电视节目制作类别同期对比

表8 电视剧及动画片制作投资额同期对比

单位：亿元，%

项目	全年电视剧制作投资额			全年动画电视制作投资额		
	2015年	2014年	同比增长	2015年	2014年	同比增长
总　计	42.56	50.52	−15.76	1.63	2.25	−27.56
其中:社会影视节目制作单位	42.53	50.08	−15.08	1.53	2.23	−31.39

（四）电视节目销售和进口

2015年北京市全年电视节目销售额为66.26亿元，同比增长32.15%。其中电视剧国内销售总额为34.48亿元，比2014年减少2.06亿元，下降5.64%。社会影视节目制作单位全年电视节目销售额为63.36亿元，比2014年增加13.96亿元，同比增长28.26%。动画片销售额为1.54亿元，同比增长翻翻，其中90.91%为社会影视节目制作单位销售。

2015年电视节目进口总额为4.92亿元，比上年减少9.63亿元，同比下降66.19%。全年进口电视剧为65部，比2014年减少464部；其中从欧洲、美洲和亚洲进口的电视剧数量分别为5部、7部和53部，分别占电视剧进口总数的7.69%、10.77%和81.54%。电视节目出口总额为0.72亿元，比上年增加 0.21 亿元，同比增长 41.18%。其中，出口电视剧 53 部，出口纪录片为 35.67 小时。

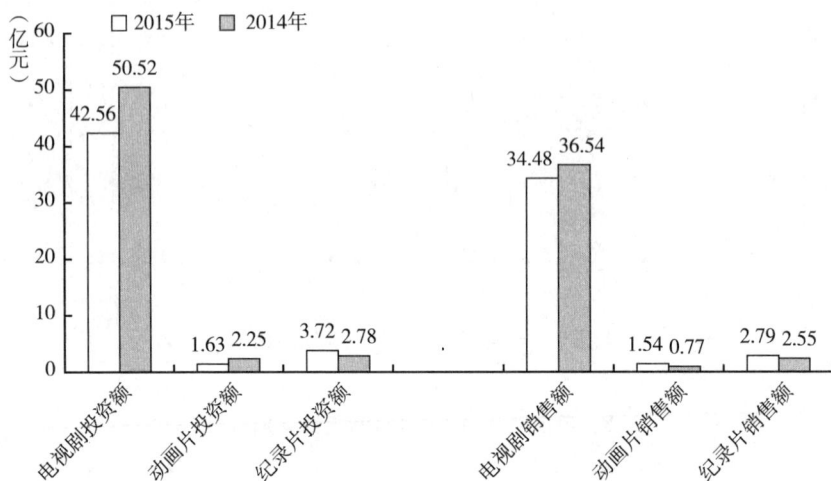

图 7　国内电视剧、动画片、纪录片投资和销售情况

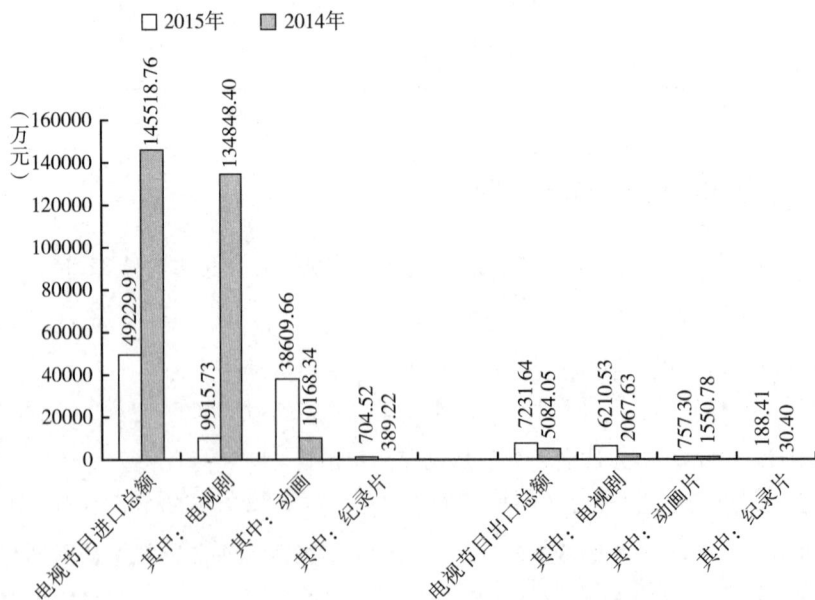

图 8　电视剧、动画片、纪录片进出口总额情况

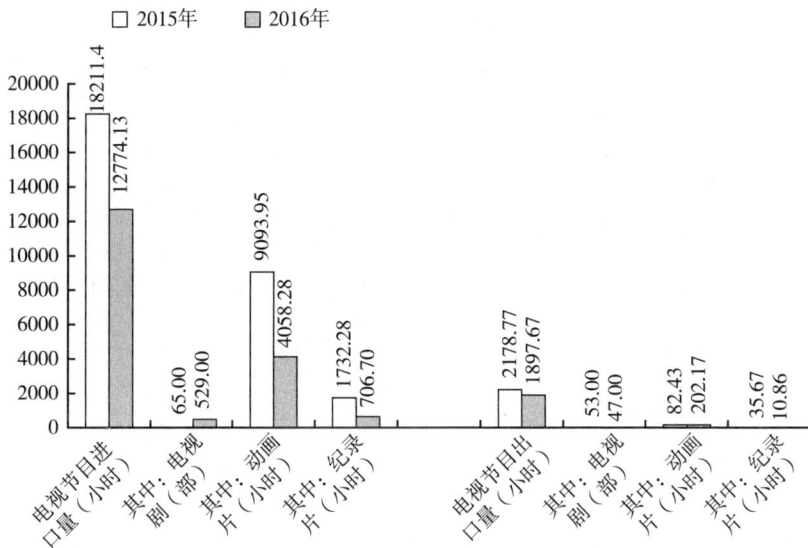

图9　电视剧、动画片、纪录片进出口总量情况

（五）案例分析：北京卫视

北京卫视是北京电视台旗下的综合卫星频道，简称 BTV - 1，前身为北京电视台一套，是以新闻节目为主体，汇集全台精品节目的综合频道。2015 年全年北京卫视在全国省级卫视全天排名第四，仅次于湖南卫视、浙江卫视和江苏卫视，收视率为 0.226，市场份额为 1.97%。另外北京卡酷少儿频道在全国排名 13，收视率为 0.1，市场份额为 0.87%。

在电视剧方面，2015 年，在全国省级卫视电视剧收视率排名中，北京卫视共有四部连续剧进入前 50，分别是《芈月传》（排名第三，收视率为 2.614）、《老农民》（排名 12，收视率为 1.537）、《左手劈刀》（排名 39，收视率为 0.962）、《北上广不相信眼泪》（排名 47，收视率为 0.909）。

在节目研发上，2015 年，北京卫视推出 10 档高品质节目，这包括《我是演说家》《最美和声》等高人气节目，还有重磅推出的《音乐大师课》《平安缘》《幸福驾到》等节目。这一系列的改革和高收视节目的播出，使得北京卫视的广告市场急速扩大。目前，北京卫视的季播节目正在进行独立自制。

表9　2015年省级卫视收视率排名TOP10

排名	频道	全天		频道	白天06：00~18：00		频道	晚间18：00~24：00	
		收视率	市场份额(%)		收视率	市场份额(%)		收视率	市场份额(%)
1	湖南卫视	0.42	3.73	湖南卫视	0.27	3.17	湖南卫视	1.09	4.10
2	浙江卫视	0.31	2.72	浙江卫视	0.26	3.02	浙江卫视	0.67	2.53
3	江苏卫视	0.24	2.14	安徽卫视	0.17	2.02	江苏卫视	0.59	2.23
4	北京卫视	0.22	1.93	江苏卫视	0.17	2.01	东方卫视	0.54	2.05
5	东方卫视	0.21	1.89	北京卫视	0.16	1.87	北京卫视	0.53	2.01
6	山东卫视	0.17	1.52	东方卫视	0.14	1.63	山东卫视	0.40	1.50
7	安徽卫视	0.17	1.50	山东卫视	0.13	1.51	安徽卫视	0.31	1.18
8	天津卫视	0.13	1.17	江西卫视	0.12	1.36	天津卫视	0.30	1.13
9	江西卫视	0.13	1.16	天津卫视	0.11	1.25	江西卫视	0.28	1.04
10	湖北卫视	0.12	1.03	黑龙江卫视	1.10	1.12	湖北卫视	0.27	1.00

在运营上，2014年，京视卫星传媒有限责任公司成立，成为北京卫视的内容提供商和广告代理商。依靠灵活的运作模式和创新活动，京视卫星迅速为北京卫视打开市场。这首先表现在它们根据客户的需求，结合北京卫视的内容资源，不断创新改造广告形式，推出各种优化和可选产品组合策略，迎合了市场的需求。其次，京视卫星还积极走出北京，广泛地在全国开展各种营销活动，直接与老客户、新客户以及潜在客户联络关系，推销产品，商讨合作方式，不断寻找并激发客户的合作意愿。这些活动很快收到了成效，仅在2015年的第一季度，北京卫视的整体广告收入就高达4.61亿元，这比2014年第一季度增长了119%。

（六）北京电视节目交易会

作为首都广播电视节目制作业协会举办的大型电视节目交易展会，北京电视节目交易会从2007年开始举办，目前已经成为业界、学界和市场进行沟通互动的高影响力知名平台，是目前全国规模最大的行业市场交易枢纽。2015年的北京电视节目交易会由市新闻出版广电局、怀柔政府和首都广播电视节目制作协会主办，本次交易会共吸引来自海内外影视节目制作组织及相关产业机构近400家2000人，电视节目的播出机构平台和相关电视节目买家150家参与，相关参会的行业人士将近3000人，规模上超过历史上任何一届。

随着交易会上电视节目产品的不断增多，为了方便买家购买，促进市场信息的公开透明和流动，本次交易会专门将电视产品按照各种标准进行分类和整理，其中共计收录电视剧700多部。在这次交易会中，电视节目还按照制片阶段进行了划分，其中还在筹备的剧目共计222部9607集，开机拍摄及后期制作剧目98部3936集，成片首轮发行剧目205部7943集，二轮、多轮发行剧目139部5296集；纪录片、电视栏目44部、12849集；动画片18部、862集。

（七）挑战和未来

近些年来，随着媒介融合的不断发展，包括电视在内的传统广电行业面临着受众流失、广告流失和人才流失三大困境。2015年的情况也更加具体地指向了整个电视产业发展中遇到的特征与问题。

1. 一剧两星的政策影响

电视剧仍然是电视中最受欢迎的节目形态，2015年的《芈月传》让北京卫视跻身年度电视剧收视前三。但是电视剧市场的门槛日益提高，一剧两星提高了大制作电视剧的市场风险，使制片方投资更加谨慎。同时，市场上优质剧的成本居高不下，2015年，《武媚娘传奇》单集成本超过300万元，《芈月传》单集成本超过200万元，这对买方的资金实力要求更高。因此，尽管北京卫视在2015年表现不俗，但是我们也必须客观地看到，一剧两星的政策对二线卫视影响最大，使没有制作实力与资金实力的频道基本上不可能进入电视剧收视率的前50。

2. 电视节目和电视剧的IP化发展

2015年包括北京卫视在内的各大省级卫视播出了《花千骨》《何以笙箫默》《琅琊榜》等IP改编剧，获得了极大成功。同时，同名网游斩获了5000万元流水，相关手游也占据手机下载版前列。另外，省级卫视的IP经营同样体现在电视节目上，综艺节目是继电视剧之外中国制播分离生产方式最为盛行的领域，包括节目形态、明星资源等已经IP化，很多省级卫视纷纷利用电视节目的影响力将观众转化为用户，例如，《爸爸去哪儿》《奔跑吧兄弟》等在成功播出后，纷纷推出了手游、综艺节目、电影等形式，拓展了整个IP产业链。

三　电影

（一）概况

2015 年国产电影票房总计 440.69 亿元，同比增长 48.7%，是近年来票房增幅最大的一次。在整个年度的票房市场上，中国生产故事片 686 部，其中院线上映 320 部，占上映总数 383 部的 83.55%，比 2014 年上映部数 259 部有大幅增加，显示出国产电影创作生产活跃度和质量的提高。2015 年，共有 48 部国产影片票房过亿元，比 2014 年的 36 部增长了 33%；票房过千万元影片有 128 部，比 2014 年的 105 部增长了 22%。两项指标涨幅明显，是创作活力与市场认可的表征。全年观影人次达到 12.6 亿，增幅高达 51.8%。此外，国产电影的市场份额为 61.58%，也是近些年来在与进口影片竞争中的一个较大飞跃。在设施建设上，截至 2015 年底，中国共计银幕总数 31627 块，全年新增影院 1200 家，新增银屏 8035 块。这些数据充分展示了 2015 年整个中国电影产业的蓬勃发展。

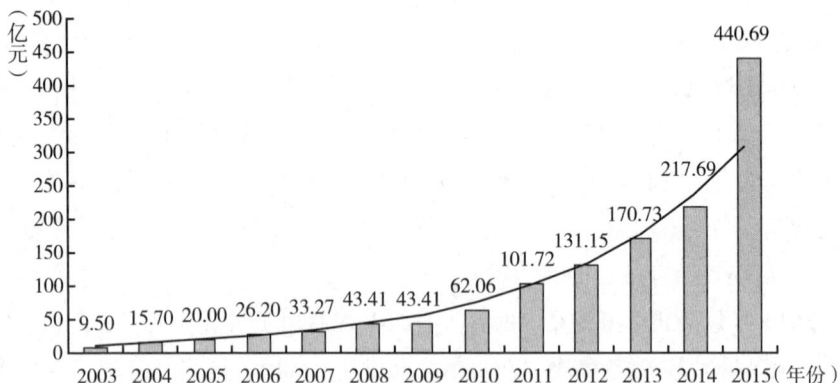

图 10　2003～2015 年中国电影市场主要收入

资料来源：尹鸿、孙俨斌《2015 年中国电影产业备忘》，《电影艺术》2016 年第 2 期。

（二）北京地区电影情况

截至 2015 年底，北京地区共有 23 条院线，182 家影院，银幕 1050 块，座位数

17.3 万个。2015 年新增影院 13 家，银幕 87 块，座位数 1.1 万个。全年共放映电影 198 万场，比上年同期增加 35.52 万场，增长 21.86%；观众 7164.2 万人次，比上年 同期增加 1979.64 万人次，同比增长 38.18%；票房收入 31.51 亿元，比上年同期增 加 8.69 亿元，增长 38.1%。全年制作电视剧 75 部 2878 集，电视动画片 12 部 4826 分钟，电影 291 部。在全年电影票房市场大环境利好的背景下，北京地区票房收入 31.51 亿元，居全国城市首位；观影 7164.2 万人次，同比增加 1979.6 万人次；目 前，北京市在全国电影的票房市场占据 7.2% 份额。同时，按北京市目前的常住人 口计算，人均年观影次数为 3.3 次，这在全国都是最高的；平均 2.1 万人拥有一块 银幕，这也是全国最高的。① 整个北京地区的电影市场在全国占有重要位置，2015 年全国电影票房收入约 440.69 亿元，北京 31.51 亿元，占全国总票房收入的 7.2%。 2015 年全国电影剧本（梗概）累计备案 3371 部，北京备案 1453 部，占全国的 40.46%。其中，全国故事片剧本（梗概）累计备案 3002 部，北京备案 1345 部，占 全国的 44.8%；动画电影全国累计备案 148 部，北京备案 27 部，占全国 18.24%； 电影纪录片全国累计备案 76 部，北京备案 23 部，占全国的 30.26%。

表10　2015 年全国电影票房收入前十名城市

排行	城市	票房（万元）	人次（万）	平均票价（元）	影院数（家）	银幕数（块）	市场份额（%）
1	北京市	315100.33	7164.15	44.0	158	972	7.20
2	上海市	293691.94	6802	43.2	190	1006	6.71
3	广州市	186485.41	4609.53	40.5	116	685	4.26
4	深圳市	179999.74	4335.9	41.5	143	792	4.11
5	成都市	143844.19	4143.31	34.7	109	771	3.29
6	武汉市	128869.05	3952.78	32.6	84	577	2.95
7	重庆市	124758.41	3760.15	33.2	146	944	2.85
8	杭州市	111553.13	3021.38	36.9	87	624	2.55
9	南京市	89697.17	2475.28	36.2	62	409	2.05
10	苏州市	87848.72	2667.38	32.9	84	512	2.01

资料来源：《2015 年中国城市电影票房 Top100 名单一览》，http：//www.askci.com/news/data/ 2016/01/06/133847iigt.shtml。

---

① 《北京 2015 年电影票房 31.5 亿》，http：//beijing.qianlong.com/2016/0122/298311.shtml。

根据《2015～2016 中国电影产业研究报告》的数据，通过比较影院密度和人均观影频次，我们可以看到北京落在了第二象限与第三象限，属于影院密度较低，同时观影频次中等的城市。因此，从图 11，我们也可以看出，北京还未达到像深圳、苏州和成都的电影饱和水平，仍然有较高的市场空间和提升潜力。

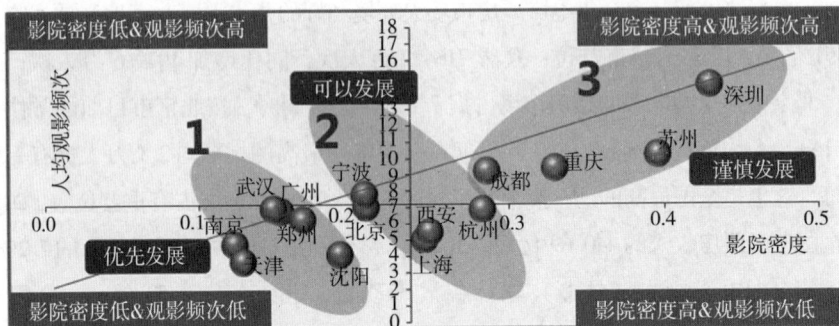

图 11　2015 年电影票房 TOP15 城市影院密度和人均观影频次

资料来源：《2015～2016 中国电影产业研究报告》，http://www.199it.com/archives/484931.html。

中国电影票房"高歌猛进"背后，是电影院线的急速扩张。根据目前的统计数据，2015 年上半年电影票房收入前十的公司中有 3 家在北京，分别是万达电影院线股份有限公司、中影星美电影院线有限公司、中影数字院线（北京）有限公司。相关数据更是进一步显示，从全国院线的省级分布来说，将总部设置在北京的院线占据了 30%，这也充分体现了北京在全国电影产业中的核心位置。

表 11　全国城市电影院线分布

北京(13)	广东(4)	浙江(4)	上海(3)	内蒙古(1)
北京红鲤鱼	大地电影线	温州雁荡	上海大光明	内蒙古民族院线
北京华夏联合	广州金逸珠江	浙江横店	上海弘歌	陕西(1)
北京九州中原	深影橙天院线	浙江时代	上海联和院线	西安长安
北京新影联	中影南方新干线	浙江星光	河北(1)	天津(1)
华夏新华大地	湖北(2)	江苏(2)	河北中联	天津银光
时代华夏今典	湖北银兴	江苏东方	河南(1)	新疆(1)
世纪环球	武汉天河	江苏幸福蓝海	河南奥斯卡	新疆电影公司

续表

万达院线	湖南(2)	四川(2)	吉林(1)	重庆(1)
翼达九州	湖南楚湘	四川峨眉	吉林长影	重庆保利万和
长城沃美	湖南潇湘	四川太平洋	江西(1)	—
中广数字院线	山东(2)	福建(1个)	江西星河	—
中影数字院线	山东奥卡新世纪	福建中兴	辽宁(1)	—
中影星美(18.4)	山东鲁信	—	辽宁北方	—

资料来源：《中国城市电影院线产业排行榜》，http://finance.qq.com/zt2015/bigdata1/index.htm。

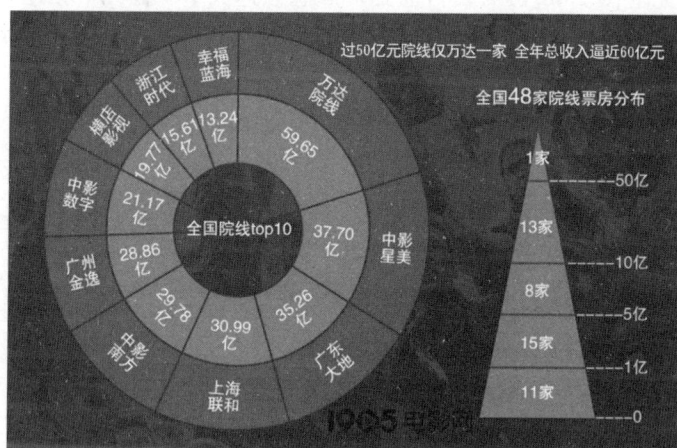

图12　2015年全国院线票房收入

资料来源：《2015年中国电影数据报告》，http://dataunion.org/21330.html。

（三）行业领跑者：万达

万达电影院线股份有限公司成立于2004年，是隶属于大连万达集团旗下的连锁电影院线，总部在北京市朝阳区万达广场。根据万达集团发布的2015年报告，公司全年票房突破63亿元，相较上年增长了49.6%，同时2015年全年的观影人次也高达1.51亿人次，比2014年全年的数据增长48.9%。在2015年的全部票房收入中，国内贡献的票房是60.1亿元，观影人次总计1.47亿人次，境外票房达到2.88亿元，观影人次为453万人次。相关数据显示，2015年公司共有影院292家、银幕2557块。这其中，中国大陆影院数量为

240 家，银幕数是 2133 块；海外影院增长到 52 家，银幕也相应攀升到 424 块。2015 年万达在中国新开影院 43 家、新增银幕 391 块，公司票房、观影人次、市场份额已连续七年位居国内首位。

万达院线主要产品分为三块：院线电影发行、电影放映和相关产品销售、广告服务。2015 年万达院线单季度营收超过 15 亿元，其中，第三季度和第四季度更是达到 19 亿元和 25 亿元，全年总收入为 80.00 亿元，相比 2014 年的 53.38 亿元增长了 49.85%；归属上市股东净利润达到 11.85 亿元，相比 2014 年 8.00 亿元增长了 48.05%。目前其资产总额达到 150 亿元，相比 2014 年的 45.7 亿元增长了 237.98%，总市值近千亿元。

表 12　2014～2015 年万达院线营业收入构成

单位：元，%

指标	2015 年		2014 年		同比增减
	金额	占营业收入比重	金额	占营业收入比重	
营业收入合计	8000733794.57	100.00	5338992065.33	100.00	49.85
分行业					
境内影院业务	7333505862.02	91.66	5338992065.33	100.00	37.36
境外影院业务	605647186.18	7.57			
广告代理、影片投资业务	61580746.37	0.77			
分产品					
放映收入	6387737853.84	79.84	4362102905.10	81.70	46.44
商品销售收入	922836251.01	11.53	631122751.59	11.82	46.22
影院广告收入	463315621.81	5.79	264304417.95	4.95	75.30
贴片广告、影片投资和宣传推广	61580746.37	0.77			
其他	165263321.54	2.07	81461990.69	1.53	102.87
分地区					
国内	7395086608.39	92.43	5338992065.33	100.00	38.51
国外	605647186.18	7.57			

资料来源：《万达电影院线有限公司 2015 年年度报告》，http://www.cninfo.com.cn/finalpage/2016-03-31/1202110697.PDF。

万达院线前身为华纳万达电影城，2005 年底，北京万达电影院线股份有限公司开始全面接管影院工作，从 2007 年开始万达坚持引进 IMAX 系统，同时依托万达商业，以"统一品牌，统一经营，统一供片，统一管理"为特点推进影院建设工作，从 2009 年起一直称霸国内院线榜首。目前十大股东除万达集团外，还包括凯德实业、博瑞远达、上海仁福、华控成长、红杉资本、孙喜双（大连一方集团有限公司董事长）、戴成书（中国世纪投资集团董事长）、石根建（北京凯威利达热力技术开发中心总经理）、万达文化产业等。

至 2015 年万达院线实现 A 股上市以来，万达公司积极进行全球化发展战略，包括收购澳大利亚第二大院线 Hoyts 公司，参与投资好莱坞电影及宣传推广；同时继续并购国内优质资产，购买了世茂影城、慕威时尚，参投了时光网，积极拓展电影电商 O2O 业务，持续完善产业布局。万达院线坚持推进会员体系，提出"会员＋"战略，2015 年末公司会员突破 5000 万，会员消费占比超过 80%，未来将围绕影城建立场景消费平台，将公司逐步从传统电影放映商转型为平台、生态型娱乐公司。

（四）国际化发展：北京国际电影节

2015 年 4 月，第五届北京国际电影节召开，成为全球电影的一大盛事，也是北京靓丽文化名片。组委会共收到来自 90 个国家和地区的 930 部影片报名"天坛奖"主竞赛单元，其中，国际首映影片为 45 部。15 部入围提名的影片中，13 部海外影片均为国际首映。"展映单元"亦是各国影片与中国观众、在京外籍观众亲密接触的桥梁。103 个国家和地区的 1524 部影片报名"北京展映"环节，36 部获国际重要电影节奖项及奥斯卡金像奖的影片位列其中。最终遴选展映的 360 部影片风格类型多样，获国际电影节及奥斯卡奖项的影片达 121 部。在 184 部境外影片中，八成首次登陆内地银幕。

第五届电影节举办的"北京电影市场"共吸引注册展商 275 家，其中国际展商 140 家，涵盖美国、加拿大等 25 个国家和地区。第五届电影市场主打"制片公司中心制"，力求形成买卖双方以制片公司为主的新态势，在为老展商升级服务的同时，吸引了诸多新面孔。2015 年度的电影市场最终签约项目 36 个，签约总额高达 138.45 亿元，较第四届北京电影市场上涨了 32%，稳固了亚洲第一电影市场的地位。前四届"北京电影市场"共促成 80 个项目洽商签约，交易总额达 273.19 亿元。其中，第一届签约总额 27.94 亿元、第二届 52.73 亿元、第三届 87.31 亿元、第四届 105.21 亿元，而 2015 年北京电影市场创造的交易额再创新高，实现签约项目 36 个，签约总额达 138.45 亿元，比上届增长 32%，而签约项目也涵盖了电影产业链的各个环节。此外，第五届北京电影市场在中外展商注册数量上也有所突破。据了解，2015 年共有 275 家中外展商注册参加招商展会，相比上年增长了 11%，其业务分布涵盖了电影业传统的创作、制作、发行、经纪、营销、宣传等多个产业链条。其中，国际展商数量再次过半，共吸引了 455 个项目报名，在 2014 年 226 个的基础上实现了超过 100% 的增长。

（五）现存问题和未来发展

首先，电影市场的管理体系应继续完善。目前，中国电影分级管理体系没有出台，影响到电影产品的分类和青少年电影消费者的利益；市场监管不够严谨、执行不到位，幽灵场、盗版、买票房、偷挪瞒票房、低价倾销等不正当竞争行为、市场虚假现象还不能被有效遏制；行业规范的不够完整、分账比例的随意调整、市场潜规则的作用都会严重影响市场的公平性。而作为监督、协调和组织的相关政府部门和行业协会有必要制定相关的行业规范、规则、制度，这样才能保证中国电影行业可持续健康发展。

其次，电影营销渠道的转变。近些年来电影的发行模式发生了重要的变化，这主要是体现为互联网的新型平台已经成为布局谋阵的重要对象，而包括 APP、微信、微博等社交媒体因为其巨大的传播潜力也成为电影新的发行渠道。电影的营销传播地图中，新媒体一方面通过随时随地和碎片化地整合力量渗透到用户的生活，另一方面借助社会关系网络迅速扩散传播。因此，在传统的电影宣传片、发布会、宣传海报以及见面会等的基础上，线上部分越来越成为重要的营销工具。

最后，电影融资平台的转变。例如，由阿里巴巴数字娱乐事业群结合金融机构成立的"娱乐宝"就是典型的增值服务，依托阿里的淘宝，通过面向网民销售产品服务进行融资，为阿里娱乐的文化产业投资。第一批线上融资计划 7300 万元，投资的电影就是由郭敬明导演的《小时代 3》。另外，还有一些投资较小成本的电影通过在线点播与网站分成，相关网站也在依靠其强大的用户群体积极打造网络院线等新平台。

B.11
2015年北京市视听新媒体发展报告

摘　要：　视听新媒体已经进入移动化、社交化和平台化的新阶段，这
对人们的生活方式和整个社会发展都带来了极大影响。本文
重点分析了2015年北京地区视听新媒体的发展，分别从网络
视频、网络音乐和网络电台三个领域展开，分析了其内容/服
务、用户、市场发展、政策治理和技术之间的复杂互动，最
后对整个行业的发展现状和未来前景进行了讨论。

关键词：　视听新媒体　网络视频　网络音乐　网络电台　北京

经过多年的快速发展，视听新媒体已经进入一个崭新阶段，移动化、社交
化、平台化正在成为这一产业的主要发展趋势。移动化是指随着移动互联网和
移动智能终端的快速普及，网络视听节目服务进一步向手机、平板电脑等移动
终端"迁移"，移动音视频消费成为越来越普遍的现象。社交化是因为新媒体
的出现和普及将用户从以往封闭的收视习惯改变为社交性的收视习惯，例如，
在观看电影的同时通过弹幕和网友进行沟通，在收听网络电台的同时和主持人
同步沟通等。并且，越来越多的用户倾向于通过微信、微博等社交网站，而非
传统的视听网站官网或百度来消费音视频材料。平台化则是指视听发布的平台
越来越多元化，包括传统广电开办的平台、传输网络平台创建的平台、如
YouTube的视听网站、包括ITunes在内的移动终端APP，还有搜索引擎、社交
媒体等不同平台开发的视听功能。在这种发展趋势下，中国的视听新媒体也呈
现强劲的发展势头。根据中国互联网网络信息中心（CNNNC）的统计，2015
年中国网络用户有6.88亿，较2014年新增3951万。全国互联网普及率为
50.3%，比2014年提升2.4个百分比。在这种庞大的用户基础上，网络视听
的使用已经成为不可忽略的重要方面，在2015年全国的统计数据中，73.2%

的网民使用互联网收看各种视频节目，比 2014 年提升了 16.4%；72.8% 的用户收听各种网络音乐，比 2014 年提升 4.9%。

表1　2014～2015 年中国网民对网络视频和音乐的使用率*

项目	2015 年		2014 年		全年增长率（%）
	用户规模（万）	网民使用率（%）	用户规模（万）	网民使用率（%）	
网络视频	50391	73.2	43298	66.7	16.4
网络音乐	50137	72.8	47807	73.7	4.9

注：《第 37 次中国互联网络发展状况统计报告》，https：//cnnic.cn/gywm/xwzx/rdxw/2015/201601/W020160122639198410766.pdf。

一　网络视频

近些年来，我国的网络视频不论是从数量、质量还是影响力等方面，均取得了显著的成绩。2013 年、2014 年，全国备案上线的网络剧分别是 213 部 721 集、166 部 1459 集，而 2015 年这一数量迅猛增长到 805 部 12705 集。在网络电影方面，2013 年、2014 年备案上线的网络电影分别是 4567 部和 6071 部，2015 年为 7028 部。网络视频不仅在数量上屡创新高，近些年，其艺术性、思想性和好评度等质量方面也取得很大进展，这不仅表现为越来越多知名的传统传媒公司、知名导演、编剧和演员纷纷介入网络视频的制作，提升了其专业性和品质；同时大量制作精良、弘扬社会主义核心价值观、鼓励人心的网络好作品不断涌现出来，受到社会大众的广泛好评。在这样的背景下，网络视频的社会影响力也在不断提升，2015 年 10 月底，优酷、爱奇艺、搜狐视频、腾讯视频和土豆 5 家网络视频网站原创视听节目历史累计总点击量高达 468 亿次，这其中点击上亿的网络剧 40 部，近 70% 的网络电影播放超过 70%。不仅如此，越来越多的网络视频开始进院线、上电视台，由网络剧改编的电影《煎饼侠》获得 11.59 亿元票房。特别值得一提的是，网络视频以其天然的融媒体的特征，不断与其他网络内容进行整合。2015 年播放前十名的网络剧中有 8 部是改编自网络小说 IP，如《盗墓笔记》《花千骨》等，这些网络剧又立即衍生出网络游戏等产品。如《花千骨》相关手游上线 24

小时，就取得了 APP Store 免费榜单第一、畅销榜单第二的好成绩，实现手游首月流水账 2 亿元。

从基础数据来看，2015 年全国的网络视频用户已经达到 5.09 亿，相比较 2014 年增长了 7093 万。值得一提的是，手机成为越来越多用户观看网络视频的选择，全国手机视频用户的规模为 4.05 亿，比 2014 年增长了 9228 万。同时，手机网络视频的使用率为 65.4%。根据企鹅智库的报告，受众越来越倾向于使用移动终端收看网络视频，传统的 PC 看音视频的比例在不断下滑，使用手机成为越来越多人的选择。2012～2014 年，使用台式计算机/笔记本计算机看视频的比例分别为 96%、78.5% 和 71.2%，而网络视频手机终端的使用率则为 49.4%、61.5% 和 71.9%。①

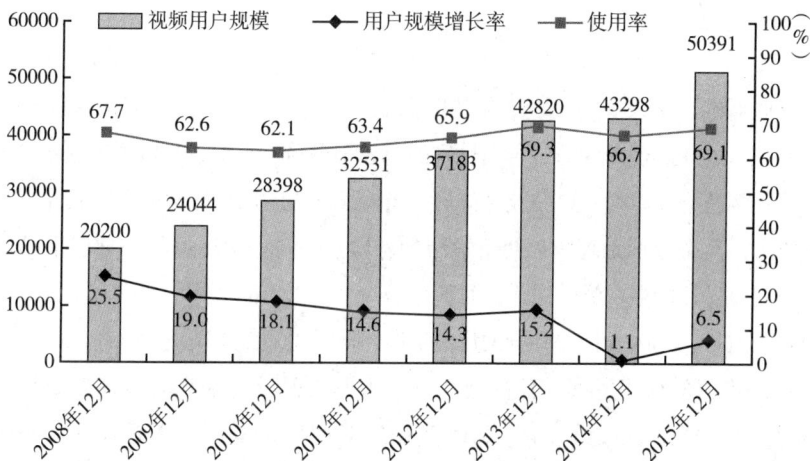

图 1　中国网络视频用户规模和使用率

在具体的收看内容上，PC 端和移动端也出现非常大的收看偏好，从以下的调研数据可以看到：当我们认为移动端更适合看短视频的时候，数据却显示，在移动端收看电视剧、电影和综艺等长视频的比例都超过 70%。另外，新闻资讯类视频受 PC 端新闻文章的引领影响，目前主要用户还停留在 PC 端。②

---

① 《2015 中国网络视频大数据报告》，http://www.199it.com/archives/354737.html。

② 《2015 中国网络视频大数据报告》，http://www.199it.com/archives/354737.html。

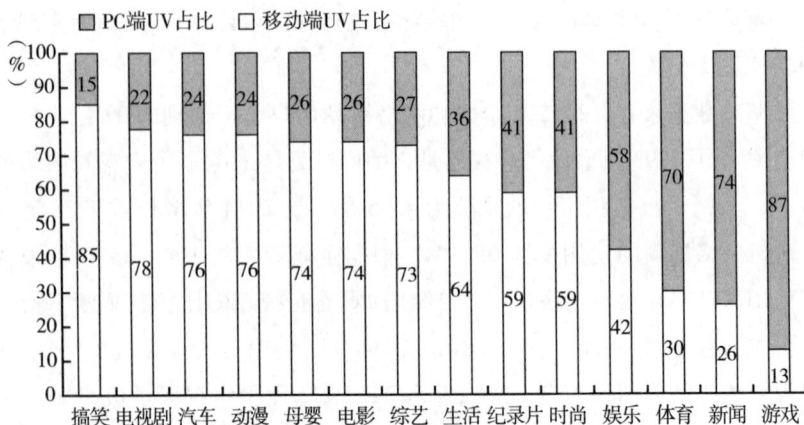

图2　不同类型视频内容移动端用户访问占比（2015 年 4 月）

资料来源：腾讯视频，由企鹅智酷制图。

在收看的具体人群上，2015 年的数据显示，总体上在网络视频的不同类型中（电视、电影、综艺和动漫），男女性别的差异不是特别悬殊，虽然男性受众稍稍比女性的比例高一些。在用户的教育背景上，大学学历的用户比例都大量领先，占据一半以上，其次分别是高中、初中学历的，硕士、博士学历的和小学以下的均较少。由此可见，网络视频的用户相对而言是一个高学历的群体，他们对于网络综艺节目更加偏好，同时女性看韩剧的比例更高，而男性更偏重英美电视剧。

网络视频的高速发展，是社会经济、相关政策及技术驱动等各方面相互作用的结果。首先，在政策方面，2015 年国家版权局下发《关于规范网盘服务版权秩序的通知》，这项文件要求网盘的服务商禁止对网民上传的资料进行相关的编辑加工或者推荐分享，也不能以相关方式引导或鼓励用户进行非法的传播和分享。这个政策极大地保护了近些年来蓬勃发展的网络视频，有利于整个行业的健康发展。其次，随着我国经济的平稳发展，互联网产业保持着增长势头。根据CNNIC 的统计，2015 年中国网络广告市场规模预计能达到 1987 亿元，增长率为31.9%；在线视频整个市场的广告总额约为 247.9 亿元，占整个网络广告市场的份额高达 12.5%。[①] 最后，网络视频的兴起在很大程度上是受到了技术的驱

---

① 《第 37 次中国互联网络发展状况统计报告》，https：//cnnic.cn/gywm/xwzx/rdxw/2015/201601/W020160122639198410766.pdf。

动，宽带、4G 技术极大地提升网络视频的下载速度，同时一些视频网站开始尝试与 VR（虚拟现实）硬件公司合作，提供视频、游戏等内容，配合 VR 设备，给用户 2DiMAX、3D、360 全景音视频、游戏和服务体系体验。

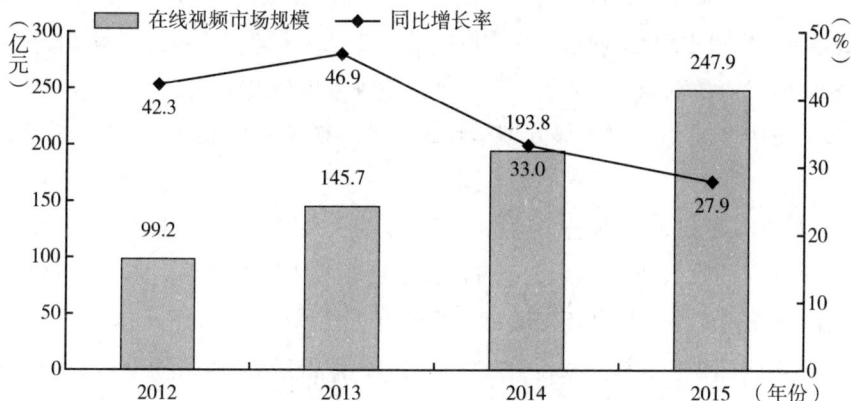

图 3　2012～2015 年全国网络视频市场的广告规模

注：2015 年为预测数据。
资料来源：中国互联网络信息中心。

目前视频网站的收入来源主要是广告、版权分销、视频增值服务和其他收入（包括终端销售收入、游戏联运等）。其中，广告收入是视频网站收入的主要来源，占整体收入的 70% 以上，随着商业模式的多样化，广告收入份额呈下降趋势。版权分销、视频增值服务（包括用户付费）、其他收入的占比在30% 左右，其中视频增值服务的发展前景较好，预计在近几年内能占到视频广告市场 15% 左右的市场份额。①在广告方面，传统的网络视频广告主要有贴片广告、冠名广告等，这类品牌广告在实现产品曝光、提升产品知名度方面有较好的效果，但也在一定程度上影响用户体验。截至 2015 年，各大视频网站基本上完成了从 PC 端向移动端的布局，用户在移动端的视频使用率已经超过PC 端，目前移动端广告收入在各大视频网站收入中的占比在 30% 左右。②在版权分销上，由于版权购买费用高，视频网站难以负担，因此很多视频网站在购买影视节目独家版权后，又将该节目的网络播放权销售给视频搜索网站、其他的视频平台，甚至也反向输出给电视台。③视频增值，主要指针对会员用户付费服务，包括点播、包月收看、在线演唱会高清直播等模式。2015 年，随着移动端观剧人数的增加，移动支付习惯的形成，再加上国家对盗版打击力度的加大，主要视频网站的增值服务收入都有较大增长，腾讯视频好莱坞影院收费业务取得了600%的增幅。合一集团、爱奇艺的用户业务收入与上年同期相比都增长了7倍以上，目前，爱奇艺的月度付费用户达500万以上，用户付费模式具有较大的增长空间。④视频网站的其他收入来源主要包括终端硬件产品的销售收入、游戏联运收入等，这一部分的收入相对比较稳定，占在线视频市场收入的10%左右。对于部分进军硬件产品的视频网站来说，这部分收入占比较大。

从2011年到2015年整个网络视频行业的收入构成来看，迄今为止，广告还是最主要的收入来源，2015年占据整个行业收入的62.9%，但是从整个发展趋势来看，广告的收入不断萎缩。而相对占比增值较大的则是互联网电视、机顶盒等终端销售和游戏联运等收入。同时，值得指出的是，会员收费的收入贡献是近些年增长的亮点，也是未来的主要增长点。

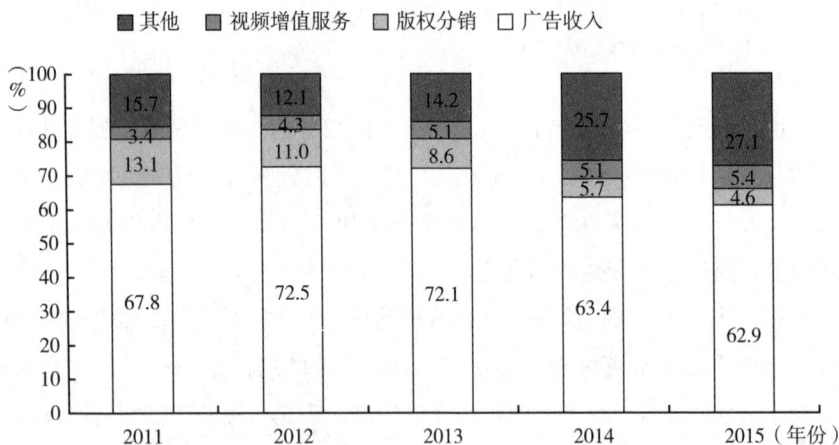

图4　中国网络视频行业收入构成（2011～2015年）

注：2014年、2015年为预测数据。

资料来源：《2015中国网络视频大数据报告》，http://www.199it.com/archives/354737.html。艾瑞研究中心综合企业财报及专家访谈，仅供参考（2015年1月），制图由企鹅智酷完成。

2013年出台的《关于促进主流媒体发展网络广播电视台的意见》，旨在推动传统广电媒体与新媒体的融合。目前我国网络视频的阵营也基本上是由"国家队"和"商业队"两个主要力量构成。前者包括中国网络电视台、央广广播电视网络台、中国国际广播网络台、芒果 TV、华数集团等主流广电集团的新媒体业务部门，它们主要承担起弘扬主旋律、承担正能量的工作。后者则包括优酷土豆、爱奇艺、腾讯视频、搜狐视频等商业视听网站。

爱奇艺、优酷土豆和腾讯视频已经发展成为中国网络视频的三强，其中，爱奇艺以免费、正版、高清视频作为网站的基本特点，内容则以综艺娱乐为主。爱奇艺自 2010 年上线以来，一直坚持"悦享品质"的理念，为用户提供高清、独家的优质资源。2015 年，凭借《盗墓笔记》《心理罪》《蜀山战纪》以及一系列的大电影，爱奇艺付费用户数得到迅猛增长，整体市场份额也大幅增长，最终实现了对合一集团的超越。优酷土豆则是 2013 年合并成立，并于 2016 年被阿里巴巴正式收购，成为旗下全资子公司。腾讯视频定位于中国最大的在线视频媒体平台，借助腾讯庞大的用户基础和黏性成为目前网络视频平台的角力者。这三大视频网站的崛起，表明网络视频行业也变成 BAT 的战场，未来商业网络视频市场格局将会相对稳定。

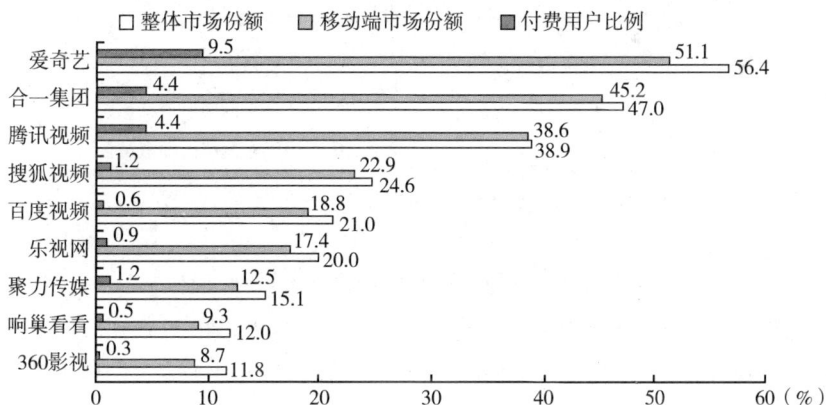

图5　2015 年中国网络视频网站的情况比较

资料来源：CNNIC 网络用户调研，2015 年 10 月。

除了新型的商业网站平台，传统的电视台也非常重视大力发展新媒体业务。截至 2014 年，我国获得开办网络电视台资格的省级广电机构共有

28 家，大大扩展了主流媒体的覆盖面，提升了主流媒体的传播力和影响力。以 2009 年 12 月开播的中国网络电视台为例，它是中央电视台主办的国家级网络播出平台机构。通过整合网站、网络电视、手机移动平台等，依靠全球网络传播系统，目前已经覆盖全世界超过 200 个国家的网络受众，并发展了 6 个海外语言频道和 5 个我国少数民族频道。2015 年，作为全国广电龙头老大的中央电视台也进行了媒体融合，整个全媒体平台深度升级，"TV + 新媒体"正式开展新的媒体融合发展之路。除了中央级的广播电台外，湖南广电的融合媒体发展平台芒果 TV 的发展也令人瞩目，目前芒果 TV 已经进入视频网站的阵营，完成"一云多屏"的总平台，全面拓展互联网视频、互联网电视、手机电视、IPTV、移动客户端 APP 等新兴网络视听产业，与湖南卫视一起组成了湖南广电"一体两翼，双引擎驱动"的全屏生态圈。

表 2　网络广播电视台用户规模排名

排名	网络电视台	排名	网络电视台
1	中国网络电视台	6	安徽网络广播电视台
2	湖南网络广播电视台(芒果 TV)	7	上海广播电视台
3	浙江网络广播电视台(中国蓝 TV)	8	江西网络广播电视台
4	北京网络广播电视台	9	广东网络广播电视台
5	江苏网络广播电视台	10	山东网络广播电视台

资料来源：中国网络视听节目服务协会综合统计。

就从业人员的情况来看，网络视听行业主要由节目创作人、内容审核人员、主持人、技术人员等构成，但传统广电的新媒体机构与商业视频网站的人员构成仍然有较大差别，前者仍然以传统的内容制作人员为主，而后者的营销和技术人员则占据了绝大部分。相关数据显示，中国网络电视台的员工总数为2000 多人（编制内 10 人），央广广播电视台员工 600 多人（编制内 100 多人），中国国际广播网络电台人员 840 多人。芒果 TV 现有员工 1164 人，包括新闻采编 108 人，视频内容采编 309 人，主持人 36 人。优酷土豆的员工有4000 多人，其中，技术人员占 46%，内容人员占 24%，销售和平台人员占30%。爱奇艺员工总数也在 4000 人左右，其中技术和内容人员各占 50%。搜狐视频的员工有1200多人，技术人员占50%，内容生产、复合审核和市场业务人员共计占50%。

总体来说，2015年，网络视频产业发生了新的变化。首先，各大视频网站的用户付费业务明显增长，收入结构更加合理。随着网络视频用户基数的不断增长，政府下大力气打击盗版，此外，随着手机支付越来越普遍化，再加上IP（Intellectual Property，知识产权）大剧的推动，用户付费市场从以前的量变积累转化到质变阶段。主要视频网站在2015年新增的付费用户数已经比过去的传统用户多得多，在整个视频网站收入总盘子中所占的比例也在不断提升，在不久的未来将成为网络视听媒体的主要收入组成部分。

在技术层面，PC、手机、平板、电视之外，VR（Virtual Reality，虚拟现实）设备将成为未来视频收看设备发展的新趋势。过去几年内，网络视频行业完成了在PC端、移动端和电视端的布局，不同的场景下，用户可以选择不同的设备来收看网络视频节目，但这也只是局限于视频和音频的信息流，不能触发身体的其他感官。目前已经有一些视频行业的公司致力于虚拟现实设备的开发，且已见成效，虚拟现实视频技术将视频画面360度展示，同时让用户全方位地接收声音、触觉、味觉、重力、加速度、冷热和压强等感觉，带给用户"沉浸式"的感觉。视频网站主要是给用户提供内容，而VR设备主要通过硬件带来感官体验，两者相结合，视频网站能帮助虚拟设备营销、变现，而虚拟设备则能赋予视频平台差异化的战略价值。未来，VR设备将成为视频收看的重要设备，视频行业或将成为虚拟现实爆发的导火索。

大型视频网站纷纷加强传播体系布局，构建产业上下游的体系化发展。在具体的物资设备层面，各种视频盒子、定制个性化电视以及虚拟现实装置，已经成为各个视频网站抢滩的对象。在市场销售层面，包括将在线影视作品和淘宝等电商结合起来的方式已经开始实施，试图打造将影视内容、衍生及周边产品以及影视广告无缝交接等整个行销模式。在整体的产业生态层面，闭环产业的构建已经逐步成为视频网站的新计划，有利于组建内容制作公司，掌握优质内容的生产主动权；同时加大对与影视相关的文字、动漫、音乐和游戏等文化产业互动，不断挖掘产品的二次甚至多次价值。

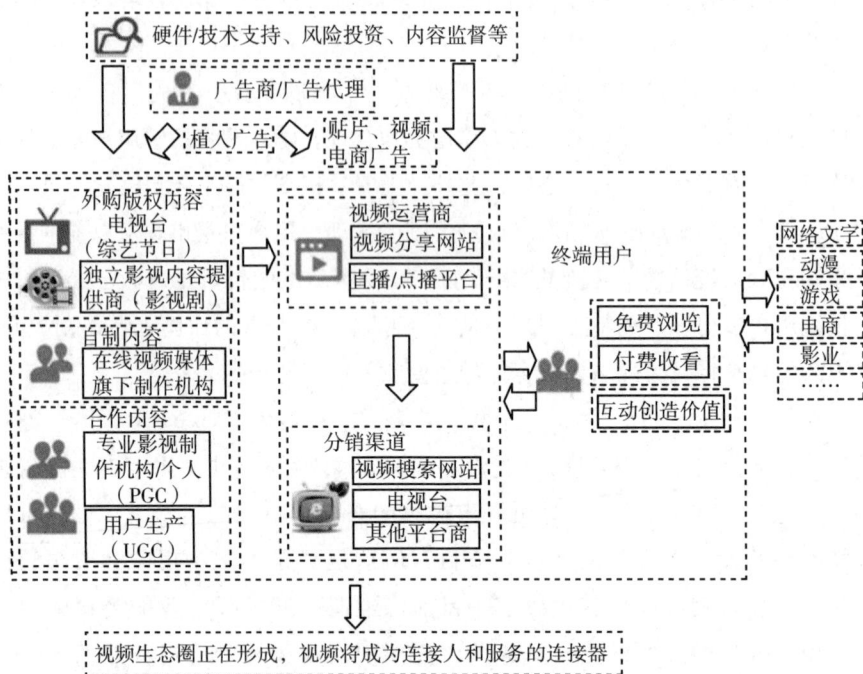

图6　中国网络视频产业链

资料来源：《2015 年中国网络视听发展报告》，file：///C：/Users/Weishan% 20Miao/Downloads/2015wlstfzyjbg% 20（3）．pdf。

二　网络音乐

近年，我国网络音乐提供商如雨后春笋般蓬勃发展起来，这不仅包括业界资深的虾米、酷狗、QQ 音乐等，同时各种新产品、新模式和新平台不断涌现，使得整个市场更加具有活力和动态。截至 2015 年 12 月，网络音乐用户规模达到 5.01 亿，较 2014 年底增加了 2330 万，占网民总体的 72.8% 。其中手机网络音乐用户规模达到 4.16 亿，较 2014 年底增加了 4997 万，占手机网民的67.2% 。从整个网络音乐的市场来看，凭借强者越强的先天优势，相关优势主体的地位越来越显著，酷狗、天天动听、多米、千千静听、QQ 音乐等已经占据了整个行业绝大部分的市场份额。

在经营主体方面，相关数据显示，2014 年，具有网络音乐运营资格的共计 1000 多家，主要集中在北上广等发达地区。从图 7 我们也可以看出，2014 年获得网络业务资质的企业数量大幅攀升，相比较 2013 年增长了将近 50%。

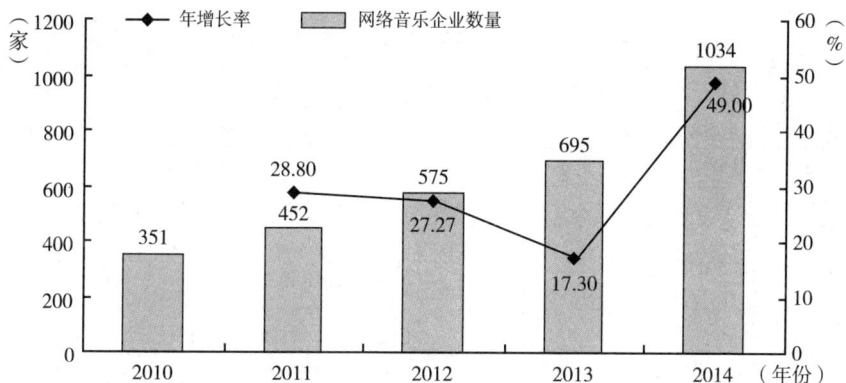

图 7　2010～2014 年获得网络音乐业务资质的企业数量

资料来源：《2014 年中国网络音乐市场年度发展报告》，http：//www.199it.com/archives/364074.html。

根据相关数据统计，2014 年中国数字音乐行业的经营总额将近 500 亿元，相较 2013 年增长 11.5%。这其中，个人电脑端的音乐市场总计 51.2 亿元，手机移动端为 33.8 亿元，而作为最大头的电信运营的音乐相关服务的市场规模则高达 406.2 亿元。整个网络音乐的听众群体数量高达 4.78 亿。

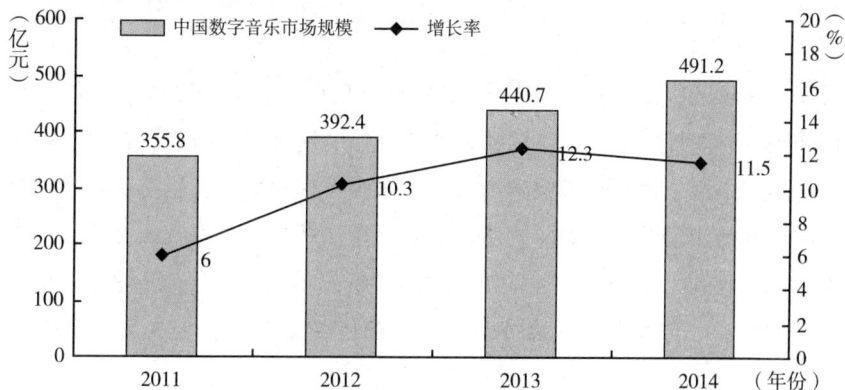

图 8　中国数字音乐市场规模

资料来源：《2015 音乐产业发展报告》，http：//www.av010.com/fuwu/news_ info_ 15636.html。

网络音乐潜在的市场也赢得了资本的青睐，包括网络电台、音乐手机客户端、网络音乐大厅等都获得了丰富的资本投入，显示了市场对这个领域潜力的认可和看好。

表3　近些年来网络音乐的资本投资案例

投资标的	轮次	金额	投资方
么么秀场/么么直播	A 轮	数千万元	奥飞动漫、Cherubic
Livehouse. in 爱卡拉	种子天使	数千万新台币	Ventures/心元资本
21Pink/珀乐文化科技	—	数百万美元	云启创投、奇虎 360
多听网络/多听 FM	B 轮	1000 万美金	常青藤资本 LvyCapital、宏达电 HTC、日本 KDDI 电信
KKBOX	PrelPO	1. 04 亿美元	GIC 新加坡政府投资公司、SIG 海纳亚洲、雷柏科技
天籁传音/天籁 K 歌	B 轮	数千万美元	欢聚时代/YY 多玩
LavaRadio	A 轮	数百万美元	上海永宣联创
摩登天空 ModemSKY	B 轮	1 亿元	中国文化产业投资基金、KPCB 凯鹏华盈
喜马拉雅	A 轮	1150 万美元	SIG 海纳亚洲、Siema Ventures
Musicflow 乐流/涂鸦科技 RavenTech	种子天使	数百万美元	真格基金、经纬中国
优听 Radio/优听无限传媒	A 轮	2000 万元	东方华盖创投、国科嘉和
库克音乐网	A 轮	1000 万元	麦顿投资/Milestone Capital
唱吧	C 轮	数百万美元	红杉资本中国、祥峰投资 Vertex

网络音乐的版权问题在 2015 年受到政府相关部门的高度重视，相关行动直接推动了游戏规则的公平，困扰从业者多年的网络音乐版权问题终于有所改善。虽然网络音乐用户规模快速增长，但未经授权的盗版音乐充斥网络的现象一直阻碍着整个行业的发展。网络提供者无法从用户处获得收入补偿，广告成为最重要的收入来源。但是音乐作为音频产品，在广告创意和转化率上都具有天生的劣势。广告收入很难弥补音乐提供商巨额运营（主要是版权和带宽成本）费用。为此，不仅政府出台相关政策法规，规范行业的有序发展，相关行业企业也组成了内部协会或联盟，通过行业自律对抗这个问题。经过规范整治之后，国内的网络音乐版权问题明显得到改善。对音乐版权的购买方而言，

这是在版权监管日趋严格的背景下解决自身版权困境的必然选择；对音乐版权的持有方而言，则意味着其投入大量资源推动的在线音乐正版化得到认可，同时版权转授也为自身提供了盈利路径。从产业链上看，2015 年网络音乐的版权问题专项整治行动对网络音乐行业建立健康的商业模式、推动版权健康流转起到了十分积极的作用。

虽然根据国务院"三定"方案，文化部是网络音乐的行业主管部门，但是网络市场所面临的另一个问题是由广电总局、工信部、文化部等部门的多头管理制度带来的困境，同时多头管理还容易带来责任推卸和监管无序。

展望未来的网络音乐市场，整个行业的发展可能朝着以下的方向发展，第一是多媒体终端的融合。这里强调的多媒体融合并非新媒体取代传统媒体，而是说各个传媒形式在保持自己原有的传播优势的基础上，积极吸取其他新型媒体技术的特长，同时与相关媒体进行优势互动和相互竞争，例如，用户能在电视、手机、电脑和 IPAD 等多个屏幕之间相互切换，无缝衔接过渡。这使得客户能在适合自己应用场景和习惯的基础上，自如选择更加适合自己的内容。例如，用户在电视上看到热播的节目歌曲，通过电脑观看相关的 MV 或者衍生音乐产品，在路上通过电脑收听专辑，同时可以选择在 IPAD 上面进一步浏览等。各种云存储等的进一步应用也为这种跨屏跨媒体切换提供了可能。第二是版权将促进这个行业的良性发展。网络音乐势必将整合上游的内容制作和下游的动漫影视和游戏等，在这个更加闭环的体系中，版权的交易就显得尤为重要，规范化的版权交易将促进整个行业的健康发展，有效提升相关人员的积极性和可持续生产力，最终带来整个行业优质内容的快速发展。第三是各类网络音乐粉丝将成为整个行业消费的主力军和中坚力量，他们所衍生出的粉丝经济也将带动一大片衍生服务的产生，例如，在线演出观看，在线礼物的购买，在线互动等。

三　网络电台

近些年来，网络电台以迅猛发展的势头成为视听新媒体中的亮点。国内的网络电台如果从内容分我们可以看到有音乐电台（豆瓣，人人），听书电台（熊猫），平台类电台（喜马拉雅，荔枝等），独立电台（糖蒜等）以及个人电台（逻辑思维等）。音乐类电台目前盈利比较容易，除了版权，还有广告销售。听书类电台现在也有很多，内容有价值就可以直接卖钱，但是，很多网文或者出版书籍的版权是个大问题。平台类型是现在资本运作最常用的，比较大的就是喜马拉雅、蜻蜓和荔枝。蜻蜓最老牌，已经卖给了运营商，荔枝和喜马拉雅是新贵，而且目标用户区分明显，一个做普通大众，一个做高端人群。目前的用户基数不错，喜马拉雅主要是市场广告，投放于安卓各大市场，而荔枝除了投放广告外，还有很多合作开展。独立电台里糖蒜是最具影响力的，已经走了十年，可是至今没有盈利，很难走出独立电台没有资金的困境。个人电台类似自媒体，最成功的就是逻辑思维脱口秀，短短半天卖了上百万元会员费，标志着自媒体的里程碑时刻，但是其中优酷的帮助以及罗振宇自己的人脉资源不容忽视。

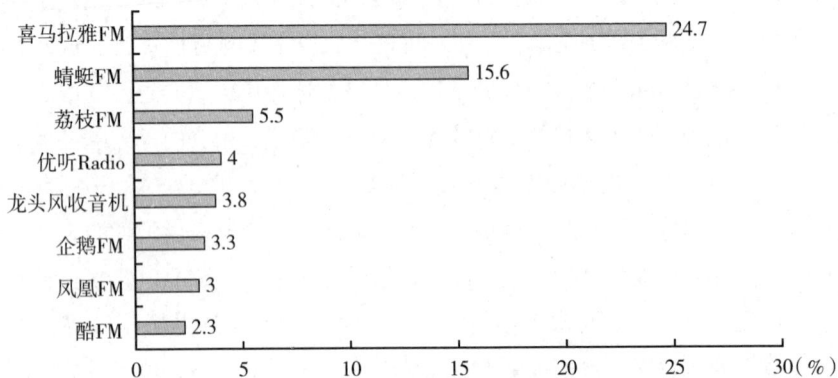

图9　2015 年主流网络电台用户渗透率

资料来源：《中国移动电台市场专题研究报告 2015》，http：//chuansong. me/n/2421212。

这其中，商业网络电台发展势头最为迅猛，用户量最大。截至 2015 年 8 月，喜马拉雅 FM 用户数超过 1.8 亿，6 万位认证主播，月活跃人数 4500 万。蜻蜓 FM 用户达 2 亿，日活跃用户 1000 万。网络电台的传播力和影响力须引起高度重视。蜻蜓 FM 是麦克风传媒在 2011 年自主研发运营的一款基于互联网的电台聚合服务。蜻蜓 FM 收音机全面收录中国大陆、港澳台地区、海外地区等 3000 多个电台频道，有网页版和 APP，官方称，截至 2014 年 9 月有 5000 万用户。考拉 FM 是车语传媒旗下网乐互联（北京）科技有限公司开发的一款音频客户端，是国内真正意义上的"个性化手机电台"，汇集各类音频"好节目"，旨在打造华语世界最权威的音频"好内容平台"。2013 年考拉 FM 上线，并启动 A 轮融资。2014 年，收购了 LBS 产品路况电台，并在 9 月与比亚迪完成内置配置。2015 年，考拉 FM 进行智能硬件升级，推出考拉智能音箱"考拉宝"。目前其特色节目包括大牌节目、名人专辑、情感小说、搞笑、新闻财经和汽车科技等。考拉 FM 目前探索出一条新的合作之道，通过和汽车行业的整合，将汽车和电台打造成新型的发展模式。具体来说，在 PGC 内容上，其强大的节目创意制作团队，既有来自互联网的精英，也有来自传统电台的专业人士。在车联网上，考拉 FM 已经预装到比亚迪、宝马、沃尔顿等 30 家车厂的车载娱乐系统中，并取得了 12 个品牌的独家。在智能硬件领域，考拉宝将帮助考拉 FM 覆盖车载和居家两大主要场景，考拉 FM 未来还将在智能手机、智能电器等智能设备全面展开音频娱乐部署。

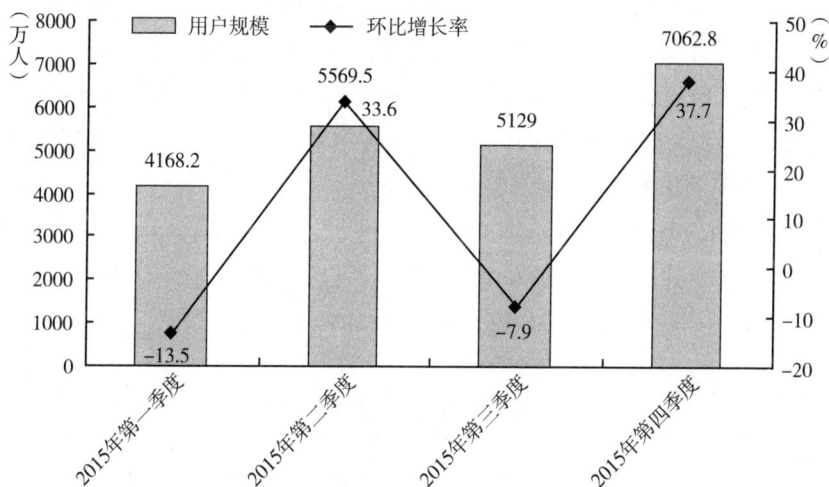

图 10 2015 年网络电台市场用户规模

资料来源：《中国移动电台市场专题研究报告 2015》，http：//chuansong. me/n/2421212。

2015 年，我国网络电台发展呈现以下几个主要特征。一是产品定位伴随化。音频产品符合互联网时代碎片化的消费特点，解放了双手和视线，具有强烈的伴随性。这种伴随性体现在网络电台的多场景性发展，包括传统电台、手机电台、车载场景、居家办公场景以及在运动和行动中的可穿戴设备场景。二是发展竞争梯队化。第一梯队以喜马拉雅 FM、蜻蜓 FM 和考拉 FM 为代表，三家市场占比达 53.8%。第二梯队有 TuneIn Radio、豆瓣 FM、多听 FM、荔枝 FM 等，下载量超过 5000 万。第三梯队包括凤凰 FM、优听电台、尚听 FM 等。三是内容定位差异化。喜马拉雅以有声书起家，目前定位为"音频淘宝"，旨在搭建自媒体人的音频平台。蜻蜓 FM 定位为传统电台聚合，已收录全球 3000 多家广播电台的内容。荔枝 FM 一直坚持做录音分享平台，是一款面对主播设计的网络电台平台式应用。四是传播方式互动化。这不仅体现在各个电台在产品上通过电台论坛、在线点歌、留言板、聊天室等促进互动，在技术上通过电台主页连接人人网、千千静听、开心网、百度电台联盟等，在平台上推动网络电台和 BBS、微信、微博、视频网站等相关新媒体的融合互动。五是发展方式跨界化。网络电台依靠成熟的技术平台和灵活的运作思路，进军电子商务市场开设淘宝店，与交通行业合作开发"车听宝"，与小米合作开发移动音频服务。六是商业模式资本化。目前，网络电台、移动电台已经成为互联网新一轮投资风向的关注重点。如，蜻蜓 FM 获创新工场 200 万美元 A 轮投资，多听 FM 宣布完成 1000 万美元 B 轮融资，荔枝 FM 获得 2000 万美元 C 轮融资，喜马拉雅 FM 融资总额已达到 6150 万美元。近年来，网络电台积极借助风险投资与资本市场的渠道平台不断加快发展速度。

目前，网络电台整个行业处于高度竞争的状态，因为成熟的市场模式还未出现，各大网站也都处于摸索和尝试的阶段，目前网络电台的盈利模式包括音频广告、会员、展示广告、"粉丝+电商"，如表 4 所示。

表 4　网络电台的盈利模式

模式	介绍
音频广告	将用户及其注意力卖给广告主，移动电台应用与媒体分成。这也是大部分传统电台主要的，甚至是唯一的盈利模式订阅；用户根据其喜好，为某些独家的、优质的内容本身付费，移动电台应用与媒体分成
会员	将高音质、无广告等扩展服务，打包为会员服务，用户为这些会员服务付费
展示广告	在应用界面上直接展示广告，移动电台应用与媒体分成
粉丝+电商	媒体的粉丝是一个特别精准的群体。媒体可以向其粉丝售卖商品，移动电台应用与媒体分成

目前网络电台存在的主要问题有以下几个。第一是相关内容产品重复，因为网络电台刚刚起步，在节目制作、技术和商业操作等很多层面都不成熟，而模仿成功的案例成为大部分电台生存的主要模式。因此，虽然网络电台的选择非常多，但因为资源的重复使用和节目创新的不足，很多栏目设置甚至内容都是重合的。第二是作为信息交流的平台，网络电台在发展的过程中，出现了节目质量参差不齐的发展特点。在未来的网络电台的发展过程中，打造高水平的电台节目是网络电台发展的最大出路，节目内容永远是发展的法宝与成功的王道。第三是版权问题。随着法律制度的规范，版权问题也成为影响网络电台发展的最主要的影响因素。2015年，苹果的手机移动端商店就因为版权纠纷下架了荔枝和多听。

总体而言，网络音频产品市场较网络视频的资金流量较小，且商业变现是困扰网络电台市场发展的核心议题。经历了跑马圈地、版权抢夺以及恶意刷榜的激烈竞争，网络电台的发展已经趋于理性。在烧钱买版权和扩充内容资源的情况下，部分厂商也找到了适合企业发展的商业模式，通过广告、版权分销、硬件增值等方式获取收入。

专题报告

Special Reports

B.12

2015～2016年传统出版与新兴出版融合发展报告

郝振省　宋嘉庚*

摘　要：　2015年以来，传统出版与新兴出版融合发展顶层设计思路清晰，政策推动作用明显。出版机构转型路径逐渐多元，资本与内容的融合速度加快。数字阅读体量增大，产业规模持续扩大。智库研究聚焦于融合与盈利模式等核心问题。数字出版专业的人才培养需求指向更加明确，北京对数字编辑的职业评价体系开历史先河。

关键词：　融合　传统出版　新兴出版

* 郝振省，北京印刷学院数字出版与传媒研究院院长，博士生导师，全国政协委员，中国编辑学会会长，研究领域为出版文化、数字出版、出版业改革；宋嘉庚，博士，北京印刷学院数字出版与传媒研究院博士后，研究领域为数字出版、自出版管理、出版文化。

2015 年以来，国内外传统出版与新兴出版的融合发展迅猛，宏观上的利好政策有力地推动了产业转型，微观上优秀网络作品频出，IP 运营风生水起。出版机构的融合发展进程各展所长，本文梳理 2015～2016 年国内新兴出版与传统出版融合的政策、机构、群体、技术、人才等方面的动态，力争呈现传统出版与新兴出版融合全景式的发展图谱。

一　政策助力产业升级，顶层设计利好频现

2015 年，"互联网＋"和大数据重塑了数字出版的发展环境，国家相继出台《关于积极推进"互联网＋"行动的指导意见》《关于促进大数据发展的行动纲要》《关于推动国有文化企业把社会效益放在首位、实现社会效益和经济效益相统一的指导意见》《中共中央关于繁荣发展社会主义文艺的意见》等文件，聚焦到数字出版行业，3 月 31 日，国家新闻出版广电总局和财政部联合发布《关于推动传统出版和新兴出版融合发展的指导意见》，文件明确了数字出版融合的方向和路径，为增加数字出版行业的转型动力，"2015 年国家财政下达文化产业发展专项资金 50 亿元，共支持项目 834 项。其中用于推动出版业数字化转型升级的项目增加，由 2014 年的 77 项增加至 2015 年的 98 项"。①

政策的推动，带来了数字出版示范项目的建设速度加快和规模扩大。目前，全国已有 14 家国家数字出版基地。2015 年 3 月，杭州国家数字出版产业基地正式挂牌。2015 年 6 月，江西国家数字出版基地揭牌。2015 年 7 月，华中国家数字出版基地洛阳分园区开园。2015 年 11 月，全国 14 个国家数字出版基地中唯一的民营园区——江苏睿泰数字产业园在镇江国家高新区开园。另外，一系列数字出版工程全面推进，国家数字出版保护技术研发工程即将完成，国家数字复合出版工程全面启动，国家知识资源服务中心建设正在筹备，专业知识资源数据库建设启动。可以预见推进融合出版的政策趋势："下一步将加大力度，推动出版发行企业运用大数据、云计算、移动互联网、物联网等技术，加强出版内容、产品、用户数据库建设，加强关键性

---

① 《2015 年数字出版：收官之年亮点频现》，http://www.cssn.cn/ts/ts_wxsh/201512/t20151224_2797718.shtml。

技术的转化和应用，以及生产技术体系和相关标准建设。将进一步支持重点平台建设，推动模式创新，探索出版业生产流程再造。将加大财政投入力度，转变财政投入方式。"

二 融合升级路径多元，盈利模式渐趋明晰

2015 年 7 月，继 2013 年首批 70 家传统出版单位转型示范名单公布之后，第二批 100 家转型示范单位名单公布了，目前转型示范单位已达到 170 家。大部分传统出版单位转型，选择了成立数字出版部门的方式，借助于传统出版资源和新技术手段，联合新的渠道资源，实现了合作多赢的目的。人民出版社、商务印书馆等出版单位成立的"中国数字出版联盟"，加快了传统出版社的数字化转型。2015 年 7 月，中国新闻出版研究院联合中国人民大学书报资料中心等机构成立了"中国学术数字出版联盟"，致力于推动学术出版的数字化，加强学术成果评价体系建设，规范学术著作出版标准，对接国内外出版传播资源。同年 7 月，重庆出版集团等企业发起，包括西南大学出版社等 37 家单位在内的"重庆数字出版产业联盟"成立。大家寄希望于"联盟"能够带动数字出版企业"抱团融合"，齐头并进。

与传统期刊社和出版社所不同的数字出版企业，自出生之日起就有了自然的"互联网基因"，成长速度惊人。2015 年 1 月，北京时代华畅文化有限公司正式揭牌。2015 年 1 月，"中文在线"登陆深交所创业板，成为国内"数字出版第一股"。2015 年 10 月，湖北首家少儿出版集团在武汉成立，将探索线下业务与数字化融合，实业与资本融合。2015 年 11 月，中信出版在新三板挂牌上市，新三板中迎来出版"国家队"。

融合路径中的盈利模式探索，专业出版取得的突破更为显著，主要体现在数据资源的运营和提供知识服务模式创新上。"中国知网"提出数字出版的二次转型，从"数据库"向"知识库"转变，依托海量的知识素材，构建行业全面的知识组织、知识关联，实现用户面向问题提供解决方案的诉求。"大成编客"是创新的"编创出版+知识服务"平台，致力于为编辑者提供全流程、自助式、智能化的汇编创作过程，提供了智能编创空间，策划、汇编、合成与发布服务。2015 年 3 月，新闻出版广电总局主持开展了专业数字内容资源知

识服务模式试点工作，以加快推进专业化知识服务平台建设，有效聚集专业领域内容资源，推动国家知识服务体系建设。

三 内容融合催生新鲜产品形态，知识服务加快变现节奏

2015～2016年，从传统媒体中离职者逐渐增多，这一群体虽然离开传统媒体，但是并没有离开各自熟知的内容领域。部分传统媒体人通过"深耕"熟知的专业内容、行业动态，与互联网平台结合，丰富了内容流出的渠道。与传统出版形式相比，传统媒体人借助互联网传播平台这一形式，催生了更多种类的产品形态。借助微信支付等金融支持手段，也使专业的知识服务变现节奏加快。

以"李翔商业内参"为例，"李翔商业内参"是"得到"APP中的一个订阅产品。截至2016年10月，"得到"中已有"李翔商业内参""五分钟商学院""雪枫音乐会""何帆大局观""卓老板聊科技""罗辑思维""王烁大学问""前哨""槽边往事""樊登速读""通往财富自由之路""万维刚精英日课"专业订阅专栏12个。仅"李翔商业内参"一个专栏，截至2016年8月，订阅人数就已超过6万，销售额超过1300万元（每位用户订阅年费为199元）。在"得到"中的其他订阅号用户数量平均也都超过1万，受益于"罗辑思维"的庞大粉丝群，这些订阅号使内容直接变现成为可能。李翔订阅号的成功离不开内容生产端的专业性。在传统媒体中积累的个人社会资本，赋予了他在新兴出版市场的"独特标签"。与"罗辑思维"的合作模式，使内容生产者受到极大的尊重。罗辑思维团队负责了除内容生产之外的所有服务，使李翔专心于内容构建和内容质量把控。李翔也将他的订阅号形式比喻为互联网时代的《世说新语》和《歌德谈话录》。

具有相似产品形式的还有依托于APP和微信公众号的各类个人订阅号，这一类提供知识服务的个人内容生产端在2016年逐渐增多。相对于传统书报刊等出版形式，这种具有极强个人风格的内容生产具备"短、平、快"的优势，又紧跟时事要点，传播力极强。从2015～2016年的发展趋势来看，提供专业内容的知识服务将逐渐增多，变现节奏会越来越快，从单篇文章收费、打

赏，再到整年文章的订阅，产品形式将越来越丰富。同时，根据专业内容的稀缺性、独创性、时效性，变现的额度和周期也会逐渐分布成不同梯次。

四　技术融合支撑场景阅读，用户黏性成为竞争核心

传统出版技术和新兴出版技术将进行深层次融合，未来新技术将不断融入，如大数据、云计算、移动互联网以及 VR 技术等。有媒体预测 iphone7 手机中的双摄像头是为了把实时对象扫描到一个虚拟空间内的系统或者使用深度传感功能来创作增强现实应用。2015 年，苹果斥资 2000 万美元收购了以色列科技公司 Linx。Linx 主打"移动设备的微型多孔径摄像头"，不仅将摄像头做得足够轻薄和小，还可以在手机上产生 DSLR（单反相机）的效果。所生产的摄像头不仅能够捕捉 2D 图像，更能够还原整个场景的深度信息。可以观察到的信息中，与出版领域相关的技术，都指向一个目的——还原场景信息，这也使"场景"成为 2016 年出版融合过程中最火热的关键词之一。

实际上，在技术领域"场景"具有双层含义。一是在生产端，场景是指内容生产过程中要全息编辑或者复制的信息，出版流程要保证信息的完整转播。二是在用户端，阅读用户要在多场合都能实现接受信息的完整接收。在出版融合的大背景中，后者成为被广泛接受的定义。

在 2015 年和 2016 年，有声书出版成为技术支撑场景应用的经典产品形式。从用户端来看，中老年人的"养生听书"、年轻人的"驾驶听书"、学生群体的"考试听书"、婴幼儿的"启蒙听书"、家庭主妇的"烹饪听书"、都市白领的"健身听书"、旅游爱好者的"旅行听书"，通过手机 APP 或者其他终端实现不同内容、不同场景、不同设备的全统合、全融合。有机构统计显示，2015 年我国有声阅读市场规模已达 16.6 亿元，预测 2016 年该市场规模将达到 22 亿元。从国际上来看，早在 2007 年，全球主要出版社及大型公司推出的有声书数量仅为 3073 种，但到 2011 年迅速增长到 1.2 万种；2013 年，超过 2 万部；2014 年，有声书数量直接突破 3.5 万种。尽管官方尚未公布 2015 年全球有声书数量，但根据美国有声书出版协会（Audio Publisher Association，简称 APA）公布的数据，截至目前，全球有声书市场价值已超过 28 亿美元，仅新书的数量就达到 4.3 万种。

在众多的多场景出版产品应用中，如何使用户专注于某一家出版机构，增加用户黏性成为出版机构新的竞争热点。以亚马逊的有声书运作为例，从当初为了满足"车轮上的国家"的驾驶听书需求，扩展到最近升级聘请好莱坞明星的"定制朗读"。从国际的出版巨头中，借鉴融合经验——在借助新技术力量的时候，除了竞争就是收购，而亚马逊更擅长后者。一是于2005年收购Createspace。该公司目前主要从事自助出版业务，并为用户提供有声读物以及其他有声产品的销售发行平台等。二是于2007年收购Brilliance Audio。该公司成立于1984年，号称是美国最大的独立有声书出版商，不仅独立制作有声书，还承接其他有声书出版商的有声书制作业务。三是于2008年收购美国最大的有声书出版商Audible.com。Audible自身的录音工作室正在开发更多样的原创内容来吸引更多受众。他们改编自Joe Hill漫画《致命钥匙》（*Locke & Key*）的同名有声书广受好评。为这本有声书献声的有50多名配音演员，还有制作精良的背景音乐和声音特效，听起来像大片原声。Audible还不惜重金请过科林·费斯、凯特·温斯莱特这样的著名演员来录制有声书。也正是这关键的三步收购，确立了整合自出版的内容资源优势、有声书的制作技术优势和平台优势。

相对于国外的有声书发展，国内有声书发展同样迅猛。据估计，2012年我国移动有声阅读市场容量达到7.54亿元，2016年其市场容量将至少达到22.6亿元。部分出版社能够充分利用已有音频资源和人才优势发展有声书业务，例如，一路听天下把中央人民广播电台经济之声的《冬吴相对论》和北京卫视的《养生堂》制作成有声书等。也有学者提出"有声书+出版"要遵循3F原则——Free、FM、Fans，即同时具备免费、有声基因、粉丝基础。从这些原则中不难发现，无论是有声书还是其他场景应用，争夺的核心还是用户黏性。

五 网络阅读群体激增，产业规模持续扩大

截至2016年6月，中国互联网普及率为51.7%。巨大的网民基数培养了依靠粉丝力量的IP经济。2015年网络文学改编影视作品市场可谓"火爆"，IP概念持续热化，使用IP改编的游戏和影视剧占比逐年提高，优质的网络文学IP价

值越发显著。4月《何以笙箫默》的电影版权被光线和乐视影业竞相追捧。7月《花千骨》的手机游戏版权纠纷将多家公司卷入其中。10月《新鬼吹灯之摸金符》的网络剧版权再次掀起争抢风潮。不仅是社会资本对网络文学的兴起予以关注，越来越多的互联网公司对网络原创文学内容的追求，可谓"星星之火"已呈"燎原之势"。2015年1月腾讯旗下的腾讯文学收购了盛大文学，同年3月阅文集团正式挂牌。盛大文学原本已占据国内文学业务的"半壁江山"，整合之后的阅文集团将发挥腾讯在社交领域的资源优势，将内容优势和渠道优势强强联合。2015年4月，阿里巴巴推出新业务阿里文学，以内容生产、合作引入以及版权产业链的双向衍生为主。也是在4月，凯撒（中国）股份有限公司发布公告，拟以自有资金5.4亿元收购杭州幻文科技有限公司100%股权。2015年11月湖南电广传媒股份有限公司宣布以7.95亿元的价格，收购成都古羌科技79.25%的股权，对内容原创网站的估值再创新高。

根据《2015年中国数字出版产业年度报告》数据，2015年，我国数字出版全年收入规模为4403.85亿元，比2014年增长30%，继续保持强劲增长势头。数字出版产业收入占新闻出版产业收入的占比由2014年的17.1%提升至20.5%。另据2016年4月发布的"第十三次全国国民阅读调查"数据：2015年我国成年国民图书阅读率为58.4%，同比上升0.4个百分点；数字化阅读方式的接触率为64.0%，同比上升了5.9个百分点。其中数字阅读是亮点，首次明显超过纸质阅读。其中成年国民网络在线阅读率首次过半，达到51.3%，同比增长1.9个百分点；成年国民手机阅读率最高，达到60.0%，同比上升高达8.2个百分点，电子阅读器阅读、Pad阅读及光盘阅读等都呈增长态势。在数字阅读中，微信阅读最为普及，据统计，有51.9%的成年国民在2015年进行过微信阅读，同比增长17.5个百分点。

巨大的网络阅读用户得益于互联网和移动互联网技术发展，网络阅读行为产生的大数据精准指导了网络营销。无论是传统出版机构，还是新生数字出版企业，都将读者或用户数据作为实现盈利的"压箱宝"。在不同的出版机构和组织框架中，"数据分析"部门的重要性日益显现，编辑大数据中心、营销大数据中心、用户行为大数据中心等部门纷纷成立。参照美国传统新闻出版机构的转型之路，对用户数据的分析已成为机构转型升级的必选项和必备项，国内出版企业的首席数据官（Chief Data Officer）也呼之欲出。

六 智库建设主题突出，研究核心聚焦融合与变革

2015 年 1 月，第十届全国网络编辑年会暨数字出版与新媒体研讨会召开。这是以"融合发展：新媒体、新常态、新机遇"为主题的会议，参会代表没有回避融合中存在的问题。国家新闻出版广电总局数字出版司王强概括融合发展现状为"专业社领跑，教育社跟随，大众社迷茫。产业规模不断扩大，数字内容依然偏低，转型升级步伐加快，数字阅读渐成趋势，集聚效应不断增强"。① 2015 年 1 月 20 日，中办和国办印发《关于加强中国特色新型智库建设的意见》，要求"推动高校智库发展完善。发挥高校学科齐全、人才密集和对外交流广泛的优势，深入实施中国特色新型高校智库建设推进计划，推动高校智力服务能力整体提升"。2015 年 9 月，由中国作协及上海、广东、浙江、江苏四地作协联合主办的首届中国网络文学论坛在沪举行。11 月，以"年轻的移动阅读群体与出版业的变革"为主题的第二届国际数字出版大会在京举行，来自中国、美国、德国等国家的数字出版人，就全球出版传媒业面临的移动出版新变革、新机遇进行了深入探讨。12 月，由中国期刊协会、中国科学技术期刊编辑学会等单位主办的"中国学术期刊未来论坛"在北京举行。深入探讨了当下学术期刊面临的挑战与机遇，以及期刊未来发展创新模式与如何进行数字化转型升级与国际化。回顾 2015 年以来的智库建设和论坛研讨，都明确围绕数字出版、出版融合等新问题、新特征建言献策，智库和论坛起到了传播新观点、聚焦新趋势的推动作用。

七 人才培养同步升级，评价体系开先河

培养面向融合出版的人才，一直是业界呼吁的热点。2016 年 6 月，北京印刷学院成立新媒体学院，以现代传媒产业为平台和依托，以相关学科专业为支撑，致力于采用跨学科交叉融合、产学研联合培养的思路，培养兼具技术基

---

① 《融合发展刚起步 四大难题待解决》，http：//www.chinaxwcb.com/2015 - 01/22/content_310500.htm。

础、人文社会科学思维和较高艺术表现力的复合型新媒体人才。9 月，中国编辑学研究中心在京成立，将通过强化出版编辑学理论研究、总结学科建设与出版工作实践相结合的成功经验、加强对编辑学理论体系和知识体系建设，推动新形势下复合出版编辑工作。从文学史的发展脉络看，伟大的作品离不开伟大的作家，伟大的作家离不开伟大的编辑。在数字出版的版图中，编辑也体现出优秀作品创建者和发现者的角色特征。2015 年 11 月，以"编辑名家与出版精品"为主题的中国编辑学会第十六届年会上，国家新闻出版广电总局副局长吴尚之提出，"编辑人才是编辑出版事业发展的核心力量，没有一流的编辑人才，就没有一流的出版物，更谈不上一流的出版社"。对编辑是核心力量、核心作用、核心环节、核心资产的论述在近年成为主流，业界对互联网环境下的编辑群体抱以新的期待和关注。编辑的考核评价机制日趋完善。

数字出版人才培养和优秀网络文学作品的不断涌现，反映了作品创作者和编辑者也在伴随着互联网技术的发展而不断进步。2015 年 5 月，第九届茅盾文学奖参评作品目录公布，《嗜血的皇冠》《太太万岁》《战长沙》《战起1938》等网络文学作品位列其中。10 月，《中共中央关于繁荣发展社会主义文艺的意见》全文对外公布，鲜明地提出要大力发展网络文艺。12 月，中国作协网络文学委员会在京成立，我国将大力开展网络文学理论研究和评论工作，采用多种形式和渠道团结联络并服务网络作家、组织评奖。国家新闻出版广电总局数字出版司副司长宋建新曾提出，"网络文学作品也能与名家名作同台竞争，网络文学也能出现伟大作家、伟大作品"。[①] 可以预见：随着网络文学进入快速发展期，网络文学作品的数量剧增，其中高质量的伟大作品也将随之诞生，伴随着高质量文学作品的传播，网络文学的伟大作家群体也将呼之欲出。

八　结语

2015 年以来，国内传统出版和新兴出版融合发展，上层建筑频出政策利好，精准激活出版转型先进生产力。数字出版单位或借助政策发力，或借力新

---

① 《网络文学也能出现伟大作品》，http：//www. cssn. cn/ts/ts _ scfj/201511/t20151113 _ 2590978. shtml。

技术环境，或依托传统出版资源，不断上演"突围"与"涅槃"的升级大戏。伴随着数字阅读率首次超过纸书阅读，IP版权运营风生水起，产业规模空前增长。智库建设和研究视角聚焦于融合态势和核心问题。网络作家、网络编辑群体备受关注，随着伟大网络作品逐渐增多，伟大网络作家和编辑也呼之欲出，新的编辑评价体系已开先河。告别"十二五"，迎接"十三五"，一幅壮美的数字出版画卷正徐徐打开。

B.13
新形势下传媒集团面临的四重压力

马国仓*

摘　要：　当前的传媒集团正站在发展的十字路口，新形势下的新变化使传媒集团改革发展正面临四重压力，即生产面临导向压力，企业面临经济压力，发展面临人才压力，未来面临融合压力。

关键词：　传媒集团　融合转型

传媒作为传播媒介的简称，随着时代变迁和社会发展，其内涵正变得越来越丰富，外延也在不断扩展。从广义上讲，今天的报业集团、出版集团、发行集团、广电集团等都属于传媒集团的范畴。经历较长时间快速发展的历史荣耀期后，由于社会形势的发展、传播环境的变化以及传播技术的进步，当前的传媒集团正站在发展的十字路口。

一方面，意识形态属性和软实力地位让传媒集团在社会发展中的作用越发重要，更受重视，成为治国力量、竞争利器、精神指引，极大地影响着国家乃至社会的政治、经济特别是文化发展。另一方面，互联网技术的迅猛发展，对全球传媒业产生了革命性的影响，传播环境、传播渠道、传播技术、传播介质、传播格局都已经并还在发生巨大颠覆性变化，传统传媒集团面临的发展问题日渐增多，挑战和压力日益加大。新形势下的新变化使传媒集团改革发展正面临四重压力。

---

* 马国仓，中国新闻出版传媒集团有限公司党委书记、董事长、编委会主任，中国新闻出版广电报社社长兼总编辑，全国新闻与传播专业学位研究生教育指导委员会委员，主要从事新闻出版实务研究。

一　生产面临导向压力

"文者，贯道之器也。"任何媒介传播都有一个导向问题，即传播什么、不传播什么、怎样传播等都是由传媒集团鲜明的意识形态属性决定的，是在以此向受众表明自己所代表的立场、观点和态度，这也是传媒行业之职责担当和时代使命。

"舆论导向正确是党和人民之福，舆论导向错误是党和人民之祸。"作为中国共产党领导下的社会主义国家，我国的传媒集团是党和政府主办的宣传党的主张和人民意愿的宣传阵地，无论是报业集团、广电集团，还是出版集团、发行集团，都必须始终坚持正确的政治导向。"舆论导向正确，就能凝聚人心、汇聚力量，推动事业发展；舆论导向错误，就会动摇人心、瓦解斗志，危害党和人民事业。"习近平总书记在党的新闻舆论工作座谈会上的重要论述，深刻阐明了导向的极端重要性。他提出的党的舆论工作"高举旗帜、引领导向，围绕中心、服务大局，团结人民、鼓舞士气，成风化人、凝心聚力，澄清谬误、明辨是非，连接中外、沟通世界"的48字方针，不仅把"引领导向"鲜明地放在重要位置，而且十分精辟地阐明了如何"引领导向"。这一重要工作方针虽然是针对新闻舆论工作提出来的，但显然成为具有意识形态导向属性的所有传媒集团必须遵从的指导思想。

应该说，习近平总书记的一系列重要论述，对传媒集团而言，十分明晰地指出了自身工作的职责使命，也指明了大家工作努力的方向，同时更是对传媒集团导向工作提出了殷切期望和更高要求。传媒集团需要认真学习、深刻领会、积极探索、勇于实践，这样才能把握正确政治导向，真正履行好自己的职责使命。

导向是随传媒而生的，传媒集团工作的实践无数次地证明，把握正确导向并非一件易事，因此，传媒集团建设发展中导向的压力始终存在。长期以来，特别是党的十八大以来，我国传媒集团积极宣传党的主张，用传播实践的实效和成绩体现了作为党和国家意识形态宣传阵地的正确政治导向。但与此同时，部分传媒集团在导向上的"跑冒滴漏"现象也时有出现，如宣扬错误的价值观和不健康的生活方式，以低俗、庸俗甚至恶俗的内容博得眼球、

179

吸引受众，推出没有任何内容深度和思想价值、单纯追求感官刺激或无厘头行为的精神产品，以及追星成风、逐名逐利，崇尚厚黑学的所谓"人生处世指南"，宣扬封建迷信的占卜星座等内容产品，导向存在偏差甚至是错误的。这些现象往往一遇到合适土壤，就在书报刊出版物或视听产品市场死灰复燃，或隐或现。

特别需要指出的是，新形势下，意识形态领域的斗争越发尖锐复杂，受众需求越来越多样，社会思想观念也越来越多元。在内容生产传播环境如此多元、复杂的态势下，传媒集团如何确保牢牢把握正确方向，做到守土有责、守土负责、守土尽责？对每一个传媒集团来说，把握正确导向的压力的确很大。对此，传媒集团需要以认真学习贯彻落实习近平总书记重要讲话精神为指导，进一步研究规律、研判形势，不断提高自身把控导向的能力和水平。

以笔者所在的中国新闻出版传媒集团为例，作为意识形态领域的重要宣传阵地，集团一直以来都始终把坚持正确舆论导向作为办报的"红线"、工作的底线，麾下的《中国新闻出版广电报》、《中国出版》杂志、中国新闻出版广电网等核心单位，是新闻出版和广播影视行业的宣传媒介，是媒体中的媒体、导向中的导向，坚持导向正确是集团的立身之本、出版之魂。集团在工作实践中强调"脑中始终有政治导向"，把正确的政治方向贯穿到办报、办刊、办网的主题、主线中，把政治家办报意识通过日常机制渗透到每个编辑记者的血液中，让导向这根弦绷紧在新闻报道、版面编辑、广告经营、融合发展等新闻舆论工作的各个方面、每个环节。特别注意在重大问题、敏感问题、热点问题上要把好关、把好度，始终确保正确的舆论导向。

方向对了，就不怕山高路远；方向错了，前进就是倒退。新形势下的导向问题，已经成为传媒集团生存发展的前提。传媒集团作为党和人民的喉舌，越是在众声嘈杂的时候，越应该坚守一种文化自觉，保持一种文化清醒，以服务党和国家中心工作为切入点，做好主流思想的引导工作；越是在变革拐点的风口，越应该坚定信念、坚持创新，以实际行动发出主流传媒集团的声音。坚持正确的政治导向对传媒集团改革发展意义重大，坚持正确导向，就是在履行作为传媒集团的职责担当和时代使命。越是导向的压力增大，越要切实把控好导向，无论任何时候，无论压力多大，在把控导向问题上都不能出现偏差。

二 企业面临经济压力

经过十多年持续的文化体制改革，我国现有传媒集团许多已成为独立市场主体，经营工作是其正常的市场活动，是其生存发展的命脉，更是其市场竞争的力量。全球范围内传播市场竞争的日趋激烈，资本的力量被进一步凸显和放大，集团实力决定市场魅力，无论是传播中国声音，还是开展国际竞争，一要靠优秀产品，二要靠资本实力。

从宏观上讲，我国传媒业发展，纵向比成绩巨大，可谓翻天覆地；但横向比，经济实力依旧弱小，在市场特别是国际市场还"腰杆子不硬"。以出版业为例，国内几十家出版集团产值、利润全加起来也还不及国际上贝塔斯曼一家跨国出版大鳄。出版集团如此，其他传媒集团情形也是一样。传媒集团经济实力弱小的现实局面，是我国文化强国建设的短板，也是中国传媒集团"走出去"参与国际市场竞争的不利因素。如何做大做强，与国际传媒大鳄开展同一重量级的同台竞技，始终让我国传媒集团重压在肩。

从微观角度看，以先进互联网技术为引领的新媒体对传统的以内容生产和加工为主体的传媒集团造成巨大冲击与挑战，让长期以广告和产品销售为主要收入来源的传媒集团面临收入急剧下滑的困境，传媒集团的经济压力持续增大。以受冲击最为直接的报业集团为例，经营收入已连续多年呈现"断崖式"下降局面，部分报业集团营收下滑甚至超过50%，以致出现麾下报纸不得不停刊关张现象。报业领域如此，广播电视领域受到的冲击也不小，许多地市级广播电视台处境艰难，一些大的广电集团亦受波及。应该看到，在全国范围内，无论报业集团、广电集团，还是出版集团、发行集团，经营状况都不同程度地受到影响，企业收入锐减，行业增速放缓。

经济收入关乎传媒集团生存命脉和发展后劲，也关系着其市场竞争能力。如何走出当前的经济困境？大家都在进行着不同的探索。有的强化管理，变以前的粗放经营为现在的精耕细作，试图稳住广告和产品销售主业；有的围绕主业，延伸服务链条，变以前的内容提供商为现在的内容服务商；有的另起炉灶，利用传媒集团的社会公信力，在游戏等新领域寻找和培育新经济增长点；有的布局新媒体，对传统媒体广告和新媒体广告加以合理整合，以期在转型升级中有所斩获；还有的进行资本运作，投资相关领域或直接上市融资；等等。由于此轮经济困境是世界范围传媒集团所共同面临的经营危机，国内传媒集团的种种探索和实践，必将为世界传媒业走出危机提供经验。但同时，加强与国外传媒业的交流与合作，也有利于国内传媒集团借鉴国际经验，更好应对共同面临的经营危机。

经济压力增大，倒逼经营的探索力度也不断加大。越是在经济下滑、经营困难之时，越要坚持社会效益第一原则，绝不能因为经济利益，放弃导向，丢了责任，出让阵地，成为市场的"奴隶"。

三　发展面临人才压力

习近平总书记在谈到人才工作时曾指出："综合国力竞争说到底是人才竞争。"他在党的新闻舆论工作座谈会上更是强调："媒体竞争关键是人才竞争，媒体优势核心是人才优势。"传媒集团队伍建设的核心是人才队伍建设，队伍的政治素质、理论水平、政策水平、业务能力，直接关系到传媒集团工作的成效、发展的能力和未来的希望。

传媒业是"电脑＋人脑"的创意产业，如果把"电脑"看成硬件，那么"人脑"则是软件。现代科技快速发展，电脑已极大普及，硬件问题已不成为问题，影响行业发展的主要因素则是软件"人脑"，即人的劳动、人的创造。现实中那些广受赞誉好评的经典剧目、畅销图书、电影大片背后无一不闪现着优秀的创作设计、编辑加工、生产传播等各个环节人才的身影。应该说，建设文化强国，繁荣精神产品市场，提高传媒集团的传播力、影响力、竞争力，没有一支有创新能力的人才队伍，那就是一句空话。

正因为人的创造是传媒业发展的最主要特征，人才队伍建设一直以来始终是传媒集团建设的重中之重。但当前形势的发展变化，使传媒集团的人才队伍建设呈现越来越大的压力。一方面，高技术人才缺乏一直是传统传媒集团转型升级发展最大的挑战，也是最大的瓶颈。由于缺乏产业基础，传统传媒业对高新文化科技人才的吸引力并不大。近几年众多的传统传媒集团虽然策划形成了一批项目，但是技术基本还是依靠科研院所的力量，通过产学研合作推动，传媒集团自身难以掌握核心技术、核心人才。另一方面，传统传媒队伍的内容运作水平也有待进一步提高，却遭遇人才流失严重的困境。新媒体的迅猛发展和传统传媒企业的日渐式微，影响到队伍的信心，进而冲击到队伍的稳定，当前传媒集团队伍跳槽现象严重，加之新媒体企业高薪挖人成风，大量优秀人才纷纷流向新媒体。体制外的优秀人才引不进来，体制内多年培养的优秀人才又留不住，正是当前以人才为核心优势的传媒集团队伍建设面临的双重困境。

求才若渴，留住人才、培养人才、引进人才，已成为传媒集团队伍建设的当务之急。那么，如何缓解传媒集团人才压力？就要按习近平总书记所指出的那样，完善激励措施，提供成长空间，搭建事业平台，在政治上充分信任、工作上大胆使用、生活上真诚关心、待遇上及时保障。传媒集团在具体实践中，一是要深化改革，壮大实力，用待遇留人引人；二是要搭建平台，大胆用人，用事业留人引人；三是要真诚待人，公平用人，用环境留人引人；四是要注重学习，加强培训，用成长留人引人；五是要尊重人才，做好服务，用感情留人引人；六是要讲求情怀，倡导价值，用理想留人引人。

一个编辑名家，慧眼发现并精心加工推出一部优秀作品，往往带动图书、影视、剧目等多个市场，产生广泛的社会影响，赢得巨大的经济收益，这就是人才对行业、对企业的重要意义。传媒行业，留住人才，就留住了希望；引来人才，就点亮了未来。传媒集团的发展在人才，传媒业的希望也在人才。稳定队伍，多出人才，汇聚人才，是传媒集团改革发展中必须做好的重要工作。

四　未来面临融合压力

传媒集团作为内容提供商、内容服务商，受众在哪里，传媒服务就应该在哪里。当前，受众在网上，未来，受众是媒体的终端，更是网络的核心资源，因此，传媒集团的中心和未来也必然与网关联。网络是传媒业角力的主战场，也是传媒集团发展的大市场。也就是说，传统传媒集团不是不采编、不加工、不出版了，而是怎么采编、怎么加工、怎样传播的问题。

由此，融合转型，是传统传媒集团的未来所在。推动媒体变革，促进传统媒体和新兴媒体的融合发展，作为应对全球传播格局变化、提升媒体整体实力和核心竞争力的必由之路，正成为当前各个传媒集团积极探索实践的一大热点。

融合好，但融合难。难就难在要走一条新路，要进行一次变革，经验不足、信心不足、创新不足、机制不足、队伍不足、资金不足……在这些不足面前，媒体难于避免裹足不前。要知难而上，推进融合，当前许多传媒集团还普遍存在焦虑。但融合是大势，融合无可阻；融合是方向，方向不可逆；融合是机遇，机遇不能失。

那么，究竟如何推进融合？习近平总书记强调："融合发展的关键在融为一体、合而为一。要尽快从相'加'阶段迈向相'融'阶段，从'你是你、我是我'变成'你中有我、我中有你'，进而变成'你就是我、我就是你'。"当前，传媒集团的融合关键是要在以下三方面下功夫。

一是观念认识上的融合。认识到位，方有可为。传统传媒业已经到了一个革新图存的重要关口，面对这种严峻形势，推动传媒集团的融合发展刻不容缓，这是传媒集团自身应当担负的历史责任。从传播的角度看，新的技术和新兴传播媒体都代表了行业发展的方向，传媒业只有顺应这种变化，通过融合才有发展，才有未来。虽然技术的飞速进步，让传统的传媒集团一时还难以适应，特别是盈利模式的不确定性，让传媒集团承受着转变的难度和压力，但我们必须看到，抓融合就是抓住了发展壮大的机遇，传媒集团的发展抓住这一机遇，也就抓住了发展的未来。

二是内容技术上的融合。没有内容，再好的技术也是闲置，只能是一项空洞的发明；没有好的传播技术，再好的内容也会英雄无用武之地。

三是实践行动上的融合。所谓融合转型是"找死"、不去融合转型是"等死"的说法，就足以说明当前传媒业改革发展中，融合转型还是一块"硬骨头"。因为是"硬骨头"，许多人不敢啃；因为是"硬骨头"，许多人啃不动。但传媒业改革已到深水区，发展潮流时不我待，企业要发展，市场不出局，就必须敢啃这块"硬骨头"，只有啃下"硬骨头"，才能拥有核心竞争力，才能赢得发展新机遇。对于融合转型这样的"硬骨头"，首先要敢啃，其次要善啃。要在看清趋势、摸清市场、认清自身的基础上，坚持不懈去啃"硬骨头"，势在必得啃下"硬骨头"。

习近平总书记曾多次强调，要着力打造一批形态多样、手段先进、具有竞争力的新型主流媒体，建成几家拥有强大实力和传播力、公信力、影响力的新型媒体集团。习近平总书记的论述为传统传媒集团指明了努力和发展的方向，由纸上到网上，还有更多的未知世界，这还需要传媒集团有更多、更好的探索和实践。

　　传媒集团的上述四重压力，是新形势下的客观存在。压力具有双重性，压力也可以转化成发展的动力。那么，如何有效消解这些压力，保障传媒集团健康发展，除了传媒集团自身的不懈努力而外，还有赖于政府的顶层设计、政策扶持和创造优良的发展环境，与此同时，还有赖于国内国际同仁的不断探索、学习、交流和借鉴；更重要的是要在深化改革上下功夫，通过进一步转变体制机制，真正破除阻碍发展的一些根本性障碍。只有多管齐下，变压力为动力，传媒集团的发展才会走得更稳、走得更快、走得更好、走得更远，传媒集团也才能迎来发展的又一春！

B.14

六项举措繁荣精品力作生产

韩敬群　李婧璇[*]

摘　要：　每个时代都有每个时代的精神。而记录时代变迁和发展轨迹的精品力作更是折射时代精神的一面镜子。作为精神产品的创作者、生产者以及提供者，我们通过创作生产"有筋骨、有道德、有温度"的精品力作，让人们通过阅读这些精品力作发现自然的美、生活的美、心灵的美，做到"成风化人、凝心聚力"，既是我们必须自觉担当的文化责任，更是时代赋予我们的历史使命。为此，我们要对精品力作有正确的认识和衡量，保有追求精品创作的心态，建立精品力作创作生产的长效机制，多措并举力促精品生产。

关键词：　精品力作　创作生产　多措并举

"文艺是时代前进的号角，最能代表一个时代的风貌，最能引领一个时代的风气。推动文艺繁荣发展，最根本的是要创作生产出无愧于我们这个伟大民族、伟大时代的优秀作品。"习近平总书记在2014年10月全国文艺工作座谈会上的重要讲话，在为新时期中国文艺发展指明方向的同时，更为我们这个时代的精品创作生产提供了目标指引。

在过去的一年中，北京市新闻出版广电行业生产图书9850册、电视剧68部，规模均位列全国第一，其中，如北京作家徐则臣的长篇小说《耶路撒

---

* 韩敬群，编审，北京十月文艺出版社总编辑，主要研究领域为中国当代原创文学的创作与出版；李婧璇，中国新闻出版广电报记者，主要研究领域为新闻出版实务与科技传播。

冷》，荣获第五届老舍文学奖，同时进入第九届茅盾文学奖提名前十；现实主义题材电视剧《平凡的世界》，以温暖、励志、真诚、向善的正能量，收视率稳居全国前列……努力创作生产体现时代精神、首都水准和北京特色的优秀作品，既是北京市建设国际一流和谐宜居之都的发展要求，更是北京作为全国文化中心的责任和担当。而深入生活、扎根人民，创作出一批体现中国精神、首都水准、北京特色的"有筋骨、有道德、有温度"的精品力作，既是当代出版工作者必须自觉担当的文化责任，也是时代赋予我们的历史使命。

一　关于精品创作及其认识

对于精品我们该有怎样的认识，或者说，对于精品衡量的标准该有怎样的尺度？诚如习近平总书记在全国文艺工作座谈会上的重要讲话指出的，精品之所以"精"，就在于其思想精深、艺术精湛、制作精良。这"三精"可谓是对精品进行了较为准确的定义。而在2016年3月发布的《国民经济和社会发展第十三个五年规划纲要》，也对出版业发展的目标任务和重大举措提出了明确要求。其中，对于精品力作也提出了三项评价指标，一是传播当代中国价值观念、体现中华文化精神、反映中国人审美追求；二是思想性、艺术性、观赏性有机统一；三是思想精深、艺术精湛、制作精良。[①]

精品，经典，好书，三个概念，既相关联又有区别。精品不等于经典，经过时间的淘洗与检验，它可能会成为经典；相较于好书，精品的规格和要求则更高、更细。也因此，精品介于好书与经典二者之间，在纬度上更靠近经典。

精品不仅仅是时政的体征和表象，更是对现阶段的人文特征的准确描绘与表述。所谓精品，就是经得起各种角度的审视以及历史时间的考量，其主题深刻，细节真实生动，具有隽永性。凡是"经得起人民评价、专家评价、市场检验的作品"，都可被称为"精品"。而"为人民抒写、为人民抒情、为人民抒怀"的精品力作一定是为群众所喜闻乐见的。实践告诉我们，有市场的未必是精品，但真正的精品一定有市场。内容坚持"三贴近"、反映时代和社会

---

① 刘兰肖：《用重大工程带动精品出版——"十三五"规划纲要关于出版业发展的亮点解析》，《中国编辑》2016年第10期。

的"主旋律"的精品力作不仅可以"叫好",更可以"叫座"。

"文章合为时而著,歌诗合为事而作",衡量一个时代的文艺成就最终要看作品。正如习近平总书记在全国文艺工作座谈会上的重要讲话所指出的,"优秀文艺作品反映着一个国家、一个民族的文化创造能力和水平。吸引、引导、启迪人们必须有好的作品,推动中华文化走出去也必须有好的作品"。这也是当下我们提倡精品力作创作与生产的意义之所在。因为,加强精品力作出版,是出版发展繁荣、建设出版强国的要求,是出版"走出去"的要求,是出版社生存发展与出版转型的要求。

对于精品力作,我们应有以下认识,不以数量为衡量标准。所谓"精品",从来我们只听说少而精,而不是多而精,可见稀缺本来就是精品的一个重要特点。正因为其相对而言数量稀少、质量高超,所以,我们将其称为"精品"。不以规模为衡量标准。精品力作,不一定要搞大制作、大工程,是不是精品,关键要看内容水准,而不是作品的大小体量。只有顺应大时代、反映大思想的"大"作品(无关乎篇幅的大小),才更有可能成为具备"高峰"水准的精品。不以题材或体裁为衡量标准。精品力作并不拘于一格,不形于一态,不定于一尊,既可以有阳春白雪,也可以有下里巴人。只要是有思想正能量、有艺术感染力,能够温润心灵、启迪心智,传得开、留得下,为人民群众所喜爱的作品,就可以被称为"精品"。

二 追求精品创作的心态

当下,文艺作品的创作生产存在有"数量"缺"质量"、有"高原"缺"高峰"的现象,存在抄袭模仿、千篇一律等问题,存在机械化生产、快餐式消费等问题,这些问题突出表现为浮躁。精品力作生产作为艺术生产的一部分,也面临着同样的问题,对此,我们更要追求精品创作的良好心态。

1. 讲求工匠精神

2016年首次在政府工作报告中出现的"工匠精神",既是针对经济社会的商品生产而言的,也是对文化产品的创作提出的要求。"一个拥有工匠精神、推崇工匠精神的国家和民族,必然会少一些浮躁,多一些纯粹;少一些投机取巧,多一些脚踏实地;少一些急功近利,多一些专注持久;少一些粗制滥造,多一些优品精品。"面对当下的市场，作为精神产品的提供者和生产者更要力戒浮躁心态和单纯的逐利心理，保持宁缺毋滥、精益求精的工匠精神，打造出更多的精品力作。

"凡作传世之文者，必先有可以传世之心。"只有坚守出版理想，弘扬"工匠精神"，才能创造出叫好又叫座的精品力作。像"点校本二十四史"、《辞源》、《辞海》、《大百科全书》等一大批精品力作的相继出版，无不饱含着出版人的"工匠精神"。

正所谓，"文章千古事，得失寸心知"。"工匠精神"，其核心在于"精益求精"。对出版人而言，"工匠精神"，就是对"思想精深、艺术精湛、制作精良"的不懈追求。在呼唤精品力作不断产生的时代，更需要出版人讲求工匠精神，创作出更多为人民群众所喜闻乐见的精品力作。

2. 保持淡然心态

创作生产精品力作不是权宜之计，而是出版单位、出版者的永恒追求、使命所在、发展命脉，甚至可以说是我们的终身职业追求之所在。从某种程度上而言，精品力作的不断涌现也是出版事业繁荣发展的一个标识。也正因此，我们对于精品力作的创作生产要保持淡然心态，要避免"精品的焦虑"心态，必须认识到精品生产不是规划出来的，不能期望短时间批量产生。

同时，我们还应避免自身对于精品力作创作生产可能出现的"讨巧"心理抑或"投机"心理。创作生产精品力作，不单单是为了完成某项任务或是考核评比，不应把评奖或者考核当作精品力作创作生产的根本动力和目的。创作生产精品力作，应成为出版单位、出版者矢志不渝的职业追求。

3. 尊重生产规律

精品力作的创作生产有其自身的规律之所在。我们应充分认识到，精品的出版不能求一日之功，不能走捷径，不能急功近利，精品的出版必然是"十年磨一剑"。而尊重精品力作的生产规律也是精品力作诞生的前提。

精品力作的生产规律，可以用"慢工出细活"或者是"精工出细活"一言以蔽之。它同追求以效率、速度等为考核指标的体系是"天敌"。当然，"慢"并不一定保证能出精品力作，但是，精品力作的创作生产一定是需要下功夫打磨的。而"下功夫"，就意味着时间以及精力等生产成本的投入。也正因此，我们要充分尊重精品力作的创作生产规律，不能"揠苗助长"。

三　多措并举力促精品生产

身为精神产品的制造者、生产者，我们必须树立精品意识、责任意识。身为社会发展历史的记录者，我们究竟要为后代记录下什么？我们想把什么样的文化产品、精品力作留给后人，让他们传承下去？这是当下我们所要考虑的问题。正所谓"纸上得来终觉浅，绝知此事要躬行"，如何不让精品力作的创作生产沦为口号、空谈，将其落到实处，需要我们从下述方面，多措并举力促精品生产。

1. 深化改革，为精品出版提供良好的体制机制

促进精品力作生产的繁荣发展，需要深化出版事业改革，为精品出版提供良好的体制机制；需要我们转变以产值增长为主要指标的发展方式、以品种增加为主要手段的经营模式、以经济考核为主要导向的管理方法；需要我们认真研判当下的出版形势及未来的出版前景，建立健全出版内容生产和把关的相关制度，为出版精品力作、发展繁荣出版事业奠定坚实的基础。

深化改革，需要我们转变思想观念。由追求"大而全""小而全"的粗放型经营转变到"大而专""小而美"的专业型经营；由跟风模仿到自主创新；由开拓市场到构建品牌。

深化改革，需要我们转变发展方式。由追求单纯的品种增长、数量增加的增长方式转变到做深专业、做强品牌的兼具品牌效益的复合性增长方式，建立以专业效益为基础、以质量效益为保障、以品牌效益为目标的集规模效益、开发效益、资源效益、市场效益等于一体的综合性发展思路。

深化改革，需要我们转变管理方法。由单纯的以经济考核为主要导向的管理方法转变到以人为本、科学管理的现代化管理方法上来，为精品力作的诞生、成长提供更为宽松的氛围。深化改革，需要我们建立定准位、选好项、出精品、创效益、树品牌、育人才的发展机制，充分激发出版机构的内生活力。如在出版社体制内，成立以资深编辑个人名字命名的品牌工作室，譬如，北京出版集团、人民文学出版社等都成立了以资深编辑名字命名的工作室，这些工作室在体制内运作，又区别于体制内编辑部的其他部门，是出版机构对一种新体制和机制的探索，也是发挥骨干编辑作用的一个创新举措。成立以编辑个人

名字命名的工作室，能够给优秀编辑更大的施展空间，有利于培养名编辑；出版机构也可以用这种方法充分调动优秀人才的积极性，使他们最大限度地发挥自己的创造性，同时还可以吸引更多社会上的优秀人才共同参与创业，还有可能因此产生裂变效应，帮助出版机构实现有序竞争及规模扩张。

深化改革，需要我们培育出版企业文化，形成尊重知识、尊重人才、尊重创造、人人肯学习、人人爱研究的良好企业文化氛围，遵循出版规律，按照文化特点和出版规律从事出版机构的管理工作，让员工产生聚合的向心力。

2. 重点扶持原创，为精品创作提供源头活水

抓精品创作，要增强原创意识，提高原创能力，重点扶持原创，才能让更多的精品力作不断涌现。文化精品的创作不是无源之水，需要深厚的文化土壤去孕育、培植，需要我们在坚持以人民为中心的创作导向的引领下，去深入挖掘一批深入生活，扎根人民，思想性、艺术性俱佳的原创精品力作。

重点扶持原创，需要我们大力提倡并弘扬创新精神。创新是出版业发展的源泉和持续动力。鼓励、支持多出原创作品，多推新人、新作是出版业兴盛不衰的重要保障。不仅要强调出版内容创新，还要强调出版形式创新，以不断适应读者的阅读需求。在项目取材上，要注意积累和创新的结合；在项目内容上，要注意传统与现代的结合；在项目角度上，要注意国际视野与中国视角的结合。[①] 创新要有所坚持，方能显现成效，古人有句话说，"两句三年得，一吟双泪流"，司马光写作《资治通鉴》历时 19 年，2014 年人民文学出版社出版的《杜甫全集校注》，1978 年立项，历时 40 年出版。著名学者陈尚君先生评价说："该书集中了三四代学者的接续努力，文献之丰备、校勘之精审、注释之周详、考断之稳妥，确能代表当代别集整理新注之最高水平，是一部总结1000 多年来杜甫研究的集大成著作，在杜甫研究史上具有里程碑意义。"实践证明，那些叫得响、传得开、留得住的精品力作，皆是呕心沥血、精益求精之作。

重点扶持原创，需要我们精心遴选作者。从某种程度而言，优秀的作者是打造精品力作的质量保障。这就需要编辑在工作中做到有心、用心，对于作者有较为全面详细的了解，才能积累培育优秀的作者资源。

---

① 吴尚之：《做好出版规划 多出精品力作》，《中国出版》2015 年第 19 期。

重点扶持原创，需要我们严把出版物质量大关。过硬的出版物质量是精品力作的根本保障。从选题立项到编辑出版，要坚持优中选优，优中选精；加强总编辑的工作职责，确保内容生产和精品出版落在实处；抓好出版物质量管理制度建设，尤其要完善三审三校制度；引导和鼓励一线编校人员安心做出版，专心抓质量。

打造真正从群众需要出发的精品力作，需要全社会共同的努力。出版业作为内容产业，在文化强国建设中肩负着不可推卸的重要使命。2016年发布的《国民经济和社会发展第十三个五年规划纲要》，也对推进出版产品创新提出了具体措施，一是"更好发挥政府投入和各类基金作用，鼓励内容和形式创新"；二是以"加大对原创精品扶持力度"为工作导向，组织实施"国家重大出版工程"，打造体现时代精神和时代创新活力的原创精品；三是"推动全民阅读"，"扩大和引导文化消费"，在不断拓展市场空间的同时，激发广大人民群众的文化创造、内容创新活力。[1]

3. 加强精品出版规划，以重大工程带动精品出版

"凡事预则立，不预则废"，精品从何而来，内容质量如何提升，其中最重要的一个问题就是加强精品出版规划，以重大工程带动精品出版。随着国家总体实力的不断增强，国家对精品出版物的生产越来越重视，目前，我国出版业已形成了以国家规划带动精品出版的战略，通过规划引导出版产品创作生产，形成了以国家重点出版物出版规划为龙头，辐射各省、各出版单位的三级精品出版机制。[2]

在提升国家整体出版能力方面，我国的新闻出版管理行政部门，数十年如一日，持之以恒地以战略眼光整体推进具有引领作用的精品项目的规划和实施。截至"十二五"时期末，我国"十二五"出版规划，全部完成和部分完成2732个项目，执行率达90.3%。据悉，全国组织实施规划工作的出版单位共594家，覆盖面较为广泛，其中图书出版单位466家，占全国图书出版单位的80%。从"八五规划"到"十三五规划"，30年的岁月长河中，无数的精

---

① 刘兰肖：《用重大工程带动精品出版——"十三五"规划纲要关于出版业发展的亮点解析》，《中国编辑》2016年第10期。

② 王坤宁、李婧璇：《精品出版：展创新活力 促文化繁荣》，《中国新闻出版报》2012年9月13日。

品力作从中脱颖而出。国家重点出版物中长期规划的实施是从国家层面对精品出版做出的全局性、长远性、权威性和可操作性的工作部署。国家规划的优势在于通过协调全国出版单位的力量加大精品力作的创作生产，将规划项目分步骤、分阶段逐步实施并落实到位。经过多年的实践，我们现已形成以国家重点出版物出版规划为主体，以古籍整理出版十年规划、辞书编纂出版规划、少数民族语言文字出版规划等专项规划为重要支撑的国家出版规划体系。①

同时，由国家统筹的重大工程，一般具有战略性、引导性和带动性等特点，国家重大出版工程的实施，对精品力作的出版不仅会带来直接效益，还将全方位推动出版事业和出版产业发展。如引导出版企业打造具有特色的品牌产品线，推动出版企业建立良好的精品生产机制，帮助企业培养造就相关专业人才等。

4. 加强出版队伍人才建设，培养"名编"、名家大师

出版队伍人才建设，可谓是精品力作诞生的基石。如果将精品力作看作千里马，那慧眼识中这些作品的编辑们，就相当于千里马的知音"伯乐"。譬如孙绳武、牛汉、屠岸、周振甫、程毅中、傅璇琮等"名编"大家，其责编过的作品就是精品力作。

编辑作为文化产品内容的选择者、策划者、加工者、过滤者、把关者、推荐者，既是出版单位文化责任的主要承载者和担当者，更是精品力作的生产者和创作者。我们该如何充分认识到编辑对于出版队伍人才建设的重要性，或许正如国家新闻出版广电总局副局长吴尚之在中国编辑学会第 16 届年会开幕式的讲话中所说的，"编辑人才是编辑出版事业发展的基础力量。没有一流的编辑人才，就没有一流的出版物，更谈不上一流的出版社。编辑培育精品，精品成就人才。归根结底，精品力作来源于编辑的发掘和加工，编辑的眼光和水平决定着出版物的品质。无论时代如何变化，无论出版物载体和介质如何转换，无论是传统出版还是新兴媒体，都离不开编辑的创造性劳动"。

能否出版精品力作，取决于出版队伍特别是编辑队伍的职业追求、职业态度和职业能力。诚然，要成长为一名有职业理想的编辑，需要具备热爱出版、把出版当事业做、潜心做出版的职业追求，具备崇尚文明、忠于职守、信守承

---

① 吴尚之：《做好出版规划　多出精品力作》，《中国出版》2015 年第 19 期。

诺的职业道德，具备"一专多通"的专业水平和"一专多能"的职业能力，具备创新、实干、坚持、协作、沟通的职业精神。

"文艺不能当市场的奴隶，不要沾满了铜臭气。""优秀的文艺作品，最好是既能在思想上、艺术上取得成功，又能在市场上受到欢迎。"也正因此，我们对待编辑的考核也不能"唯市场"论，不能让其仅仅为了完成单纯的经济考核指标而沦为市场的"奴隶"，丧失精品力作创作的动力。因此，要像国家新闻出版广电总局副局长吴尚之在中国编辑学会第16届年会讲话中所提倡的，"要建立健全对编辑人员科学的评价考核机制。要加强对编辑人员在出版物社会效益、社会价值、文化价值、产品质量方面的考核和评价，让编辑人员安其岗、得其所、留得下，引导编辑人员多出精品力作"。

我们要充分认识到出版队伍的人才建设，着力培养出一大批有崇高文化追求、有高度职业道德精神的"名编"、名家大师，这样才能不断提升我们的文化创新力、制造力和传播力，才能有更多的精品力作不断问世，才能更好地为出版繁荣、文化繁荣和建设社会主义强国服务。

5. 加大政策和资金扶持力度，为精品力作提供保障

政策和专项扶持资金是推动精品生产的物质保障。而加大政策和资金扶持力度，是精品力作出版的重要条件，也是推动精品生产、引领文化繁荣发展的有效途径。

从2007年设立的国家出版基金，资助对象为坚持党的出版方针、服务党和国家工作大局、代表我国出版业发展水平、代表我国文化建设水平的优秀公益性出版项目。截至2015年，已资助2200多个精品项目，其中1300多个项目推出成果，涌现出如《远东国际军事法庭证据文献集成》《杜甫全集校注》《历史的轨迹：中国共产党为什么能？》《大飞机出版工程》等一大批精品力作。国家出版基金在促进精品力作的出版、提高出版物的整体质量、推动出版业的繁荣发展、满足人民群众的精神文化需求、增强中华文化软实力等方面发挥了重要的政策导向和示范引领作用，得到了出版业界及社会的认可。

除了中央的相关专项出版扶持资金外，各级地方政府也有相应的政策奖励和出版扶持资金。譬如，2015年，北京市局组织开展了北京市2015年重点图书选题征集活动，对优秀重点选题通过"北京市图书出版奖励扶持专项资金"进行扶持。此外，一些出版单位也设有相应的精品力作扶持资金。如浙江出版

联合集团，从 2010 年起，每年均安排 1000 万元以上资金，用于扶持具有标志性意义或畅销潜力的重点出版项目，至今累计投入资金 5000 多万元，扶持各类重点项目 210 多个；河北出版传媒集团，在"十二五"期间，出资 3000 多万元建立精品出版专项扶持资金和奖励资金，年出版品种由"十一五"末不到 3000 种增长到 2014 年的近万种，出版主业不断创新发展……

我们要加大政策和资金的扶持力度，充分发挥政策和资金的杠杆作用，最大限度地调动一切可以调动的积极性和资源优势，不搞平均分配，让相关政策和专项扶持资金充分落实到每一部精品力作的生产创作中，为精品力作的生产提供充足的条件保障。

6. 加强精品力作传播推广，扩大其社会影响

我们一方面要抓紧精品力作生产，另一方面也要加强精品力作的传播推广工作，扩大其社会影响，进而拉动精品力作生产，全方位力推精品力作的出版。加强精品力作的传播推广，有助于发挥政府主导作用，彰显社会效益；有助于健全健康的图书评价机制，促进市场的优胜劣汰；有助于发挥精品内容优势，提高公共文化设施利用率；有助于掌握精品出版物的传播规律，抢占网络传播阵地；有助于提升公共阅读率，提高公民文化素养。

加强精品力作的传播推广，要动员社会力量充分参与，向社会公众推荐精品图书。如发挥政府机构、图书馆、出版机构等主导力量，联合教育机构等合理开展多种形式的图书推广活动，通过图书评奖、图书评选、图书书目推荐等，向公众提供有温暖有深度的精品阅读。

加强精品力作的传播推广，要调动媒体力量充分宣传，在全社会营造"多读书、读好书、善读书"的良好氛围。通过各类各级新闻媒体开设的读书专栏、专版，充分发挥舆论对于精品力作的导向和激励作用。如 2015 年北京市新闻出版广电局在《中国新闻出版广电报》《北京日报》开设的"北京市精品图书推荐工程"专版，借助媒体平台，邀约名家大家共荐精品力作，取得了良好的社会成效。

加强精品力作的传播推广，要科学分析公众阅读需求偏好，制定精准的传播推广策略。我们常说，一千个人眼中有一千个哈姆雷特，同理，每个人的阅读感受也是不尽相同的，如何让精品力作通过有效的传播手段，与目标读者相遇，这就需要我们根据目标读者受众不同的媒介接触行为，结合不同受众的群

体特征及需求，对传播渠道进行精准定位，制定不同的营销策略。

加强精品力作的传播推广，要创新传播推广机制，健全考核评价体系。如政府部门负责精品图书的目标确定、效果评估及考核，而具体到精品图书推荐、精品图书推广等环节，则充分调动社会力量，根据精品图书推广业务板块的具体需要和需求，分渠道选择与之相契合的专业团队负责具体运营，形成相互协调、共同决策的深度合作模式。同时，健全精品力作传播推广的考核评价体系，通过可以量化的数字目标重点考核责任落实、工作配合等，探索科学合理的考核评价机制，确保精品力作传播推广的效果能够持续且深入。

四 结语

精品力作代表一个时代的精神高度，体现一个民族的思想深度，标志一个社会的文明程度，是文化强国的重要标志。精品力作出引导力，精品力作出影响力，精品力作出软实力。精品凝聚着精神，寓含着作风，意味着凝练。

一个经济发展、政治稳定、社会进步的时代，一个与时俱进、改革创新、人民创造力极大迸发的时代，必然是精品纷呈、文艺空前繁荣的时代，必然是文艺人才辈出、名家大家涌现的时代。

伟大的时代呼唤精品，崛起的实践催生精品，人民的愿望期待精品。身处当今时代的出版工作者们，应牢记时代赋予我们的神圣使命，自觉把多出精品力作作为重中之重，以更加优秀的作品再创文化辉煌，为加快建设文化强国做出我们应有的贡献。

B.15
北京市非公有制文化企业及
产业集聚研究*

摘　要：　本文总结了理想的出版产业园区所应具备的功能，利用产业
　　　　　集聚理论，得出出版产业园区集聚效应的 6 个评价指标。基
　　　　　于对中国北京出版创意产业园区的调研，分析了其运作状况、
　　　　　服务效果、园区集聚效应。通过对国内外出版产业园区的案
　　　　　例分析，归纳了国内外相关园区发展建设的一些启示。

关键词：　非公有制文化企业　出版产业　产业集聚　北京

近年来，非公有制文化企业凭借着自身的机制灵活、生产高效、市场敏感等优势获得了长足的发展，已经成为我国新闻出版产业的重要力量。但在我国目前的公共政策和市场环境下，其发展空间在一定程度上受到了制约。同时，由于企业产权结构与治理结构问题、企业规模相对较小和市场声誉参差不齐问题、同质化恶性竞争问题等，非公有制文化企业面临缺乏核心竞争力而导致的诸多发展瓶颈。为此，建设产业园区，发挥产业集聚效应，为中小企业搭建发展服务平台，是促进公有制和非公有制文化企业相互促进、健康发展的重要途径。

北京市作为我国的文化中心，拥有全国最多的非公有制文化机构，并且建立了全国首家综合出版产业示范园区——中国北京出版创意产业园区，为非公有制文化企业搭建了正式的出版渠道平台。同时，为了形成更大的产业集聚效应，园区的二期工程也正在建设中，同时，北京国家数字出版基地也面临如何规划和管理，从而高效率发挥园区功能的问题。

＊ 本报告根据北京市新闻出版研究中心调研类课题"非公有出版企业及产业集聚研究"编撰。

一 出版产业园区的功能

产业园区是我国新闻出版企业合作的重要方式，也是增强产业集聚、提升产业竞争能力的重要举措。综合已有研究，出版产业园区的功能主要体现为以下几个方面。

（一）产业孵化功能

根据企业生命周期理论，企业同其他生物一样有着生命个体的特征，其发展也会经历如同生物一样的初创期、成长期、成熟期和衰退期四个阶段。

产业园区对于企业的孵化功能主要体现为初创时期和成长时期。在企业的初创时期，针对企业组织结构简单、运行灵活且不规范、实力较弱、依赖性较强、波动大、破产率高、管理工作不规范、发展速度不稳定等特点，园区为企业提供相应的帮助。比如，由园区帮助企业向政府、科技主管部门提出资金扶持申请，园区为企业提供优惠的租金、税收政策，对企业和项目直接进行投资或者为企业提供行业交流的机会与平台，为企业进行专业的行业培训等。在成长期，针对企业实力增强、规模急剧膨胀、管理和组织复杂化、发展速度加快的特点，由园区为企业提供融资平台或者园区作为企业担保人，为企业提供优惠的租金、税收政策，为企业提供品牌推广、管理培训等服务。

（二）聚集优化功能

产业园区作为众多相互关联的企业和机构的集聚地，将各种形式的出版资源集合在一起，通过对资金、人才、技术、土地等资源要素进行优化配置，构筑合理的企业集群，从而形成规模优势，产生集聚效应，实现产业结构优化。

（三）空间载体功能

产业园区的另一个具体功能是空间载体，通常是由政府划出一块区域进行规划，通过优化区域内的软硬件环境，为企业提供一系列服务，以此吸引和鼓励企业进驻和发展。为此，园区建设规划通常要考虑将园区内的出版资源合理布局，协调分布产业板块和功能区域，使产业园区内单位面积上的产出远远高于非产业园区，并做好产业的承接与转移工作。

（四）结构转换与提升功能

在深化出版体制改革的大背景下，出版产业园区承接的一大功能就是转换，转换机制、转换结构，加强出版产业与其他产业之间的协调，培育新的出版形式。通过建设出版产业园区带动出版产业结构的升级，进而带动其所在区域产业结构的优化。

（五）文化体验与消费功能

出版产业园区除了具有产业功能外，也还原了"园区"的概念。通过营造自然、优美、和谐、具有独特文化氛围和品位的园区环境，开设出版文化展示区，开辟特色旅游观光通道，引进特色书店、24小时书店、二手书店、酒吧、咖啡厅、茶馆、影厅、餐厅，举办新作品阅读体验活动，开展书评比赛等举措，为市民提供出版文化体验与消费。

二　出版产业的集聚效应及其评价方法

产业集聚是指同一产业在某个特定地理区域内高度集中，产业资本要素在空间范围内不断汇聚的一个过程。从19世纪马歇尔首次提出产业集聚现象以来，学术界对产业集聚问题的研究形成了许多经典理论，例如，马歇尔的外部经济理论、韦伯的古典区位理论、克鲁格曼的集聚理论、波特的竞争优势理论等。

根据已有的学术成果，结合出版产业自身的特点，本文总结了出版产业的集聚效应，得出评价指标。

（一）出版产业的集聚效应

出版产业的集聚效应主要体现为以下几个方面。

1. 规模效应

产业集聚使专业化的分工更加细致，使企业生产效率得以提高，形成马歇尔的"外部规模经济"。

2. 网络效应

产业集聚形成产业社会网络，有利于行业信息流通和企业互动，同时增强企业间的信任，降低交易成本。

3. 创新效应

产业集聚为同行建立了良好的信息网络，这有利于知识的溢出，同时给企业带来了竞争的压力与动力，迫使企业不断寻求创新，提高竞争优势。

4. 品牌效应

产业集聚形成园区规模优势和品牌优势，从而有利于企业的谈判能力与市场竞争力的提升，降低企业进入和退出风险，提高战略管理能力。

5. 人才磁场效应

产业集聚形成对专业人才的磁场效应，有利于降低企业的人才搜寻成本，便于专业人才的集聚和相互学习，提升产业人力资源水平。

6. 示范效应

同在一个产业园区，不同的企业也会有不同的优势，同在一个园区有利于推动龙头企业带动中小企业的发展，通过宣传与学习，降低企业自身搜索成本，提升经济效益。

（二）出版产业的集聚效应评价方法

针对上述 6 种出版产业集聚效应，其对应的评价指标如下。

1. 规模效应的评价

（1）公司是否获得政府专项资金的支持

（2）公司获得出版渠道的成本是否降低

（3）公司是否因入园获得税收优惠

（4）公司是否在园区内享受优惠的租金

（5）相对于入园前，公司经营成本是否降低

（6）相对于入园前，公司的工作效率是否明显提升

（7）相对于入园前，公司的核心业务是否更加聚焦

（8）相对于入园前，公司的队伍是否更加专业化

（9）入园后，公司是否将非核心业务进行了外包

2. 网络效应的评价

（1）公司是否与园区内兄弟企业建立了战略合作伙伴关系

（2）入园后，园区内企业之间沟通、交流是否顺畅

（3）入园后，公司是否与上下游的社会网络关系得到拓展

3. 创新效应的评价

（1）公司是否在与园区内兄弟企业的交流中获得创新的灵感

（2）入园后，公司创新行动是否明显增加，创新能力是否明显提升

4. 品牌效应的评价

（1）公司的知名度是否因入驻园区而提高

（2）园区的品牌是使公司获得了新资源和新市场

（3）园区的品牌是否使公司的竞争力明显提升

5. 人才磁场效应的评价

（1）入园后，公司对人才的吸引力是否明显增强

（2）入园后，公司员工的专业胜任力水平是否明显提高

6. 示范效应的评价

（1）公司的工作和成果是否多次被媒体宣传报道

（2）公司是否常常接受同行的参观、访问

三　北京出版创意产业园区的运作情况与集聚效应

（一）园区基本情况

北京出版产业园区全称为"中国北京出版创意产业园区"，是中国首家综合出版产业示范园区。目前入驻企业业态包括选题策划、内容制作、图书出版、版权运营、电子期刊、手机阅读、数字教育等。企业所有制包括民营、国有独资和国有控股等多种所有制形式。作为全国唯一获得资质的国家级、综合性出版创意产业园区，北京出版产业园区将自身定位于"出版体制改革的试验田"，改变了民营出版企业长期游离于体制外、资源分散、放任自流的出版合作方式，为民营企业有序参与出版提供了正式、合法的渠道，从而激发了民营出版企业的活力，为发挥包括民营出版企业在内的多种出版资源优势、推动

出版业健康有序发展起到了积极的作用。

园区由北京联合出版有限责任公司承担运营管理和出版服务职能。通过选题引导和审读把关等措施，确保出版物的内容安全。北京联合出版有限责任公司承担的园区出版服务功能主要体现在以下几个方面。

1. 政策资讯服务

为了及时为园区内企业提供相关政策资讯，园区建立了信息报送平台，为入园企业提供各种政策信息、规章制度等，并通过园区的统一组织和协助申请国家的相关政策扶持。

2. 选题审核

为了帮助园区内企业在选题上实现规范和高效，园区建立了实时选题申报平台，并及时组织选题审核工作，为民营企业发挥自身优势、把握选题标准起到积极的引导作用。对于通过审核的选题，园区会提供出版渠道。

3. 内容质量审读服务

在出版物的内容质量把关上，园区主要通过"三审三校"的审读服务来实现。北京联合出版公司专门设有审读中心，对企业报送的书稿进行三个层面的严格审读，此外还外聘了一些审读专家，解决审读过程中遇到的难题。

4. 印制服务

园区对企业的印制服务是通过规范印刷流程来实现的。通过审核印制委托书的信息、印刷费用拨转、相关单据的归档等流程，北京联合出版公司全程监管印制过程，避免版权和财务纠纷的发生。

5. 整体品牌推送服务

园区不仅在选题、审读、出版上为入园企业提供支持，还提供其他一些附加的服务，包括统一组织编辑培训、协调当地政府和园区企业的关系、组织行业交流活动等。在参加书市、书展方面，园区通常都组织园区内企业统一参加，这样既节约成本，又有利于展示整体形象。同时，园区还注重对企业的品牌建设服务，在入园企业中做的每一本书都可以在书脊和版权页上打上企业的LOGO，增强了企业的社会责任感。

6. 专业培训服务

园区会组织一些讲座和培训，包括宏观政策、管理经营、专业知识等多方面内容。这些培训帮助园区企业规范管理，明确出版导向，提升业务技能。

7. 交流推广服务

园区会不定期举办沙龙、图书促进交流会等活动。交流的内容有很多，比如产业政策、公司战略，共享一些市场变化的信息，企业定位、模式等。也为园区与企业的交流提供了机会，让企业之间的竞争关系变成竞合关系。

未来，园区将以出版服务、版权交易、公共阅读、科技创新、投资融资五大服务平台为特色（见图1），全面吸引优质民营文化企业入驻。

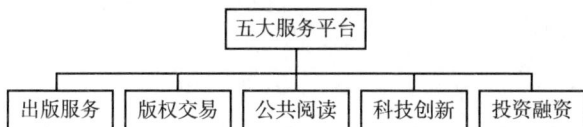

图1　园区的五大服务平台

（二）园区公共服务效果

为了了解园区的公共服务状况以及园区内企业对相关服务的满意度以及对公共服务的其他诉求，本文通过问卷和企业访谈的形式进行了调查。

通过问卷的形式，本文对于园区公共服务的情况进行了调查。从收到的10份反馈问卷来看，政策资讯服务和版权交易平台服务满意度最高，为0.9分，基础设施服务平台其次，满意度为0.8分，人才开发与培训平台、内容质量监督服务、出版物制作服务也获得了0.7分的满意度。具体情况如表1所示。

表1　关于园区公共服务效果的问卷反馈结果

单位：分

题目/选项	非常满意	满意	未获得该项服务	不满意	非常不满意	满意度
园区为公司提供的政策资讯服务	5	4	1	0	0	0.9
园区提供的版权交易平台	3	6	1	0	0	0.9
园区为公司提供的基础设施服务平台	4	4	2	0	0	0.8
园区提供的人才开发与培训平台	3	4	3	0	0	0.7

题目/选项	非常满意	满意	未获得该项服务	不满意	非常不满意	满意度
园区为公司出版物提供的内容质量监督服务	4	3	3	0	0	0.7
园区为公司提供的出版物制作服务	2	5	3	0	0	0.7
园区为公司提供的选题论证服务	3	3	4	0	0	0.6
园区为公司提供的产品推介服务	2	3	5	0	0	0.5
园区为公司提供的融资平台	1	3	6	0	0	0.4
园区为公司提供的发行平台	2	2	6	0	0	0.4
园区为公司提供的运输仓储服务	1	3	6	0	0	0.4
园区提供的法律服务平台	1	2	7	0	0	0.3

同时，在现场走访园区企业的过程中，受访企业对园区提供的服务给予了高度评价，主要体现在园区的基础设施、政策咨询、申报政府项目基金、企业品牌与知名度提升、行业交流研讨等方面。同时也希望，园区能在缩短国企和名企之间的差距、专业人才输送、吸引风险投资、争取更多的产业政策、扩大园区空间等方面继续努力。

（三）园区产业集聚状况分析

根据回收的 10 份反馈问卷，分析园区的产业集聚状况。

1. 规模效应分析

针对规模效应的反馈问卷结果如表 2 所示。针对问卷反馈结果，将每项问题反馈为"同意"和"非常同意"的认定为正向效应反馈，即认为该项效应在被试企业存在，将每项问题的正向效应反馈比例加总，得到"效应指数"，即表示具有该项效应的企业占比。例如，"经营成本明显降低"的效应指数为 0.5，表示反馈的企业中有 50% 具有该项效应特征。

从表 2 可知，反馈问卷显示的园内企业规模效应指数均值为 0.6，即表示 60% 的企业入园后获得规模效应。其中表现显著的有税收优惠、园区优惠租金和人才队伍的专业化方面。而经营成本、出版资源成本和业务聚焦方面相对不显著。

表2　关于规模效应的问卷反馈结果

题目/选项	非常同意	同意	不能确定	不同意	很不同意	效应指数
相对于入园前,公司经营成本明显降低	3	2	5	0	0	0.5
公司获得了低成本的政府专项资金的支持	2	4	3	1	0	0.6
公司获得出版渠道的成本明显降低	3	2	5	0	0	0.5
公司因入园获得了税收优惠	1	6	3	0	0	0.7
公司在园区内享受优惠的租金	3	4	2	1	0	0.7
相对于入园前,公司的工作效率明显提升	3	3	4	0	0	0.6
相对于入园前,公司的核心业务更加聚焦	2	3	5	0	0	0.5
入园后,公司将非核心业务进行了外包	1	1	5	3	0	—*
相对于入园前,公司的队伍更加专业化	2	5	3	0	0	0.7
效应指数平均值			0.60			

注:考虑到园内企业大多属于小规模的出版企业,业务外包的选项暂不列入分析之列。

2. 网络效应分析

针对网络效应反馈的情况以及按照上述方法计算的效应指数如表3所示。可见,反馈结果显示的网络效应指数均值为0.57,表示57%的企业入园后获得网络效应。其中,网络效应主要体现为园区内企业的沟通和交流上,而针对产业链的上下游合作伙伴关系还没有普遍建立。

表3　关于网络效应的问卷反馈结果

题目/选项	非常同意	同意	不能确定	不同意	很不同意	效应指数
公司与园区内兄弟企业建立了战略合作伙伴关系	1	3	5	1	0	0.4
入园后,园区内企业之间沟通、交流顺畅	2	6	2	0	0	0.8
入园后,公司与上下游的社会网络关系得到拓展	1	4	5	0	0	0.5
效应指数平均值			0.57			

3. 创新效应分析

针对创新效应的问卷反馈情况如表4所示,其效应指数均值为0.65,表示65%的企业在园区获得了创新效应,具体体现为创新活动的增加和创新能力的提高,以及创新灵感的获得。

表4　关于创新效应的问卷反馈结果

题目/选项	非常同意	同意	不能确定	不同意	很不同意	效应指数
公司在与园区内兄弟企业交流中获得创新的灵感	1	6	3	0	0	0.7
入园后,公司创新行动明显增加,创新能力明显提升	1	5	4	0	0	0.6
效应指数平均值	0.65					

4. 品牌效应分析

针对品牌效应反馈的情况如表5所示。可见品牌效应的指数均值达到0.77,是所有集聚效应中得分最高的项目。说明企业入驻园区对自身品牌的建设起到了显著的作用,企业因入驻园区获得的品牌效应具体体现在:企业知名度得以提高,竞争力得以提升,获得资源的渠道得以拓宽。

表5　关于品牌效应的问卷反馈结果

题目/选项	非常同意	同意	不能确定	不同意	很不同意	效应指数
公司的知名度因入驻园区而提高	2	7	1	0	0	0.9
园区的品牌使公司获得了新资源和新市场	1	5	4	0	0	0.6
园区的品牌使公司的竞争力明显提升	3	5	2	0	0	0.8
效应指数平均值	0.77					

5. 人才磁场效应分析

针对人才磁场效应反馈的情况如表6所示,可见,人才磁场效应的指数均值达到0.65,说明65%的企业因入驻园区而提高了人才的吸引力,同时使员工的专业胜任能力得到提高。

表6　关于人才磁场效应的问卷反馈结果

题目/选项	非常同意	同意	不能确定	不同意	很不同意	效应指数
入园后,公司对人才的吸引力明显增强	3	4	3	0	0	0.7
入园后,公司员工的专业胜任力水平明显提高	1	5	4	0	0	0.6
效应指数平均值	0.65					

6. 示范效应分析

针对示范效应反馈的情况如表7所示。可见示范效应指数均值为0.6,体现为60%的入驻企业作为示范企业而被媒体宣传、被同行学习参观。

表7 关于示范效应的问卷反馈结果

题目/选项	非常同意	同意	不能确定	不同意	很不同意	效应指数
公司的工作和成果多次被媒体宣传报道	1	5	4	0	0	0.6
公司常常接受同行的参观、访问	2	4	3	1	0	0.6
效应指数平均值			0.60			

综上所述,基于反馈问卷结果计算的6项集聚效应指数均值汇总如表8所示。可见,将6项效应指数平均计算得到的集聚效应综合指数为0.64,说明,综合来看,64%的企业在园区中体现出聚集效应,另外36%的企业集聚效应不显著。

表8 6项集聚效应指数均值汇总

集聚效应	规模效应	网络效应	创新效应	品牌效应	人力磁场效应	示范效应
效应指数均值	0.6	0.57	0.65	0.77	0.65	0.60
集聚效应综合指数			0.64			

四 中外出版产业园区案例启示

通过上海张江园区、韩国坡州园区和美国好莱坞集聚区的案例研究,我们可以从以下几个方面获得启示。

(一)园区的形成基础是产业集聚,园区建设需要以促进产业集聚为宗旨

上述三个园区的案例都表明,蓬勃发展的园区,一定是汇集产业链各领域

和环节的产业集群。企业入驻园区的主要目的是寻求上下游的合作伙伴关系，从而获得产业集聚的规模效应和长期发展的机会。反过来，园区只有提供足够的空间布局产业各种业态，才能吸引更多的企业入驻。张江园区发生的一些入驻企业跳槽现象说明，仅靠短期的政策优惠和补贴，并不能长期吸引企业留驻园区，更不能长期促进产业发展。

（二）产业集聚需要突破传统产业边界，树立"大出版""大文化"的产业生态圈理念

从上海张江的数字出版基地到韩国的坡州出版城，都可以发现，出版产业已经远远地超越传统的产业边界。张江园区的特点是科技与文化的融合，表现为以 IT 技术为基础，带动原创内容的生产和运营，形成了集内容生产、平台运营、技术提供、终端开发、配套支持于一体的文化科技创意产业链。一些受欢迎的作品，常常是线上线下互动、表现形式多样（如纸质书、游戏、影视作品等）的产品。同时，跨产业边界的业务融合，也为园区管理实现一体化服务运营提供了可能。同理，坡州出版城以"出版之都"为基础，打破传统出版边界，构建集音乐、电影、文化、创意等于一体的"文化信息中心"，通过图书咖啡厅、画廊、表演舞台、美学建筑等功能的拓展，打造了"文化博物馆"和"联合艺术村"，为文化创意产业提供了充分的伸展空间。

（三）高效率的园区运营模式，需要将政府的服务功能和园区的市场化运作职能分开

上述案例都说明，园区在推动产业发展中，政府的作用是非常必要甚至是至关重要的。政府在土地开发、税费减免、产业初创激励方面都起到了举足轻重的作用。同时，这些案例也说明，政府的孵化作用对初创期的企业更加显著。随着园区的发展和企业的成长，政府的作用应更多地体现为基础设施建设和公益性公共服务提供。这些公共服务可以由政府直接派出机构完成，也可以以政府采购的形式委托企业运作。园区的一般经营应该交给市场，这一方面会减轻政府负担；另一方面也会激发园区活力，促进园区的管理创新，从而在市场化运作中提高效率，实现自我造血功能。

（四）文化产业的核心竞争力在于人才及其创造力，有效的人才激励措施和完善的风险防范体系，是文化创意产业蓬勃发展的重要保障

好莱坞创造的辉煌，充分证明了创意与创造力的价值和魅力。而创意和创造力的核心，是人才。对于人才的激励，不仅需要有效的财务制度，而且需要宽松、独立、自由的文化氛围。同时，由于文化创意产业的高风险性，有效的风险防控体系是解决资金筹措的重要环节。为此，好莱坞的预售与完片担保制度，为我国探索文化创意风险投资治理体系，提供了很好的借鉴。

五　北京地区出版产业园区的建设发展策略

综合以上调查研究与分析的结果，北京地区出版产业园区的建设可以从以下几个方面进行思考和完善。

（一）扩大园区基地建设，增加入园企业数量，引进产业链上不同业态的企业，促进多媒体融合，打造"大出版"和"大文化"的出版产业生态圈

目前，北京地区正在进行中国北京出版创意产业园区的二期建设和国家数字出版基地的开发。这是扩大园区规模、提高产业集聚效应的良好契机。借鉴上海张江、韩国坡州等运行较好的园区经验，需要考虑引进产业链上不同业态的企业入驻，并形成产业规模。同时，随着科技的发展及其在文化出版产业中的应用，多媒体融合的时代已经到来，传统的出版产业边界逐渐模糊，出版业与游戏影视、互联网通信、教育培训、文化休闲、广告艺术等相关产业相互渗透、相互促进的态势逐渐形成。因此，园区建设应突破传统行业边界，打造"大出版"和"大文化"的出版产业生态圈，从而促进科技与文化融合，推动产业升级与结构转型。

（二）针对企业不同的生命周期阶段，给予侧重点不同的扶持政策，使国家促进文化创意产业的政策满足企业在不同发展阶段的需要，起到真正有利于企业发展的作用

企业在不同的发展阶段，其具有的优势和面临的瓶颈也不同。为此，针对

企业所在的不同生命周期阶段，政府部门应该给予不同的扶持政策，以起到雪中送炭的作用。例如，初创企业最需要的是资金和基础设施的支持，而发展中的企业更关注税收的减免。从长期发展的视角，政府的人才支持政策对企业的发展至关重要。

（三）针对园区不同的职能，采取不同的管理模式和绩效考核标准。对公益性的公共服务，采用政府补贴和政府采购的方式；对国有资产的运营，应采用市场化经营方式

张江园区的实践证明，园区管理部门通过职能分解、分类考核的方式，可以实现既完成国家管理园区的公共任务，又实现国有资产的有效运营。同时，国有资产的市场化运营，不仅提高了园区效益，也为实现园区自我造血功能提供了可能。

（四）重视园区的软环境建设，促成园区从"管理"向"服务"的职能转型，提高园区服务企业的水平

企业在园区集聚，最重要的是实现产业链上下游的共赢。为此，短期的房租减免等优惠政策并不能长期吸引企业留驻。企业对园区的需求，更多地体现为对服务等软环境的需求，针对版权的法律服务、人才服务、金融服务以及参观、培训、讲座、论坛、沙龙等形式多样的文化活动，都是企业看重和需要的。园区只有通过服务这棵"梧桐树"，才能吸引业内优秀的"金凤凰"入驻。

（五）引进风险防控体系，鼓励社会资本进入

好莱坞的经验说明，文化创意产业的高风险，需要引入有效的风险防控体系。其中，资金风险是最关键的一环。为此，出版产业的发展，仅靠政府的公共投资是远远不能满足需要的。北京地区的新园区建设，需要考虑积极鼓励和吸引社会资本进入，这样才能真正为产业发展注入活力。

B.16
北京市出版产业链协同发展调研报告[*]

摘　要：　随着信息、通信技术的飞速发展，出版产业也面临着产业环境
　　　　　与竞争格局的快速变革。传统的以"编－印－发"为基础的出
　　　　　版产业链，日渐受到迅速发展的数字出版、多媒体传播以及多
　　　　　样化的客户需求的挑战，"一种内容，多种媒体"的媒体融合
　　　　　逐渐成为产业发展的新态势。以纸质出版物为核心的传统出版
　　　　　产业链将在媒体融合的背景下发生从结构到相互关系的演变。

关键词：　出版产业　协同发展　产业链　北京

在媒体融合背景下，传统的以"编－印－发"为基础的出版产业链，日渐受到迅速发展的数字出版、多媒体传播以及多样化的客户需求的挑战。为此，以纸质出版物为核心的传统出版企业也开始探索数字化转型和媒体融合的发展道路。

一　媒体融合下的出版产业链结构

近年来，随着信息技术的繁荣，传统出版产业越来越多地受到来自多媒体出版的挑战，开始探索数字化转型和媒体融合的发展道路。常见的转型方式诸如①将纸质出版物电子化，形成电子出版物；②成立数字出版机构，并行出版数字出版物；③与电子商务平台合作，形成线上线下的贯通；④以版权为基础，合作开发出版物的衍生产品等。

综合传统出版产业链和数字出版产业链的特点，以及已有文献对媒体融合背景下出版产业的结构变化，勾画出媒体融合背景下出版产业链框架图，如图1所示。

---

*　本报告根据北京市新闻出版研究中心调研类课题"出版产业链协同模式与集群治理研究"编撰。

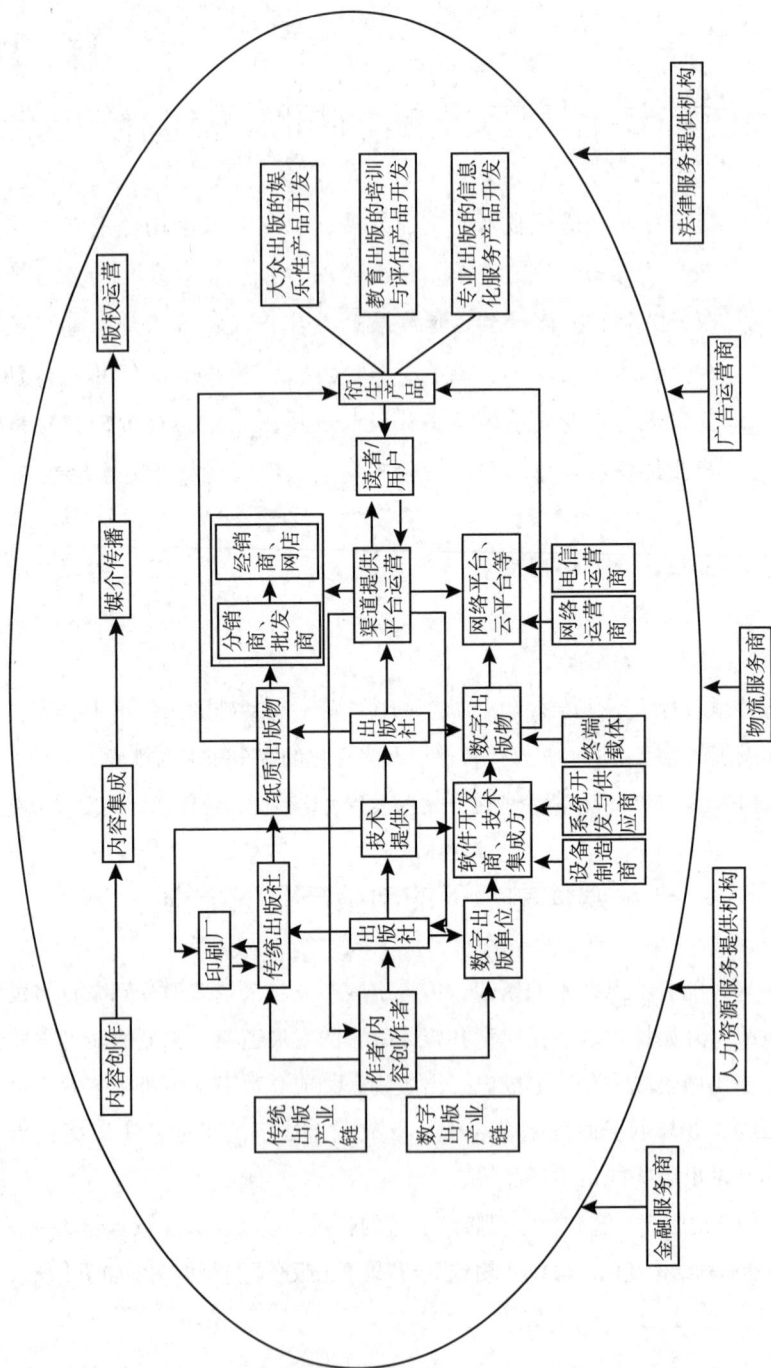

图 1　媒体融合背景下出版产业链框架

如图 1 所示，在媒体融合背景下，出版产业链的结构由主体系和支撑体系两部分构成。其中，主体系以"内容创作 – 内容集成 – 媒介传播 – 版权运营"为主要环节，支撑体系包含了为主体系提供支撑和服务的金融服务商、人力资源服务提供机构、物流服务商、广告运营商和法律服务提供机构等。

1. 内容创作环节

内容创作环节的主体是作者、网络作家等内容原创者，他们的原创作品以书稿的形式形成纸质出版物，或以电子出版物的形式形成数字出版物，成为整个出版产业链的源头。

2. 内容集成环节

内容集成环节的主体是出版单位和出版技术提供商，这个环节的价值贡献是将内容形成可供用户阅读使用的出版物，包括纸质出版物和数字出版物。其中，出版单位包括出版社和数字出版单位等。出版技术提供商包括传统出版物印刷厂、数字印刷厂、出版软件开发商、出版技术集成商等技术提供商等。

3. 媒介传播环节

媒介传播环节将纸质出版物和数字出版物通过传统的渠道和数字平台等传递给读者或传到用户终端上，实现出版物的消费功能。其中，传统出版物的传播渠道主要是在纸质出版物印刷完成后由出版社委托给批发商或分销商，通过分销商、批发商等传递给经销商，如实体书店、报亭、邮局等。近几年也出现了网店通过物流派送的方式将传统出版物传递到读者手中。而数字出版物的传播渠道则包括网络平台和云平台等，读者和用户可以通过诸如微博、数字图书馆平台、云盘等渠道免费或付费获得数字出版物资源，这些传播渠道和平台由网络运营商和电信运营商等给予支持。在这些渠道和平台中，读者和用户也可以对特定出版物给出建议和反馈，数字出版物的传播打破了传统出版的局限，将内容创作者和用户读者连接起来，提供了双向交流的渠道。同时，读者与读者之间的交流互动，也可以被视为对出版物的一种传播。

4. 版权运营环节

版权运营环节是基于出版物版权进行的衍生经营，如版权输出、版权交易、衍生品开发等。出版物的衍生产品主要包括：大众出版的娱乐性产品，如由小说等改编的电影、电视剧、游戏、服装玩具等；教育出版的培训与评估产品，如在线教育平台、教学评估产品、会员式的教学资源获取等；专业出版的信息化服务产品，如个性订阅服务、对专业性较强的专业书籍采取订单出版服务、按需出版、在线购买专业领域信息和数据服务等。

5. 出版产业链支撑体系

出版产业链作为一个生态系统，其生存和发展除了主体系中的四个环节之外，还包括一个支撑体系，这个支撑体系不直接参与出版业产品的开发和服务，但在整个产业链形成和运转中不可缺少地提供基础支持性服务，包括金融服务商、人力资源服务提供机构、物流服务商、广告运营商、法律服务提供机构等。

二　北京市出版产业链分布状况

为了了解北京市出版企业在产业链各环节的分布状况，项目组通过"北京市工商局的企业信用信息网"，以"出版"为关键词，对在京注册的与出版产业相关的企业进行检索，得到企业信息 1308 条，剔除其中处于"停业""关闭"状态的企业，最终获得 587 条企业信息。

由于目前从事内容创作的作者、创作者多以个体为单元，因此，根据所获得企业的主营业务，项目组按照前述出版产业链的环节，分析除"内容创作"以外的三个环节的企业状况。

在 587 家企业中，其主营业务属于内容集成环节的有 402 家，占 68.5%，媒介传播环节的有 307 家，占 52.3%，版权运营环节的有 226 家，占 38.5%。各环节企业数分布如图 2 所示。

1. 内容集成环节的企业分布状况

在 587 家企业中，从事内容集成的出版机构共 402 家，其中，传统出版商 307 家，占 76.37%；数字出版商 127 家，占 31.59%；印刷技术提供商 17 家，占 4.23%；软件开发商、技术集成方 134 家，占 33.33%。其分布如图 3 所示。

2. 媒介传播环节的企业分布状况

在 587 家企业中，媒介传播环节的企业共 307 家，其中，网络平台、云平

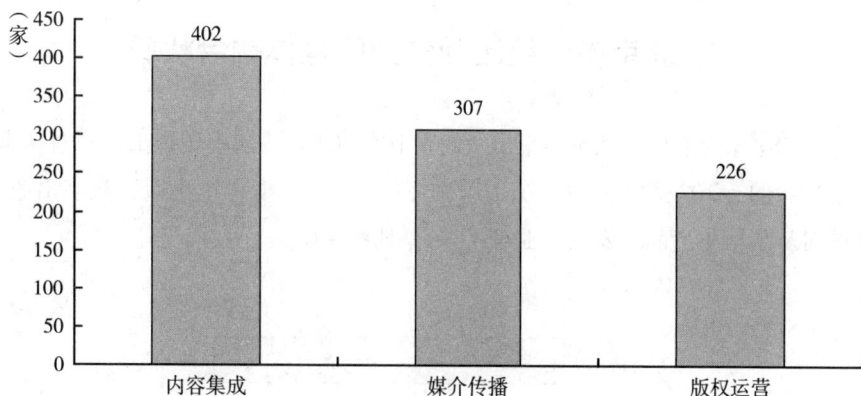

图2 北京市出版企业在产业链各环节上的分布状况

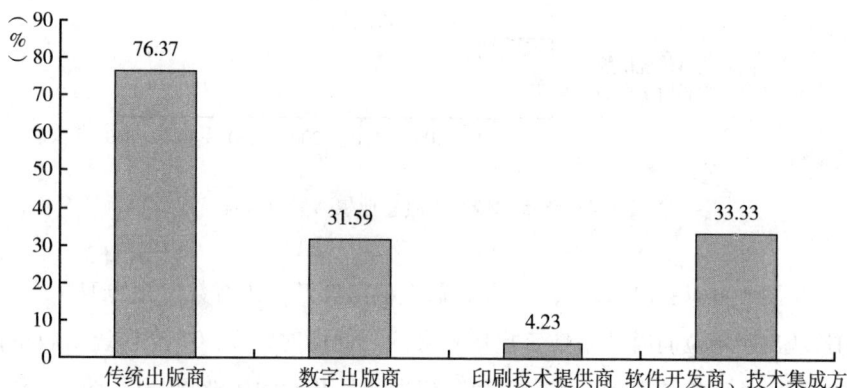

图3 北京市产业内容集成环节企业分布

台等23家，占7.5%；销售商296家，占96.4%，即绝大多数从事媒介传播的企业都从事销售工作。

3. 版权运营环节的企业分布状况

在587家企业中，从事版权运营的共226家，其注册资本在500万元以下的企业占比达56.07%，说明北京市大部分出版企业的规模较小。这些企业成立时间集中于1～5年，说明版权运营在北京市出版领域还属于新兴业务。

三 北京市传统出版企业的媒体融合状况

在587家企业中，从事传统出版的企业有307家，从事传统出版同时从事数字出版的有102家，约占传统出版企业的1/3。从事传统出版、数字出版，还同时从事衍生产品开发的企业有47家，如图4所示。

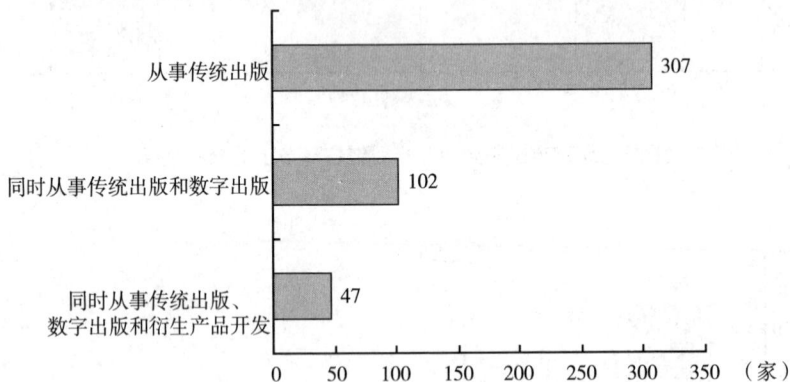

从事传统出版 307

同时从事传统出版和数字出版 102

同时从事传统出版、
数字出版和衍生产品开发 47

0 50 100 150 200 250 300 350 （家）

图4 北京市传统出版企业媒体融合状况

从图4可以看出，北京市传统出版企业已经开始进行数字化转型，约1/3的传统出版单位同时从事数字出版业务。与此同时，在307家传统出版单位中，同时从事传统出版、数字出版和衍生产品开发的企业47家，约占15%。可见，媒体融合背景下的产业融合业务只在少数的传统出版企业中展开，北京市出版企业在媒体融合背景下进行的业务转型还在探索中。

四 北京市典型出版企业的产业链协同模式

1. 社会科学文献出版社的产业链协同模式

社会科学文献出版社成立于1985年，是直属于中国社会科学院的人文社会科学专业学术出版机构。主要从事社科类学术著作的出版与销售，同时将纸质版图书数字化，将图片、音像资料等做成数据库。

在产业链协作上，主要涉及与作者、印刷厂、国外的出版机构、技术公司、各类书店和图书馆等方面的合作。

（1）与作者的合作

社会科学文献出版社目前没有签约作者，与上游作者的合作主要有两种类型，第一种是长期合作，基于出版社与作者之间良好的联系和默契，由出版社向作者约稿；第二种是作者根据自己作品的内容选择出版社进行合作。

（2）与印刷厂的合作

社会科学文献出版社与印刷厂的合作主要通过出版部。建立长期合作关系的印刷公司有 3~4 家，他们 60% 的业务量是与社会科学文献出版社的合作的。出版社与印刷厂之间的合作是基于合同关系的长期合作。

（3）与国外出版机构的合作

目前，社会科学文献出版社已经与英、美、法、德、日、韩等国及中国港澳台地区近 40 家出版和学术文化机构建立了长期稳定的合作关系，并先后与荷兰博睿等 10 余家国际出版机构合作面向海外推出了"经济蓝皮书""社会蓝皮书"等 10 余种皮书的英文版、俄文版、日文版等。截至目前，社会科学文献出版社共推出各类学术著作的英文版、日文版、俄文版、韩文版、阿拉伯文版等百余种。

（4）数字出版业务的拓展

社会科学文献出版社在 2002 年成立了信息化小组，后来发展成为信息化工作委员会，负责所有数字产品的选题策划及出版社信息化建设，指导出版社的数字出版工作，同时也有数字出版分社负责纸质内容数字化、制作数据库等技术工作。同时，为了解决数字出版技术的难题，社会科学文献出版社与其他技术公司合作建立合资企业，为本社提供数字出版技术支持。

（5）与书店、图书馆的合作

社会科学文献出版社还积极与中央和地方各类媒体合作，联合大型书店、学术书店、机场书店、网络书店、图书馆，逐步构建起了强大的学术图书的内容传播力和社会影响力，学术图书的媒体曝光率居全国之首，图书馆藏率居于全国出版机构前十位。

综上所述，社会科学文献出版社在产业链上的合作共有四种具体合作模式，如表 1 所示。

表1 社会科学文献出版社产业链协同的具体形式

合作对象	具体形式	资源基础	合作动机	合作模式
横向合作	与国外出版机构合作推广	知识链	共享渠道	横向合作－知识链－共享渠道模式
纵向合作	与作者多方式合作,与印刷厂建立合同关系	产品链	开发产品	纵向合作－产品链－开发产品模式
	与其他技术公司开办合资企业	资本链	开发产品	纵向合作－资本链－开发产品模式
	与渠道商合作加大传播力度	知识链	共享渠道	纵向合作－知识链－共享渠道模式

由此可见,社会科学文献出版社在产业链合作上存在多种模式,但是在合作动机上仍在产品开发和渠道共享方面。这与国外大型出版机构的全方位产业布局还存在差距。

2. 中文在线的产业链协同模式

中文在线2000年成立于清华大学,为中国数字出版的开创者之一,于2015年1月21日在深交所创业板上市。中文在线以版权机构、作者为正版数字内容来源,进行内容的聚合和管理,向手机用户、手持终端用户、互联网媒体等提供数字阅读产品;为数字出版和发行机构提供数字出版运营服务;通过版权衍生产品等方式提供数字内容增值服务。中文在线的业务包括两条主线,即"文学+"和"教育+",形成了"一种内容、多种媒体、同步出版"的全媒体出版模式。

从产业链上合作的关系来看,中文在线的合作者主要涉及作者与出版社、技术运营商、渠道商、终端用户、影视制作商以及作者、粉丝群等。

(1) 与作者和出版社的版权合作

中文在线共拥有数字内容资源过百万种,内容来源除了自有的在线创作网站之外,还签约版权机构600多家。中文在线作为一个数字出版平台,受让出版社数字版权,聚合各家出版社内容以满足不同诉求,弥补了单个出版社势单力薄的市场控制力的缺陷,从而使业务与出版社形成互补。同时,通过中文在线的平台,在线作者可与读者互动,根据读者需求进行创作。中文在线实施全方案版权保护,注重衍生权的运营,秉承先授权、后传播的原则,为出版社合作者提供资产管理平台,以记录各方的授权时间。

(2) 与技术运营商的合作

中文在线投资控股的子公司——北京中文万维科技有限公司,是一家主营业务包括智能手机阅读及互动娱乐客户端应用和网页应用等投资、研发、运营、服务的技术运营商。中文在线通过子公司及其战略合作伙伴，为用户提供多种形式的互动娱乐增值产品，打造出作者、粉丝读者、内容阅读、增值服务、线上线下一体化的互动娱乐阅读生态。

（3）与渠道商和终端用户的合作

中文在线也与多家渠道商和终端用户建立了合作关系。中文在线与中国移动共同成立咪咕传媒，从事手机阅读、手机报业务的平台和产品开发、业务和内容运营等。还作为中国电信天翼阅读的第二大股东与中国电信进行合作。中文在线也与新华网"新华悦读"、kindle 电子书店、华为手机等展开合作。此外，中文在线的书香中国服务理念是"云 + 端"有屏就有阅读，可用移动端扫描下载，目前与公共机构、高校、政府、地铁公司等进行合作，面向机构定制化。

（4）基于衍生产品的合作

在版权运营方面，中文在线本着"精品内容 + 多元渠道"的理念，已与产业链上下游诸多公司建立了合作关系。2015 年以来，中文在线推出多个知名产品，如联合爱奇艺共同打造了《我的美女老师》，点击率迅速破 2 亿；根据 17K 小说网作品《龙血战神》改编的同名手游；17K 作品《隋乱》是第一本被译为外语的网络小说，进入台湾诚品书店、金石堂、博客来网上书店三大排行榜。

（5）作者与粉丝群体培育

中文在线在进行数字出版的同时，也致力于行业人才培养。由中国作家协会指导，莫言担任名誉校长，中文在线携手 17K 小说网、纵横中文网、创世中文网等 12 家在线文学网站，合作成立了首家网络文学大学——网文大学，致力于行业人才培养，线上、线下培训网络作家。网文大学是一所免费的公益性在线大学，下设有精英学院和青训学院等。

表2 中文在线产业链协同模式的具体形式

合作对象	具体形式	资源基础	合作动机	合作模式
纵向合作	与作者、出版社的数字版权合作，与渠道商、硬件商、机构用户合作	产品链	开发产品	纵向合作－产品链－开发产品模式
	投资万维公司，投资中国电信天翼阅读	资本链	开发产品	纵向合作－资本链－开发产品模式
	成立网文大学	知识链	培养人才	纵向合作－知识链－培养人才模式

由表 2 可以看出，以数字出版技术为基础，中文在线的核心业务是数字出版和数字版权运营，与产业链的合作主要是基于产品开发与拓展。在出版产业链上的合作对象也主要是数字出版产业链上各环节的参与者，从上游的作者、出版社，到下游渠道商和硬件商，再到下游的读者，中文在线的合作基本贯穿了整个数字出版产业链，而出版传统的纸质书则是对数字出版物成功的锦上添花。

3. 时代光华的产业链协同模式

北京时代光华图书有限公司成立于 2000 年 8 月，是以培训、图书策划发行为主业，兼及数字出版、杂志运营与会员俱乐部业务的文创产业集群，是中国北京出版创意产业园区首批入驻企业。

时代光华在产业链上的协同模式就是通过各种合作与兼并，将公司自身打造成涉足全产业链的知识服务者。

（1）基于客户需求，与内容提供者合作的版权运营模式

时代光华最初的业务是线下培训，之后发展为在线卫星课堂的培训，制作培训光盘与书籍，从而开始涉足出版领域。因此，时代光华的产业链构建是从客户终端的需求开始，逐步向上游延伸和发展的。

通过培训课程，公司拥有一批相对稳定的客户群体和需求相对聚焦的客户网络，他们为公司寻求产业链上游的内容提供者提供了基础。在内容合作上，时代光华的主要合作者包括培训大家、咨询策划专家、心理励志名家、财经名家、教育培训名家、养生名家、文艺名家等。

（2）资本运作下的发行渠道

时代光华的发行渠道非常广泛，包括机场、高铁站书店、新华书店、电子商务等。时代光华最有特色的发行渠道就是其自营的实体书店汇智光华。2007年，时代光华开始自建机场、高铁渠道，如今已在全国各地有 280 余家实体书店。现在时代光华的产品可以在全国 300 多家机场、高铁书店陈列销售，部分品种得到重点码放。时代光华与中信书店、拉格代尔、蔚蓝时代、广州逸臣等全国主要机场店商建立了战略合作伙伴关系。在网店渠道方面，时代光华是当当、京东、亚马逊三大网店经管培训类书籍最大的战略供应商。时代光华的另一个发行渠道是培训渠道，除了与全国 200 余家大中型培训公司合作外，还有更多的终端企业客户资源。

（3）多元化的版权运营

时代光华同样注重对版权的运营，致力于将优质的内容以多样的形式进行传播，如与爱奇艺合作拍网剧做影视拓展，开发培训课件和培训游戏等。除经管类培训图书外，时代光华也涉及网络文学，旗下的雁北堂中文网已与中国移动共同开发安卓 APP。

综上所述，时代光华的产业链协同模式就是将自身打造为全产业链。通过与内容提供者的版权合作，实现版权在产业链上的增值。同时，通过资本运作，拓宽发行渠道，培育衍生产品，从而实现产业链各环节的协作共赢。

4. 北京市出版企业产业链协同的特点

从以上案例可见，北京市出版企业产业链协同模式因其企业特点而各有不同。

第一，传统出版企业的主要业务依旧是传统的纸质出版物，企业自身通常具备"编印发"的传统产业链各环节，对外合作相对较少。其主要的对外合作关系都是围绕传统出版物开展的，包括少量的印刷外包以及国外市场开拓等。由于版权优势，其在纸质出版物的产业链合作中仍占优势。数字化出版对于传统出版社来说更像是一种对传统出版方式的补充。由于传统优势的惯性，传统出版企业的对外合作动力不足。

第二，数字出版单位多为数字技术起家，在产业链分工中体现为明显的技术优势。版权和渠道是数字出版单位积极努力开发的方向。因此，数字出版单位的产业链协作范围相对更广，其主要是基于数字产品的开发进行的产业链的纵向合作，包括产品链协作、资本链协作、知识链协作等各方面。

第三，以版权运营为基础的出版单位，其产业链合作范围更广。由于其主要业务都是基于版权开展的，因此产业链协作涉及内容创作、内容集成、媒介传播等产业链各环节。并且，为了实现版权在产业链各环节的最大增值，版权运营单位的多元化经营趋势明显。在版权运营中，主要的合作关系也是通过资本运营来实现的。

第四，与国外大型出版机构相比，北京市出版企业的产业链协作范围较小，只能聚焦在某一领域，且以产品开发为主，对产业链整体的协同发展，还不具备操控实力。

五 北京市出版产业集群治理模式与协同效应

产业链的合作关系逐渐组成合作网络，最终形成产业集群。在产业集群中，产业链上各环节的企业分工更加细致，彼此依赖更强。在追求共同利益最大化的同时，各环节、各企业的个体诉求往往会有不同层面上的差异，集群内部相互关系的维系和利益分配问题就需要通过集群治理来解决。不同的集群治理模式，往往会产生不同的集群关系和集群协同效应，从而最终影响产业集群的整体发展。

1. 四种集群治理模式

集群只有在有效的治理模式下才能发挥出最大的效率。基于已有的学术成果，从治理主体和治理机制两个维度，将集群治理模式分为四种（如图5所示）：权威领导下的正式治理模式、权威领导下的非正式治理模式、自主协商下的正式治理模式、自主协商下的非正式治理模式。

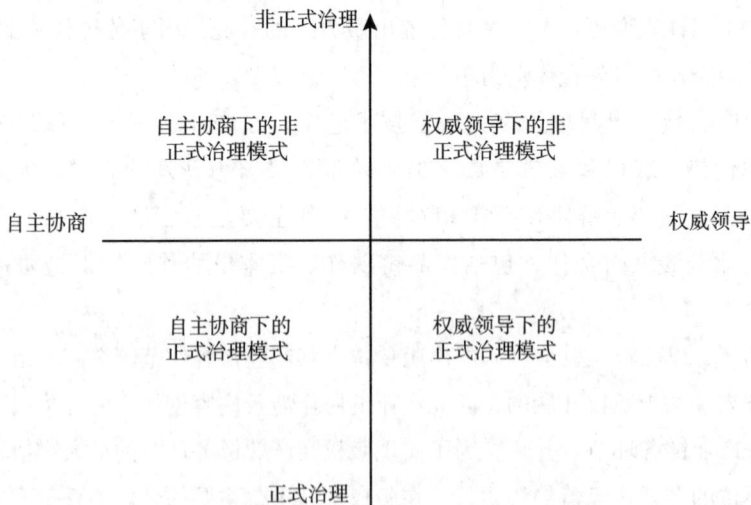

图5 四种产业集群治理模式

2. 出版产业集群的协同效应

产业链集群内部各行为主体之间分工合作的协同关系，增强了产业链上下游之间的专业化分工，降低了交易成本，提高了规模效益，形成了集群的协同效应。国内外学者已形成的研究成果表明，集群的协同效应表现为以下几个方面：①带动效应，即产业集群网络通过产业关联效应和集群扩散效应综合作用所形成的乘数倍增效应，并由此带动区域经济的发展；②马太效应，发展较好的集群网络虽然已有较多的人才，但仍易吸引人才，而没有形成产业链集群网络的各企业中，人才少也越容易流失人才；③信息共享效应，集群内部的信息流通与共享使得信息搜集成本降低、时间缩短，有利于人才获取信息、知识，提高知识的研究、生产、推广和应用效率，使企业能够不断地进行知识积累和创新；④知识溢出效应，指集群内各企业之间在直接或间接的互动、交流过程中发生的知识传播，使各企业能够更好地利用所获取的知识对生产、技术等方面进行改进；⑤竞合效应，一方面是指各企业间相互合作，有目的、有计划地进行组织和管理创新，构建企业之间的联盟，从而形成合力抵御潜在的风险，另一方面集群内同一层面的生产环节有大量企业，由于其产品的同质性，导致了激烈的市场竞争，为企业带来了竞争的压力，这促使各企业提高生产效率，不断降低成本，提供更好的服务，从而获得竞争优势；⑥品牌效应，指集群内的企业长期规范经营，通过良好的质量、全面周到的服务等累积起来的良好声誉，从而增进了消费者、供应商对集群内生产产品的厂商的信任和忠诚；⑦协作效应，即产业链集群内上下游企业之间分工更加明确，专业化程度更高，提高了各企业的生产效率以及产业链集群的整体竞争力。

3. 北京市出版产业集群治理模式及其协同效应分析

为了了解北京市出版产业集群治理的模式及其协同效应的情况，项目组针对前述的理论模型，设计了调查问卷，并针对北京市出版产业链关键环节的企业进行了问卷调查。将回收的样本数据放入图 5 的模型，得到样本分布图，如图 6 所示。

从治理主体来看，自主协商下的治理模式样本数量占整个样本数量的82%，远大于权威领导下的治理模式样本数（12%），图 7 显示了二者样本量的对比情况；从治理机制的角度来看，以非正式治理机制为主的治理模式的样本数量略大于以正式治理为主的治理模式，如图 7 所示。除此之外，还有少量样本属于正式治理和非正式治理机制作用相当（即位于 X 轴上）的混合治理模式。

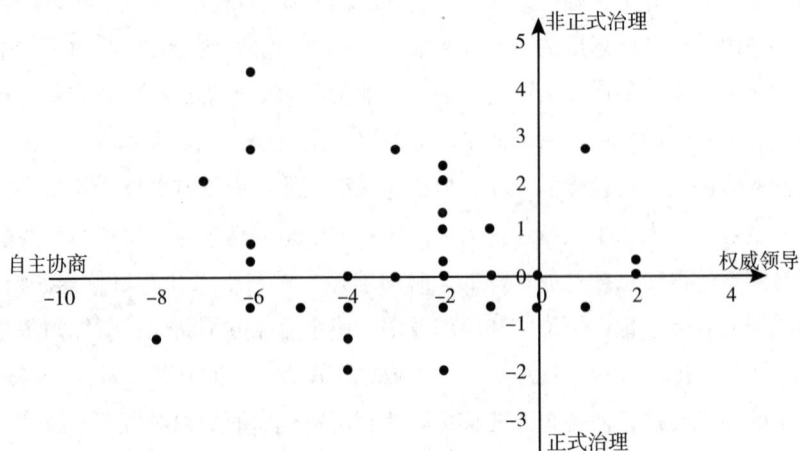

图 6　北京市出版产业集群治理模式样本分布

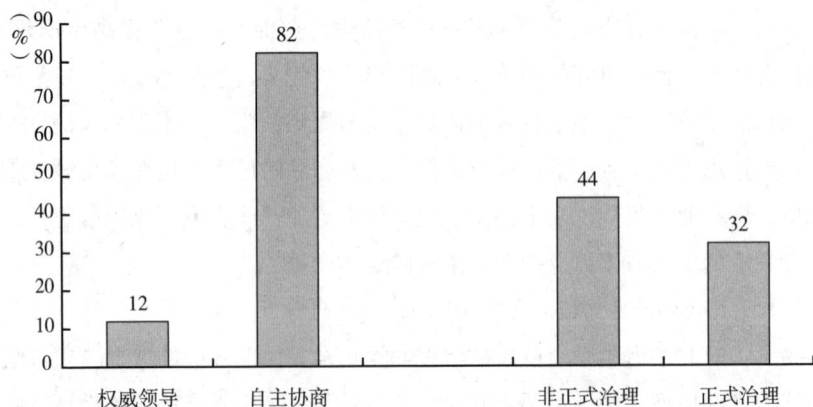

图 7　治理主体与治理机制两个维度下的样本量分布

　　综合两个维度，北京市出版产业链集群治理模式大部分处于第二象限，即以自主协商下的非正式治理为主，占到调研样本的 41%，说明从现在出版产业的发展来看，大部分的合作模式是由自主协商形成的。对一些较为成熟的合作关系，关系的维持大多是依靠合作企业的良好声誉、在业界的口碑以及彼此之间的共同价值观，而合同契约等内容只对企业双方行为产生一定的约束力。

　　其次是自主协商下的正式治理模式。这是因为在媒体融合背景下，许多创业企业在出版产业链的某些环节应运而生，这些新成立的企业对于已有十几二十年辉煌历史的其他出版单位来说，知名度不高，当他们因业务需要发展各环节上的合作关系时，更多的是依靠法规条例、合同契约等正式治理机制，这些规章制度如同"定心丸"一般维持着双方的合作关系，减少了机会主义的发生。

六　问题与对策

1. 北京市出版单位产业链协同与集群治理的主要问题

（1）在媒体融合背景下，传统出版企业已经开始进行数字化转型的尝试，但从产业链融合的全局布局业务的单位相对较少

依据所获数据，北京市在册的 587 家出版企业中，从事传统出版业务的有 307 家，占总数的 52%。这 307 家传统出版单位中，同时从事数字出版业务的有 102 家，约占 1/3；同时从事传统出版、数字出版和衍生产品开发的企业有 47 家，约占 307 家传统出版单位的 15%。由此可见，产业融合业务只在少数传统出版企业中展开，传统出版企业的转型之路还在探索中。

（2）与国外大型出版机构的多元化产业合作模式相比，北京市出版单位的产业链合作模式相对单一

国外大型出版机构的产业链合作呈现多元化态势，除了产品开发、渠道共享外，这些机构充分利用资本链的作用，打通国内外产业链各环节的渠道资源，打造出版产业的航空母舰，形成强大的进入壁垒与不可替代的竞争优势。相比之下，北京市出版单位的合作多是基于产品和渠道展开的，合作的初衷仍停留在寻求生存空间阶段。各环节的企业虽然各具优势，但资源整合能力有限，从产业链全局出发的知识共享和资本规模优势还没有充分显现。

（3）传统出版企业的媒体融合转型还在纸质出版物电子化的初级阶段，瓶颈主要来自技术与人才匮乏

在传统出版单位的媒体融合转型过程中，将传统纸质出版物数字化是比较普遍的做法。一些出版单位为了拓宽传播渠道而与渠道商、平台商建立合作关系。传统出版单位在媒体融合的挑战面前，不得不寻求新的突破和转型，但常常受困于互联网与信息技术的飞速更新和相关人才的匮乏。

（4）在对外合作关系上，传统出版企业的惯性优势明显，对外合作动力不足

与数字出版单位相比，传统出版企业大多是历史较长、实力较强的国有企业，企业自身通常具备"编印发"的传统产业链环节，对外合作相对较少。由于版权优势，其在纸质出版物的产业链合作中仍占优势，数字化出版对于传统出版社来说更像是一种对传统出版方式的补充，对外合作动力不足。

（5）传统出版单位与读者的互动机制匮乏

互联网与数字出版物改变了原有的出版格局，却不能完全代替传统出版。在媒体融合的背景下，传统纸质出版物将与数字出版和其他新媒体长期共存。从本项目的调研结果来看，传统出版单位在利用电子商务等互联网营销的渠道资源方面所做的工作不足。读者的反馈信息没有受到出版单位的足够重视，出版单位与读者的互动机制没有很好地发挥作用

（6）以信息技术见长的出版单位，常常受困于版权的规范与管理。

一些凭借信息技术起家的机构，虽然拥有先进的技术和适应读者需求变化的信息平台，但常常受困于版权的规范和管理。数字出版物的版权纠纷几乎是所有数字出版单位不得不花大力气面对的问题。例如，传统的"先授权、后传播"的管理制度，常常成为"求快、求新"的互联网传播障碍，数字传播平台、数字出版单位与原创作者之间的版权授权需要新的规制来规范。

（7）从事版权运营的企业，常常因为体制机制的束缚而难以实现突破与创新

与传统出版产业相比，北京市从事版权运营的企业多为新兴企业，且以民营企业为主。这些企业创新创业动力显著，人力资本水平较高。但囿于现行体制机制的限制，一些创新难以实现。例如，资本渠道的限制、公司治理结构的限制等。

（8）在产业合作关系上，自主协商是目前北京市出版产业集群的主要治理模式，政府的引导作用并不显著

从问卷结果看，自主协商的治理模式的样本数量占整个样本数量的82%，远大于权威领导下治理模式的样本数。相比其他行业，出版产业的政府主导作用更强，管制更严。但在促成产业链合作的问题上，政府的主导作用并没有充分显现。产业链的合作关系仅仅建立在企业层面上，很难避免重复建设和恶性

竞争，从而不利于产业全局的健康发展。

（9）自主协商下的正式治理模式协同效应最大，需要适应媒体融合的规制融合，以规范协作行为，维护公平的协作环境

如前面的分析所示，在四种治理模式中，自主协商下的正式治理模式协同效应最大，说明北京市出版企业通过自主协商形成的合作伙伴关系，通过双方签订的合作契约等正式的治理机制，达到的合作共赢利益最大，协同效应最高。然而，由于信息技术的迅速发展，媒体融合已经成为产业发展的主要趋势，版权运营已经成为产业链各环节的重要课题。相比产业内的技术融合、产业融合和组织融合，我国为适应媒体融合的规制融合还需要加快进程。

2. 北京市协同发展出版产业的对策与建议

综合以上分析，针对北京市协同发展出版产业的对策建议如下。

（1）研究制定相关政策，引导和激励传统出版企业基于媒体融合的产业链合作

目前，北京市传统出版单位、技术运营商、渠道商以及出版物运营平台等环节的单位，分别在产业链中具有各自的优势资源。相比之下，传统出版单位由于历史沉淀的先天优势，在内容资源上仍具有不可代替的优势。但面临媒体融合的挑战，传统出版产业所做的改革都是谨小慎微的尝试，缺乏政策的引导和激励。同时，以技术见长的数字出版单位和以资本运作见长的版权运营机构，都迫切需要与传统出版单位的有效合作，从而实现产业链的资源整合。企业的资源整合行为常常是从企业自身利益出发的，常常是局部的、有限的。因此，从产业整体发展的角度实现媒体融合，需要政府有关部门研究和制定相关政策，以引导和激励产业链各环节的合作共赢。

（2）加快进行新闻出版广电行业的版权规制改革，培育有效治理产业链协同发展的制度环境

按照技术融合－产业融合－组织融合－规制融合的发展阶段，北京市新闻出版广电产业实现媒体融合的进程是在技术融合的推动下进行的，产业融合与组织融合正在实践中尝试。在产业集群治理中，企业间的合作多是在自主协商的情形下实现的，而且在自主协商下的正式治理模式协同效应最好。这说明，企业在进行产业链协作过程中，已自发形成一些处理彼此关系的治理模式。而在技术迅猛发展、媒体融合挑战的压力下，实践常常先于规制而行，这必然给

企业带来许多制度风险和实践中的困惑。因此，面对技术和产业上媒体融合实践，规制融合不仅需求迫切，而且势在必行。

（3）加强对媒体融合的共性技术研发投入和人才培养

出版产业面对媒体融合的挑战，需要进行业务转型的一个重要瓶颈是技术和人才的匮乏，其中很多的技术需求是行业共性技术。一些企业试图在这些技术上进行探索和突破，但很多以投入的不可持续而告终。因此，对一些行业共性技术，需要政府相关部门引导与支持，行业发展需要的专门人才也需要政府提供培养机制。

（4）探索媒体融合的盈利模式和合理的利益分配机制，加快出版行业现代公司治理制度的建设

出版产业的生命力在于创意和创新。而在数字出版领域中，创意和创新的盈利模式还一直是一筹莫展的课题。一些版权运营机构在小说文艺领域进行了版权的产业链一体化运营的探索和尝试，也获得一些成功的案例。如何在媒体融合的进程中找到可靠的盈利模式，使各环节的利益得以合理分配，是促进整个产业良性健康发展的重要课题。同时，以政府管制、国有资本为主体的传统出版企业，其治理结构不仅使企业在适应媒体融合背景的改革中举步维艰，而且很大程度上束缚着员工创新能力的发挥。因此，引入社会资本，增强企业活力，促进传统出版产业进行现代公司治理制度改革，可以为传统出版企业探索产业链协同发展模式提供有意义的尝试。

B.17
北京市媒体融合发展调研*

摘　要：　从"＋互联网"到"互联网＋"，是一场脱胎换骨的产业革
　　　　　命。北京市媒体由于其特殊的地位，受体制机制的束缚较多，
　　　　　形成了地处信息富集、传播迅速的京畿之地，对市场的变化
　　　　　感触较快但应对较慢的现状。直面传统媒体转型及新媒体融
　　　　　合，北京市媒体应该从媒体思维转变为互联网思维，从事业
　　　　　单位改制为市场主体，以技术团队引领创新发展，从产品运
　　　　　营向资本运营转变，从转型互联网到全面互联网化。

关键词：　媒体融合　媒体转型　传统媒体　新兴媒体　北京

　　从"＋互联网"到"互联网＋"，是整个社会融入互联网时代的转型路径。一个加号前后次序的变化，却是一场让业界同人脱胎换骨的产业革命，是一条经过了十余年的探索尝试之后，逐渐清晰起来的路径。无论从心理感受还是操作实务中，传统行业都正面临深刻的颠覆与重构，以往的经验和积累既是资源，也有可能成为"包袱"，现在的探索和尝试未必就是未来——几乎每个传统行业都在经历这样的煎熬。

　　从最初建网站，到推电子版、PDF版，再到手机报，报网互动、台网互动，发展全媒体，开发客户端，开通微博、微信，开发基于互联网的相关项目，十余年时间，传统媒体在新平台打造、运营模式创新、体制机制改革、全媒体融合等各个方面，从被动参与到主动探索，走过的正是从"＋互联网"到"互联网＋"的路。起初将互联网作为传播渠道的补充，到逐步被互联网化，再到互联网传媒产业生态链的打造，思路逐渐清晰起来。

＊　本报告根据北京市新闻出版广电局调研类课题"传统媒体与新兴媒体融合发展调研报告"编撰。

但传统媒体与互联网的基因完全不同，在体制机制、技术手段、思想观念等方面存在极大差距，无法满足不断个性化的用户需求。特别是传统媒体担负的喉舌使命、弘扬主旋律的任务，又使其在市场翻天覆地的变化中很难及时应对，做出与市场和社会发展相适应的改变。而主媒体日子还好，新媒体收益微薄，使新媒体边缘化，融合实际上一直只是一个话题，在浅层次上敷衍应付，几无实质进展。

中央《关于推动传统媒体和新兴媒体融合发展的指导意见》，要"推动传统媒体和新兴媒体在内容、渠道、平台、经营、管理等方面的深度融合，形成立体多样、融合发展的现代传播体系"，正是从国家战略层面对传媒业的重新布局，或将打破传统媒体的思维禁锢和体制枷锁，实现媒体融合。

在这样的宏观背景下，国内媒体融合、创新发展风起云涌。上海在体制改革方面大刀阔斧，新媒体研发力度空前；浙江在资本运作、跨界融合方面敢为人先；湖南广电领跑创新发展……作为全国媒体中心，北京市的媒体人关于融合怎么看、怎么想、怎么干，成为政府、媒体行业主管部门十分关心的问题。

一　北京市媒体融合模式及现状

作为全国媒体行业的中心，北京共有中央在京媒体、北京地方媒体、外地媒体在京机构、国外媒体在京机构及北京市出版单位等新闻媒体出版单位约4000家，占全国新闻媒体出版单位的近五成。

北京市主要媒体包括北京日报报业集团旗下10报（《北京日报》《北京晚报》《北京晨报》《北京娱乐信报》《京郊日报》《北京商报》《首都建设报》《北京社区报》《竞报》《音乐周报》）及《京华时报》《新京报》《北京青年报》《法制晚报》等报纸，还有北京电视台、北京人民广播电台等主要电子媒体，以及这些传统新闻机构附属的新媒体机构，如移动电视、公交电视、千龙网、京报网、北晚新视觉网站、北青PAD、京华云报纸、新京报京探网和一些垂直类网站，以及借助微博、微信平台的系列公众号和近两年开始陆续推出的新闻客户端等。

一份针对北京市新闻从业人员的调查报告显示，有64%的北京新闻人想转型其他行业，想继续从事新闻媒体这个行业的人只有19.6%。而另一个数据显示，新闻客户端成了人们获取新闻资讯的主要渠道，北京位居中国"十大最爱看新闻的城市"之首。

这是一个令新闻人尴尬的现实，从一个侧面反映出传统媒体转型及融合发展的现实情况。互联网完全消解了媒体的边界，"信息即媒介"的时代，全面融合是唯一的选择。然而传统媒体受观念、体制、技术、人才、资金等各个方面的限制，加上前些年日子还好，所以，其开发的"新媒体"，长期以来只是主媒体的"附庸"，无法得到足够的重视、足够的资金、足够的支持。

北京市媒体在全国的媒体大盘中的地位更为特殊，其喉舌作用和舆论导向作用更突出，受体制机制的束缚更多，形成地处信息富集、传播迅速的京畿之地，对市场的变化感触较快但应对较慢的现状，"起个大早，赶个晚集"的现象普遍，融合转型的难度更大。

从抵制互联网到"＋互联网"，再到被"互联网＋"，从被动挨打到主动出击，传统媒体与新媒体的融合才刚刚开始。

1. 门户时代：输在了起跑线上

"媒体触网"是传统媒体与互联网、"新媒体"的第一次交集。媒体网站的建设早于商业网站，但媒体网站的发展却远远滞后于商业网站。诉求和出发点的不同，决定了两者的不同路径；思想观念和体制机制的差别，导致了两者天壤之别的结局。

1997年3月20日，《北京日报》京报网上线，这是北京市媒体开通的第一个媒体网站。这一年，网易在广州成立。

1998年9月22日，《北京青年报》北青网上线。这一年，搜狐、新浪、腾讯成立。但北京青年报社真正启动新媒体项目，设立机构管理北青网，进行实质意义上的报网融合，已是2012年了（见表1）。

表1 北京市媒体门户网站基本信息

网站名称	隶属	属性	创建时间	日均 IP	日均 PV
京报网	《北京日报》	网站	1997 年 3 月 20 日	9600	57600
北青网	《北京青年报》	网站	1998 年 9 月 22 日	210000	1365000
千龙网	千龙网	网站	2000 年 3 月 9 日	456000	1641600
北京地区网站联合辟谣平台	千龙网	网站	2000 年 3 月 9 日	—	—
北京广播电视台网站	北京广播电视台	网站	2010 年 12 月 29 日	840	840
京华网	《京华时报》	网站	2005 年 4 月 24 日	10800	19440
北京网络广播电视台	北京电视台	网站	2011 年 7 月 5 日	294000	1087800
青游在线	《北京青年报》	游戏平台	2003 年 5 月 12 日	—	—

资料来源：站长之家网站。

对互联网公司来说，网站是安身立命之本，是身家性命所在。而对于传统媒体来说，网站只是"餐后小甜点"，聊胜于无。媒体网站长期以来大都只是媒体自身的电子版、PDF版，是辅助主媒体阅读的小工具。

随着网络媒体的日渐做大，新浪等商业网站开创的新闻门户模式，以其海量的免费信息、灵活多样的呈现形式、及时快速的信息发布很快就一统天下。传统媒体不忿于自己的内容被商业网站白白拿走，在抵触、抵制、抵抗无效后，无论是中央媒体还是地方媒体，无论是大媒体还是小媒体，无论是报纸杂志还是广播电视，纷纷上线自己的网站。但思想上对互联网的轻视，使传统媒体没有深入思考媒体网站的核心资源和竞争力所在，只是简单复制，几乎清一色地采用了"新浪模式"，成为"门户网站"模样。

网站最初的运营模式，沿袭了传统媒体的套路，做内容－吸引受众－卖广告，最终造就了一个个网上的"传统媒体"，单一的运营模式和收入来源，使互联网的特性和优势没有得到发挥。网站上的内容是在媒体发布后才上网，速度慢；而媒体网站自身原创内容不足，信息少；呈现形式和主媒体上的一样，无特点；众多网站"千网一面"，内容重复，同质化。

2000年前后的"网络泡沫"破灭，让商业网站被迫选择了网游作为自救，以新闻信息为基础，延伸网游、即时通信、在线互动等诸多服务，而随着电子商务和在线支付模式的诞生，商业网站逐步形成了完整的产业链条和生态系统。

2000年3月9日，千龙网上线。这一年，百度在北京成立。

千龙网由北京日报社、北京人民广播电台、北京电视台、北京青年报社、北京晨报社等京城主要传媒共同发起和创办，是国内第一家综合性新闻网站。其整合地方传统媒体资源、组建大型网络媒体平台的模式，被称为"千龙模式"。

作为"首都的'人民网'"，千龙网一直致力于对北京市进行宣传，立足北京市场，定位北京区域新闻门户网站，主要任务是"巩固网上主流思想意识阵地"，一手做新闻，一手做宣传。要求网站各部门与北京市各部门、协会、行业、领域、区县，甚至微观企业进行垂直对接。强调原创，强调本地，做好市属媒体，突出北京要闻，地面端、PC端和移动端的三端融合，体现全媒体特色，使千龙网真正成为"北京的窗口"，避免了传统媒体普遍存在的主媒体与网站间的矛盾。

作为"新兴媒体"的千龙网实际上也是完全按照传统媒体的机构设置和运营模式在运转，下设了 20 多个部门，进行新闻的采集加工和发布。但仅仅作为区域性网络新闻媒体，受体制、地域、模式的限制，无法像网络媒体那样在更广阔的空间进行灵活多样的信息发布、多元化运营。千龙网是国内少有的几个收入过亿元的省级网站，在媒体网站中算优胜者，但它的对手是互联网，这个运营规模和网络媒体动辄几百亿元的收入完全不在一个维度上，其运营模式也很脆弱，也需要加速转型。

传统媒体就像一个拿着大刀的势单力孤的士兵，在和拥有各种先进武器的强大的互联网系统作战。在传统媒体与网络媒体生死存亡的战争中，媒体网站是缺位的，当传统媒体在广告断崖式下滑边缘挣扎时，媒体网站几乎没有作为，很多名存实亡，几乎可以忽略不计。

现实所迫的报网融合、台网融合要解决主媒体新闻发布迟滞、受众大幅减少、广告收入大幅下滑的问题，但资源、资金、人力掌握在主媒体手中，其依然庞大的运营规模是网站无法比拟的。所以，传统媒体采取了最省事、最经济的融合方式——"主媒体+网站"。这似乎也符合现实情况，但实际上是进一步强化了媒体网站的传统媒体模式，弱化了它的互联网功能优势和市场竞争力，使其可有可无。

在新媒体的战场上，传统媒体一开始就输在了起跑线上。

以传统媒体模式运营的新闻门户网站在移动互联网冲击下渐次式微，包括新闻门户的缔造者（如新浪原总编辑陈彤等）也陆续离开，但媒体网站至今大都依然是新闻门户模式。

在区域媒体中，杭州《都市快报》旗下的 19 楼网站，完全打破原有媒体形态，服务于市民生活的方方面面，成为国内第一个"城市生活服务平台"；在行业媒体中，汽车之家从最初的行业媒体门户网站，采用了"媒体+电商"模式，成为业内最大的交易服务平台。

打破媒体形态和运营模式，整合区域、行业资源，打造区域、行业服务平台，是契合媒体网站的发展路径。

2. "双微"时代：加速传统媒体溃败

如果说互联网 1.0 时代媒体网站和网络媒体基本都是以"媒体"形态存在的话，互联网 2.0 时代则彻底拉开了传统媒体和互联网的距离，而互联网 3.0 时代则彻底改变了人类的生活习惯，颠覆了信息的生产和传播方式。有人形象的比喻：1.0 时代类似读报纸，2.0 时代类似开会，3.0 时代类似私人订制。

2009 年 9 月，新浪微博上线。互联网 3.0 时代真正到来。公众随时随地获取信息、发布信息、参与公共话题讨论成为现实。

新浪微博注册用户从 0 到 5000 万，每天信息的发布数量达到 2500 万条，只用了一年时间。名人微博认证造就了上千万级粉丝的超级大 V，其个人微博影响力甚至超过发行量上百万份的报纸，或者有数百上千人专业生产内容的电视台。

如果说门户时代传统媒体的内容生产资质和专业生产能力是其独一无二的核心竞争力的话，微博轻松消解了这些优势，打破了信息垄断，拆掉了行业壁垒，使"媒体"无时无处不在。传统媒体赖以生存的基础被彻底摧毁。

围观改变中国——当一个个重大新闻事件在微博上首先发布，继而病毒式地传播，持续发酵，成为全民热点、全球焦点的时候，公众成了现场目击者和报道者，是事件的参与者甚至裁决者。此时，受新闻体制约束、要遵守新闻流程的传统媒体成了观众，只能在事中、事后寻找第二落点。

2010 年前后，形势所迫的传统媒体纷纷开通官方微博。彼时，传统媒体日子大都还好，开通官方微博也只是作为传播渠道的补充，增加信源，提升主媒体的阅读率、收视率、点击率，延续影响力。

截至 2013 年 11 月底，在新浪、腾讯两个平台上，媒体机构微博账号达3.7 万个。以《人民日报》、新华社为代表的传统媒体机构，在互联网上开辟了第二舆论场，@《人民日报》、@新华社不仅延续了主媒体的影响力，而且抢占了新媒体阵地的制高点。

北京市媒体在新浪微博上线一年后开始分别开通官方微博，将微博作为主媒体"标配"，作为提升主媒体影响力的工具。出发点和诉求的不同，导致媒体官方微博日常维护运营天壤之别，也决定了其结果大相径庭。

最新统计数据显示：京华时报微博粉丝有 515 万人，发布微博 51000 多条，而其京华网粉丝为 59 人，发布微博 192 条；北京青年报微博粉丝有 268万人，发布微博 40000 余条，其北青网资讯、北青网娱乐两个微博号共有粉丝20 余万人，发布微博 5000 多条；北京日报的微博粉丝有 151 多万人，发布微博 32000 多条，其京报网粉丝仅仅 446 人，发布微博 1400 余条。

从微博粉丝数和内容发布数量，就能看出传统媒体对"新媒体"的态度厚此薄彼，主报、主台是运营重点，网站只是附属，而微博是配套。京华时报微博在新浪排行榜上排在纸媒类的前十名，而其京华网微博则几乎无人打理。

在以往传统媒体的单向传播模式下，其发布完新闻即已完成任务，而在移动互联网下，信息受众成为网络用户，信息发布只是开始，加上之后的交流、互动，提供有针对性的服务，满足个性化需求才构成完整的工作流程。

当传统行业还在研究微博运营的时候，微信来了。

2011年1月21日，腾讯微信上架。截至2015年第一季度末，这个完全基于移动客户端的应用，每月活跃用户已达到5.49亿。其中，29.1%的用户关注了自媒体，25.4%的用户关注了认证媒体，企业和媒体的公众账号关注比例高达73.4%。

有人总结微博和微信的区别说道，"微博把人们吸引到手机上，而微信把手机转移到微信里"，"微博改变了世界，微信并不想改变微博，但它却改变了用微博的人，而这些继续用微博的人，正在改变微信"。

得用户者得天下——腾讯"挟用户以令天下"，它的几亿用户组成了它庞大的无坚不摧的网络帝国。如果说微博的媒体属性更鲜明的话，微信社交、服务功能则更强，黏性更强，而媒体只是它的基本属性。

注册微信公众号，成为传统媒体不得不做的选择。这一次，竞争对手不仅仅是网络媒体，还有几百万自媒体，还有几乎所有移动互联网用户。

最早感受到微博、微信影响力和营销威力并注册使用的，基本是各个行业的记者和经营人员。微博、微信的开放性特征，很多传统媒体编辑记者个人、下属部门的微博微信注册早于单位。这就导致传统媒体的双微平台，大都没有进行前期的统一布局和规划，属于"野蛮生长"状态，于是出现媒体本身除官微外，几乎每个部门、每个行业都有若干微博微信账号的局面，比如《京华时报》除官微外，还有各部门注册的京华财经、京华娱乐等20多个子微博号、10多个微信公众号。

京报集团旗下十报、三刊、一社、一网站都有微博微信账号，各单位以部门、个人名义开放的非官方微信微博有88个，《北京日报》有13个，《北京晨报》有30个，娱乐信报45个，非官方微信小号45个，这些账号共有粉丝1270多万，有些账号有粉丝数百万，有些只有几百人。与此同时，北京市所辖十几个区县的各个单位、各个部门也都有自己的微博微信账号，也面临粉丝少、影响小的局面。京报集团将这些账号集聚到一个微信公号上,取名"蛐蛐会",以实现信息与服务的对接,使其成为本地化服务平台。

而在双微的日常维护运营方面,传统媒体早期也缺乏统一管理和规划,个人行为居多,有的部门是轮流值班,有的部门是谁有兴趣谁弄,有些是找几个实习生打理,有些是隔三岔五维护一下,这就导致很多媒体微信公号只有几十个几百个粉丝,价值不大。

在传统媒体受众流失日益严重、运营加速下滑的形势所迫下,传统媒体开始进行双微的统一规划,开始成立新媒体部门,对网站、双微进行统一管理,统一运营。但传统媒体的双微运营依然受体制机制、新闻发布流程所限,还是传统媒体的模式,在内容上以新闻信息推送、自身活动宣传为主,稿件需要层层审批;在经营上与主媒体、网站、移动客户端捆绑销售,以售卖广告为主。

微博的特别之处在于开放式的信息生产和传播,其媒体属性明显。微信的特别之处在于,它能精准获取用户,并根据用户个性化需求有针对性地提供内容和服务。对于传统媒体而言,这都是前所未有的挑战。

微信公众号的运营趋势是"立足于某一个垂直细分类行业进行精准定位,提供针对性信息和服务",比如,杭州都市快报微信矩阵的形成,有赖于旗下19楼网站十余年布局的"本地生活服务"模式,将网站和移动端打通相对容易。

而对于传统媒体而言,在区域、行业积累的资源和影响力,完全可以通过主媒体、网站、双微、移动客户端进行整合,进而搭建起有效的"信息 + 服务"平台,从而形成基于区域、行业的服务平台。

3. APP 时代:打造新入口

智能手机的普及,让各种移动应用层出不穷。

手机报曾经是传统媒体在移动端的唯一选择,而且只能和移动、联通这些电信企业合作,将日常新闻加以编辑进行简单推送。像《京华时报》手机报订户曾达到 10 万。

新闻资讯类手机应用还是以"手机新闻门户"形态出现的,比如,最早布局手机应用的"3G 门户"当年就说要做"手机上的新浪"。而几大门户网站的手机应用,比如网易新闻、腾讯新闻等,基本上也都是将新闻门户模式从PC 端搬到了移动端。

与当年做网站一样,传统媒体的移动客户端又是模仿几大门户网站的APP

模式,将自己纸质版上、电视上不多的原创内容,再加上大量复制粘贴来的内容,搬到了手机上。

表 2　北京市媒体 APP 情况说明

APP 名称	来源	评分(分)	下载次数(次)	上架时间	采集时间
《北京日报》	安卓市场	4.5	<1000	2015 年 2 月 13 日	6 月 23 日
《每日青年》	安卓市场	5	12000	2013 年 1 月 6 日	6 月 23 日
BTV 大媒体	安卓市场	4	132200	2015 年 6 月 15 日	6 月 23 日
北京广播电台网络收音机	安卓市场	无	19100	2011 年 4 月 1 日	6 月 23 日
掌上千龙	安卓市场	无	<1000	2013 年 5 月 21 日	6 月 23 日
《京华时报》	安卓市场	无	<1000	2014 年 4 月 14 日	6 月 23 日

资料来源:新媒体指数平台。

新闻客户端实质上是传统媒体和网络媒体的移动化。以腾讯新闻、搜狐新闻、网易新闻、凤凰新闻、新浪新闻等为代表的门户网站的新闻客户端,加速了新闻信息获取的移动化,不仅终结了传统媒体,也终结了新闻门户网站。移动终端成为新入口。

传统媒体的 APP 研发,沿袭了其在网站开发上的套路,思路和模式只是从 PC 端到移动端的迁移。像当年将网站建设与维护外包给外面的技术公司一样,很多媒体的 APP 是外包给外面的技术公司开发的,几乎没有投入,只给技术公司一定的股份。这就形成了内容团队不懂技术,技术团队不懂传播,APP 只是媒体网站的移动版、只是个传播渠道的局面。

"内容为王"思维的根深蒂固,让传统媒体在"新媒体"开发时,一直只是在寻找新的传播工具和载体,而不是进行系统性的变革。无论是网站、手机报、双微,还是 APP,都不过是其原有模式的再呈现。而移动化打破了区域空间限制,使得任何一款移动产品都可以在全球范围内被装载,传统媒体移动应用的同质化日益严重,装载一两款产品就可以满足日常信息需求,大量的新闻 APP 重复建设,多而无用。

目前,新闻资讯类 APP 下载排名前十的是:"腾讯新闻""今日头条""网易新闻""搜狐新闻""Flipboard""ZAKER""凤凰新闻""新浪新闻""百度新闻""人民日报"。这中间,除了"人民日报""凤凰新闻"属于传统媒体开发,其他八个都是"新媒体"。而八个"新媒体"中,"今日头条""Flipboard""ZAKER"严格地说都不是媒体。

"今日头条"是一款基于数据挖掘的推荐引擎产品,它能在 5 秒钟内通过算法解读使用者的兴趣,用户每次动作后,10 秒更新用户模型,越用越懂用户,从而进行精准的阅读内容推荐。

"Flipboard"是将社会化媒体上的内容进行整合,是实时"出版"、自动生成内容、个性化的社会媒体,再通过杂志阅读的形式呈现给读者。

"ZAKER"是将众多内容按照用户意愿整合到一起,实现互动分享和个性化定制的移动阅读平台。

这三款产品内容似乎都是新闻资讯,呈现形式似乎都是"新媒体"。"今日头条"自称是"没有编辑的推荐引擎",而不是新媒体,其目前的下载量已达到 2.5 亿次。而这三款产品内容聚合分发方式与传统媒体及新闻门户截然不同,共同的特点是"个性化定制"。

上海的"澎湃""界面",南都的"并读",新疆的"无界"是新闻资讯类移动产品的明星,但其模式似乎依然没有跳出传统媒体的樊篱。"澎湃"沿袭传统媒体的模式;"界面"在上线时表示要成为服务平台,但目前的运营模式还是传统媒体模样;"并读"的读赚新闻模式实际上是当年社区网站的积分升级模式,产品本身缺乏市场冲击力。

4. 创新项目: 转型服务提供商

表3　北京市媒体现有项目基础材料

媒体名称	项目名称	合作方	投入资金	启动时间	阶段
北京广播电视台	无	无	无	无	无
《京华时报》	京华云报纸平台	—	100 万元	2012 年	云周刊已停发,媒体联盟还在,不定期组织一些活动
《北京日报》	北京日报历史报刊文献数字化及数据库建设工程	青苹果数据中心	900 万元	2014 年	初期建设阶段
	蛐蛐会	北京市 16 区县	2000 万元	2015 年	起步阶段
	基于大数据的报纸和新媒体融合的采编经营一体化运营平台	方正集团	1500 万元	2014 年	起步阶段

续表

媒体名称	项目名称	合作方	投入资金	启动时间	阶段
北京电视台	新媒体演播和展示中心	—	20000万元	2012年	正式运营
	北京新媒体集团	—	—	2015年	尚未启动
千龙网	无	无	无	无	无
《北京青年报》	青游在线	—	6000万元	2014年	代理了2万多款游戏,准备独家代理
《北京青年报》	北青Pad	北青易万卷(北京)数字科技有限公司(北青下属公司)		2011年	停止生产

资料来源：新媒体指数平台。

（1）北青Pad

北青Pad作为国内第一个由传统媒体推出的移动互联终端于2011年6月起运营。该项目负责人表示，这是"一次基于最大限度创新的尝试""结局怎么样，我真不知道"。

一年之后，当《南方都市报》推出"南都PAI"时，有人撰文《从北青PAD到南都PAI》，以亚马逊kindle为例分析这两个产品，认为其开创了传统媒体转型新模式。但这类产品的市场表现似乎验证了另一篇网帖的观点：作为阅读器，在千元以上的阅读器市场，它们不具备竞争力；作为媒体，以内容生产为核心，又何必自己造硬件。

如今，北青Pad已停产。

2014年，北青网投入6000万元资金开始建设游戏网站"青游在线"，代理了2万多款游戏。2015年，北青网的日均点击量已达到300万次，日均流量和广告投入迅速回升。

2014年，北青报发力拓展社区报，在很短时间内创建了20余份社区报，覆盖北京四五百个成熟社区。随之建立的社区驿站还提供充值缴费、代收包裹甚至照顾小孩等便民服务，更让精明的电商大佬们看到了其潜在的物流价值。

以社区报覆盖成熟社区，提供便民服务，挖掘物流价值，地方报业在社区报这样的细分领域深耕的模式，从传播向服务转型，这不仅是北青也是传统媒体转型思路的突破。

（2）京华云报纸

2012年5月17日，京华时报云报纸全球首发。将图像识别技术与纸媒相结合的创新被视为"彻底颠覆了纸媒的展现形式、传播方式及运营模式，标志着全新云媒体时代的到来"，"为报业转型探索出一条新路径"，被评为中国传媒年度十大新闻事件。

当年，京华时报社携手影视机构，为贺岁大片提供京华云拍服务。借助该项服务，观众可随时随地用手机拍摄电影海报、路牌及报纸广告，欣赏到电影预告片，参与微博互动，实现手机购票。

与云报纸相伴而生的"云广告"融合了户外媒体、电视媒体、网络媒体、平面媒体的全部特点，也被视为一个全新的全方位的媒体推广平台。

京华云报纸成为黯淡报业升起的一颗明星，业界认为，云报纸以最小的代价，实现了原报纸与互联网的融合。但不到一年时间，这个备受瞩目的"新媒体"便沉寂了。如今，京华云周刊停刊，由30余家媒体组成的云报纸联盟，还在不定期地搞些活动。

在京华云报纸这个产品链条中，纸质报纸实际上仅仅起了一个导流作用，但随着纸质报纸本身阅读率的下降，这个作用也大打折扣。目前，很多媒体停印纸质版，对相关信息和服务的获取不仅没影响，似乎还更便捷。移动互联网的发展一日千里，技术更新和迭代日新月异，任何的创新都需要想得更多，看得更远。

（3）京报蛐蛐会

京报集团旗下十报、三刊、一社、一网站，各单位各部门都在做微博、微信等新媒体，而北京各区县的各个部门也都开通了微博、微信。这些总共拥有1270万粉丝的"新媒体"各自为政，很多只有几百个粉丝，影响不大，但将这几十上百个微博微信集纳到一起的时候，发现它们的触角延伸到北京16区县的大街小巷，涉及面是全方位的。

京报集团新媒体发展中心将媒体官微和政务官微组合到一起，打造了一个叫"蛐蛐会"的新平台，结合各区县资源，共同搭建北京最具官方发声的微信平台，建立北京市委、市政府网络宣传主流阵地。京报集团为这个微信公共账号平台投资了 2000 万元，放大粉丝效应，通过大数据分析用户信息和需求，一个渠道发声，促进地方区域发展。

基于大数据的报纸和新媒体融合的采编经营一体化运营平台，是 2014 年在北京市委、市政府立项的重点项目。这个项目投入了 1500 万元，通过大数据技术，实现了报纸和新媒体的融合，服务采编经营，打造大数据技术和媒体采编流程相配套适宜的系统，进行舆情服务，提供适合社区化、本地化生活类服务信息。

通过打造一体化运营平台，与集纳各个区县共同平台的"蛐蛐会"结合，深入北京的"神经末梢"——市区、街道甚至社区用户，京报集团社区化的服务平台就此形成，逐步搭载电商渠道、物流服务渠道、大数据匹配行业咨询等服务。

（4）新媒体演播和展示中心

到目前为止，北京市媒体最大手笔的新媒体投入，是北京电视台 2 亿元打造的新媒体演播和展示中心。

几乎与所有传统媒体一样，北京电视台的网站早于 1999 年就开通上线了，但只是作为宣传官网。2012 年，北京电视台整合全台的新媒体资源，成立了新媒体发展中心，投资是 2 亿元，历时八个月，建成了当时国内领先的新媒体演播和展示中心。

2014 年，北京 IBTV 项目进入试商业阶段，微博、微信、手机移动端、APP 等多项产品上线。北京电视台的网站目前日均 IP 达到 29 万多，排名呈上升趋势。客户端的下载量达 80 万次。

北京电视台的新媒体演播和展示中心以大数据云实现全媒体信息整合，开放式演播实现非线性可视化互动播报，多屏联动引导观众伴随参与，实现了整个制作过程、传输过程等所有环节观众一起参与完成。通过整合电视、网站、微博、论坛、拍客、在线 APP 等全媒体内容资源，借助各类信息呈现（展示终端）屏幕资源，构建基于全 IP 化的新媒体互动演播（及播报）系统，打造出既符合电视播出要求又符合网络互动传播的全媒体节目制作和播出流程，并直接体现在直播和录播当中，把电视播出和网络传播有机统一起来，实现网台实质融合，全台共同办网。

由电视网站、内容播控、传输平台、手机客户端四大平台组成的新媒体演播和展示中心，不仅进行电视内容的生产传播，还开通了看病预约挂号等日常服务，未来还有更多的增值服务。

新浪、网易、腾讯、搜狐的门户网站时期，互联网的功能似乎仅仅是信息聚合和发布。而微博、微信、支付宝等产品的诞生，彻底改变了人们的生活方式和生活习惯，满足了人们从简单的信息获取，到购物、消费、社交等的需求，手机成为"人体器官"，而互联网已经成为生活的一部分。移动化、社群化，垂直细分服务时代已经到来。

二　媒体融合发展的障碍与解决方案

"冬天躲在被窝里的人，特别不愿意起床，明明知道天亮了要活动了，但被子越暖和起床越晚。"北京媒体一位新媒体负责人的话，一针见血地指出了传统媒体转型的现状。

传统媒体转型及新媒体融合面临思想观念、体制机制、技术研发、人才储备、思维模式、商业模式、产业链打造等各个方面的重塑和再造，需要进行系统性改革，从顶层设计，重战略布局，以技术突破，打造全新的媒体产业链条和生态。

1. 思想观念转变是首要——从媒体思维转变为互联网思维

观念决定思路，思路决定出路。转型的根本是人的转型，而人的转型首先是思想观念的转变。

对时代发展的短视，对互联网发展的轻视，对市场变化的漠视，使传统媒体付出了惨重代价。将互联网仅仅作为传播工具和手段，是传统媒体从开始"触网"建设媒体网站，到开发手机报、APP，打造微博微信平台，一直存在的认识误区和思想观念。在这样的思想观念下，无论开发何种产品，传统媒体的思维方式一直都是媒体思维，是媒体模式的一次次迁移和重复——做内容，吸流量，卖广告。

传统媒体根深蒂固的"等、靠、要"思想和"大哥思维"，使其对互联网从思想上轻视，在行动上抵制，在落实上敷衍，一直试图"＋互联网"而不是被"互联网＋"，从而丧失黄金转型期，被动挨打。

如今，人的身份不仅是人民、公民、市民，还是网民。互联网的庞大的网民群体，形成了完整的生态系统，有自己的规则秩序，任何个人和机构都得在这个生态系统中重新建立自适应系统。

"互联网思维"的颠覆性强大而激烈，网络上流传的段子，形象地描述了互联网思维下，企业的欢喜与悲哀——苹果 PK 三星，诺基亚消失了；谷歌 PK 百度，雅虎消失了；360PK 金山，卡巴斯基消失了；微博 PK 微信，开心网消失了；淘宝 PK 京东，当当消失了；跟小米 PK，很多手机厂商快消失了！

消灭你，与你无关！这便是互联网的残酷之处。诺基亚被微软收购时，CEO 约玛·奥利拉最后说了一句话："我们并没有做错什么，但不知为什么，我们输了。"

没有谁做错什么，只是规则已经完全改变。在互联网思维模式下，用户至上、体验为王、即时互动、免费使用、大数据应用成为常态，单纯的单向产品供应，完全不适应互联网时代的多向需求。传统媒体人必须站在互联网生态系统中，以互联网思维和互联网模式，重新进行资源整合、流程再造、产品设计和系统改造，重新打造互联网化的传媒产业新系统。

2. 体制机制改革是前提——从事业单位改制为市场主体

传统媒体大都还是事业单位设置和运行模式，市场化程度高的媒体虽然进行企业化管理，公司化运行，但其组织结构、生产流程、传播渠道、运营模式都是基于传统媒体的单向传播模式。这种体制无法适应日益变化的互联网社会环境，才导致传统媒体今天的被动局面。

而在运行机制上，传统媒体的激励约束机制、薪酬机制、晋升机制、培训机制等与互联网企业相差甚远，导致大量优秀人才流失。

目前，北京市媒体也面临原有骨干人才大量流失、现有新媒体团队没有身份的尴尬局面。很多媒体的新媒体团队是外部合作团队，或者是外聘团队，根本无法调动媒体长期积累的优质资源，也得不到资金支持，只能进行一些小范围的探索和尝试。

原新闻出版总署副署长、现任中国新闻文化促进会会长、中国报业协会副会长李东东曾就传统媒体体制机制改革提出以下建议，首先，加快公司制、股份制改造，打造合格的市场主体，对经营部分进行企业化改造。进行资本运作，按市场规则引进投资，收购并购优质项目，上市融资，做大做强。其次，在现代企业制度基础上，探索实行股权激励，特别是对优秀骨干人才实行股权激励制度。在用人机制方面给予传统媒体政策支持，扭转传统媒体优秀人才严重流失且愈演愈烈的趋势。

上海市委书记韩正亲自担纲"导演"的上海报业整合引人瞩目。其主要内容包括：合并文新、解放两大报业集团，组建上海报业集团，三大报社恢复法人建制，合理界定集团和报社的职责。集团以统管统筹经营为主，报社以媒体内容为重点，组织实施在进军新媒体、广告经营、报刊发行方面的工作。专家认为：上海报业集团的框架设计，在整体上厘清了集团与报社的责权利、产权、人事等方面的关系，既有利于快速形成整体规模优势，又可避免同城竞争造成资源浪费，从而在集团层面统一运作经营，更具竞争实力。裘新认为集团的作用，就是"做集成、做基金平台的支撑，通过体制的孵化来解决新媒体专门人才等问题"。

上海报业集团挂牌成立当日，就与百度公司正式签署协议，就战略合作和共同运营百度新闻"上海频道"达成一致，加快探索传统媒体与新媒体融合、拓展发展新空间。其后，澎湃新闻、界面先后上线。澎湃有上报投资，也有联想弘毅资本的投资。吸引外部大规模的投资，上报首开纪录。

北京市媒体也面临整体规模优势不明显、同城同质化竞争严重、人才资金匮乏的问题，上海报业整合模式或许可以借鉴。

3. 技术研发力量是命脉——以技术团队引领创新发展

传统媒体开发新媒体产品，进行新媒体融合，首要解决的现实问题是技术。目前，互联网企业实际上主要拼的就是技术，国内一些互联网企业的技术已经在全球处于领先地位，成为前沿技术甚至核心技术。

谷歌、百度的搜索引擎技术改变了人们的信息查询方式，今日头条颠覆了信息编辑和分发方式，阿里巴巴改变了人们的购物习惯，大众点评改变了人们的日常消费习惯，嘀嘀打车改变了出行方式，等等。这些基于互联网技术的创新，已经完全融入人们的日常生活。

传统媒体面临的选择可能只有两个——要么互联网化，要么转行。但是转行也会碰到互联网。

"今日头条"这种基于数据化挖掘的个性化信息推荐引擎，通过实时海量数据处理构架，根据用户的行为分析，0.1 秒内计算推荐结果，3 秒完成文章提取、挖掘、消重、分类，5 秒钟计算出用户兴趣，10 秒内更新用户模型。这种以"秒"为单位的信息处理速度，除了机器通过技术实现，是人工绝对无法完成的任务。

美国的新闻聚合网站 buzzfeed 被称为"媒体行业的颠覆者"，它从数百个新闻博客那里获取订阅源，通过搜索、发送信息链接，为用户浏览当天网上的最热门事件提供方便。它的核心竞争力是专属内容管理系统，这套系统被不断重新设计、管理和升级，以鼓励读者在社交网络进行分享的行为。

传统媒体的新媒体研发大都是与第三方技术团队合作，进行网站建设、移动客户端开发、产业链搭建，将纸质内容授权技术公司进行数字化转化，在网站、移动端或者第三方平台发行流通。第三方技术团队大都以网络、软件技术人员为主，对新闻传播缺乏了解和理解，只能进行单纯的数字转化；原有采编经营团队又对互联网技术一窍不通，不具备互联网思维，只能以传统模式进行产品的设计和生产。这就形成了传统媒体与新媒体分属两个系统，拥有两种思维，传统媒体与新媒体"两张皮"，无法实现你中有我、我中有你的全面融合。

目前，传统媒体开始积极组建新媒体研发和运营团队，引进、储备、培养互联网技术人才，这是转型成功的动力和命脉。

4. 商业模式持续是保障——从转型互联网到全面互联网化

传统媒体的商业模式简单而直接，就是做内容－吸引受众－卖广告。即使媒体的网站、双微、APP，依然沿袭着这样的思维和模式。互联网的免费模式使单纯的信息售卖模式终结。

默多克的新闻集团曾计划对旗下新闻网站实施收费，但调研公司对美国和欧洲 16 个国家 1.68 万网民的最新调查结果显示，全球 87% 的网民不愿为网络内容付费。《连线》杂志主编克里斯·安德森在其《免费：商业的未来》一书中说："人们愿意为节省时间买单，人们愿意为降低风险买单，人们愿意为他们喜欢的东西买单，人们愿意为获得相应的身份或地位而付出金钱的代价……"但人们不愿意为信息买单，因为信息随时随地俯拾皆是，门户网站的衰落便是明证。

《纽约时报》《华尔街日报》等媒体的"付费墙"模式一度是媒体热议的话题，被视为媒体网络化生存的一种方式。但情况越来越不容乐观——广告收入持续下跌，订阅收入毫无起色让"付费墙"模式难以为继。实际上，这种模式依然是"传统媒体模式"的延续——卖内容，卖广告。

数字化转型走在前列的浙报集团，经过几年的转型尝试和摸索，总结说，新闻是挣不来钱的，纯内容是换不来钱的。它们转型的支撑，来自网络游戏和传媒梦工厂的互联网产品。

免费是互联网自诞生之日起便延续至今的商业逻辑。很多人使用互联网产品（包括 QQ、搜索、杀毒、游戏）从未付过费，而且已经习惯了免费。师北宸在《别想盈利了，新闻将成为移动时代的基础服务》一文中说，新闻产品在移动互联网上与邮箱所起到的功能类似，无法赢利，只能积累用户、黏住用户，让他们为增值服务买单。目前看来，这些增值服务包括本地生活服务、电商导流、垂直 O2O 等。

有人撰文《"互联网 +"就是 O2O》，认为"互联网 +"其实就是"互联网 + XX 传统行业 = XX 行业互联网转型"。比如，"互联网 + 传统集市 = 淘宝""传统百货卖场 + 互联网 = 京东""传统银行 + 互联网 = 支付宝""传统出行 + 互联网 = 快的滴滴"……同理，是不是"传统媒体 + 互联网 = 腾讯新闻、网易新闻、今日头条"呢？这样看，互联网转型，看似转型，实际就是改造、互联网化。其核心在于" +"，把" +"说成"融合"，仅仅是目标和口号；把" +"说成"连接"，仅仅是基础设施；把" +"说成"互动"，就是 O2O。"线上线下互动的新型消费"的 O2O 模式，就是移动互联网时代下的新商业。

5. 资本运营强化是后盾——从产品运营向资本运营转变

传统媒体的新媒体研发，大都仅仅是媒体网站建设、双微运营、APP 开发，尚没有系统转型，在投资方面大都是小打小闹，千八百万元、几百万元，甚至几十万元几万元投资一个项目或者启动一个新项目的现象比比皆是。

《京华时报》京华云报纸项目投资是 100 万元；《北京青年报》北青 Pad 是其下属科技公司合作开发项目，没有投资；《北京日报》"基于大数据的报纸和新媒体融合的采编经营一体化运营平台"投资是 1500 万元。钱少未必办不成事，但是钱少肯定意味着布局小，布局小就很难在互联网战场攻城略地。

浙报传媒收购边锋和浩方两家游戏公司的金额是 35 亿元，这两家游戏公司为浙报传媒数字化转型奠定了基础；"澎湃新闻 App"投资额是 4 亿元；"今日头条"上年拿到的投资是 1 亿美元。

关于互联网企业的投资或收购项目，涉及金额都以数亿元计，而且很多还是美元，几乎涉及各行各业各个领域。而在互联网时代，几乎各行各业都需要有自己的"新媒体"。

互联网时代的竞争，不是行业内的竞争，甚至不是企业间的竞争，而是与互联网的竞争。这就意味着，不能像互联网公司那样玩转资本游戏，就绝无跑赢互联网的可能。

互联网时代的投资规则已经完全改变，新技术、新模式的产生让"入门费"越来越高，而进行系统的互联网化改造，需要丰富的资金储备和融资渠道，也需要高超的资本运营手段，这是传统行业必须具备的一项基本技能。

三 传统媒体与新媒体融合建议

最新发布的《中国新媒体发展报告》数据显示，截至 2014 年底，中国互联网用户为 6.49 亿。我国是世界新媒体用户第一大国，拥有全球最活跃的新媒体产业和最丰富的新媒体应用，是全球最大且仍具巨大潜力的新媒体市场。

互联网消解了行业与行业间的壁垒，同样打破了媒体不同介质间的界限，无论是报纸杂志，还是电视广播，必须同时提供文字、图片、视频等各种内容形态，满足多样化、个性化需求，同时提供针对性、精准化服务。

"互联网＋"使媒体互联网化，对同城媒体进行合并同类项，并进行功能分类，形成各具特色的媒体平台，最大化整合利用资源，一部分提供公共服务，一部分满足本地化生活服务，才能形成良性媒体融合格局。

1. 体制改革：同城合并，一城一集团一品牌

随着两家主要报业集团的重组，上海成为继深圳之后又一座"一城一集团"的一线城市，同时，"大小文广"也整合到一起。

早在 2010 年，北京的电视台、电台、北广传媒已经合并为"北京广播电视总台"。整合后，北京广播电视台的业务范围涵盖广播电视的采编、制作、播放、传输以及新媒体开发等全部领域，形成较为完整的产业链。

整合之后的北京广播电视台着力整合频率、频道资源，统一规划投入、产业运营、节目交流和广告经营，努力发挥整体优势和竞争合力，同时积极应用新技术、发展新媒体，积极应对三网融合、台网融合的新挑战，努力打通产业链，以实现广播电视和新媒体的融合发展。

北京广播电视台在媒体融合方面是以技术为引导，技术人才数量占总数的1/3。不管是有线技术、传输手段，还是其他方面，经过多年的探索，已经跟互联网公司没什么区别了。

国内大部分的城市，同城一般都有两个以上的报业集团，省报集团与省会所在城市的报业集团，甚至有多家同城竞争，造成重复建设、资源浪费、同质化竞争。

北京是典型的媒体"超饱和"市场，有10余家日报及其创办的网站、开通的数百个微博微信账号、开发的数十个移动新闻客户端，再加上电视台、广播电台几乎相同的新媒体产品和布局，这些无论是在线下还是线上都高度重合的媒体，在有限的资源和市场下，恶性竞争不断，难以像上海那样发展新媒体。

北京拥有全国最好的互联网资源，85%的互联网大网站、大平台都注册在北京，而北京还有属地观念。北京可以利用这么多、这么好的平台来自我宣传，但问题是没有统一的产品，北青有北青的，《北京日报》有《北京日报》，都是自家有自家的。应该整合现有的资源，打造一个统一的北京的品牌。合并同类项，减少竞争主体，实现局部垄断，将是正确的市场抉择。

2. 功能转变：公共服务，致力公共事业

"报纸的商业模式即使失败了，但新闻的社会角色依然存在。"互联网的发展似乎已将传统媒体逼上了绝路，但公共事业的发展却不能没有新闻报道。

《北京晚报》副总编辑王学峰调研发现，非营利性新闻机构近年在美国层出不穷。在圣地亚哥，"圣地亚哥之声"对政府、商业、房地产、教育、健康等"关键领域"进行调查；在奥斯丁，非营利组织"得州论坛"重点关注州政府政策动向；在华盛顿地区，前《连线》杂志作者牵头成立独立媒体中心，聘请来自《洛杉矶时报》和《纽约时报》的记者开展公共事务调查。

这些机构创造了新的生产方式，比如，加州的 Spot.us，如果有居民希望关注某一事件，他可以捐助这一项目，金额达到一定数量后，记者就开始调查了。他不是为了编辑采写，而是为了支持他采访的公众。

新闻业发源于社群，微博粉丝、微信好友圈及新闻资讯类 APP 的个性化定制使相同兴趣爱好的人聚集到一个平台上，而新闻机构就应该根据自身用户的特点，适应在相应社群的位置，为他们提供相应的服务。

将媒体根据不同属性进行分类，对部分媒体赋予公共服务功能，从单一的经营主导转向营利、非营利、微营利并存，大型媒体企业与大量中小型社区媒体相互补充，使非营利性媒体机构致力于公共事业，比如，将党报、党刊、党台整合到一个新媒体平台上，使其成为致力于公共事业的公共服务平台，可以解决传统媒体与新媒体融合中，媒体在舆论场转变中缺位、在市场竞争中缺失的矛盾。

3. 业务转型：成为本地生活服务平台

移动化、社群化、电商化，已成为人们日常生活的基本状态，也是移动互联网的基本形态，是每一个行业转型必须具备的功能。扎根于各类居民社区及网络社区的本地媒体，将新闻信息作为基础服务，通过提供本地生活服务满足用户刚性需求，实现与互联网的全面融合，进而互联网化。

北京市媒体布局本地服务的是京报集团和北青。京报集团通过打造一体化运营平台，与集纳 16 区县共同平台的"蛐蛐会"结合，深入北京的市区、街道甚至社区用户，形成社区化的服务平台，逐步搭载电商渠道、物流服务渠道、大数据匹配行业咨询等服务；北青报通过 20 余份社区报，覆盖北京四五百个成熟社区，随之建立的社区驿站还提供充值缴费、代收包裹甚至照顾小孩等便民服务，从传播向服务转型。

新闻资讯已成为互联网的基础服务，综合类媒体，无论是传统媒体还是新媒体，或者是全媒体，仅仅依赖新闻信息的商业模式已经坍塌，无法支撑媒体转型和未来发展。但是满足特定用户群体的需求，提供日常生活信息服务，并且能够利用移动互联网终端产品和服务，实现 O2O 的互动连通，形成包括健康、教育、金融、房产、汽车、美容等领域的消费市场，是传统媒体进行移动互联网产业开发的重要方向。

B.18

传播学视角下的北京现代公共文化服务体系研究：背景与路径

胡 鹏*

摘 要： 北京作为国家的文化中心和首善之区，在公共文化服务体系建设方面一直走在全国前列，市辖各区县的公共文化服务体系建设取得显著成效。本文尝试用传播学的视角对公共文化服务活动进行审视，利用 PEST/SWOT 分析法对北京市公共文化服务体系建设的背景进行了剖析，并从传播主体、对象、渠道、效果等分析视角，给出了北京市公共文化服务体系的实施路径。

关键词： 北京 公共文化服务 路径 背景 传播

关于公共文化服务的研究轨迹，我们可以从两个主要的方面进行剖析：一是其如何从一个政治概念上升为研究热点的演化轨迹；二是如何进一步拓展公共文化服务研究的学术价值和理论深度。研究这一课题，始终绕不开公共文化服务这一概念的政治阐释。让我们简单回顾一下公共文化服务在中国官方文件中的演进历史。

"公共文化服务"第一次出现在中国官方文件中是 2002 年 11 月，其被列为全面建设小康社会的任务之一出现于中共十六大报告中①。时隔三年之后，

---

* 胡鹏，北京市新闻出版广电局公共服务处主任科员，博士，研究方向为公共文化服务。

① 2002 年 11 月，中共十六大报告《全面建设小康社会，开创中国特色社会主义事业新局面》指出，国家支持和保障文化公益事业，并鼓励它们增强自身发展活力。

建立公共文化服务的方向终于明晰起来，官方文件出现了"逐步形成覆盖全社会的比较完备的公共文化服务体系"的表述①。国家"十二五"规划更是史无前例地以一章的篇幅重点阐述了公共文化服务的内容②；在十七届六中全会的决定中，则把公共文化服务提升到"推进社会和谐发展"的高度③。在随后几年的中央高层会议中，公共文化服务体系的目标、原则和重点任务分别以意见、决议的形式被官方确定下来④（见表1）。当建构现代公共文化服务体系的宏观方向被国家高层确定之后，有关方面开始着手解决公共文化服务总体水平仍然维持在较低水平的问题⑤。国家以"标准化""均等化"发展为抓手，以文化服务供给侧改革为切入点⑥，逐步深入推进文化体制机制改革，不断解放和发展文化生产力。从现实意义上看，加快构建"覆盖城乡、便捷高效、保基本、促公平"的现代公共文化服务体系，既是满足广大人民群众基本文化需求、保障公民基本文化权益的现实要求，也是实现国家长治久安、建设小康社会的重大战略举措⑦。

---

① 2005年10月，在中共第十六届五中全会上通过的《中共中央关于制定国民经济和社会发展第十一个五年规划的建议》中，首次出现了"加大政府对文化事业的投入，逐步形成覆盖全社会的比较完备的公共文化服务体系"的表述。

② 2006年9月，中央发布《国家"十一五"时期文化发展规划纲要》，以一章的篇幅重点阐述了公共文化服务的内容涉及了服务网络、服务方式、组织体制、运行机制、维护基本文化权益及加强农村文化建设。

③ 十七届六中全会通过《关于构建社会主义和谐社会若干重大问题的决定》，对建设文化设施、完善服务网络、鼓励社会力量捐助、实施惠民工程提出要求。

④ 2007年6月，中共中央政治局召开公共文化服务体系建设的专题会议，提出"结构合理、发展均衡、运行有效、惠及全民"的公共文化服务体系工作原则。同年8月，中办、国办联合下发《关于加强公共文化服务体系建设的若干意见》，明确了公共文化服务的目标、原则和重点任务。2012年11月的中共十八大报告提出实现到2020年公共文化服务体系基本建成的目标。

⑤ 2015年1月，中共中央办公厅、国务院办公厅印发的《关于加快构建现代公共文化服务体系的意见》把构建现代公共文化服务体系提升到保障和改善民生、促进文化事业繁荣发展、弘扬社会主义核心价值观、建设社会主义文化强国的重要高度。

⑥ 2015年5月，国务院办公厅转发文化部等部门《关于做好政府向社会力量购买公共文化服务工作意见》的通知，提出要"积极有序推进政府向社会力量购买公共文化服务工作"，明确购买主体和购买内容，制定指导性目录，完善购买机制，提供资金保障，加强绩效评价。

⑦ 王海英：《构建公共图书馆服务体系的模式选择——以郑州市图书馆为例》，《河南图书馆学刊》2010年第6期。

　　随着各地公共文化服务理论与实践的迅猛发展，很多新模式、新举措也在国家和地方不同层面试点开来。在农村社区公共文化服务体系建设方面，国家引导城市文化机构、团体到农村社区拓展服务，发现和培养乡土文化能人，凝聚有利于农村社区发展的内在动力和创新活力，逐步形成综合性文化服务中心，增强农村文化惠民工程实效。在推动社会就业方面，国家强调公共文化服务要充分激发社会资本活力，打造"大众创业、万众创新"和增加公共产品、公共服务"双引擎"，对在改善民生中培育经济增长新动力做出了重要部署。在引入社会资本方面，国家提出在公共文化服务领域，鼓励采用政府和社会资本合作模式（PPP模式）吸引社会资本参与其中。在公共文化建设方面，国家逐步推进基本公共文化服务标准化、均等化，推动政府向社会力量购买公共文化服务。在政府采购文化服务方面，有关部门以立法的形式，对政府向社会力量购买公共文化服务的具体内容与流程做出了明确的规定，公共文化服务供给体系进一步完善。

表1　中央和地方部分重要文件中有关"公共文化服务"的表述

序号	文件名称	涉及公共文化服务的重要表述
1	《全面建设小康社会，开创中国特色社会主义事业新应用》（中共十六大报告，2006年9月）	国家支持和保障文化公益事业，并鼓励它们增强自身发展活力
2	《关于制定国民经济和社会发展第十一个五年规划的建议》（中共中央，2005年10月）	首次提出"加大政府文化事业的投入，逐步形成覆盖全社会的比较完备的公共文化服务体系"的表述
3	《国家"十一五"时期文化发展规划纲要》（中共中央办公厅、国务院办公厅，2006年9月）	以一章的篇幅重点阐述了公共文化服务的内容涉及了服务网络、服务方式、组织体制、运行机制、维护基本文化权益及加强农村文化建设
4	《关于构建社会主义和谐社会若干重大问题的决定》（中共中央，2006年10月）	提出加快建立覆盖全社会的公共文化服务体系，对建设文化设施、完善服务网络、鼓励社会力量捐助、实施惠民工程提出要求
5	《关于加强公共文化服务体系建设的若干意见》（中共中央办公厅、国务院办公厅，2007年8月）	明确了政府在公共文化服务建设中的主导地位，对重大公共文化服务工程、创新公共文化服务运行机制等工作做了部署，对推进公共文化服务体系建设起到了重要作用

序号	文件名称	涉及公共文化服务的重要表述
6	《高举中国特色社会主义伟大旗帜为夺取全面建设小康社会新胜利而奋斗》（中共十七大报告，2007年10月）	提出在2020年全面建成小康社会时，基本建立覆盖全社会的公共文化服务体系；要完善、扶持公益性文化事业，坚持把发展公益性文化事业作为保障人民基本文化权益的主要途径
7	《关于深化文化体制改革　推动社会主义文化大发展大繁荣若干重大问题的决定》（中共中央，2011年10月）	指出"公共文化服务体系不健全，城乡、区域文化发展不平衡"，提出"加强公共文化服务是实现人民基本文化权益的主要途径"，要坚持政府主导，按照公益性、基本性、均等性、便利性的要求，加强文化基础设施建设，完善公共文化服务网络，让群众广泛享有免费或优惠的基本公共文化服务
8	《国家"十二五"时期文化改革发展规划纲要》（中共中央办公厅、国务院办公厅，2012年2月）	提出文化改革发展的主要目标之一就是"覆盖全社会的公共文化服务体系基本建立，城乡居民能够较为便捷地享受公共文化服务，基本文化权益得到更好保障"
9	《坚定不移沿着中国特色社会主义道路前进为全面建成小康社会而奋斗》（中共十八大报告，2012年11月）	加大对农村和欠发达地区文化建设的帮扶力度，继续推动公共文化服务设施向社会免费开放。加强重大公共文化工程和文化项目建设，完善公共文化服务体系，提高服务效能
10	《文化部"十二五"时期公共文化服务体系建设实施纲要》（文化部，2013年1月）	公共文化服务体系是以公共财政为支撑，以公益性文化单位为骨干，以全体人民为服务对象，现阶段以保障人民群众看电视、听广播、读书看报、进行公共文化鉴赏、参与公共文化活动等基本文化权益为主要内容，向社会提供的公共文化设施、产品、服务及制度体系的总称
11	《中共中央关于全面深化改革若干重大问题的决定》（中共中央，2013年11月）	明确提出建立健全现代公共文化服务体系，建立公共文化服务体系建设协调机制，统筹服务设施网络建设，促进基本公共文化服务标准化、均等化。还提出引入竞争机制，推动公共文化服务社会化发展。鼓励社会力量、社会资本参与公共文化服务体系建设，培育文化非营利组织

序号	文件名称	涉及公共文化服务的重要表述
12	《关于加快构建现代公共文化服务体系的意见》(中共中央办公厅、国务院办公厅,2015年1月)	这是现代公共文化服务体系建设纲领性文件,该文件对加快构建现代公共文化服务体系,推进基本公共文化服务标准化均等化,保障人民群众基本文化权益做了全面部署,集中体现了中央关于公共文化建设发展的宏观战略思路,体现了公共文化建设发展的新理念、新思维、新举措、新要求
13	《国家基本公共文化服务指导标准(2015～2020年)》(中共中央办公厅、国务院办公厅,2015年1月)	对各级政府应向人民群众提供的基本公共文化服务项目和硬件设施条件、人员配备等做出了明确规定。制定适合本地区的实施标准,并落实保障资金。有关部门将加大监督检查力度,对意见和标准的落实情况进行督查
14	《公共文化服务保障法草案(稿)》(全国人大教科文卫委员会,2015年4月)	地方各级人民政府未履行公共文化服务保障职责的,由上级人民政府责令限期改正;情节严重的,对负有直接责任的主管人员和其他直接责任人员依法给予处分
15	《关于加强基层宣传思想文化工作的意见》(中宣部,2015年4月)	从加强基层宣传文化设施阵地建设、加大优秀文化产品和服务供给两方面对基层公共文化服务工作提出了具体任务要求
16	《京津冀协同发展规划纲要》(国务院办公厅,2015年4月)	建立共建共享的公共文化资源库,加强公共文化活动交流,打造共有文化品牌,促进文化资源共享
17	《关于做好政府向社会力量购买公共文化服务工作的意见》(国务院办公厅,2015年5月)	对建立健全政府向社会力量购买公共文化服务机制,完善公共文化服务供给体系,提高公共文化服务效能做出了重要部署,对政府向社会力量购买公共文化服务的购买主体、承接主体、购买内容、购买机制、资金保障、监管机制、绩效评价等内容做出了规定
18	《政府向社会力量购买公共文化服务指导性目录》(国务院办公厅,2015年5月)	该指导性目录是面向全国、具有指导性、方向性的购买目录,包括公益性文化体育产品的创作与传播,公益性文化体育活动的组织与承办,中华优秀传统文化与民族民间传统体育的保护、传承与展示,公共文化体育设施的运营和管理,民办文化体育机构提供的免费或低收费服务等内容,其中涉及广播影视作品、出版物、图书馆、农家书屋等与全民阅读工作相关的内容占据了相当大的比例

续表

序号	文件名称	涉及公共文化服务的重要表述
19	《关于在公共服务领域推广政府和社会资本合作模式的指导意见》（国务院办公厅，2015年5月）	对充分激发社会资本活力，打造"大众创业、万众创新"和增加公共产品、公共服务"双引擎"，在改善民生中培育经济增长新动力做出了重要部署。提出在文化等公共服务领域，鼓励采用政府和社会资本合作模式，吸引社会资本参与，为广大人民群众提供优质高效的公共服务
20	《关于深入推进农村社区建设试点工作的指导意见》（中共中央办公厅、国务院办公厅，2015年5月）	健全农村社区现代公共文化服务体系，形成综合性文化服务中心。引导城市文化机构、团体到农村社区拓展服务，发现和培养乡土文化能人，凝聚有利于农村社区发展的内在动力和创新活力
21	《关于2015年深化经济体制改革重点工作意见》（国务院办公厅，2015年5月）	在公共文化建设方面，要求逐步推进基本公共文化服务标准化均等化，推动政府向社会力量购买公共文化服务
22	《关于进一步做好政府和社会资本合作项目示范工作的通知》（财政部，2015年6月）	要求加快推进政府和社会资本合作项目示范工作，尽早形成一批可复制、可推广的实施范例，助推更多项目落地实施。公共文化建设是其中的重要内容之一
23	《北京市人民政府关于进一步加强基层公共文化建设的意见》（北京市，2015年6月）	意见提出六项基本任务措施，包括构建基层公共文化服务标准化体系、促进基层公共文化服务均等化、促进基层公共文化服务社会化、加强基层公共文化服务数字化建设、创新公共文化管理体制和运行机制、加大基层公共文化服务保障力度
24	《首都公共文化服务示范区创建方案》《北京市基层公共文化设施建设标准》《北京市基层公共文化设施服务规范》（北京市，2015年7月）	"1+3"公共文化政策文件对加快构建北京市现代公共文化服务体系，推动基本公共文化服务实现标准化、均等化、社会化和数字化，保障人民群众基本文化权益做出了全面部署

　　北京市现代公共文化服务体系的建设紧紧围绕国家基本公共服务体系建设的各项规定要求，打造出了具有首都特色的公共文化服务体系实施路径[①]。目前，北京市公共文化服务体系建设各项工作有序开展，四级公共文化服务网络

---

① 张景华：《公共文化服务体系的"北京样本"——记北京"1+3"文化政策》，《光明日报》2015年7月27日。

基本建成，全市人均文化事业费居全国前列①，基层公共文化服务在规划布局、统筹协调、供需衔接、体制机制建设等方面取得了显著成效②。

一　北京市公共文化服务体系的背景分析

本节首先在宏观环境分析（PEST 分析法）的基础上，对北京市公共文化服务的政治、经济、社会和技术背景进行定性分析，然后运用 SWOT 矩阵从四个角度全面剖析北京公共文化服务的内外部环境以及面临的问题与挑战。

（一）PEST 分析

PEST 分析是产业经济学中用来检阅产业外部环境的方法。产业外部环境是指产业所处的宏观环境，是指影响行业和企业的各种宏观力量，一般包含政策（Political）、经济（Economic）、社会（Society）和技术（Technological）四大要素。北京市公共文化服务体系 PEST 分析如表 2 所示，具体内容见下文。

表 2　北京市公共文化服务体系 PEST 分析

政策（Political）	经济（Economic）
1. 体制机制趋于完善	1. 地方财力充足
2. 顶层设计和制度创新	2. 文化事业蓬勃发展
社会（Society）	技术（Technological）
1. 文化资源优势明显	1. 保护知识产权，鼓励科技创新
2. 文化消费潜力巨大	2. R&D 人均支出具有绝对优势
3. 人力资本红利显著	3. 积极推进公共文化资源数字化

1. 政策环境

（1）体制机制趋于完善

公共文化服务具有精神生产与物质生产的二重性，既要满足市场建设的需

---

① 舒琳：《认真贯彻落实〈意见〉精神　推动首都公共文化发展——北京市文化局负责人谈"1 + 3"公共文化政策》，《中国文化报》2015 年 6 月 12 日。
② 《让现代公共文化服务体系率先成为全国文化中心的新亮点》，搜狐网，http://mt.sohu.com/20160511/n448943910.shtml。

求，也要符合文化发展的逻辑。这一特点就要求北京市的公共文化服务体系建设不能单靠某一单位或机构独立完成，必须要统筹协调，建立统一的公共文化服务综合平台，整合基层文化项目、工程、资源，形成合力。北京市现在已经形成党委政府统一领导、相关部门分工负责、社会力量积极参与的管理体制和工作协调机制，在北京市委全面深化改革领导小组文化体制改革专项小组之下，由文化部门牵头，宣传、组织、编办、发改、财政、规划、土地、新闻广电、体育等相关部门共同参加①，根据不同部门的职能分工和资源优势，在分工协作的基础上，统筹协调，共建共享，发挥公共文化政策和资源的综合效益②。

（2）顶层设计和制度创新

顶层设计对于公共文化服务而言尤为重要。大力发展公共文化服务已经成为北京文化发展中的一个重要决策和经济举措。为此，北京市有关管理部门紧密联系实际，及时出台前瞻性强的相关政策，加强顶层设计和制度创新，以"一二三四五"为发展思路③，制定出台"1＋3"公共文化政策文件④，坚持问题导向和需求导向，建立公共文化工作绩效考核机制，明确各部门的职责、任务和目标，出政策、建机制、搭平台、树品牌、育人才⑤，制定印发公共文化服务体系建设配套政策和标准，实现公共文化服务多元供给，推动公共文化服务体系建设常态化发展，文化基础设施建设和服务档次不断提升⑥。

---

① 《北京加快完善现代公共文化服务体系》，北京日报网，http：//bjrb. bjd. com. cn/html/2014 - 12/30/content_ 245750. htm。

② 《公共文化服务体系建设协调机制工作方案》，国家数字文化网，http：//www. ndcnc. gov. cn/shifanqu/zixun/201405/t20140529_ 935936. htm。

③ "一"指的是坚持以服务人民为中心的工作导向，强化供需对接，充分尊重人民群众的文化选择权和参与权；"二"是牢固树立阵地意识和文化民生意识"两个意识"；"三"是构建完善公共图书、文化活动、公益演出三个配送体系；"四"是推进基层公共文化服务实现标准化、均等化、社会化和数字化；"五"是重点实施"引领工程、提升工程、示范工程、培训工程、保障工程"五项文化工程。

④ "1＋3"公共文化政策是一个有机整体，"1"是《北京市人民政府关于进一步加强基层公共文化建设的意见》，"3"是《首都公共文化服务示范区创建方案》《北京市基层公共文化设施建设标准》《北京市基层公共文化设施服务规范》三个文件。

⑤ 《构建首都现代公共文化服务体系》，新浪网，http：//ent. sina. com. cn/zz/2016 - 01 - 19/doc - ifxnrahr8492375. shtml。

⑥ 范周：《〈关于加快构建现代公共文化服务体系的意见〉的解读》，《人文天下》2015年第1期。

2. 经济环境

经济环境的优良与否对于地方公共文化服务的发展有着非常重要的影响（多数情况下是一种正相关性的关系），因为公共文化服务的繁荣发展离不开较多的财政投入以及较强的文化消费能力。

（1）地方财力充足

根据国际经验，人均 GDP 超过 5000 美元，是居民的消费结构转向以精神文化消费为主的时期①。2015 年北京市实现地区生产总值 22968.6 亿元，同比增长6.9%。其中，第三产业增加值 18302 亿元，增长 8.1%，增速提高 0.6 个百分点。按常住人口计算，北京市人均地区生产总值达到 10.6 万元（按年平均汇率折合 17064 美元），首次突破 10 万元大关②。"十二五"时期，北京市地区生产总值年均增速达到 7.5%。以上数据充分说明北京市的经济环境较为优良，公共文化服务发展所需的资源投入及消费市场依靠地方财力可以得到满足。

（2）文化事业蓬勃发展

北京是全国的文化中心，汇聚了各类文化资源要素。文化事业发展在北京经济社会发展中起着非常重要的引领带动作用。当前全市文化事业发展已进入科技与文化、传统与现代交相辉映的新时期。截至 2015 年末，北京市共有公共图书馆 25 个，总藏量 5896.2 万册；档案馆 18 个，馆藏案卷 733 万卷件；博物馆 173 个，其中免费开放 80 个；群众艺术馆、文化馆 20 个。北京地区有23 条院线 182 家影院，银幕 1050 块，座位数 17.3 万个，共放映电影 198 万场，观众 7164.2 万人次，票房收入 31.5 亿元。全年制作电视剧 64 部 2451 集，电视动画片 9 部 4060 分钟，电影 291 部③。文化事业与文化产业的发展业已成为首都经济新的增长点，展现了良好的发展基础和巨大的发展潜力④。

3. 社会环境

文化是一个城市、一个国家的象征，文化资源是文化事业与产业的源头和

---

① 倪晓真、石火培：《扬州文化产业的 PEST 分析》，《统计科学与实践》2010 年第 8 期。
② 北京市统计局、国家统计局北京调查总队：《北京市 2015 年暨"十二五"时期国民经济和社会发展统计公报》，《北京日报》2016 年 2 月 15 日。
③ 北京市统计局、国家统计局北京调查总队：《北京市 2015 年暨"十二五"时期国民经济和社会发展统计公报》，《北京日报》2016 年 2 月 15 日。
④ 《北京市文化创意产业提升规划（2014－2020 年）》，http：//zhengwu.beijing.gov.cn/ghxx/qtgh/t1358295.htm。

活水。作为世界闻名的历史文化古城，北京独特又有代表性的文化特征、良好的文化氛围和文化精神要领先于全国乃至世界，其深厚的文化底蕴、丰富的文化资源、充足的人力资本为北京公共文化发展提供了肥沃土壤。

（1）文化资源优势明显

北京市作为世界闻名的历史文化古城，有近 3500 年的建城史和 850 年的建都史，很早就有了文化产品的生产和文化行业的出现，这一深厚的文化底蕴为北京文化事业发展提供了丰厚的文化营养。北京是全国各省（区、市）中人口文化素质最高的城市之一，北京的科学技术、教育结构和高度发展的大众文化生活构成了公共文化发展的环境支撑。这些文化资源背后蕴藏着广阔的市场前景和有待挖掘的经济价值。

（2）文化消费潜力巨大

据住户收支与生活状况调查资料，2015 年，北京市居民人均可支配收入48458 元，城镇居民人均可支配收入 52859 元，农村居民人均可支配收入 20569元[1]，北京市全年居民人均消费支出达到 33803 元，恩格尔系数为 22.4%。其中，城镇居民恩格尔系数为 22.1%，农村居民恩格尔系数为 27.7%[2]。联合国对消费水平的规定标准：恩格尔系数在 40%～50% 为小康；30%～40% 为富裕；20%～30% 为相对富裕；20% 以下为极其富裕。可见，北京市城镇和农村居民都已经进入相对富裕阶段，根据马斯洛理论，在物质水平到达一定阶段后，人们对于满足"尊重、认知、审美需要和自我实现"需要的高层次文化消费需求必然会大幅增加，这必将给北京市的公共文化服务发展带来有利契机。

（3）人力资本红利显著

世界城市研究者戈特曼认为，"脑力密集型"产业是世界城市的最重要标志[3]。北京市是国际化大都市，利用其在人才政策和城市环境上的强大吸引力，可以集聚国内外大量高端文化人才，投身于城市的公共文化发展，从而推动公共文化服务国际化水平。北京积极推动高素质基层文化人才队伍建设，实施"千

---

① 北京市统计局、国家统计局北京调查总队：《2015 年全市居民人均可支配收入同比增长8.9%》，http：//www.beijing.gov.cn/tzbj/jjsj/sj/t1420769.htm。

② 北京市统计局、国家统计局北京调查总队：《北京市 2015 年暨"十二五"时期国民经济和社会发展统计公报》，《北京日报》2016 年 2 月 15 日。

③ 张力：《北京：作为世界城市的人才人力资本汇聚高地》，《北京规划建设》2010 年第 5 期。

人培训"计划，培养一批相对稳定、专业化水平较高的基层公共文化干部、群众文化组织员和文化志愿者①。北京市文化主管部门邀请行业专家深入基层一线，进行广播电视节目制作培训，参加人数近 500 人次；全市在册文化志愿者 3 万余名，全年提供文化志愿服务 60 万小时，惠及群众 300 万人次②。

4. 技术环境

（1）保护知识产权，鼓励科技创新

营造研发环境，利用科技带动城市整体经济文化社会发展，一直都是北京引以为傲的核心竞争力。北京地区集中了 353 家科研院所，技术产出非常丰富，科研成果不断涌现，特别是与文化产业紧密相关的计算机网络等高新技术和产品，也为北京公共文化发展提供了有力的技术支撑③。

（2）R&D 人均支出具有绝对优势

从时间序列看，北京市研究与试验发展（R&D）活动日趋活跃，R&D 经费支出、活动人员、专利申请与授权量均呈现逐年增长趋势。截至 2015 年末，北京市全年 R&D 经费支出 1367.5 亿元，R&D 活动人员 35.5 万人，专利申请量与授权量分别为 156312 件和 94031 件，签订各类技术合同 72272 项，技术合同成交总额 3452.6 亿元，均比上年有了较大幅度的增长。从国际横向比较看，北京"政府对 R&D 人均支出"具有绝对优势，北京 R&D（人均 646.62 美元）以绝对优势继续领先于韩国的首尔、日本的东京④，标志着北京开始进入创新驱动发展阶段。

（3）积极推进公共文化资源数字化

北京市积极推进公共文化资源数字化、科技化、智慧化建设，积极搭建"一平台、跨网络、多终端"创新平台，充分利用三网融合基础设施，打造

---

① 截至 2015 年底，全市共有基层群众文艺团队 9204 支，在册文化志愿者 3.27 万名，文化志愿团体 311 个，参见《构建首都现代公共文化服务体系》，http://epaper.jinghua.cn/html/2016 - 01/19/content_ 274627. htm。

② 北京市文化局：《北京市文化局 2014 年工作总结》，http://www.bjwh. gov. cn/34/2015_ 4_ 28/3_ 34_ 97535_ 0_ 0_ 1430211075734. htm。

③ 甘斌：《从人力资源角度看北京文化产业发展》，《论北京文化产业发展——2009 北京文化论坛文集》，2009 年 11 月。

④ 佚名：《知识资本：北京"政府对 R&D 人均支出"具有绝对优势》，《华东科技》2014 年第 11 期。

"互联网＋文化"公共文化服务系统，试点 24 小时自助图书馆、数字文化（博物）馆、数字文化社区等重点项目，推进乡镇街道、行政村社区数字化社区建设和电子阅览室建设，促进移动阅读，推出首都图书馆、读览天下和 CNKI 移动知网等 APP①。

（二）SWOT 分析

"SWOT"是优势（Strengths）、劣势（Weaknesses）、机会（Opportunities）和威胁（Threats）四个英文单词的首字母缩写。其中，优劣势分析主要是着眼于自身实力及其与竞争对手的比较，而机会和威胁分析将注意力放在外部环境变化及可能的影响上②。北京公共文化服务体系 SWOT 分析如表 3 所示，具体分析见下文。

表 3　北京市公共文化服务体系 SWOT 分析

优势（Strengths）	劣势（Weaknesses）
1. 首都优势	1. 部门协调有待完善
2. 先发优势	2. 区域发展很不均衡
3. 文化优势	3. 缺乏政策法规
4. 活动优势	4. 社会化程度较低,资金使用效率不高
机遇（Opportunities）	威胁（Threats）
1. 国家政策支持	1. 权力寻租
2."四个中心"功能定位	2. 市场失灵
3. 国家长治久安战略	3. 发展模式"水土不服"
4. 首都公共文化服务示范区	4. 被其他省市赶超

1. 优势

（1）首都优势

首都优势是一种能够长期发挥作用的战略性无形资产③。北京在文化艺术、新闻出版、广播电视电影、艺术品交易等文化创意产业几大领域中具备大

---

① 北京市文化局：《北京市文化局 2014 年工作总结》，http：//www. bjwh. gov. cn/34/2015_ 4_ 28/3_ 34_ 97535_ 0_ 0_ 1430211075734. html。
② 李雪琴：《河南文化旅游资源及其开发的 SWOT 分析》，《甘肃农业》2014 年 4 月。
③ 王树林：《首都优势：北京发展经济的核心优势》，《新视野》2009 年第 5 期。

批优质资源，文化特色和资源优势全国独有，创意研发力量雄厚，电影票房、文艺演出、出版和网络游戏出口均位居全国第一……文化资源优势成为推进北京全国文化中心建设的动力。

（2）先发优势

北京市凭借文化中心的独特地位，积极整合文化资源，形成整体合力，促进首都文化事业领先全国其他省份。大力推进全市乡镇（街道）、行政村（社区）文化设施建设，已建成市、区（县）、乡镇（街道）、村（社区）公共文化服务设施网络①，建有率达 98.35%，在全国率先实现农村地区文化设施全覆盖。截至 2014 年底，建成图书馆基层分馆 283 家，服务网点 3170 个；建成社区和农村益民书屋 4695 个，率先实现村村有书屋的战略目标；建成农村固定数字影厅 3939 个，配备流动放映车 325 辆；实现中央、市级和区县三套广播、四套电视节目北京地区无线覆盖，有线电视通达所有行政村；"书香中国·北京阅读季"开展主题活动 17 项，读书益民工程举办各类活动 24 万余场，参与读者均超过千万人次；400 余家文艺院团参加"万场演出下基层"活动，演出 11000 多场，吸引观众 600 万人次；群众性系列文化活动 2 万余场，覆盖市民群众 3000 万人次；不断推进数字化社区和社区电子阅览室建设，建成数字化社区 300 个。

（3）文化优势

北京市是中国乃至世界上当之无愧的文化强市和文化中心②。2015 年，文化创意产业增加值占全市生产总值的比重由 2010 年的 9.75% 提高到 12% 左右。到 2020 年，北京要建成国际文化大都市，将"先进文化之都"具体化为全国文化精品创作中心、文化创意培育中心、文化人才集聚教育中心、文化要素配置中心、文化信息传播中心和文化交流展示中心。

（4）活动优势

作为城市重要节庆活动，北京国际电影节、北京阅读季等活动的举办，既是北京作为首都所要承担的国家使命，也有助于带动城市文化品牌建设和公共

---

① 北京已建成首都图书馆—区县图书馆—乡镇（街道）图书馆—社区图书馆四级公共图书馆配送体系、市群艺馆—区县文化馆—乡镇（街道）文化馆三级文化馆配送体系和以中央在京单位、市属院团、民营艺术团体为骨干的公益演出服务配送体系。

② 张自然：《市人大常委会审议市政府"加强国家文化中心建设"议案办理报告》，《投资北京》2011 年 12 月。

文化服务体系构建。北京市从机制上进行一体化协调发展，加快推进广播电视"户户通"工程，深入实施农村电影放映工程，深入推进全民阅读活动，加强农家书屋规范管理，发挥乡镇综合文化站（中心）作用，把北京阅读季①等重点工程、项目、节庆、品牌活动统一归入北京文化发展的大格局大框架，举全市之力推动文化工作迈上新台阶，进而形成具有北京特色的公共文化服务体系新格局。

2. 劣势

面对市民群众日益增长的精神文化需求，对照全面深化改革的目标任务和北京全国文化中心的地位作用，北京公共文化服务体系建设工作还存在一些不足②。

（1）部门协调有待完善

供给上，政府多头管理效率低下，文化服务多元供给机制有待完善，文化产品配送体系重复建设；体制机制上，现有制度规定执行不到位，市、区、街道、社区文化资源的统筹协调、互联互通的程度和力度不够，联动共享还有提升空间；人员队伍上，基层文化队伍建设上存在人员不足、业务不熟、待遇不高、培训不够等问题；管理机制上，有效的公共文化服务竞争、激励、绩效评估机制尚未建立，公共文化服务管理模式仍须创新。

（2）区域发展很不均衡

现代公共文化服务体系建设的首要任务是促进基本公共文化服务均衡发展。目前，北京在公共文化设施规划建设上存在两个问题：一是城乡分布不均

---

① 自 2010 年至今，北京阅读季已成功举办六届，已经成为全市推动全民阅读的重要抓手和载体，成为北京的文化新名片。2014 年，经国家新闻出版广电总局、北京市政府批准，正式更名为"书香中国·北京阅读季"，成为国家级全民阅读品牌。"北京阅读季"整合了包括由 6335 家书店和图书馆、4495 家益民书屋、全市所有大中小学校、市直机关、各类企业、社区文化中心等多种渠道构成的北京全民阅读公益活动平台，50 多家媒体和网站参与的北京全民阅读的媒体平台，200 多家出版机构和文化机构参与的全民阅读资源平台，上百位阅读推广专家和 50 余位资深书评人组成的北京全民阅读引导平台，以及由阅读季官网、微信和微博组成的阅读服务平台，形成了"政府主导、社会支持、群众参与"的全民阅读推广机制。

② 北京市人民政府：《北京市人民政府关于印发〈北京市文化创意产业功能区建设发展规划（2014～2020 年）〉和〈北京市文化创意产业提升规划（2014～2020 年）〉的通知》，《北京市人民政府公报》2014 年第 16 期。

衡，二是区域分布不均衡。

以北京市各区县全民阅读综合指数及专题指数评估结果（见表4）来看，16个区县第一名和最后一名有较大差距。排名前三甲的东城区、西城区、朝阳区，分别得分83.57分、78.15分、77.48分；排名靠后的三个区（县）为密云区、大兴区、延庆县，得分分别仅为66.62分、65.23分、63.61分。①

表4　北京市各区县全民阅读综合指数及专题指数评估结果

单位：分

排序	区县	综合指数	排序	阅读条件指数	排序	阅读理念指数	排序	阅读行为指数	排序	阅读服务指数
	北 京 市	71.59		68.50		82.46		72.27		66.47
1	东 城 区	83.57	4	74.51	4	87.49	2	85.06	1	85.72
2	西 城 区	78.15	10	68.65	3	89.80	4	81.39	2	73.94
3	朝 阳 区	77.48	5	74.28	1	91.23	5	79.57	7	69.08
4	海 淀 区	76.80	16	53.58	2	90.44	1	88.28	5	71.12
5	丰 台 区	74.86	15	55.13	6	86.54	3	83.30	4	71.54
6	石景山区	74.79	7	70.66	5	86.93	7	78.30	9	66.28
7	昌 平 区	72.01	14	56.44	8	84.52	6	78.79	8	67.30
8	通 州 区	71.93	9	69.46	10	78.76	9	69.74	3	72.14
9	顺 义 区	70.33	11	67.95	7	84.63	8	76.63	16	56.07
10	门头沟区	68.41	6	73.82	16	74.15	11	68.93	12	60.70
11	平 谷 区	67.89	1	84.42	12	77.87	12	62.99	15	56.40
12	怀 柔 区	66.89	3	74.64	14	77.38	14	60.83	10	62.51
13	房 山 区	66.86	13	60.32	11	78.46	10	69.16	11	61.78
14	密 云 县	66.62	2	75.73	15	74.49	16	54.88	6	69.54
15	大 兴 区	65.23	12	66.08	9	79.03	13	62.46	13	59.74
16	延 庆 县	63.61	8	70.38	13	77.67	15	55.91	14	59.71

---

① 北京阅读季领导小组办公室于2013年组织市属相关部门、专业调查机构和业内专家，采取调查问卷、实地走访、样本采集、数据分析等形式，对16个区县全民阅读进行了调查和评估，剖析了全市全民阅读综合指数，形成了《北京市全民阅读评估体系研究综合报告(2014)》。该报告通过系统计算获得了综合指数结果和专题专项指数结果。其中，综合指数，可较为全面地反映16个区县全民阅读工作的综合水平；四个一级板块的专题指数，则显示出各区县之间全民阅读工作的结构性特点与差异。本文引用该报告的部分未公开数据。另外，"北京市全民阅读综合评估指标体系"对全民阅读工作进行了非常科学规范的考量，其所涉及的公共文化服务体系方面的内容，可以成为各区县对照决策和落实工作的参考。

具体到藏书量、人员配备、图书馆开馆时间这些具体指标上，差异更为明显。比如，在阅读条件方面，排名第一的西城区阅读座位数、总藏书册数、文化馆数，都远高于北京市均值水平，益民书屋数和文化共享工程基层服务点数低于北京市均值，与西城区所处的区位特点相匹配①。而排名末尾的延庆县作为山区县，在村基层服务点、益民书屋建设上存在较大的优势，在公共图书馆数量、阅览座位、总计订阅报纸和期刊份数等方面较其他区县存在不足，这与其区位特点一致，但需要进行相应改进。

鉴于北京各区县所处的区位特点和文化服务基础设施资金投入的不同，北京市有关文化主管部门应参照《北京市基层公共文化设施建设标准》《北京市基层公共文化设施服务规范》等文件，规范文化服务的标准和要求，各区县应该参照落实。

（3）缺乏政策法规

北京目前缺少细化的公共文化服务条例，在立法方面落后于上海与深圳②。北京作为全国的政治中心与文化中心，应按照中央关于"建立健全现代公共文化服务法律体系"的要求，参照全国人大草拟的《公共文化服务保障法》和深圳市系列法规、条例，以公共文化服务的基本法律、专门法律以及行政法规为主干③，制定具有北京特色、适应北京实际的区域性法规和行政规章，为北京现代公共文化服务体系建设提供必要的法律支持

---

① 根据《北京市全民阅读评估体系研究综合报告（2014）》，西城区 2014 年全民阅读工作亮点颇多，特别是在公共阅读空间的开发上，西城区专门"腾挪"出几块公共用地开办公共阅读空间，比如，免费提供场地，促成第二书房社区图书馆落户金中都公园，成为当地人文一景；西城区还与民营书店合作，开办老人塔"砖读空间"，既为周边居民提供阅读服务，又实现了文物保护单位的再利用。

② 以深圳为例，该市的公共文化服务立法进程位居全国前列。在与市民息息相关的公共文化服务领域，深圳出台了《深圳经济特区公共图书馆条例》，制定《深圳经济特区全民阅读促进条例》，充分保护市民阅读权利；制定《深圳市社区建设工作试行办法》，加强社区文化建设；出台《高雅艺术票价补贴办法》，使市民能以低票价享受高雅艺术；发布《深圳市基层公共文化服务规定》，要求各区公共图书馆、文化馆、美术馆等向社会免费开放，基本文化服务项目实行免费服务。参见翁惠娟、周小苑《深圳文化惠民走在全国前列》，《人民日报》（海外版）2014 年 11 月 26 日。

③ 范周：《创新公共文化管理体制和运行机制　加大公共文化服务保障力度》，《人文天下》2015 年第 2 期。

与保障①。

(4) 社会化程度较低,资金使用效率不高

目前,北京市进行公共文化服务的行为主体主要是政府机关(如文化局、新闻出版广电局、体育局)和其下属的事业单位,专职从事公共文化服务的社会力量非常少,而且活动经费与活动次数都有限。这就限制了公共文化服务发展的社会化、多元化、多样化,阻碍了市场化的改革步伐。此外,在核定公共文化服务绩效时,比较抽象的社会效益、社会和谐度、民众幸福感等指标很难折算成业绩写到政府"成绩单"上。因此,政府对于公共文化服务的年终打分与公众的直观感觉往往不能契合,政府花了大钱修的体育场馆、社区活动站、文体中心,往往只能显示为 GDP 指标的增减,公众实际利用率却非常低。从现实情况看,一方面是公共文化服务设施总量不足,民众对公共文化服务非常"渴求";另一方面则是现有的文化设施和场所并没有得到充分的利用,部分场地长年累月处于闲置与浪费的状态②。

3. 机遇

(1) 国家政策支持

近年来,国家按照"建设逐步覆盖全社会的公共文化服务体系"的政策目标出台了一系列政策保障措施。《国家"十二五"时期文化改革发展规划纲要》提出让城乡居民"较为便捷地享受公共文化服务"③;《关于加快构建现代公共文化服务体系的意见》对推进基本公共文化服务标准化、均等化做了全面部署④;《关于做好政府向社会力量购买公共文化服务工作意见》明确了公共文化服务的购买主体和内容⑤;《京津冀协同发展规划纲要》给出在京津冀

---

① 深圳市文化局公共文化服务体系研究课题组、黄士芳、杨立青、毛少莹:《深圳公共文化服务体系研究》,《特区实践与理论》2006 年第 3 期。

② 杨琳:《上海公共文化服务体系研究》,上海交通大学硕士学位论文,2009。

③ 黄峻:《构筑公共文化惠民新体系 助推民族文化繁荣新发展——从云南文化建设实践到云南文化建设经验》,《民族艺术研究》2012 年第 6 期。

④ 范周:《创新公共文化管理体制和运行机制 加大公共文化服务保障力度》,《人文天下》2015 年第 2 期。

⑤ 2015 年 5 月,国务院办公厅转发文化部等部门《关于做好政府向社会力量购买公共文化服务工作意见》的通知,提出要"积极有序推进政府向社会力量购买公共文化服务工作",明确购买主体和购买内容,制定指导性目录,完善购买机制,提供资金保障,加强绩效评价。

三地"建立共建共享的公共文化资源库，打造共有文化品牌，促进文化资源共享"的战略构想。北京市政府积极响应中央加快构建现代公共文化服务体系的意见，从不同角度提出实现基本公共文化服务的路径和方法，并配套出台系列政策文件①，从政策层面推动首都公共文化服务标准化、均等化、社会化和数字化工作迈向一个新的台阶②。

（2）"四个中心"功能定位

在《京津冀协同发展规划纲要》中，北京定位为"全国政治中心、文化中心、国际交往中心、科技创新中心"③。这是站在全面建成小康社会的13亿人口大国首都和国际社会负责任大国首都的战略高度，为实施人文北京、科技北京、绿色北京做出的战略部署，也是立足我国经济社会发展全局对北京市文化建设提出的战略定位。"四个中心"的功能定位对北京市公共文化服务工作提出了更高要求。提升公共文化产品和服务，加快现代公共文化服务体系构建，示范引领全国文化事业发展，既是北京作为首都的担当和责任，又是北京文化大发展、大繁荣的历史机遇。

（3）国家长治久安战略

构建现代公共文化服务体系，不仅是保障公民文化权益的重要举措，也是推动文化强国建设的应有之义；不仅是一项重要的民心工程，也关系到国家的核心竞争力与长治久安。推动首都文化的大发展、大繁荣，以文化体制上的改革和跨越，带动其他产业的发展，旨在把北京建设成具有世界重要影响力的文化中心。通过北京公共文化服务这一形象平台，让世界重新感受中国，重新认识中国。这既是国家长治久安的战略需要，也是塑造国家整体形象的需要。

（4）首都公共文化服务示范区

国家公共文化服务体系示范区是文化部、财政部在"十二五"期间共同

---

① 2015 年 6 月，为深入贯彻落实中共中央办公厅、国务院办公厅《关于加快构建现代公共文化服务体系的意见》，北京市在全国各省（区、市）中率先印发了《关于进一步加强基层公共文化建设的意见》《首都公共文化服务示范区创建方案》《北京市基层公共文化设施建设标准》《北京市基层公共文化设施服务规范》（简称"1+3"公共文化政策文件）。

② 舒琳：《认真贯彻落实〈意见〉精神 推动首都公共文化发展——北京市文化局负责人谈"1+3"公共文化政策》，《中国文化报》2015 年 6 月 12 日。

③ 舒琳：《认真贯彻落实〈意见〉精神 推动首都公共文化发展——北京市文化局负责人谈"1+3"公共文化政策》，《中国文化报》2015 年 6 月 12 日。

开展的一项战略性文化惠民项目①。北京市高起点、高水准创建首都公共文化示范区②，推动首都公共文化设施建设和服务质量向世界先进水平迈进，成为未来一个时期北京基层公共文化建设以点带面的重要工作抓手。北京市积极推进全市公共文化服务一体化，发挥朝阳区的示范、引领和辐射作用，带动其他行政区和功能区公共文化服务的均衡发展；以构建"区－地区－街乡－社区（村）"四级公共文化服务网络为出发点，探索出"文化居委会"的运行模式，形成了公共文化服务民主化参与、社会化运行的机制，使公共文化服务体系建设逐步进入制度化、规范化、科学化的轨道③。

4. 威胁

（1）权力寻租④

根据规定，"对新增的公共文化服务内容原则上都要通过政府购买服务方式实施"，"政府向社会力量购买公共文化服务的购买主体是承担提供公共文化与体育服务的各级行政机关（主要是文化、新闻出版广电等部门）"⑤。各级行政机关这个抽象的行政主体实质上是由若干相对独立的公务员构成。因此，当从事具体服务购买政府人员具有干预资源配置的公权力，并且其腐败预期收益小于惩罚成本时，就容易在采购的过程中进行权力寻租。虽然相关法规明确了监察、审计等部门会加强事前、事中和事后的监督管理，从理论上看也有一套健全完备的行政监督、审计监督、社会监督、舆论监督制度在约束着政府购

---

① 示范区的创建标准共有7个部分，包括40项93个指标。对中心城区和远郊城区分别制定标准，对区县、乡镇街道、行政村社区三级图书馆和博物馆、文化馆、美术馆、影剧院等公共文化设施的选址、建筑面积、设置率等都做了详尽的规定，对农村和社区依托传统节日、重大庆典活动和民族民间文化资源开展文体活动、形成品牌活动做了具体要求。参见张景华《北京将创建首都公共文化服务示范区》，《光明日报》2015年7月23日。

② 2011年6月，朝阳区代表北京市取得全国首批公共文化服务体系示范区的创建资格。

③ 佚名：《北京朝阳：国家公共文化服务体系建设示范区》，《领导决策信息》2013年第18期。

④ 安·克鲁格最早正式提出"寻租"概念，他在《寻租社会的政治经济学》一书中写道："在多数市场导向的经济中，政府对经济活动的管制比比皆是。这些管制导致各种形式的租金，以及人们经常为这些租金而展开的竞争。在某些场合，这种竞争是完全合法的。在另一些场合，寻租则采取其他形式，如贿赂、腐败、走私和黑市。"参见〔美〕安·克鲁格《寻租社会的政治经济学》，《经济社会体制比较》1988年第5期。

⑤ 《国务院办公厅转发文化部等部门关于做好政府向社会力量购买公共文化服务工作意见的通知》（国办发〔2015〕37号），2015年5月5日。

买行为，但是"政治家既存在被他人作为寻租工具的可能，也存在主动寻租的可能"①。因此，政府公职人员在采购公共文化服务时，会利用权力的集中以及监管的真空，对一定的"政策空间"予以掌控，从而达到趋利的本性。退一步说，即使严格按照政府采购有关规定，采取公开招标、邀请招标、竞争性谈判（磋商）、单一来源等政府采购公共文化服务，也不一定能达到预期的效果。很明显，邀请招标、竞争性谈判（磋商）和单一来源这几种方式最容易出现灰色地带，从而滋生腐败现象；在公共文化服务采购中引入竞争机制采取"公开招标"，虽然具有明显的优势，但是如何避免由于某些官员把持出现不完全竞争的风险，以及如何保障竞争环境的公开、公平、公正，又是一个摆在政府面前的难题。一些机关出于照顾内部利益的考虑，直接将公共文化服务采购项目"划拨"——表面上也是采取公开招标的形式——给下属的事业单位或社团组织。在制度规范不健全、购买机制不透明的情况下，没有公开透明的市场化的制衡，就容易出现"权力趋向腐败，绝对权力绝对腐败"②的现象，这种走过场的"公开招标"极易演变为"权钱交易"和"利益输送"。

（2）市场失灵

一般而言，由于市场机制的局限性，由企业或社会组织提供的公共文化服务一般无法满足公共利益——或者价格过高，或者供给不足。因此，政府常常选择采取"委托代理"的模式，购买企业或社会组织提供的公共文化服务产品。当时，由于政府和企业之间存在天然的"信息不对称"③，这就造成了另外一种"市场失灵"④，对政府购买公共文化服务的有效性产生根本性的威胁。一方面，作为公共文化服务的承接主体，企业或社会组织采购政府项目中，可能会存在虚造资质要求、歪曲服务主旨、弄虚作假、冒领财政资金等违法违规

---

① 彭方、袁小力：《我国公共权力寻租行为分析》，《云南社会主义学院学报》2014 年第 2 期。

② 原文为"Power tends to corrupt, and absolute power corrupts absolutely"，这是阿克顿勋爵（Acton，1834～1902 年）1887 年 4 月 5 日给克莱顿的一封讨论宗教改革时期教皇制度历史的长信中的话。原文的意思是：权力本身就会腐败，并不是它"导致"或"使人"腐败。腐败是指权力本身，是制度，不仅仅是掌权的人。

③ 信息不对称指交易中的个人拥有的信息不同。在社会政治、经济等活动中，一些成员拥有其他成员无法拥有的信息，由此造成信息的不对称。

④ 市场失灵最初是指市场无法有效地分配商品和劳务的情况。但是，政府干预亦可能造成非市场的失灵。

行为①；另一方面，作为公共文化服务的购买者，政府不可能百分百地对购买行为进行全流程实时监控，企业不可避免地有"自利"的倾向，想从政府的"钱袋子"里捞取更多的经济利益，进而损害政府和公众的利益②。

（3）发展模式"水土不服"

首先，当前我国公共文化服务的发展模式，基本都是通过在发达省市试点形式展开的。适合较为发达城市（例如，深圳）的个别特点，还未形成可以普遍适用的模式，实践经验的积累也不足以解决全国公共文化服务发展过程中遇到的各项困难。此外，承担公共文化服务购买的主体——社会组织、事业单位或企业、机构等社会力量，虽然逐渐得到政府和社会的肯定与重视，但是还处于发育期，能够承接的公共文化服务供给的数量有限。较之欧美发达国家和地区基本借助社会力量承接政府公共文化职能的转移，中国还有很长的一段路需要走。再者，中国学界对于公共文化服务的研究还停留在理论层面，缺乏操作性强的实践指南。中国公共文化服务的探索、发展与实践，与西方发达国家（甚至与亚洲日、韩等国）的成熟模式并不完全一致，存在各种差异③，中国无法也不能照搬国外模式。因此，如何在具体国情的背景下，克服实践过程中出现的新现象、新问题，寻求公共文化服务发展的新途径和新思路，是摆在决策者面前的一个亟须解决的问题。

（4）被其他省市赶超

随着经济社会的发展，越来越多的省市认识到公共文化服务的重要性与紧迫性。上海、广东、深圳等省市采取优惠措施吸引人才、资金、市场，扩大公共文化品牌活动影响，公共文化服务体系建设水平稳步上升，已经形成赶超北

---

① 《解读：政府购买公共文化服务钱怎么花》，新华网，2015 年 5 月 13 日。
② 梁芷铭：《政府购买社会组织公共服务的 SWOT 分析》，《安徽行政学院学报》2014 年第 5 期。
③ 我们以中美公共文化资金来源情况，来解释为什么中国不可以照搬外国公共文化服务的发展模式。由于中国从 2015 年才开始试点向社会力量购买公共文化服务工作，此前中国的公共文化服务购买资金来源渠道单一，资金投入量与稳定程度完全依赖于地方政府财政。而在美国，除了联邦政府每年间接地通过诸如艺术与人文基金会以及地方和州政府的独立机构提供财政外，公共文化服务资金来源于个人、公司和基金会的捐赠。实际上，美国绝大多数公共文化服务设施的资金来源中，来自非政府组织或企业、个人的捐助远大于政府的财政拨款。参见白春后《我国政府购买社区公共服务研究》，河北师范大学硕士学位论文，2015。

京的态势。以深圳市为例，深圳公共文化服务体系建设水平位居全国前列①，公共文化服务的硬件优势明显，公共文化服务研究水平全国领先②，基层文化设施（机构）覆盖率和服务效能一流，财政投入、发展规模、人才队伍、社会参与和公众满意度等主要文化服务指标领先全国③。

二 构建北京公共文化服务体系的路径选择

建立健全北京公共文化服务体系，有利于提高首都城市社会治理能力，推动北京全国文化中心建设，促进京津冀协同发展。因此，要以标准化、均等化、社会化和数字化为主要内容，以保基本、促公平为基本要求，统筹资源，整体谋划，按需供给，建强阵地、机制和队伍，不断提升公共文化服务效能，努力构建"均衡发展、供给丰富、服务高效、保障有力"的现代公共文化服务体系。

（一）从传播主体的角度看北京市公共文化服务体系建设

构建现代公共文化服务体系既不能单纯依赖政府，也不能全部依赖市场，应以"政府来主导，鼓励引导社会力量、社会资本参与"的发展思路来建设北京市公共服务体系，从而实现公共服务的多元供给。

1. 转变职能角色

政府为了给公众提供所需的文化产品和文化服务，就要保证公共文化服务的场地和环境设施，定期优化、更新硬件设备及维护设备正常使用。如果公共文化的场地、环境较差，文化设施更新速度较慢，场所面积、座位数量比较紧张，就无法吸引更多人群方便、快捷、舒适地参与读书活动。因此，政府要进

---

① 自 1996 年以来，深圳市级财政投入 52 亿元，规划建设了 32 个市级文化设施，"图书馆之城"建设成果显著，全市拥有市、区、街道、社区各级图书馆（室）639 个，24 小时街区自助图书馆 200 台，群艺馆和文化馆（站）69 个，各类博物馆、纪念馆、美术馆 28 个，文化广场 381 个，广播电视覆盖率 100%，形成了较为完善的公共文化服务设施网络。

② 深圳较早提出"实现市民文化权利"命题，2005～2010 年，连续出版了《文化权利：回溯与解读》《公共文化服务体系研究》《完备的公共文化服务体系研究》等研究专著，系统论述了公共文化服务体系的主要构成、支持与保障系统、绩效管理与评估，提出了"完备的公共文化服务体系"的指标体系以及国内外的参考数据。

③ 深圳市文广新局：《深圳市公共文化服务体系建设规划（2013～2015）》，http：//www. szwtl. gov. cn/showPinfoPage. action？guid =4bdbadb648c61b190149f56d923f0173。

一步强化财政保障，改善公共文化服务的硬件设施。每年市财政要固定以转移支付的方式，为基层提供经费支持，给每个街乡、社区定额的文化活动补贴，解决基层的实际困难。要以给居民文化生活提供便利为出发点，以步行 15 分钟为服务半径①，完善文化设施配置，统筹建设一批集多种功能于一体的乡镇综合文化中心，有针对性地开展形式多样的文化活动，在社区公共文化建设中营造了良好氛围，使社区文化活动成为公民素质提升和社会文化发展的"催化剂"②，推动公共文化服务的便利化、品牌化、数字化、标准化。

此外，政府角色要从传统"管理者"向"服务者"转变，政府职能由"办文化"向"管文化"转变，从传统的市场"参与者"向服务质量、价格的"监督者"转变，简政放权，减少行政审批，引入市场机制，激发各类社会主体参与公共文化服务的积极性，增强公共文化服务的发展活力。随着民众多层次、多样化、个性化的文化需求不断增加，政府应更多地将"服务者"的角色落实在"彰显人文关怀、体现文化惠民"上，使基础文化设施涵盖不同年龄阶段和不同社会阶层，最大限度地盘活闲置的公共文化资源，引导社会力量作为多元供给主体参与现代公共文化服务体系的建设（见图1）。

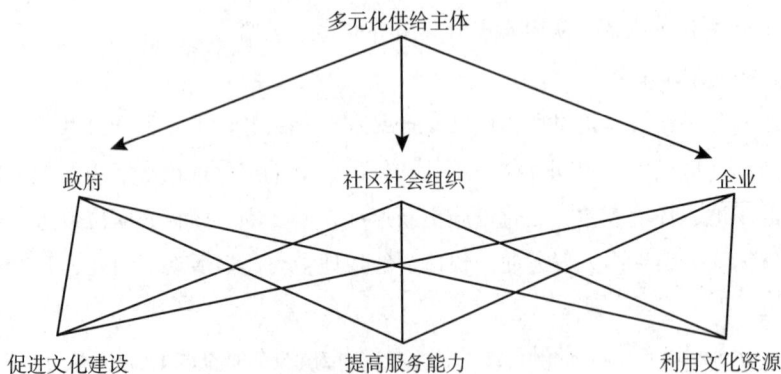

图1　公共文化服务的多元供给主体

---

① 如日本自20世纪70年代中期颁布了"定居圈"方案以来，规定在居民徒步20分钟内，必须有一个图书馆，且每周至少提供两次以上巡视送书服务。新加坡政府颁布的《社区住宅规划》明确规定，每个社区内都必须建立图书馆。
② 王瑜：《北京城市社区图书馆服务的问题与对策研究》，中央民族大学硕士学位论文，2013。

2. 促进协同发展

促进北京公共文化服务均等化，实现区县、城乡文化的系统性、整体性、协同性发展，是北京构建现代公共文化服务体系的重中之重①。公共文化服务是一项庞大复杂的系统工程，任何部门的"单兵突进""单打独斗"都很难顺利推进。这就需要政府从整体上谋篇布局，把公共文化服务与公共医疗、义务教育、社会保障等其他公共服务放在一起，在经济体制、社会结构、利益格局、思想观念的大系统内来考量，聚合各阶层力量，整合各方面资源，增强公共文化服务的协同性、科学性、公平性和均衡性，更好地满足人民群众基本的公共服务需求。

京津冀一体化上升为国家战略既为三地经济的协同发展迎来了新一轮历史机遇②，也为三地政府加快推进公共文化服务协同发展提供了契机。如何抓住三地经济一体化发展的机遇，调整文化产业结构，推动文化资源优势互补，促进区域文化协同发展，是京津冀三地政府亟待思考的重大议题。北京是全国文化产业发展的龙头地区，具有资源、品牌、资本、人才等优势，能够对京津冀区域形成巨大的辐射作用，带动次级文化中心发展③。

京津冀公共文化服务协同发展要打破传统思维，在京津冀一体化发展战略大框架下，站在统领三地文化产业发展的战略视角，将文化协同发展调节机制、文化消费政策制定、公共文化服务平台一体化建设等纳入考虑，促进三地文化产业市场要素合理流通、优化配置，发挥比较优势，形成特色鲜明、分工明确、共建共享、统一开放的互补式发展格局，促进三地公共文化资源流动和共享。

京津冀公共文化服务协同发展必须发挥当地政府的主导作用，打破约束基础设施配置的行政樊篱和地域限制，引入市场机制，建立统一规范灵活的资源市场，促进优质公共文化服务资源均衡配置；创新交流机制，共同探索公共文化服务体系投入、建设、运行、管理的新办法、新思路；完善服务网络，构建辐射毗邻地区的文化服务体系，提升京津冀三地公共文化基础设施水平④。

---

① 李国新：《现代公共文化服务体系建设的"北京设计"》，《中国文化报》2015 年 6 月 12 日。
② 2015 年 4 月 30 日，中央政治局会议审议通过的《京津冀协同发展规划纲要》指出，推动京津冀协同发展是一个重大国家战略，核心是有序疏解北京非首都功能。
③ 李道今：《京津冀文化协同构想》，《投资北京》2015 年第 6 期。
④ 翟海燕：《京津冀文化产业协同发展问题分析与路径研究》，《智富时代》2015 年第 3 期。

（二）从传播受众的角度看北京市公共文化服务体系建设

随着新媒体时代的来临，文化消费方式、社会生活方式、信息接收和传播方式发生了重大的变化。公共文化是面向大众的，只有公民参与其中，才是成功的。公民的参与程度是评价公共文化服务体系建设成功与否的指标之一，公共文化服务体系的建设成败也与通畅的文化需求反馈机制密切相关[①]。公共文化服务的提供要充分考虑公民的实际需求，公民的需求决定着体系的内容和走向，公民需求的满足程度也是检测公共文化服务体系效益的重要依据。

1. 推动供给侧改革

推动供需有效对接，在供给上下功夫，着力解决产品和服务更新不及时、内容欠丰富、管理模式不适应的问题。全市各级文化主管部门应从广大市民群众的实际文化需求出发，反过来筛查部门本身掌握的文化资源，选取"有用""适用"的列出菜单，供群众选择，听群众意见；而不是从自身能力和意愿出发预设服务项目，让群众被动接受。市级层面应尽快梳理打通图书馆、文化馆、益民书屋等文化配送体系，畅通工作渠道，切实解决管理多头、相互交叉的问题，促进产品和服务想群众所想、供群众所需。

做好服务支持保障，重点抓好协调机制建设，积极鼓励社会力量参与。破解基层公共文化服务难题需要加强市级层面的统筹协调。相关职能部门应重视发挥公共文化服务体系建设联席会议制度的作用，主动研究有关工作，加强沟通联系，会商推进重大公共文化政策、规划、标准、重大事项和重点项目的制定和实施，在市级层面整合资源、统一行动，使公共文化服务同舆论宣传、社会治理、国民教育、文化消费、产业结构调整、首都精神文明建设等工作紧密结合起来，确保公共文化服务体系建设整体设计、协同推进。要善于发现群众合理的文化需求，善于运用市场规律和社会力量，将其纳入政府扶持和购买的范围。要开放资金和项目，丰富指导性目录，不断扩大购买范围，着力推进基层公共文化设施社会化、专业化运作，促进公共文化服务提供主体和提供方式多元化，使公共文化服务从文化系统的"内循环"逐步转向社会层面的"大循环"。

---

① 刘文俭：《公民参与公共文化服务体系建设对策研究》，《行政论坛》2010年第3期。

2. 兼顾弱势群体

对特殊群体人文关怀的力度体现着一座城市的文明程度和治理水平，在市场经济条件下，中国特色的公共文化服务必须坚持的基本原则之一即普遍提供原则，保证所有民众，包括残疾人、老人、妇女、儿童以及农民工等能够公平地获取公共文化服务，努力实现公共文化服务均等化。特别是当前越来越多的外来务工人员进入北京，农民工群体规模持续扩张，他们的基本文化权益还缺乏有效的制度化保障，在文化、教育等基本公共服务领域仍然无法享受与城市居民平等的条件和待遇。

应重视老年人、未成年人、残疾人、农民工和生活困难群众等特殊群体，在产品服务规划设计和供给方式上充分体现便利性、个性化，将关注、关心、关爱体现在文化供给的各个环节、各个方面。针对偏远农村地区的文化供给应充分考虑当地人口分布、交通出行、文化差异等因素，做好图书配送、数字电影放映和公益演出等基本文化供给，通过结对子、传帮带、组织示范性展演等形式，培训和辅导当地群众文艺团队和群众文艺积极分子，鼓励自导自演，活跃文化氛围。将农民工纳入城市公共文化服务体系，亟须明确责任，加大投资，认真了解农民工文化需求特点和规律，不断改进服务方式，提高服务能力，为农民工提供形式多样的文化服务。要加强统筹，整合资源，推动服务有效对接。建立公共图书、文化活动、公益演出三个服务配送体系，购买社会化服务，把各类文化资源汇聚到政府公共资源服务渠道，最大限度地提高资源利用效率。尝试建立文化居委会，开展"群众点菜、政府端菜"的"菜单式"服务，有针对性地满足群众的文化要求。

3. 细分服务受众

公共文化服务体系的完善，是市民享有文化权利的保障①。阅读权利是公共文化建设的着力点，也是实现市民文化权利的突破口。以阅读等文化权利的实现带给市民内心的满足和持久的幸福感，不仅实现了城市公共文化行政理念的变化，也实现了城市文化战略的升级②。

在美术馆、图书馆、博物馆、文化馆等公共文化场所向公众免费开放的情

---

① 翁惠娟：《力促"实现市民文化权利"》，《深圳特区报》2014 年 11 月 17 日。

② 翁惠娟、周小苑：《深圳文化惠民走在全国前列》，《人民日报》（海外版）2014 年 11 月 26 日。

况下，以"北京阅读季"引领的全民阅读工作进一步促进基层文化设施建设，拉动公共文化服务投入，各级公共图书馆、农家书屋数量连年增长，公共图书馆总藏量及人均藏书量也在大幅增长。北京阅读季把读者细分为大学生、青少年、儿童、妇女、公务员五大读书群，相应地举办了"北京大学生读书节""北京少年读书节""亲子阅读活动""女性读书节""公务员读书节"活动，有针对性地引导不同年龄阶段的人群阅读，提升了阅读活动的针对性和实效性。而各种阅读文化活动的举办，使得全民参与公共文化活动①。

（三）从传播渠道的角度看北京市公共文化服务体系建设

1. 发展社交媒体

近年来以微博、微信为代表的社交媒体的流行为公共服务平台的创新提供了一个新的突破口。通过社交媒体向公众提供文化服务和文化产品具有便捷性、及时性和趣味性等特点，可以提高大众的参与度。同时，社交媒体具有的公开、互动、开放、平民等特性，使得人们不仅能通过社交媒体表达需求，还能对公共服务平台进行非正式的社会监督。打开新闻出版的官方微博可以看到许多活动的公告，例如，"有奖送书"有关信息的共享与通知以及一些线上的交流互动活动等。微博、微信便捷的发布功能和转发功能为消息的传播弱化了时空的限制。当今利用传统思维方式来开展文化服务不实际，也不科学，以这种形式为公众提供文化服务和文化产品是新闻出版行业发展与整个时代发展的接轨，也是创新公共服务平台很好的形式。

2. 加强数字化、网络化建设

要加强数字化、网络化建设，充分发挥北京世界互联网发展高地的资源优势、技术优势和人才优势，不断提升信息化服务水平。相关职能部门应联合第三方机构，运用大数据技术对公共文化服务设施的分布和使用、市民群众不同层次的需求和首都各类文化资源进行综合分析，更好地服务政府决策、资源统筹和项目落地。基层综合文化中心建设应突出数字化、网络化，有条件的应建设公共电子阅览室、多功能数字电影放映厅、多媒体教室等设施，并提供无线上网服务。图书馆、博物馆、文化馆等公共文化服务机构，图书、电影、公益

① 胡鹏：《"北京阅读季"的经验与启示》，《人民论坛》2015年第10期。

演出等配送体系建设应向网络信息化方向发展，做到资源上网、服务上网、反馈和解答上网，推进基层公共文化服务云系统建设。与互联网企业加强合作，充分运用商业网站、微博、微信等新媒体和移动客户端等新载体，使市民群众不出家门即可掌握信息、了解动态、享受服务。相关职能部门应加强自身办公自动化和信息化建设，建立市级公共文化服务信息平台，完善基层公共文化设施运营统计数据报送机制，不断提升信息分析、处理和服务能力①。

（四）从传播效果的角度看北京市公共文化服务体系建设

1. 完善服务反馈机制

为进一步了解公众对公共文化服务的意见与建议，有关文化行政主管部门需要主动倾听来自群众的呼声，积极拓宽群众参与的渠道，建立健全"多元化、立体化、开放化"的公众评价渠道和服务反馈机制，通过报纸、期刊、微博、微信等各种媒体与渠道，开展公共文化服务公众满意度调查，充分了解公众对公共文化产品的需求、品牌、效果等反馈信息②，形成政府与群众沟通的常态机制，更好地履行政府服务群众公共文化需求的职责，促进首都地区公共文化又好又快地发展③。

2. 建立动态评估机制

通过科学规范的综合评估，一方面，可以动态监测各区县的公共文化服务工作综合水平，为各级政府的扶优扶强提供依据；另一方面，通过持续的公共文化服务信息平台建设和数据的积累，可形成丰富的数据资源，对深入洞察本市城乡居民的文化需求、文化趣味、文化消费规模等提供宝贵的第一手资料，通过这些资料，形成对文化市场格局和文化产业发展质量的清晰判断，成为政府行业主管部门指导行业发展、进行绩效评价的重要抓手。

要尽快完善北京市公共文化服务评价工作机制，健全考核评价体系，加强分类指导，创新文化资产组织形式和经营管理模式，建立健全把社会效益放在

---

① 北京市人民政府：《北京市人民政府关于进一步加强基层公共文化建设的意见》，《北京市人民政府公报》2015 年第 24 期。

② 鲍宗豪：《构建公共文化的需求反馈机制》，《文汇报》2011 年 11 月 18 日。

③ 黄晓伟：《北京朝阳：创新构建"3＋1"服务网络　全面提升公共文化服务效能》，《中国文化报》2013 年 4 月 30 日。

首位、实现社会效益和经济效益相统一的考核评价标准。强化绩效考核，建立市、区县、街道（乡镇）三级公共文化服务绩效考核机制，重点加强对基层公共文化服务项目资金使用、实施效果、服务效能等方面的监督和评估①。倡导各区县政府高度重视评估结果，尤其是对评估结果背后的制约因素的挖掘，发现优劣，查找原因，积极改进和提升本区域的公共文化服务工作综合水平。

3. 改善奖惩激励机制

我国目前公共文化服务工作人员普遍存在业务能力不强、知识面狭窄、服务缺乏主动性等问题，主要还是激励机制不够完善导致了相关工作人员自我提升动力的缺失。考虑到公共文化服务行业的特殊性，政府应该坚持以人为本，从以下三个方面进行改善。

一是物质激励与精神激励相结合。从各种人才流失的现状可以发现，物质激励力度的不理想是各类工作出现人才缺口最基本、最直接的原因。人都希望通过工作获得劳动报酬，实现自我价值。只有发挥物质激励与精神激励的双重作用，才能充分调动公共文化服务工作人员的积极性和创造性，使他们全身心地投入工作中。

二是长期激励与短期激励相结合。构建激励机制，首先需要明确目标，将个人目标与单位目标，当前的目标与长远的目标有机地、系统地、灵活巧妙地结合起来。对于员工个人来说，个人的职业发展规划为他的长期目标，短期目标则可能是期待通过短期培训或者继续教育等途径提升专业知识和技能。

三是公平激励与差异激励相结合。人民对于工作报酬的考量，通常会选取特定的"参照坐标"，进行纵向和横向的比较，每个人都希望自己的工作得到领导的赞赏、机构的肯定以及社会的认可，希望得到公正的待遇。因此，要建立公平的考核机制，实施差异激励，增强公共文化服务工作人员队伍的生机与活力②。

---

① 北京市人民政府：《北京市人民政府关于进一步加强基层公共文化建设的意见》，《北京市人民政府公报》2015年第24期。

② 廖新：《我国政府社会动员激励机制研究》，电子科技大学硕士学位论文，2014。

B.19
科技融合背景下广播影视发展对策思考

张 博 林卫国*

摘 要： "融合"是现今传媒变革的一个关键词，2016年3月，国家
新闻出版广电总局发布《电视台融合媒体平台建设技术白皮
书》《广播电台融合媒体平台建设技术白皮书》，从技术层面
对科技融合背景下的广播影视发展指明了方向；7月，国家
新闻出版广电总局发布《关于进一步加快广播电视媒体与新
兴媒体融合发展的意见》，为广电领域真刀实枪的改革扫除政
策障碍。近日，首份电视媒体融合发展报告发布，对我国电
视媒体与新兴媒体的融合发展现状、成绩与问题进行全景式
的梳理与研究。基于此，本文将从科技融合的角度结合云计
算、大数据、"互联网＋"及新媒体发展规律从制播体系、
传播体系、技术体系等领域进行思考和分析，进而对科技融
合背景下广播影视的发展提出几点对策。

关键词： 融合媒体 科技融合 新兴媒体 大数据 "互联网＋"

自《关于推动传统媒体和新兴媒体融合发展的指导意见》于2014年8月
正式通过后，在市场导向与内外诸力等诸多因素的综合作用下，媒体融合已成
为一个常态，成为文化传媒领域的核心工作之一。在这个大趋势下，2016年3
月，国家新闻出版广电总局发布的《电视台融合媒体平台建设技术白皮书》

---

* 张博，博士，中国传媒大学理工学部讲师，研究领域为舆情分析、网络新媒体技术；林卫国，
博士，中国传媒大学理工学部本科教学办公室主任，教授，研究领域为计算机网络技术。

和《广播电台融合媒体平台建设技术白皮书》，为广播电视科技创新工作指明了方向，并提出了新的更高要求。7 月，国家新闻出版广电总局发布《关于进一步加快广播电视媒体与新兴媒体融合发展的意见》，进一步为促进广播电视媒体转型升级，提升广播电视媒体在网络空间的传播力、影响力、公信力和舆论引导能力提供政策基础。当前，各地广播电视机构在媒体融合方面进行了一些有益的探索，同时也遇到了一些问题，比如，对于媒体发展的趋势缺乏系统性的研究，对于媒体融合的实践缺乏理论层面的指导。在这样的背景下，《2015~2016 中国电视媒体融合发展报告》于 2016 年 8 月 25 日在 BIRTV 媒体融合高峰论坛发布，这是我国首份针对电视媒体领域的媒体融合发展研究报告，对我国电视媒体与新兴媒体的融合发展现状、成绩与问题进行了全景式的梳理与研究，对涌现出的一些有特点的案例进行了总结，对符合媒体发展趋势的观点与做法进行了弘扬。

一 "媒体融合"中涵盖的"科技融合"

融合媒体是全媒体功能、传播手段乃至组织结构等核心要素的结合、汇聚和融合，是信息传输渠道多元化下的新型运作模式。在媒体融合态势下，传统媒体已经并将长期与互联网、移动互联网等多种新兴媒体传播渠道进行有效融合，以实现资源共享并使之得到集中处理，此外还将衍生出多种新兴产品，多渠道广泛传播给受众。融合媒体的技术特征主要有以下几个方面。

1. 节目数据量大并且以结构化、非结构化及半结构化文件呈现

特别是随着互联网海量资源的整合汇聚，以及高清、超高清、立体显示等新业务的发展，需要进行处理的数据呈几何级数增长，这些都对数据存储、计算资源及管控模式提出了更高的要求。

2. 节目制作方式更加精细，制作手段更加多样

在节目制作过程中大量运用虚拟植入等相关技术，对新闻、体育、天气、财经、娱乐等节目进行完美的现场包装，这些对数据量、计算速度等衡量指标都提出了更高要求。

3. 信息的传播体现出了社交化、移动化、视频化的趋势

需要充分利用数字、网络等科技方法，通过有线电视网、卫星传输以及互

联网、无线通信网等多种渠道和电视、电脑、手机等多种终端设备，以满足各类用户的信息和娱乐服务需求。

4. 融合媒体相关业务对资源的共享时效、检索效率、展现方式、权限控制等提出了新的挑战，应能够智能地实现资源的聚合、存储、管理、展现和调用，并与各生产工具对接，面向各业务提供资源服务

《关于推动传统媒体和新兴媒体融合发展的指导意见》概括了媒体融合的基本方向。意见强调技术建设和内容建设同等重要，当前不可阻挡的大趋势便是互联网传播移动化、社交化以及视频化，要努力去顺应这个大趋势。要积极运用新兴的技术手段，使相关技术研发水准得到不断提高，以新科技手段引领媒体融合不断发展，驱动媒体不断得到转型升级。同时，要不断适应新兴媒体的传播特点，在内容建设方面加以强化，在采编流程方面加以创新，对信息服务方面加以优化，充分利用内容的优势赢得整体发展的优势。由此，结合"媒体融合"的深刻意义，"科技融合"可视为"媒体融合"的重要手段，能够引领驱动媒体融合的发展。本文主要从科技融合的角度思考广播影视发展的几点对策。下面首先对传统广电转型做一个回顾与探讨。

二 传统广播电视跨屏转型的初步尝试

媒体融合的趋势已在近几年改变了传统电视行业和领域的发展方式以及相关的商业模式，与此同时，人们的收视方式及习惯也在随着媒介融合显著地改变着。电视行业在媒体融合和媒介融合的共同作用下发生深刻变革，内容、渠道以及终端都在逐步地走向更深层次。随着新兴媒体的快速发展，新媒体尤其是互联网对传统电视媒体的地盘掠夺已经到了触目惊心的地步，从渠道到内容，从观众到市场，从内容制作到人才团队等。来自新兴媒体的巨大挑战以及各方面的危机使得传统电视不得不彻底改变，这种改变便包括探索新的运营模式和传播方式以及建立为用户服务的意识。例如，为了更加充分地利用巴西世界杯的转播资源，CNTV转播世界杯时实现了"一云多屏"，内容和产品不仅覆盖到CNTV的PC端、移动客户端、多语种频道等，还在手机电视、互联网电视、IP电视、移动电视等媒介实现全面覆盖。同时，为了增强用户的观看体验，CNTV创新性地实现了两场比赛并发，使两场不同比赛得以让用户同屏

且同时观看。在世界杯小组赛的最后一场，同组的两组对手要同一时间一起开球，同屏观看使用户不会错过任何一场比赛。CNTV 还对接其他社交平台，各种新型的运营模式也在不断地被探索出来。无可置疑，作为一个重要途径，新媒体已成为观众通过电视观看世界杯比赛外的青睐选择。另外，电视台也尝试通过台网融合与视频网站展开合作，并推出新媒体应用服务。而在新媒体应用服务开发上，各电视台也在不断尝试各种互动的新玩法。例如，除了移动社交 APP 可以让电视观众与节目或剧集进行广泛互动，微信"摇一摇"、二维码"扫一扫"、微博"微直播"等都可以实现这些功能。然而，这些探索很难形成大项目和新产业。因此，当前电视媒体转型的新媒体战略不是简单地增加某个部门或者停留在业务层面的拓展，必须利用科技融合的手段在产业融合上有所作为，这样才能真正做大做强。下面，本文将从科技融合的角度结合云计算、大数据、"互联网+"及新媒体发展规律从制播体系、传播体系、技术体系等领域进行思考和分析，进而对科技融合背景下广播影视的发展提出几点对策。

三 以云为基础的制播体系的应用

当前，在媒体融合趋势下，为了实现资源共享和优化资源配置，众多电视台纷纷尝试打破传统新闻团队和新媒体新闻团队的隔阂，朝着"超级编辑部"发展。首先，打破信息采集团队也就是记者团队的隔离，不再区分传统媒体采集团队和新媒体采集团队，转向全媒体记者。其次，打破编辑团队的区隔，将所有部门和栏目的新闻编辑统一为一个团队，组成"超级编辑部"，共同策划、讨论，并按照"水波纹"传播方式与流程，对所有播出平台开展新闻业务。同时，在技术平台方面，部分领先电视媒体打通传统新闻编辑制作平台与新媒体编辑制作平台，向全媒体融合生产制作平台演进。这种新型制播体系的建设需求进一步推动了以云为基础的融合型制播体系建设的发展。在国家新闻出版广电总局科技司的"十三五"广播电视科技规划中，一个非常重要的位置便是媒体云平台的应用。

《关于进一步加快广播电视媒体与新兴媒体融合发展的意见》提出以制播云平台为核心建设融合型的节目制作与播控体系。整合升级现有制播平台的计算、存储和网络资源，统筹各类采编渠道和各种播出方式，构建集采编、制作、存储、发布、安全管控、运营于一体的广播电视制播云平台。根据制播安全需要，建设广播电视制播公有云、私有云、混合云和专属云，并通过规范性接口、网络安全设备、通信策略等明确制播云平台体系安全边界，确保信息传输和系统安全，使制播云平台业务基础、运营支撑、资源适配、平台开发接口等服务能力得到提升，使平台内容生产、内容管理、内容汇聚、内容开发、协同管理、数据分析等功能得到优化，以更好地适应节目内容多渠道采集、多方式呈现、多平台发布、多业务融合发展需要。基于此技术导向，北京电视台在先前技术体系的基础上，除了结合三网融合以及全媒体发展的需要，还建设了基于全媒体的云架构应用系统，即智慧媒体制播云平台，此平台是北京电视台新一代节目制播生产平台，也是北京电视台全媒体制播生产服务支撑性平台。如图 1 所示，智慧媒体制播云平台是基于 DigZeta iCloudBase（IaaS 云统一管理平台）和 DigZeta SmartAdapting（云定制咨询服务）完成的。

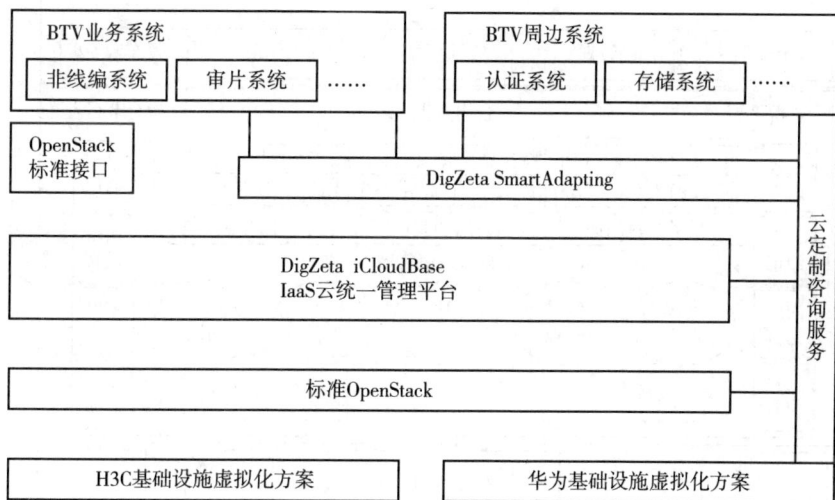

图 1　智慧媒体制播云平台

DigZeta iCloudBase 是基于标准 OpenStack 的 IaaS 云统一管理平台。这个平台通过标准的 OpenStack 向下统一管理各种异构的虚拟化基础设施，也为上层操作提供统一的界面、流程还有管理数据；这个平台同时向上层业务系统提供标准的 OpenStack 操作接口，使用这些接口开发的上层应用系统能够运行到其他任何基于标准 OpenStack 接口的云管理平台上去。与标准 OpenStack 全向兼容的 DigZeta iCloudBase 构成了智慧媒体制播云平台的核心层，因为采用了 OpenStack 接口与架构作为贯穿上下的标准，所以在未来五到十年内，北京电视台都将处于云计算技术与发展趋势的最前沿，在国内牢牢占据领导地位。而北京中广上洋科技股份有限公司于 2016 年 BORTV 展厅展示的"阳光云"（SOC）全媒体融合制播系统，如图 2 所示，是一套可实现全媒体、全覆盖、台网联动、交互一体的融媒体全链路解决方案，方案以尖端的私有云、公有云、混合云结构作为支撑，以专业的云化服务模块作为底层技术，适配各级广电机构融合制播的业务应用，打通所有媒体通道，使新旧渠道得到融合，实现一次采集，多次发布、多层次生成、多媒体传播，是个典型代表。

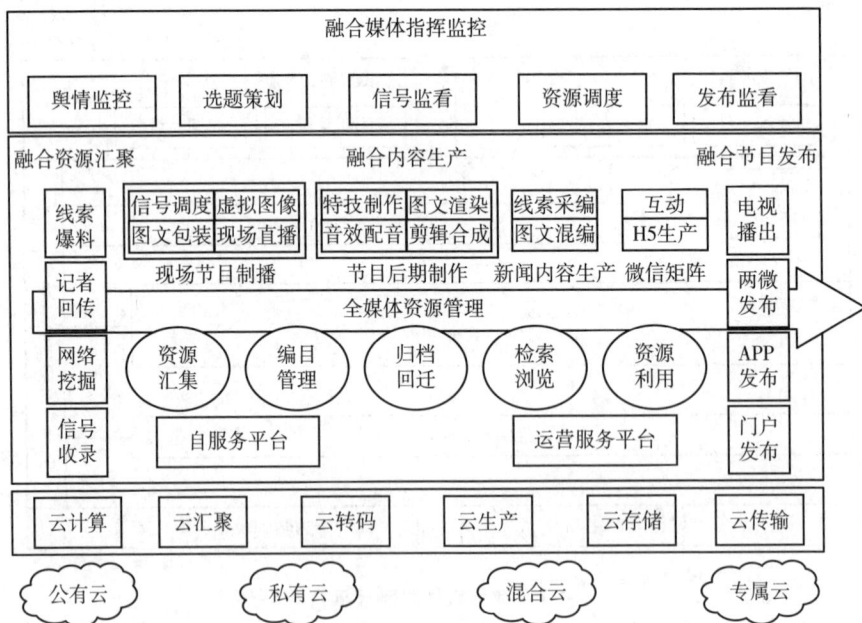

图 2　阳光云全媒体融合制播系统

四 沉浸式制播网络的建设构想

当前 VR（虚拟现实）的火爆使沉浸式媒体成为一个研究热点。沉浸式媒体是结合了大屏幕高清显示、3D 音视频、虚拟现实/增强现实、交互媒体和传感控制等技术的传播交流信息的媒介，能够使人有身临其境、深入其中的感受。由此，越来越大的媒体数据量，包含的数据类型越来越多样化，而与此同时媒体用户的体验要求也越来越高。

目前的媒体生产制作过程包括单独或联网主机进行媒体内容上下载、编目检索、编辑制作、生成、技审、内容分发与播出等复杂环节。每个媒体业务逻辑通常运行在固定的主机上，主机之间的硬件资源利用率不平衡，媒体工作站使用率偏低。利用云计算平台和网络实现数字影视媒体的生产制作与内容分发成为国内外媒体领域的发展趋势，例如，中央电视台（CCTV）已经开始基于云计算的媒体制作和处理。云计算平台借助其资源充沛、分配灵活、系统部署快捷等特点，可有效解决目前媒体生产制作平台中存在的一系列问题，成为未来媒体产业发展重要的技术支撑平台。云平台的计算模式通过虚拟化方式共享资源，可以根据用户的不同需求，以服务的方式灵活地为用户提供计算、缓存、网络、软件等资源。然而，云计算技术最初使用于科学计算领域，关注的问题是如何获得强大的计算能力，面向媒体制作的云计算平台及媒体传输分发网络有别于通用云计算平台，在内容计算能力、内容访问性能、QoS（网络服务质量保证，即 Quality of Service）、QoE（用户体验质量，即 Quality of Experience）等方面都提出更为苛刻的个性化要求。因此，优化云计算平台和网络，使其适用于多媒体业务特别是沉浸式媒体制作和媒体网络分发等业务，提供网络服务质量保证，提高沉浸式媒体用户体验是媒体直播网络必须解决的问题。

此问题需要解决三部分内容：第一部分主要解决沉浸式媒体制作和传输网络的用户体验分析和优化问题；第二部分主要解决媒体云的网络服务质量问题；第三部分主要解决媒体云的分布式计算任务调度与资源分配优化问题（此问题可基于 SDN 解决，SDN 即软件定义网络，Software Defined Network 的缩写）。如图 3 所示，它们之间的关系和脉络得到清晰展示。

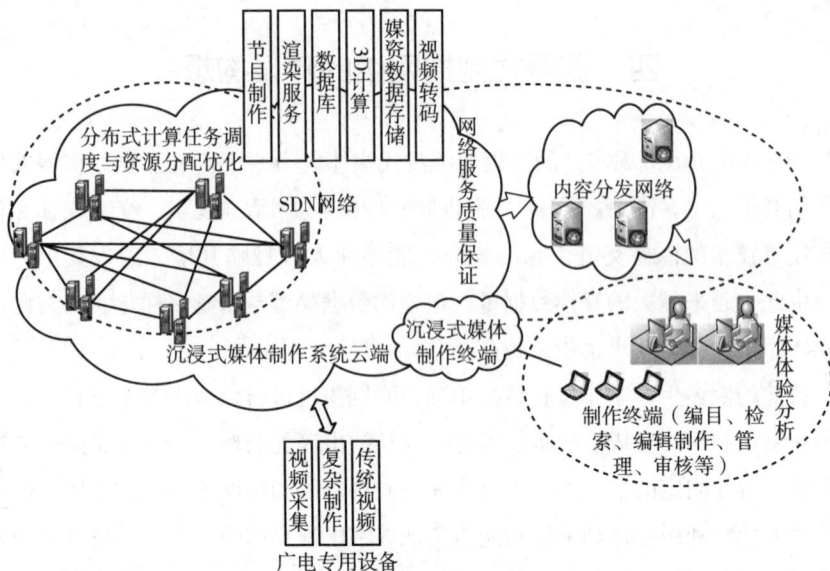

图3　沉浸式媒体制作云和网络

随着媒体融合的进一步深入，科技手段也会越来越高，同时，沉浸式媒体也会更加深刻地改变人们的生活方式，当前一系列 VR 游戏与体验已初步展示出其在未来的潜力。

五　跨平台全媒体传播技术的应用

前面提到 CNTV 已经做了跨屏转型的初步尝试，当前，从传统的电视终端到网络视频再到互联网电视、移动视频、IPTV 等，连接平台、内容、终端、应用和用户的核心因素便是视频。基于这些，电视频道以"视频内容"为核心，深度融合平台、终端、业务和经营等，向着跨平台、多屏幕、全媒体生态发展演进。而《关于进一步加快广播电视媒体与新兴媒体融合发展的意见》提出要加快融合型传播体系建设。统筹广播电视网、电信网、互联网等多种信息网络，构建泛在、互动、智能并具有信息安全保障的节目传播覆盖体系，使有线、卫星、无线等广播电视网络资源得到充分利用，建设广播电视网络协同传播平台。积极利用电信网、互联网、移动互联网等网络资源，大力发展网络视听节目服务和综合信息服务；在广播电视媒体主导集成播控平台的前提下，稳妥、规范开展 IPTV 和互联网电视等广播电视类新业务；以广电为主导，建设几个大型视频平台、音频平台和新闻资讯平台，大幅提升广电在新兴媒体领域的影响力，为打造新型主流媒体和新型媒体集团奠定基础。适度借力商业平台传播技术和渠道，利用微博、微信公众号等社交媒体方式，"以我为主"发展融合新业态。推进节目制播与社交网络平台对接互动，利用社群吸引用户参与节目制作和传播，丰富用户体验，增强平台黏性。以上所说的融合型传播体系建设的核心其实就是跨平台的传播生态圈建设。

关于跨平台传播生态圈，当前的典型应用即电视台利用乐视云的"开放生态"搭建新媒体平台，全面布局 PC 端与移动端。图 4 即展示了一云多屏的播放系统。

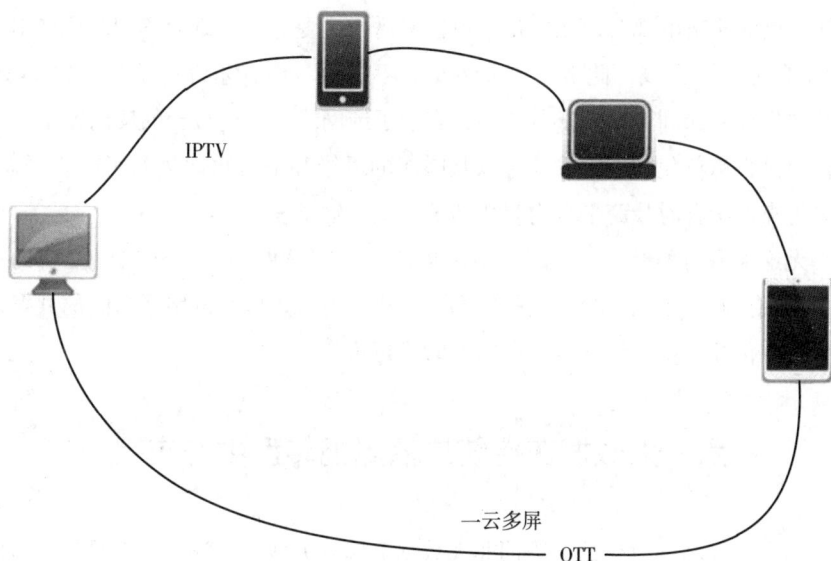

图 4　一云多屏的播放系统

此外，随着跨平台理念的成熟，台网合作布局也进入新阶段，台网成为某种程度的有机整体。长期以来，在互联网各大视频网站热播的多种综艺节目，以电视台制播输入网站为主流。而随着视频网站主导的综艺节目军团逐渐发展壮大，以及视频网站自制综艺节目水平的不断提高，基于跨屏技术的成熟，电视台与视频网站进入合作布局的新阶段。从东方卫视与腾讯视频共同制作的《我们15个》，到优酷为北京卫视打造的《歌手是谁》，在电视台播出的新节目中，具有互联网基因的综艺节目开始现身并不断增多。2015年9月，安徽卫视《十周嫁出去》集合乐视网和安徽卫视双平台之力打造明星婚恋真人秀，约会、领证和举办婚礼的全过程都在乐视网全程直播，安徽卫视则在周六晚推出精编周播版。不仅如此，随着节目制作水准的提高，视频网站自制的综艺节目早已不乏高品质力作，由视频网站自制并反输电视台的节目也开始增多，成为内容市场上颇具竞争力的一股力量。作为爱奇艺自制的一档中国超模时尚真人秀，《爱上超模》自开播以来关注度节节攀升，网络播放量比肩卫视综艺节目，话题关注度也居高不下。得益于这样的超高人气，《爱上超模》于2015年3月在湖北卫视独家同步播出，完成了网络自制节目反向输入传统卫视的一次"逆袭"。爱奇艺于2015年8月出品的纯网综艺《流行之王》也在播出第五期后反向输出电视台，在贵州卫视独家播出。爱奇艺于2015年12月自制的《偶滴歌神啊》上线，此节目是非大型、不靠谱、伪音乐综艺节目，12月27日起同步登陆深圳卫视周末黄金档，实现了纯网综艺向电视台的反向输出。该节目通过去精英化的表达方式、以互联网的思维和语言再次创新了综艺语态，不失为媒体融合时代跨平台内容传播的一次新尝试。

无论采取何种形式，台网联动制播或者由视频网站反向输出电视台的节目，无疑打破了不同平台之间的壁垒，强化了电视媒体和网络平台间的共振效应和口碑传播，推动台网合作向双赢时代迈进。

六 大数据在传统广播电视转型中的应用

当今，互联网时代的主题词非大数据莫属。大数据广泛意义上是指巨量的数据集，因可以从中深度挖掘出有价值的信息而受到广泛重视，其可支撑预判、服务决策。当前，众多新兴媒体已经高度重视对大数据的分析，例如，各家互联网公司积极广泛地应用大数据挖掘技术在航空售票、社交网络、定向广告推送、智能决策、精准营销等领域发力，并已取得显著成效。可见大数据技术为互联网相关产业提供了按需生产的信息内容以及适销对路的产品，更促使全新的商业模式出现，同时也使新颖的营销体系崭露头角，这些都可能给相关行业带来更多的盈利，也让广大互联网公司有了更大的生存空间。相反，大数据技术在传统广电媒体行业的应用却相对保守迟缓，而与此同时发生的是广播电视行业正经历着从传统的"一对多"式的广播型媒介向多对多式的"窄播型""互播型"全媒体平台升级，而全媒体平台是以移动化、互联化为特点的。大数据时代为广电行业的新发展带来特殊的机遇，广电行业应该充分利用各类数据，广泛而深刻地挖掘各类不同层次受众的真实需求，以便提供更好的媒介体验，努力走向全媒体发展的前列，以应对互联网带来的冲击和挑战。

另外，在大数据时代的文化传播领域，广大受众的判断和选择可根据自身爱好、观点来做出，最终留下受欢迎的，淘汰不受欢迎的。而站在广电系统的角度来看，考虑到广大受众个体的不同需求，则需要在认知方式上和理解思路上向"相关性"上转变，那么怎么理解"相关性"这个概念呢？这个"相关性"就是指海量数据之间存在的内在联系，需要通过对海量数据的分析、处理和集成而得来。广电系统建设若要获得洞察力、应对力以及有针对性和有效性地面向广大受众，"相关性"是基础前提。文化的传播路径也在发生变化，并且伴随着"相关性"，在传播过程中不再单纯地强调传播出去，而是强调要更接近每一个独立的受众个体，这便是所谓"精确传播"。"精确传播"可满足个体的差异化需求，强调尊重每个受众个体，大大提高了文化的服务效能和群众的满意度，更便于政府科学、准确地保障广大受众的文化权益。

在媒体融合过程中，为充分利用汇聚的海量媒体数据，发掘新闻热点、收集反馈信息、开发内容产品，引入大数据技术对媒体资源进行分析挖掘是一种典型应用。大数据分析工具有强大的处理能力，可利用内容处理引擎对图片、文稿、视频、音频等媒体数据进行自动分类、编码和编目，通过高效的算法进行智能分析，最后提供清晰、明了、生动的展示与查询服务。图5为媒体大数据分析技术平台。

媒体大数据分析业务具备以下特性。

1. 热点汇聚

结合大数据计算，实时监控网络上最快、最新的资讯信息，并将实时热点数据与媒资库内历史数据进行关联，方便节目编辑人员制作具有特色和深度的热点报道。

2. 智能分析

利用智能化处理技术对音视频内容进行音视频特征提取（语音识别、字幕识别、人像识别等），通过大数据引擎对标引数据进行自动聚类、分类等一系列运算，从海量数据中挖掘出有价值的资源内容，并结合当前社会热点事件进行历史内容的映射，为节目再生产及新闻融合提供有力支撑。

3. 统一检索

能够实现对台内资源、网络内容的统一检索。统一检索平台中具备多种检索手段，以提高用户的参与度，丰富资料的描述角度，提高用户的检索体验和检索效率。

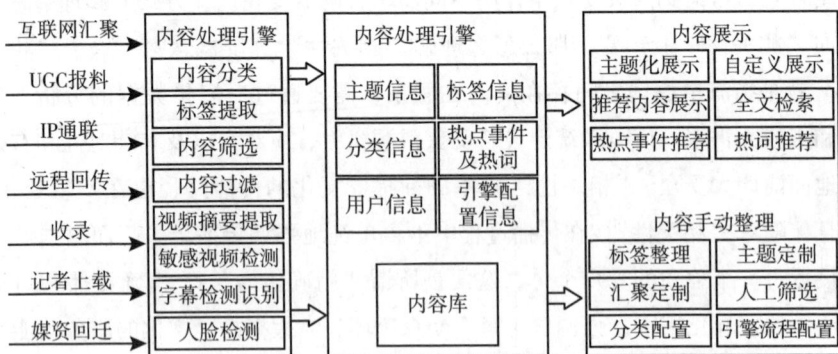

图5　媒体大数据分析技术平台

用户行为信息潜藏在大数据中，利用大数据分析工具可对其进行深度分析与挖掘，总结性地做出推理，将其中潜在的模式挖掘出来，这样用户行为便可以被预测，还可用于实现对市场化行为的快速反应，帮助媒体调整内容制作策略或实现对用户的精确服务。总结起来说，除了广播电视收视测量方法、节目策划与改进等方面在大数据技术的影响下已产生颠覆性改变，观众互动参与、广告精准投放等各个环节均已经被全面覆盖，这些改变进一步推动了广电行业的全方位变革与重构。在这一点中国传媒大学处在了领先的地位，"中传指数"于2015年由中国传媒大学率先提出。何谓"中传指数"，顾名思义，其全称即中国传媒节目评价指数，其面向所有的新媒体节目，目的是建立一个完整的、可扩展的基于大数据的综合评价系统架构，以对整个传媒行业进行客观、科学、全面地评价，最终促进传媒行业健康快速的发展。"中传指数"从硬指标和软实力出发，在评价体系中强调综合，建立多维度、多方面、多视野的思路和内容，在表现传播效果的"量"和"质"时也强调综合，最后对电视节目的发展做出相关评价，评价包括定量、定性两个方面。

图 6 展示了"中传指数"的各个模块。其核心模块是评价内容，横向延伸为评价平台、评价方法，纵向延伸为服务对象和评价维度。"中传指数"评价体系可以服务于传媒产业链的各个环节，从内容制作部门、宣发部门、广大受众到政府监管部门，可针对不同的服务对象提供差异化的服务内容和相关服务业务。"中传指数"选取新兴媒体为评价平台，以进行跨平台的、全面的、综合的节目评价，用更为全面的指标得到更为精准的评价。电视节目综合评价则从社会层面、经济层面和文化层面的角度构建多级指标评价体系，针对不同

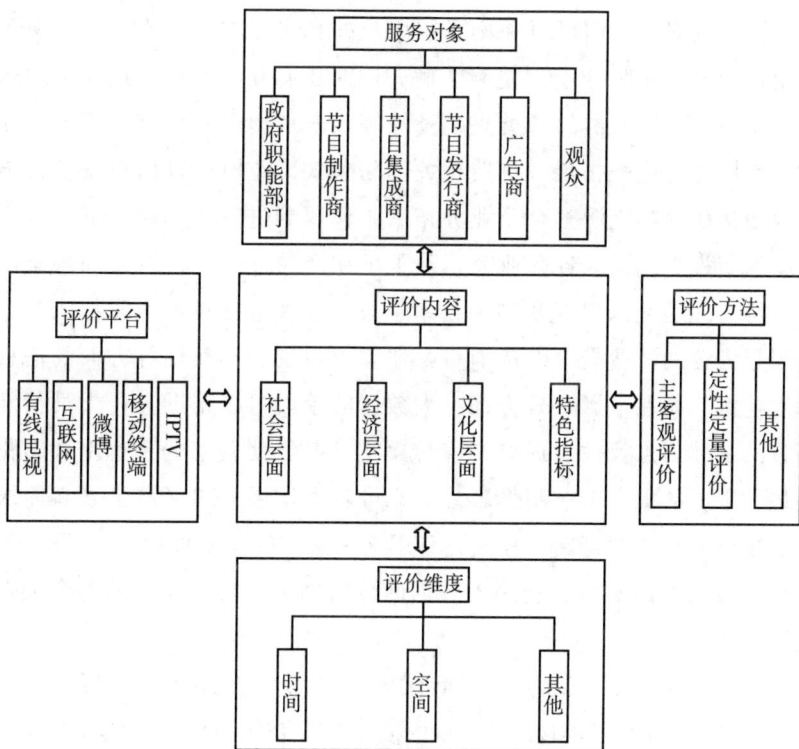

图 6　"中传指数"理论体系

的服务对象和评价平台，设计对应的多级评价指标，并对共性指标研发跨平台的综合评价方法。另外，对于特殊服务对象的特殊需求，则建立特色评价指标。"中传指数"还会根据相关领域对应评价体系的调研分析，采用主客观相结合以及定量定性相结合等方法对节目进行评价，也会充分考虑不同时间和空间的影响，对节目进行多维度评价。

七 基于大数据与"互联网＋"广泛构建影视生态圈

当今中国不断攀升的网民规模，迅速增长的网络视频用户等现实，促使各大视频网站以及互联网巨头等新兴媒体纷纷推动发展视频业务，网络视频得以迅猛发展。互联网视频的大数据中潜在的巨大价值被深刻挖掘，大数据技术已经促使影视拍摄思维和视角的转换，通过分析挖掘并理解互联网观影大数据，我们可以深刻了解用户的真实需求，进一步了解观影群体的变化趋势，并对 IP 作品进行了解，同时还有互联网传播过程中的相关规律以及属于观影人群的各类兴趣爱好等。未来影视业可以广泛基于互联网和大数据进行业务拓展，打造相关创新模式，此模式以用户需求为出发原点，使文化领域资源整合及业务拓展工作得到进一步加速发展，最终构建全新的影视生态圈。各影业公司除了可在产品开发和运营方面的全面升级方面努力，还可以以互联网为技术手段，以大数据技术为支撑工具，使各类观影人群的消费需求以及消费习惯和人口统计学属性等方面的信息得到深度挖掘。而在电影宣发方面，大数据的手段可以帮助宣传人员精准找到项目的最佳卖点及效果最好的宣传渠道，最终使营销的到达率和转化率得到最大限度的提高。在制作影片时，可着力发展 C2B（以消费者需求为核心实现商业和产业订制）模式，利用互联网上的庞大数据、云计算平台、数据分析以及电商平台，利用大数据的分析结果，打造较好的符合大众需求的影视产品。

以北京美兰德媒体传播策略咨询有限公司为例，在大数据时代到临时，其战略定位和品牌聚焦已经逐渐从传统的覆盖率研究进入视频大数据研究的业务领域。美兰德以大数据为依托，以互联网前沿技术为载体，帮助传统广电媒体从意识思维、商业模式等方面转型升级。2009 年，美兰德媒体公司启动"中

国电视媒体 & 视频内容网络传播监测与研究项目",2016 年,该项目建成了全国首个"网络视频内容传播监测数据库",截至目前,实时监测电视节目 11000 余档,电视剧目 13000 余部;监测内容还包括 12000 余部纪录片、36000 余部电影及 12000 余部少儿动漫片,影视公众人物 16000 余位。强大的云计算中心,高效的信息抓取爬虫技术是美兰德媒体公司得以实时监测电视节目在互联网络的相关状况的有效工具,除此之外,公司还基于自有的"媒体库"以及先进的主题模型算法对所抓取的内容进行主体识别,并通过文本挖掘、聚类分析等算法鉴别相关内容、还原人物形象等,这些都使电视节目网络传播热点、事件发展关键节点得到有效捕捉,这些手段也为视频传播营销提供了内容生产研判、渠道融合研究、市场表现预测、营销推广策略、广告价值评估等多项服务。图 7 展示了大数据的战略理念。

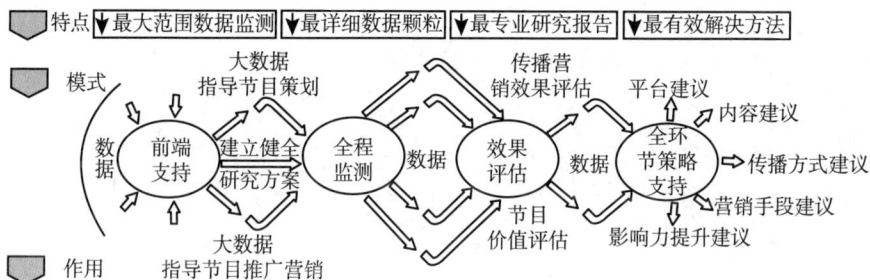

图 7　大数据的战略理念

上述实例进一步指明了大数据和"互联网 +"对影视生态圈建立的导向作用。

八　总结与未来发展

近日,BIRTV2016 的成功召开使"智慧媒体"成为一个热词,智慧媒体也必将成为未来媒体的发展趋势。从技术视角看,云计算、大数据是媒体融合与智慧媒体的核心支撑技术。从 BIRTV 主题与奖项看,一个非常显著的信号是:云计算已经在广电领域得到越来越多的认可,并应用在非编系统、现场新闻生产等领域,这很大程度是处于媒体融合的需要。另一个显著的信号是:大数据技术在广电行业特别是智慧媒体的应用，更多地还处在探索阶段；或者说，智慧媒体依然是一个长期性的憧憬。此外，虚拟化与 VR 也已崭露头角。

我们相信未来科技的进一步融合仍是主流，大规模的云平台将成为广电影视行业的基础平台，而大数据带来的智慧系统仍有待探索，新的虚拟化技术和 VR 将是以后发展的着力点。

B.20
推进北京广播影视体制机制创新研究[*]

摘　要：　广播影视体制机制创新是一个时代性、战略性和政策性都很强的课题。本文立足于北京市广播影视事业产业发展的实际情况，探讨北京广播影视体制机制变化的特殊性、规律性以及存在的问题，并提出了具体的创新策略和政策建议。

关键词：　体制创新　机制创新　媒体融合　北京　广播影视

2014年8月18日，中央全面深化改革领导小组第四次会议审议通过了《关于推动传统媒体和新兴媒体融合发展的指导意见》，指出要推动传统媒体和新兴媒体在内容、渠道、平台、经营、管理等方面的深度融合，着力打造一批形态多样、手段先进、具有竞争力的新型主流媒体，建成几家拥有强大实力和传播力、公信力、影响力的新型媒体集团，形成立体多样、融合发展的现代传播体系。

按照中央的要求，北京市加快推进传统媒体与新兴媒体融合发展顶层设计，形成了"整合资源、创新机制、加强管理，打造具有强大实力的新型主流媒体"的基本思路和总体部署。

认真贯彻落实中央精神和北京市委宣传部的任务部署，加快推进北京市广播影视传统媒体与新兴媒体融合发展，亟须进一步明确深化改革的重点领域与重点环节，集中力量破解内容生产、平台建设、技术应用、经营管理、人才队伍等方面的关键问题，尤其要在体制机制创新、生产流程再造与经营模式转变上取得大的突破和进展。

2015年北京市（不含中央在京单位）广播影视创收总收入（含电影票房

---

* 本报告根据北京市新闻出版广电局调研类课题"推进北京广播影视体制机制创新研究"编撰。

收入）525.12 亿元，比 2014 年增加 98.08 亿元，同比增长 22.97%。2015 年除去票房收入，实际创收 493.61 亿元，其中，国有独资单位占 6.2%；国有控股单位占 15.81%，民营企业占 69.26%。作为国有影视机构的主力军，北京广播电视台 2015 年实际创收 83.55 亿元，同比增长 5.24%。与此同时，近几年，北京市国有广播影视还出现了内容创新不足、市场拓展乏力、人才流失加剧等问题，越来越严重地制约和影响到北京市广播影视事业产业的发展。探究形成差距与问题的原因，管理偏行政化、资源整合不到位、事企不分、激励不足等体制机制痼疾是不容回避的根本所在。

一　北京广播影视体制机制创新实践

作为首都，北京市在很多方面的工作都具有强烈的示范效应，广播影视体制机制创新也是如此。改革开放以来，北京市广播影视工作一直走在全国前列，在新闻宣传、影视剧创作生产、节目创新、集团化改革、资本运作等多个方面都曾开创过行业之先。但首都地位的特殊性，也决定了北京市的广播影视工作有着很高的政治性、文化性和服务性特征。在外地广播影视市场化、社会化、资本化程度日益加深而国家的广播影视制度体系并未发生大的变化背景下，北京市的广播影视体制机制创新探索承受着很大的压力，尤其是对国有广播影视体制而言，还存在巨大的改革空间。

（一）北京广播影视体制机制变化历程

1. 市级广电机构体制机制变化

（1）市级广播影视管理体制变化

北京市级广播影视管理机构最初为成立于 1979 年 9 月的北京市广播事业局，2014 年 1 月改为北京市新闻出版广电局，为负责本市新闻出版、广播电影电视和著作权管理工作的市政府直属机构。30 多年来，历经了"广播电视局""广播电影电视局""新闻出版广电局"的名称变更，音像制品管理、行政执法、电影管理职能的划转和市级广播电视实体机构的组建以及电台、电视台等单位隶属关系的变化。2004 年以来，市级广播影视管理体制主要经历了以下几次重大变化。

2004 年 4 月，北京市广播电视局精简机构，压缩编制。划出的职能有：将管理音像制品的出版、市场等职能交给市新闻出版局；将管理音像制品放映活动的职能交给市文化局；将广播电视传送网的规划与行业管理、技术体制与标准的职能交给市信息化工作办公室。

2005 年 3 月，北京广播影视集团转制为企业集团"北京北广传媒集团公司"。市广电局继续履行宣传调控、政策调节、市场监管、社会管理和公共服务的职能，北京广播影视集团承担的发展事业、制订发展规划和研究管理体制改革等职能交由市广电局承担。同时，将集团原所属的北京电台、北京电视台及北京音像资料馆、北京市广播电视监测台等公益性事业单位划出，作为市广电局所属的事业单位。

2006 年，按照完善政府管理体制，深化机制改革的思路，调整设置 4 个中心——北京广播电视技术监测台重组为北京市广播电视监测中心（加挂局信息网络视听节目传播监管中心、安全播出调度中心牌子），北京市广播电视节目供片中心改组为北京市广播影视作品审查中心，组建北京市广播电视局信息中心，组建北京市广播电视局后勤服务中心；成立北京市广播电视局工会。

2009 年 2 月，北京市广播电视局更名为北京市广播电影电视局。组建电影管理处，新增网络视听节目管理职能，组建网络管理处，加挂产业促进处、安全监管办公室、信息网络视听节目传播监管中心和广播电视安全播出调度中心牌子，行业监管职能进一步扩展完善。建立政务大厅，转变政府办事方式，行政许可审批程序更加公开透明便捷。

2014 年 1 月，北京市广播电影电视局与北京市新闻出版局合并为北京市新闻出版广电局。北京市新闻出版广电局在广播影视方面加强的职责主要有：加强组织推进新闻出版广播影视领域公共服务；加强指导、协调、推动新闻出版广播影视产业发展，优化配置新闻出版广播影视资源，组织推动新闻出版广播影视领域"走出去"工作；加强推进新闻出版广播影视领域体制机制改革工作；加强对数字出版以及网络视听节目服务、公共视听载体播放广播影视节目的规划指导和监督管理；加强管理理念和方式的创新转变，充分发挥市场调节、社会监督和行业自律作用等。

（2）市级广播影视单位体制机制变化

为做大做强广播影视事业，北京市在广播影视行业管理上开始探索深化体制改革与机构整合。2001 年 5 月 28 日，北京广播影视集团挂牌成立，为市直属事业单位，实行企业化管理，体制上归口北京市委宣传部领导，接受北京市广播电视局行业管理，下辖北京电台、北京电视台、北京歌华文化发展集团、北京歌华有线电视网络股份有限公司、北京电视艺术中心、北京广播电视报社等 19 个企事业单位。

2005 年 3 月，北京市委、市政府发出《关于调整广播电视管理体制有关事项的通知》，进一步深化体制改革。按照政企分开的原则，北京广播影视集团转制为企业集团"北京北广传媒集团公司"。除了向市广电局移交系列职责和划转公益性事业单位之外，还将集团原承担的完成宣传文化工作任务的职责交由北京电台、北京电视台承担。

2010 年 5 月 31 日，北京广播影视体制机制再次调整，北京北广传媒集团、北京电台、北京电视台整合组建北京广播电视台，为市直属事业单位，成为全国第一批"两台合并"改革试点单位。目前，北京广播电视台拥有 20 家二级企事业单位，形成了事业与产业两分开的组织架构和运行体系。北京广播电视台积极推进"事企分开"和"转企改制"工作，现已完成北京中北电视艺术中心等事业单位的转企改制工作，并于 2011 年通过重组北京北广传媒集团公司，构建了台属、台管、台控的产业拓展和资本运营平台。北京北广传媒集团有限公司自成立起，就按照现代企业制度和现代产权制度的要求逐级理顺产权管理、规范法人治理结构，制定了股东会、董事会管理规范，确保了集团作为股东对重大事项的决策权、经营情况的知情权及公司盈利的分红权。近几年，集团将制度建设与资本运营相结合，努力拓展资本运作空间，目前持有的歌华有线、人民网和首都信息三家上市公司股票总市值达 77 亿元，并加快推进鼎视传媒上市和北广传媒影视公司三板上市工作，着力向投资控股型集团转变。

2. 区县级广播影视机构体制机制变化

1974 年，北京市开始组建区县级广播事业行政机构——广播事业管理科，实行科、站合一体制，负责本区县广播宣传、技术事业和行政管理。1984 年，根据第一次全国广播电视工作会议关于"四级办广播，四级办电视"和"加强统一管理"的精神，把区县广播事业管理科提升为广播电视局，列入市和区县体制机制改革的计划。至 1990 年，郊区各区县广播电视局全部成立，体制上列入区县政府序列，实行局、台（站）合一体制，事业编制，负责行政管理职能。在宣传业务上，由各区委宣传部领导，在行政上由区县政府管理，在技术事业上由北京市广播电视局指导。

2002 年，区县广播电视体制又进行了较大调整。改革模式是区县广电局一分为三，有线电视网络业务和人员从局剥离出来，成立区县歌华分公司；原广播电视局改成区县广播电视中心，负责管理区县广播电视台，隶属于区（县）委宣传部；原广电局行业管理和行政执法职能移交区县文化委员会。在2003 年广电职能转变工作中，10 个区县播出机构原有自办电视节目调整为北京电视台公共频道中的播出时段。朝阳、海淀、丰台、石景山 4 个区有线电视台（变更为市辖区有线广播电视站）一并纳入公共频道运作和管理。

目前，北京市所辖 16 个区县，经批准设有 10 个远郊区县（门头沟、房山、大兴、昌平、平谷、顺义、通州、怀柔、密云、延庆）播出机构，4 个市辖区有线广播电视站，57 个乡镇有线广播电视站，北京歌华有线电视网络股份有限公司下设 15 个歌华有线区县分公司。共有 16 个区县文委，内设机构中成立了文化市场行政执法队并承担广电行政执法职能。

区县播出机构是区县政府所属正处级全额（个别差额）拨款事业单位，直接由区（县）委宣传部领导，全部实行中心与台合一体制，主要工作是负责转播中央台、北京台的广播电视新闻节目，办好具有当地特色的广播电视节目，负责广告经营等。北京市还有 57 个乡镇有线广播电视站，全部由乡镇党委政府设置，区县文委实施行政管理。乡镇广播电视站没有更多的管理职能，主要是转播广播电视节目，或开展广播节目的制作和播出，以及相关设备的维修、维护工作。

目前，区县广播影视机构发展仍然存在一些问题。一是朝阳、海淀、丰台、石景山区广播电视站，尚未明确播出机构资质。二是区县广播影视机构一般通过北京电视台新闻频道插播时段覆盖区县，播出资源相对不足。三是区县广播影视机构设立主体一般为当地文化委，在发展当地广电事业上受到机构编制紧缺、经费不足、人才匮乏等多方面因素制约。

3. 影视制作发行单位体制机制变化

1982 年，北京率先成立了全国第一个电视剧专业制作机构——北京电视制片厂（后改名为北京电视艺术中心）。随着文化体制改革逐步深化，北京影视剧生产形成了国营和民营多元投资、共同发展的新格局，民营企业占比为90%以上。2015年，北京市拥有广播电视节目制作持证机构3848家，信息网络传播视听节目持证机构123家、电影院线23条、电影院182家、银幕1050块（IMAX巨幕14块），人均银幕数位居全国第一。具体而言，北京市影视制作单位体制机制变化表现在以下三个方面。

（1）国营影视制作机构完成"转企改制"

目前，北京市国营影视制作机构主要包括北京电视艺术中心有限公司、北京中北电视艺术中心有限公司、北京紫禁城影业有限责任公司、北京音像公司和北京北广传媒影视有限公司。其体制机制的突出变化是按照中央深化文化体制改革部署，积极推进事业单位转企改制，如北京中北电视艺术中心改制为"北京中北电视艺术中心有限公司"，成为北京广电系统首个产业化改革试点单位；北京电视艺术中心改制为"北京电视艺术中心有限公司"，北京音像公司在全国出版行业中率先完成"事转企"体制改革。

北京紫禁城影业有限责任公司则进行了多次董事会换届及增资控股扩股工作。1997年4月，紫禁城影业由北京电视台、北京电视艺术中心、北京市电影公司和北京文化艺术音像出版社共同组建，为国有股份制企业，2006年，北京电视台注资2000万元，成为第一大股东。

（2）电影院线机构不断深化市场化探索

院线制度打破了电影发行放映的行政分割和区域分割，促进了电影产业的发展。为了快速进入院线领域，1996年，北京市电影股份有限公司联合中国电影股份有限公司、山西省电影公司及北京18家影院共同出资组建了北京新影联院线。作为全国五大院线之一，北京新影联院线构建了一条横跨北京、上海、天津、深圳、四川、重庆、河北、河南、内蒙古、山西、山东、黑龙江、吉林、辽宁、江西等地的跨省院线体系。

成立以来，新影联一直重视对影院资源的整合，一方面吸引影院加盟，另一方面加大影院投资力度，建立资产连接，力求逐步改变加盟为主的院线现状，改善影院经营和管理。以投资参股方式参与了新东安影城、影协电影院、五道口工人俱乐部、东创影剧院、西城区工人文化宫等影院的建设、改造和经营，投资兴建了影联东环影城。此外，新影联还不断完善产业布局，涉足电影制作等领域，向产业链上游渗透，将单一的影片发行扩展到合作拍片，先后与宁夏电影制片厂共同出资拍摄《画皮》；与华谊兄弟传媒有限公司共同出资拍摄《集结号》；与紫禁城联合投资拍摄、制作了《甲方乙方》《不见不散》《没完没了》《背起爸爸上学》《红色恋人》《离开雷锋的日子》等多部获奖影片。

（3）民营影视制作机构积极股改上市

近年来，北京华谊兄弟影业投资有限公司、北京光线传媒股份有限公司、海润影视制作有限公司、北京鑫宝源影视投资有限公司等民营影视制作公司影响力不断扩大，形成品牌风格。民营影视制作机构体制机制变化主要体现在以下方面。

第一，建立健全法人治理结构，适时完成股份制改造，积极谋划上市。2010年，华谊兄弟成为首家在国内上市的影视制作企业，随后光线传媒上市。截至2012年底，华谊兄弟、光线传媒、海润影视等7家企业进入资本市场，多家影视企业进入上市审批流程。

第二，做强做优影视制作主业，加快拓展艺人经纪、演艺培训等领域。光线传媒从核心领域电视节目制作和发行，拓展至电影、电视剧、大型活动、艺人经纪、新媒体等众多娱乐产业，成为多方面发展的民营传媒娱乐公司。

第三，提升对外合作层次和量级，探索多样化合作模式。光线传媒与北京银行建立战略合作伙伴关系，获得国内民营影视公司最大规模单笔贷款2亿元。俏佳人传媒股份有限公司成功收购美国国际视听传播公司，北京西京广告有限公司投资收购了英国普罗派乐电视有限公司。

（二）北京广播影视体制机制变化成因分析

北京广播影视体制机制的发展变化，有多方面原因。我国文化体制改革不断深入，倡导"政企分开""政事分开"，是政策动因；广播影视业面临新媒体挑战，进入全面竞争时期，是社会动因；经济社会发展进入新阶段，市场经济蓬勃发展是经济动因。

1.党中央一系列重大决策，为新时期深化文化体制改革指明方向

2000年，"文化产业"一词被正式写入中央文件。2001年，《关于深化新闻出版广播影视业改革的若干意见》提出，文化体制改革要以集团化建设为重点和突破口。截至2002年初，共组建70多家文化集团。北京广播影视集团

应运而生。2002 年 11 月，党的十六大报告首次厘清了文化事业和文化产业两者关系，提出"积极发展文化事业和文化产业"。2003 年，党的十六届三中全会通过的《完善社会主义市场经济体制若干问题的决定》，首次明确提出文化体制改革要形成一批大型企业文化集团。2003 年 6 月，9 个地区和 35 个文化单位成为文化体制改革试点，积极培育市场主体，深化内部改革，转变政府职能，建立市场体系。北京广播影视集团转制为"北京北广传媒集团公司"正是"政企分开"的体现。2007 年 11 月，党的十七大提出兴起社会主义文化建设新高潮、推动社会主义文化大发展大繁荣的战略任务。加快推进我国文化体制改革的大幕就此拉开，推进转企改制，建立现代企业制度，完善法人治理结构，推动跨地区跨行业兼并重组，等等，各项改革措施有条不紊地推进。2012 年 11 月，党的十八大提出要深化文化体制改革，解放和发展文化生产力。2013 年 11 月，十八届三中全会将推进文化体制机制创新作为《中共中央关于全面深化改革若干重大问题的决定》的一项重要内容。

2. 传媒文化产业快速发展，迫切要求广播影视行业建立与市场经济相适应的体制机制

近些年，传媒文化产业发展步伐不断加快，市场对国有广播影视单位的影响也日益深入。为了适应经济社会发展的这一新要求，广播影视行业需要抓住机遇，激发激活内部资源，在与市场资源的对接中提升自身的价值和竞争力。尤其是党的十八届三中全会提出"使市场在资源配置中起决定性作用"的要求之后，广播影视领域更要加快构建"统一开放、竞争有序"的现代文化市场体系，打破按部门、区划、级别分配资源的传统模式。因此，适应传媒文化产业快速发展的要求，既要着力构建政事分开的管理体制，也要推动事企分开和广播影视资源的整合，北京广播影视体制机制变化中的局与集团的分离、北京北广传媒集团公司的成立以及后来北京广播电视台的组建都是与这一客观趋势相适应的。

3. 社会文化需求日益增长，增强服务供给的综合能力需要不断推进体制机制创新

近些年，社会文化需求的高品质、强互动、多服务的特征日益增强，文化消费不断向多元化、融合化、碎片化转型，对广播影视机构的内容产品创新创作生产能力、市场营销能力、渠道拓展能力、客户服务能力和资本运作能力等

都提出了更高的要求。增强服务供给的综合能力，是一个系统工程，涉及人、财、物等诸多方面，其核心仍离不开体制机制创新。因此，北京市广播影视体制机制的每一次重大改革，都伴随着一系列新型业务的出现。北京北广传媒集团公司组建以后，移动电视、城市电视等公司相继成立，开发出了公交移动电视、楼宇电视、户外大屏、地铁电视等新兴业务。北京广播电视台成立以后，内部融合步伐不断加快，成立了北京网络广播电视台，推出了"云鼎网"视频内容交易平台。

（三）北京广播影视体制机制创新经验总结

1. 围绕提高效能，深化行业管理改革

完善广播影视行政许可配套制度，优化行政审批工作流程。严格执行广播影视法律法规，依法做好广播影视行政许可事项审批等工作，使行政许可日趋规范化。完善广播影视作品审查与节目监管机制，做好影视剧本的审查、备案工作。加强对新媒体管理的研究，切实做好信息网络视听节目和公共场所视听载体播放节目的监管。探索建立了推动广播影视集聚区发展、区县广电事业发展和广电行业监管领导协调工作机制。

2. 推动事企分离，努力打造市场主体

北京广播电视台成立以后，根据国家广电总局和市委宣传部的批复，完成了北广传媒集团有限责任公司组建，构建了台属、台管、台控的产业拓展平台和资本运营平台。以北京北广传媒集团有限责任公司为平台，加强资源整合和资本运作工作，参股的人民网成功上市，鼎视传媒公司股改上市也正在快速推进。此外，在北京北广传媒集团有限责任公司内部大力推进全面审计、综合考评和质量管理工作，不断增强企业的市场意识、经营意识和竞争能力。

3. 深化科技融合，提升技术应用水平

进一步提升北京广播电视数字化、网络化、高清化水平，提高新闻信息原创率、首发率、落地率。加快下一代广播电视网（NGB）建设，有效发挥广播、电视、网络新媒体综合传播平台作用，推动建立互联互通、分发交换的网络化广播电视节目资源库，构建适应多种媒体需要的节目集成播控平台。积极推进高清交互数字电视应用工程建设，加快北京电视台高清化制播集成系统建设。

4. 优化产业结构，推动产业全面发展

积极培育影视龙头骨干企业，支持更多符合条件的广播影视企业进入资本市场。重点扶持北京广播电视台建设与发展，使其成长为具有较大影响力与较强经营创收能力的大型广播影视传媒机构。加大对广播影视企业的支持力度，努力打造具有较强市场竞争力、文化传播力、效益创造力的北京广播影视骨干企业。

5. 实施人才战略，全面提升队伍素质

加大干部选拔任用力度，逐步使竞争上岗常态化、制度化；加大干部实践锻炼力度，把多岗位、交流任职等作为锻炼的重要方式，不断提高干部的实际工作能力。适应广播影视产业发展的要求，加强复合型人才培养，着力造就一支讲政治、懂业务、会经营、善管理以及适应新技术发展需求的广播影视人才队伍。

（四）北京广播影视体制机制创新面临的问题

目前，受外部环境和自身体制机制、思想观念等因素制约，北京广播影视发展中仍存在国有资产资源整合融合不够深入，资产经营水平和资源利用效率不高，产业平台尚不完善，事业产业分开运行机制亟待建立，新的经济增长点尚未形成，新业务盈利模式不够清晰等不容忽视的问题。

1. 市场主体可持续发展能力不强，亟待完善现代企业制度，融入市场竞争

以"制播分离"为例，由于缺乏符合市场环境的有效节目准入、评审和交易机制，影视制作机构与播出机构之间形成依附关系，而不是平等的市场关系，制约了影视制作的利益驱动力，也违背了制播分离改革的初衷，亟待完善法人治理结构，建立市场化的用人机制和薪酬制度体系，增强市场竞争意识。

2. 产品、营销、渠道、人才、管理等各方面机制创新不足，亟待探索

扁平化管理模式有待进一步推进，以进一步提升工作效率，降低管理成本。完整的、系统的创新组织保障、工作平台和运行机制有待进一步建立完善，以形成持久的、稳定的创新动力。围绕项目和产品的充分授权，激励机制有待进一步完善，从而激发研发团队、运营团队形成创新活力。适应多元化业务和全媒体机构的版权管理和产业经营机制有待进一步建立，以延伸价值链，提升经营效益。

3. 产业协同仍未突破分散格局，建立融合机制还需假以时日

目前，北京广播电视台管理架构完成了"物理整合"，但发展机制的"化学反应"还需要假以时日。具体表现在：内部台网相互分割、各自为政现象依然存在；体制内、体制外媒体机构对接渠道有限，资源不能有效结合；用人机制上的身份制痼疾依然没得到根本解决，体制内外两种人才资源作用不能得到充分发挥；与资本市场的对接渠道有限，不能充分利用社会资本等。

此外，北京国有广播影视体制机制变化频繁，难以发生持续的"发酵效应"，也是一个较为明显的问题。"十二五"时期是全面建设小康社会的关键时期，也是首都广播影视全面推进改革创新、实现大发展大繁荣的战略机遇期。要解决上述问题，需要进一步深化市属国有广播影视体制机制改革，完善产业平台，整合内容资源，创新激励机制，以重点项目为龙头，培育壮大新兴业务板块、新增长极，推进媒体融合发展，实现事业产业的提质增效与转型升级。

二　北京广播影视体制机制创新策略与建议

当前，随着技术、资本、人才等各方面融合的不断深入，互联网化、市场化、产业化日益成为传统媒体转型升级的主流。面对这样的形势，北京市属国有广播影视系统推进体制机制创新，需要立足事业产业发展的实际，遵循新闻传播、媒体融合发展和市场经济的客观规律，以"建立起与建设中国特色社会主义先进文化之都相适应的广播影视制度体系、组织架构和运行方式"为目标，坚持安全原则、市场原则和融合原则，大力推进思想观念创新、管理体制创新、人事制度创新、投融资制度创新、研发机制创新、运营机制创新、考评机制创新，努力营造和建设领导重视、引导有力、监管到位、支持高效的政策环境。

（一）北京广播影视体制机制创新策略

1. 思想观念创新

体制机制创新必然涉及组织架构、利益格局的调整，这其中最大的动力和最大的阻力可能来自部门、单位和个人的利益判断与权衡，实质上是一个思想

认识和价值观念问题。在传统媒体与新兴媒体融合发展趋势下推进北京广播影视体制机制创新，需要形成三种新思维。

一是动态思维。要充分认识到，变是绝对的。只有适应不断变化的外部环境，及时调整内部的生产、经营、管理流程以及外部的制度体系，广播影视才能真正履行好新闻宣传职责，实现国有资产的保值增值，才能不断增强整体的传播力、影响力和竞争力。将这种动态思维与实际工作相结合，就是要有强烈的超前意识，既要在基础设施、生产设备、技术系统等硬件的建设和更新上预留空间和基础，更要在人才、版权、牌照、资本等软件的积累和优化上打好提前量。

二是系统思维。就广播影视行业自身而言，形成了由内容策划制作、集成播出传输到终端接收服务的完整产业链条，自成体系。但近些年随着制播分离、三网融合进程加深，广播影视产业链条的各环节不再由体制内的广播影视单位独占，已成为电信与互联网、国有和民营共同参与和开发的市场领域。从另一个角度来说，广播影视已融入科技、媒体和通信市场，进入更大的系统。为了适应这一变化，广播影视需要突破线性、链条化的思维模式，形成关注产业生态与网络化发展的系统思维。

三是市场思维。随着媒体融合进程不断深化，广播影视投入产出与市场之间的联系越来越紧密，以行政手段捏合资源、管理企业和推行业务的方式将越来越低效。因此，要不断增强广播影视的市场意识，提升参与市场竞争的能力和水平，以市场化手段扩大面向体制内和体制外两方面市场的合作与融合。进一步扩大内引外联，一方面，对外投资有发展潜力的新兴项目，体外孵化项目运作主体；另一方面，在政策许可的前提下，实施企业化运营，市场化运作，甚至大胆引进社会资本，优化产权股权结构。还可对广播影视转企改制工作做出分类评估，以贯彻落实 2014 年 4 月国务院办公厅印发的"文化事转企"和"支持文化企业发展"两个规定为契机，使北京市广播影视事转企工作全面地、彻底地落到实处。

2. 架构体系创新

架构体系是事业产业发展的基础，适宜的架构体系会提升组织运营效率和市场竞争能力。按照一体化融合发展的要求，推进北京广播影视国有主体的架构体系创新，要同时发挥行政力和市场力的作用，以行政力调整现有的责权利格局，为融合发展奠定有力的管理体系基础，以市场力提升运营效率和业务创新水平，实现事业做优、产业做强。具体而言有以下三点。

一是组织结构扁平化。按照管理成本低、决策效率高、资源集聚快的要求，借鉴互联网企业发展经验，推动北京市国有广播影视机构组织扁平化。在全国已成立的省级广播电视台中，北京广播电视台的组织结构是相对特殊的，电台、电视台作为二级法人独立存在，广播电视台层面并未实现对频率频道的直接管理。这种"物理整合"难以发挥出资源的协同效应，也在一定程度上制约着新闻宣传、内容生产、产业运营和新媒体发展等各方面工作的开展。实现组织结构的扁平化，一方面，要减少行政管理层级，提升整体的决策效率和执行速度；另一方面，要突破现有的资源配置格局，以业务发展和项目运营为导向，集聚资质、技术、人才、资金等方面资源，打通产业链条，优化产业布局。

二是打造新型传媒集团。整合北京市国有广播影视经营性资质，探索混合所有制等实现路径，引入社会资本，建立健全现代企业制度，打造航母级传媒集团。目前，北京广播电视台已成立了台属、台管、台控的北京北广传媒集团，集中了除电台、电视台外的产业资源，占据了北京市广播影视资源的很大比例，但在集团的领导班子配备、职能部门设置、投融资平台搭建等方面都尚未做实，在产业拓展、资本运作和业务创新中难以发挥出潜在价值和作用。下一步，可按照中央对建设融合发展新型传媒集团的要求，在坚持播出权特许经营的前提下，继续深化制播分离改革，建立以市场化人才为主力的经营管理团队，设立完备且独立的职能部门和投融资公司，完善治理架构，建立长效激励约束机制。此外，北京网络广播电视台目前已经上线运营，可以考虑以北京网络广播电视台为基础，整合北京市新媒体资源，并与互联网企业合作，尽快组建市场化运营的国有新媒体集团，而且在这个新媒体集团的组建运营过程中，可以更加注重引导和要求新媒体发挥主流媒体作用，承担更多社会责任，这比让传统媒体做出"新媒体的形式"更加重要。

三是搭建一体化发展平台体系。要组建连接各个媒体平台的中心枢纽机构，建立功能强大的信息处理平台，实现统一的信息采集、策划、处理，实现跨媒体资源的共享与整合，以及多种终端的内容分发；将传统线性、单向的业务流程再造为海量信息源，形成一次采集，多次发布、多层次生成、多媒体传播的业务流程，打通与新媒体的资源共享通道；促进互联网、广播电视、电影行业、新闻出版业跨界合作，发挥多平台整合营销作用，促进广播电视节目、电影节目的多平台售卖和多次价值开发，延长产业价值链条。为适应融合发展需要，北京广播影视系统需要着力打造三个中心：第一，内容制作中心，包括新闻、节目；第二，渠道播出中心，以适应广播、电视、互联网、手机等多种渠道、多种终端的需要；第三，整合营销中心，从单纯的广告盈利模式向以用户为基础的整合营销转型。

四是加强区县播出机构力量。区县播出机构是北京市广播影视事业不可分割的重要组成部分，需要进一步明确职能、加强力量。明确市与区县承担的广播电视管理职责，统筹考虑并加强区县广播影视机构播出资源配置，对区县广播影视事业予以更多支持。

3. 人事制度创新

近几年，体制内广播影视领域逐步出现"人才外流"的情况，人事制度相对僵化、激励不足是造成这一问题的主要原因。推进人事制度创新，就是按照融合发展、市场化运营的要求，降低行政因素对人才引进、选拔、任用和奖罚的影响，将人事管理的重点逐步由职级职称评定转向岗位级别动态评价，建立与外部市场充分对接的薪酬绩效体系。具体而言，有以下三个方面。

一是破除"双轨制"，实行全员聘用。改变国有广播影视机构现在普遍存在的身份管理现状，转为按岗位管理。目前，广播电视台多将台内人员划分为事业编、企业编、频道聘、项目聘等不同等级的"双轨制""多轨制"，这是当前国有广播影视单位为了解决事业编制不足问题而不得不采取的权宜之计。但近几年影视产业市场化程度越来越高，"工作相同待遇不同"的问题促使越来越多的广播影视人才走出体制，流向市场。为了留住优秀人才，避免人才队伍老化退化，当前亟须淡化事业编制，实行全员聘用，实现同工同酬同待遇，完善市场化用人机制。

二是突破职位职称限制，建立动态岗位体系。职位职称是当前北京广播影视系统人才晋升的主要通道，但这种行政化、事业性质的人才管理方式已经难以适应融合发展趋势下的事业产业发展要求。突破职位职称限制，探索建立适合北京广播影视系统各单位实际情况的动态岗位体系是一条出路。动态岗位体系主要包括专业人才年度综合评价制度、产品经理制和职业经理人制等。实行动态岗位体系之后，人才晋升通道将更为多样，个人发展的自我选择将更为充分，有利于人力资源的优化配置与有效激励。

三是打破"大锅饭"，形成市场化的绩效薪酬体系。当前，广播影视系统内普遍存在"能者多劳"但"多劳未必多得"问题，这一方面挫伤了能干多劳者的积极性，另一方面也滋长了相互推诿、无人愿意担当负责的风气。破解这一问题，需要建立市场化的与绩效挂钩的薪酬体系，即参照市场上同等职位的情况设定绩效薪酬标准，这样既可以鼓励能干多劳者、鞭策平庸懒惰者，又避免了给予体制内同等职位过高或过低薪酬待遇的问题。

4. 投融资体系创新

对于广播影视而言，融合发展是一个由体制内走向体制外的过程，是一个面向未来的互联网化过程，是一个与新兴网络媒体竞争合作的过程。在这个过程中，相对于互联网企业，资本运作和技术应用研发是广播影视需要补齐的短板。为了增强广播影视单位的资本运作能力，广播影视投融资体系要在以下三个方面有所创新。

一是搭建融合型资本运作体系。融合发展既要打通内部资源的流动通道，也要充分对接市场上的资金资源，在这一过程中，资本运作发挥着十分重要的作用，但分散型、小规模的资本运作难以支撑大型重点项目的培育和建设，需要建立一体化、多层次、融合型的资本运作体系。一方面，要加强对内部潜力型业务和公司的培育，适时推进股份制改造，引进具有战略性资源的外部投资者，通过IPO、买壳、并购等方式实现上市，扩大上市企业数量规模。另一方面，要加强对互联网、通信、文化、教育等相关行业的研究与跟踪，及时参投、跟投、收购具有发展潜力的项目和公司，打开进入新兴领域的资本通道，加快北京广播影视由内生增长向外延跨越式发展的转型。

二是通过上市公司激活存量资源。充分利用好上市公司的平台价值，不仅有助于提升上市公司自身的经营业绩和市场竞争力，也将有助于激活非上市公司资产的潜在价值，进而带动系统和整体的优化升级。因此，要借助上市公司平台，推进北京广播影视资产的深度整合与优化配置，加快跨地区、跨行业、跨所有制兼并重组，提高控股资产的增值力、带动力。同时，也要关注上市公司市值管理问题，在持续创造题材热点的同时，加快系统内非上市公司资产的注入步伐，为将来实现整体上市奠定基础。以北京新影联为例，近年来发展遇到很大困难，可以通过资本市场运作快速提升其综合实力，带动资源整合，提升产业集中度和市场份额。

三是稳妥推进特殊管理股与股权激励改革。党的十八届三中全会提出要在文化体制改革中探索特殊管理股和股权激励，广播影视的实际发展中也的确需要产权制度改革。但目前实际工作中，推进特殊管理股和股权激励仍然存在配套政策不完备、管理者体制内身份制约等问题。因此，对于特殊管理股和股权激励，既要积极探索，也要稳妥推进，可以考虑在国有参股广播影视企业和新兴媒体领域先行试点，再总结经验逐步推行。

5. 研发机制创新

研究发展工作是牵引各领域各方面工作创新的龙头，但就目前北京广播影视系统的研究发展工作现状而言，仍然存在重视不够、认识不准、转化不强的问题。反观互联网企业，研究发展部门通常占有很重要的位置，也是预算费用支出占比较高的领域。加快融合发展，北京广播影视系统需要推进研发机制创新。

一是构建科学的研发体系。要逐步建立研发管理与执行分开运行机制，加强对研发工作的引导、统筹和激励，依托现有基础加快研发基地建设，充分调动技术、内容、运营、市场等多方面的一线力量参与研发甚至主导研发，实现研发与实操的互动、转换。就广播电视台的节目研发而言，要建立由台编委会、研发管理支持部门、项目组等研发组织共同构成的三级研发体系。编委会是研发管理的决策机构，在编委会整体框架下，根据影视内容和节目内容不同业态，分别成立影视内容领导小组和节目内容领导小组，并分别制定影视项目评估决策流程和新节目研发评估决策流程。研发管理支持部门按照编委会要求履行决策执行，监督管理职能。项目组是研发项目的实际执行和运营组织，做好研发创新的直接管理和支撑工作。

二是加大研发工作投入力度。要逐步提高技术应用研发、节目研发、项目研发支出占整体支出的比例，组建集中技术、节目、市场、投融资等多方面人才的研发中心，形成融合型的研发工作机制与方法，为北京广播影视在技术、内容、业务等多方面的创新提供强大支撑。就内容创新研发而言，可专门设置亿元级的研发经费，并针对研发体系的运行需要，建立并执行研发基金管理和使用流程，为节目创意开发、制作样片提供资金保障；一旦创意被采纳，无论最终入选与否，策划与样片费用都将核销。经过节目评选，确定一批创新节目进入常规播出，为新节目提供一段"市场导入期"，在"市场导入期"内栏目不做考核要求，同时整合系统内资源，加大其宣传力度，为新节目的成长提供空间和时间。此外，还可以组织年度业务项目创新方案评比，为获奖个人和团队提供包括资金、时段、办公场地等全方位支持，倡导和鼓励内部创业。

除以上五个方面的体制机制创新外，北京广播影视系统还要加强生产机制、营销机制和考评机制等方面的创新，通过结合自己的核心产品与相关的产业形成联合，共同开发该核心产品的延伸产品形态，使价值链得到有序稳定的扩展。建立多渠道的产销模式，进行整合性创新，打破不同媒介、不同产业之间的限制，获得互补性资源，全面优化视听媒体内容，将有利于跨地区、跨行业、跨媒体的综合发展。

（二）北京广播影视体制机制创新政策建议

推进北京广播影视体制机制创新，需要北京市委市政府、市委宣传部和市新闻出版广电局等领导机构、相关部门统筹考虑市属与区县、国有与民营等不同层次和不同方面的广播影视资源，针对融合发展中北京广播影视面临的体制机制问题，做好顶层设计，及时出台相关工作方案与具体举措。

1. 加强组织领导

北京广播影视体制机制创新涉及新闻宣传、舆论导向、干部队伍管理、国有资产监管、事业经费收支、公共服务定价等多方面敏感问题，一项决策的形成和落实往往要经过市委宣传部、市委组织部、市人力社保局、市财政局、市新闻出版广电局等多个党政领导部门的审批。这一客观实际情况决定了北京广播影视体制机制创新需要强有力的组织领导。因此，建议按照中央和北京市关于推进文化体制机制改革的文件要求，成立由市委宣传部、市新闻出版广电局等相关部门组成的北京广播影视体制机制创新工作领导小组，设立领导小组办公室，制订工作方案，明确工作目标和时间进度，将北京广播影视体制机制创新工作列入日程并认真推进落实。

2. 建立引导体系

广播影视体制机制创新政策性强，在具体推进落实中可能会遇到一些意想不到的问题，进而影响甚至改变了原定的工作方案，使体制机制创新偏离了设定的目标与路径，难以形成可持续性的工作成果。因此，在广播影视体制机制工作方案确定后，应按照目标、路径和措施的要求，建立包括组织落实、协调推进、调研评估以及方案修订等各环节在内的引导体系，既为方案的落实提供制度保障，也为方案的修订提供评估依据。建议在领导小组成立后，即按照工作方案着手研究制订和出台北京广播影视体制机制创新引导体系指导文件，明确各部门、各单位的任务分工与目标，并形成相应的责任机制。在引导体系构建中，尤其要注意市属和区县、国有和民营等各层面资源的融合问题，要将上层引导与基层动力充分结合起来，多采用市场化、产业化的方式促进资源集聚、业态创新和项目实施，在一些市场化、产业化发展较为充分的领域引入民营资本，先行试点混合所有制。

3. 聚焦核心问题

北京广播影视体制机制创新的核心问题涉及两个方面，即"政事关系"和"事企关系"。长期以来，北京市在厘清"政事关系"和"事企关系"方面做了大量工作，取得了显著成果，但要增强北京市广播影视事业产业实力，仍然需要进一步处理好市属国有广播影视机构与其出资成立的企业单位之间的关系，兼顾强化监管引导和简政放权放活。这项工作的政治性和政策性较强，需要通盘考虑、统筹安排，做出科学合理的顶层设计。同时，也需要来自上层的力量持续推动顶层设计的落实和执行。建议将"政事关系"和"事企关系"作为推进北京广播影视体制机制创新的核心问题，列入整体工作的时间表、路线图和任务书，一步步、一环环地抓细落实。

B.21
中国视听新媒体政策与产业
发展创新

曾祥敏　张　昱*

摘　要： 媒体融合背景下网络新媒体的快速发展正不断冲击着传统视听产业的传播格局。搭乘着国家政策快车的视听新媒体产业正在蓬勃发展。专家预言，未来我国视听新媒体产业将迎来几何级数的增长。在过去一年，在国家政策的引领下，我国视听新媒体产业在传播方式、内容形态、盈利方式、投资方向几个方面都呈现了新的亮点。

关键词： 媒体融合　视听新媒体　政策创新　产业创新

随着媒体融合的深入发展，视听信息服务在内容、技术、形态、功能、结构、传播模式上都得到进一步的融合发展，"广播电视"早已不能囊括所有视听信息传播的渠道和平台。在互联网技术和移动终端技术飞速发展的背景下，多样态的视听新媒体应运而生，掀开了中国视听信息服务产业的新篇章。而近一年来，中国视听新媒体在国家相关政策的引领下，创新不断、亮点频现，行业发展越发活跃。本文将梳理近一年来视听新媒体的政策创新以及政策引导下的视听新媒体产业创新，试图总结出中国视听新媒体的行业发展和创新特点和规律。

2015～2016年中国视听新媒体产业的发展可以用"风生水起"一词来形容。一年来，视听新媒体平台建设加强，用户规模持续扩大，市场规模进一步

---

* 曾祥敏，中国传媒大学新闻传播学部电视学院教授，博士生导师；张昱，中国传媒大学新闻传播学部电视学院硕士研究生。

扩大。根据 2015 视听新媒体蓝皮书，全国网络视频用户规模达 4.33 亿人，网络视频用户使用率达 66.7%。市场规模达 239.7 亿元，同比增长 76.4%。[1] 如今，视听新媒体服务已经成为一个由内容提供商、集成播控平台、网络服务商等多方构成的成熟的产业形态，显示出旺盛的生命力。而一年来中国视听新媒体的发展创新，可从政策引导、管理创新以及产业发展创新方面进行呈现。

一 政策创新：引领发展明确，管理体系完善

中国视听新媒体产业的快速发展对相关管理部门提出了更高的管理要求，而中国相关管理部门审时度势推行的一系列促进媒体融合与视听新媒体发展的政策也为中国视听新媒体发展提供了强劲的动力。

1. 引导创新：鼓励发展、引领方向

四个主要政策的出台，对引导并推动视听新媒体发展起到了定盘星与指南针的作用，对视听新媒体的产业发展具有重要意义。

（1）"十三五"规划提出重点发展

中共中央 2015 年 11 月 3 日发布的《中共中央关于制定国民经济和社会发展第十三个五年规划的建议》指出，要加强网上思想文化阵地建设，推动传统媒体和新兴媒体融合发展，打造一批新型主流媒体。其中，《中共中央关于制定国民经济和社会发展第十三个五年规划的建议》强调"要牢牢把握正确舆论导向，健全社会舆情引导机制，传播正能量。加强网上思想文化阵地建设，实施网络内容建设工程，发展积极向上的网络文化，净化网络环境。推动传统媒体和新兴媒体融合发展，加快媒体数字化建设，打造一批新型主流媒体。优化媒体结构，规范传播秩序。加强国际传播能力建设，创新对外传播、文化交流、文化贸易方式，推动中华文化'走出去'"。[2] 从"十二五"规划到"十三五"规划，从"重视互联网等新兴媒体建设"到"推动传统媒体和新兴媒体融合发展"，体现出国家对发展视听新媒体的重视，也意味着媒体发

---

① 袁同楠：《中国视听新媒体发展报告（2015）》，社会科学文献出版社，2015。
② 《中共中央关于制定国民经济和社会发展第十三个五年规划的建议》（全文），人民网，2015 年 10 月 20 日，http://house.people.com.cn/n/2015/1103/c164220-27772642.html。

展将经历从视听新媒体到视听融媒体的改变。

（2）指导意见阐明发展方向

在此之前，2015年4月，国家新闻出版广电总局、财政部就联合印发了《关于推动传统出版和新兴出版融合发展的指导意见》；内容包括创新内容生产和服务、加强重点平台建设、扩展内容传播渠道、拓展新技术新业态、完善经营管理机制等，为中国视听新媒体产业发展指明了方向和路径。

（3）文化意见正名主流地位

2015年10月，中央政治局会议通过的《中共中央关于繁荣发展社会主义文艺的意见》同样对中国视听新媒体发展具有提纲挈领的指导作用。意见明确提出"大力发展网络文艺"：坚持"重在建设和发展、管理、引导并重"的方针，实施网络文艺精品创作和传播计划，鼓励推出优秀网络原创作品，推动网络文学、网络音乐、网络剧、微电影、网络演出、网络动漫等新兴文艺类型繁荣有序发展，促进传统文艺与网络文艺创新性融合，鼓励作家、艺术家积极运用网络创作传播优秀作品。① 这为网络文化产品的发展提供了强有力的支持和动力。视听新媒体作为网络文艺的一部分，成为国家大力发展的主流文化的一分子，在未来的发展中将得到国家政策管理的支持。

（4）推广方案明确管理职权

2015年8月，国务院发布了《三网融合推广方案》，内容包括着力强化政策法规对全面推广三网融合的保障作用，全面细化了电信和广电部门分业监管的职责范围和内容，高度重视网络安全和文化安全对于三网融合推广的重要性等。此次推广方案的出台不仅标志着三网融合工作进入全面推广阶段，三网融合的战略布局将为中国视听新媒体发展提供更稳定、更全面的技术支持，方案中关于职责范围的相关内容也为中国视听新媒体行业管理提供了支持和科学依据。

2. 管理创新：完善体制、全面统筹

（1）制定具体政策法规

一年来，相关部门加强对网络视听节目的管理，先后出台《互联网等信息网络传播视听节目管理办法》《互联网视听节目服务管理规定》等部门规

---

① 《中共中央关于繁荣发展社会主义文艺的意见》，新华网，2015年10月19日，http：//news. xinhuanet. com/2015－10/19/c_ 1116870179. htm。

章，使视听新媒体的管理有了关键性的法规依据。根据这两部部门规章和《广播电视管理条例》等法规，广播影视行政部门相继发布了一系列规范性文件，逐步将互联网视听节目服务、IP 电视、手机电视、互联网电视等各种新业态纳入规范管理，完善了行业的管理体制。

针对网络剧、微电影等网络自制视听节目快速发展新态势，广播影视行政部门又及时下发了《关于进一步加强网络剧、微电影等网络视听节目管理的通知》等文件，提出互联网视听节目服务单位要按照谁办网谁负责的原则，对网络剧、微电影等网络视听节目实行先审后播管理制度，将网络视听媒体的播出内容纳入播前审核的管理体制。

2015 年，最高人民法院、最高人民检察院、公安部及新闻出版广电总局四大部门联合发布的 229 号文《关于依法严厉打击非法电视网络接收设备违法犯罪活动的通知》，从法律角度严厉打击非法电视网络接收设备违法犯罪活动，对视听新媒体行业进行了进一步的整顿。

（2）加强日常监管

依据相关法规，广播影视行政部门采取技术监管、部门协同以及警告、责令改正、吊销许可等多项措施，对视听新媒体从业主体行为进行严格监管。相关部门开展了净网行动、打击非法电视网络接收设备违法犯罪专项活动等，对于违反相关规定的机构进行严厉查处，保证了视听新媒体行业的健康、有序发展。

（3）强化行业自律

除了法律法规与政策的他律与监管外，广播影视行政管理部门非常重视行业自律体制机制建设。广电总局早于 2011 年就成立中国视听协会。中国视听协会成立以来，已制定发布《中国网络视听节目服务自律公约》等文件。2015 ~ 2016 年，中国视听协会及各地方视听协会加大了行业监督与培训的力度，开展了网络视听节目审核员培训、组织专家对互联网播出视听节目进行评估、开展网络视听节目推优活动等工作，行业自律成为视听新媒体管理的重要推手。

二　传播创新：移动化与社交化趋势明显

随着 4G 等移动网络建设的快速推进，智能终端与社交应用日益普及。视听新媒体行业着力发展移动互联网的步伐更加明快。网络视听节目的移动化与社交化传播趋势更加突出。

1. 视听新媒体移动化趋势明显

（1）移动视听新媒体用户持续增长

根据 CNNIC 发布的第 35 次《中国互联网络发展状况统计报告》，截至 2014 年 12 月，我国手机网民规模达 5.57 亿，网民中使用手机上网的人群占比由 2013 年的 81.0% 提升至 85.8%。① 而手机视频用户已经超过 3 亿，使用率超过 50%。以上数据显示出我国移动视听新媒体用户的快速增长，在此基础上，视听新媒体必须向移动化方向发展。

（2）商业音视频产业布局移动 O2O 产业

随着智能移动终端设备和 LBS 移动定位技术的逐渐成熟，网络音视频产业纷纷向移动 O2O 产业布局。网站通过布局自己的优势资源，加强对精准用户营销，并最终通过用户线上支付的方式，使用户在线上、线下获得更多的、更优质的功能体验。O2O 交易流程的完成，实现了线上、线下渠道的融合，成为商业音视频产业重要的商业模式。

为此，网络音视频加大对移动端业务的投入，在音乐和音频专业化、细分化方面进行布局。网络音频方面，QQ 音乐、虾米音乐、网易音乐通过购买独家版权等方式形成了市场差异化竞争的形势。而网络视频网站积极推动移动业务快速拓展，移动流量与用户规模快速增长，也初步形成了爱奇艺、腾讯、优酷等几家网站主导的移动视频市场格局。

随着移动生活服务的普及，视频新媒体平台依托音视频服务布局 O2O 生态，这不仅为商业音视频网站创造了收益，也加速了视听新媒体移动化进程。

（3）传统媒体积极推进平台建设，"两微一端"发力，移动传播凸显

在国家大力引导媒体融合的背景下，传统媒体纷纷开展了微信、微博、客户端业务，提高主流媒体的传播公信力影响力和舆论引导能力。

中央电视台在 2016 年里约奥运会的报道中不仅在微博、微信及时进行信息更新和发布，还推出了"CCTV5"的移动客户端。用户可以通过"CCTV5"在线观看体育赛制直播，而且可以观看只在移动客户端播出的 APP 专享赛制

---

① CNNIC2015 年第 35 次《中国互联网络发展状况统计报告》，2015 年 2 月 3 日，http：//www. 199it. com/archives/326792. html。

直播，大幅提升了央视在移动端的渗透率。

2016 年 4 月，北京广播电视台与北京市文资办合力组建的北京市新媒体集团揭牌成立，力求利用北京电视台及市属主流媒体的内容资源，打造包括"内容、渠道、平台、服务"在内的互联网媒体生态系统。北京新媒体集团随即推出的"北京时间"网站和 APP 是一款以直播和资讯视频为核心的互联网产品。产品以新闻直播、云记者、短视频为突破口，强调差异化，打造"永无止境"手机端新闻视频，标志着北京广电迈出了融媒体发展的坚实一步。

中央人民广播电台建立了融媒体新闻指挥中心，以融媒体新闻指挥中心运营办公室和"央广新媒体"公司为两个抓手，以中国广播云平台为基础 IT 平台，构建多终端新闻策划、采编、发布融合传播协调机制，支撑全台融媒体新闻指挥中心的运营。已在台内全面推广的"中国广播云平台"云发布系统支持将新闻稿件、广播直播、点播节目等一键发布到网站、移动客户端、社交公众号、车载终端等发布系统，助力推动移动客户端建设。

北京人民广播电台也积极探索媒体融合发展道路，继 2014 年上线移动网络音频聚合平台"听听 FM"之后，2016 年再次重磅上线"听听 Radio"移动客户端。"听听 Radio"以智能设备为终端，聚合广播电台、自媒体播客和有声读物等内容，囊括了全国各地的广播电台、海外音乐电台、个性化电台等共计超过 3000 个的广播电台。客户端还可以通过语音识别技术实现节目内容精确采集，为用户提供在线和离线收听服务，支持用户上传、互动，建立个人电台，最大限度地满足移动客户端用户的需求。

2. 视听新媒体社交化趋势突出

（1）社交平台成为视听新媒体传播的重点

新媒体的发展改变了人们的信息交流方式。而微博、微信在中国发展极其迅速，已经成为信息传播的重要方式。以微信为例，据统计，微信国内外月活跃用户已经达到 6.5 亿，有 57% 的微信用户通过微信获取新闻资讯。另有微信公众账号接近 200 万个，公众号内日点击量接近 10 亿。[①] 大量视听新媒体作品通过微信转发、公共号阅读、朋友圈分享的方式，提高了点击量。社交网络视听新媒体作品传播起到了加速甚至几何级数扩散的作用。

---

① 吕岩梅、彭锦：《融合媒体的颠覆式创新》，《新闻战线》2016 年第 3 期。

（2）视听新媒体加强社交功能

社交与互动是互联网最重要的特点，视听新媒体服务也在积极推出各种社交或互动产品。

以互联网电视为例，乐视超级电视推出互动专区，用户可通过投票、互动答题等参与乐视网节目的实时互动。未来电视与腾讯合作推出微信电视，用户可用微信或者 QQ 号登陆，实现交流互动等功能。社交功能不仅存在于互联网电视，而且在 IPTV、公共视听载体中也大量运用，而这也必将成为视听新媒体发展的重要趋势。

媒体在新媒体作品的制作中也注重作品的交互功能，创作出一批优秀的交互多媒体作品。以 2015 年习近平总书记访问英美两国期间我国主要媒体推出的多媒体作品为例，这些作品在延续了可视化程度高、生动活泼的特点外，更加注重作品的交互功能。如表 1 所示，媒体通过交互地图、全景 H5、游戏化体验等方式，增强用户的交互体验，也增加了多媒体作品的社交功能。

表 1　代表性媒体在 2015 年习近平总书记访问英美两国的多媒体作品类型

媒体	习近平总书记访美	习近平总书记访英
新华社	萌系动画短片	
《人民日报》	—	2 篇图片解读
新华网	交互地图	
央视网	9 篇原创 GIF 漫评	3 篇原创 GIF 漫评
光明网	有动态效果的图片解读	2 篇图片解读
凤凰网		1 篇图片解读
腾讯	H5 趣味问答	1 篇图片解读
网易		H5 360 度全景白金汉宫
搜狐		1 篇图片解读

三　视听新媒体内容创新：内容形态更加丰富，运营模式全面升级

1. 视听新媒体形态更加丰富

（1）网络视频直播平台异军突起

随着移动通信技术与设备的发展，基于网络平台的视频直播于 2015 ~

2016年在中国爆红。艾瑞咨询2016年4月发布的数据显示，2015年中国在线直播平台数量接近200家，其中网络直播的市场规模约为90亿元。方正证券预计，2016年直播市场规模达到150亿元，2020年将达到600亿元。中国互联网络信息中心发布的报告显示，截至2016年6月，我国网络直播用户规模达到3.25亿，占网民总体的45.8%。网络直播平台的火爆程度可略见一斑。

网络直播平台主要集中于秀场、游戏直播和体育直播三个方面。秀场主要以映客、花椒等平台为代表，游戏直播以斗鱼、熊猫等平台为代表，而体育直播则以章鱼TV和企鹅直播为代表。用户可以根据自己的喜好选择通道实时看到平台直播内容，而直播内容的娱乐性、真实性与丰富性，吸引了大量用户，并产生了高度的用户黏性。

网络直播平台的火爆，也丰富了一些视听新媒体平台的形态。腾讯、乐视、小米、新浪微博、爱奇艺等相继开拓或增加直播业务范围，将社交、新闻、节目等内容与直播相结合，拓展了视听新媒体平台的形态。

（2）视听节目形态创新

网络视听内容发展初期基本延续了广播电视的节目形态，而随着网络视听技术的发展与网络视听内容的竞争加剧，网络视听节目出现了新的形态。

24小时直播节目。腾讯视频推出的网络自制节目《我们15个》是一个基于真实生活的大型生活实验真人秀节目，同时也是首次24小时直播的综艺节目。节目全程运用了120台360度全高清摄像机、60个麦克风在网络上对节目参与者进行24小时全方位无死角的直播，力求使观众看到最真实、最全面的参与者表现。观众可以根据自己的喜好，选择不同的直播通道，通过不同的视角参与节目的进程，并且可以通过投票决定节目参与者的去留，这又使这档节目增加了互动元素，极具互联网特色。而在传统电视节目中，受节目时长、内容管制等因素的影响，这一节目形态根本无法在传统电视上生存。

"直播＋脱口秀＋弹幕"。《晚安朋友圈》是爱奇艺推出的一档社交类脱口秀节目。节目以每天社交热点提供的新闻话题为对象，由主持人海阳进行幽默的陈述与点评。与此同时，该节目融入人肉弹幕的形式，邀请三位90后网红作为现场吐槽嘉宾，以双屏模式，在现场进行实时互动吐槽并直播。作为全国首档直播、日播的脱口秀节目，《晚安朋友圈》一直坚持"直播＋独家＋社交"的创新模式。在选题上，其跳脱出单一的点对点的信息传播，以及人为筛选话题的传统方式。转而利用庞大的互联网数据支撑，梳理人们最关心的热点事件，并对其进行点评和挖掘背后真相。而在节目形式上，节目始终强调社交媒体的伴随感、互动感和真实感，"直播即社交"模式逐步架构起来。节目吐槽团嘉宾陪伴网友一起吐槽，并在节目直播中关注聊天室里的动向。主持人还会随时根据聊天室的动向，进行适当的回应，甚至打破既定安排，改变节目节奏。这样的节目形态基本颠覆了传统脱口秀的设定，使信息两端的黏性得以极大增强。

"全景+直播+社交"。在里约奥运会的报道中，腾讯网的视频直播采用了"全景+直播+社交"的形态，在节目样态上实现进一步创新。由于腾讯网是本届奥运会中国唯一的互联网合作伙伴，网站充分利用了资源优势，对重点运动员的赛事进行了全景直播。无论是从出发前集训的"突击"直播、开幕前携手运动员探访奥运村，还是赛程中各个节点的重要访谈，腾讯网为用户提供了360度的赛事直播。赛事结束后，腾讯网还会邀请运动员在里约录制相关的自制节目，获取运动员在赛制之后的一手动态。而除了对赛事进行直播，腾讯还开创了后方的评论直播节目《虾聊奥运》，对赛事进行分析和点评。可以说，腾讯网在本届奥运会的内容视频报道中呈现了"深度社交+直播+互动"的新范式。

2. 视听新媒体内容更加多元

随着网络视听新媒体内容制作的进一步发展，网络自制内容不再局限于发展初期的大众内容，向着丰富、分众的方向发展。

（1）自制内容类型丰富

自制内容类型的丰富，可以从爱奇艺的自制剧和自制节目的内容取材略见一斑。

表2　爱奇艺2015～2016年主要自制剧及类型

自制剧	题材	自制剧	题材
《灵魂摆渡》	悬疑灵异	《来自星星的继承者们》	爱情喜剧
《花千骨2015》	玄幻穿越	《都市妖奇谈》	都市玄幻
《活着再见》	警匪	《老九门》	民国抗日悬疑
《涩世纪传说》	魔幻	《我的朋友陈白露小姐》	青春言情

续表

自制剧	题材	自制剧	题材
《校花的贴身高手》	青春校园	《灭罪师》	推理悬疑
《盗墓笔记》	动作探险	《余罪》	悬疑犯罪
《废柴兄弟2》	都市职场喜剧	《乾隆秘史的我们》	古装传奇
《我的美女老师》	玄幻	《假如我有超能力》	奇幻喜剧
《白衣校花和大长腿》	青春言情	《穿越谜团》	都市情感悬疑

以上表格罗列了爱奇艺网站 2015～2016 年主要自制剧及其题材，选题包括青春、警匪、魔幻、动作、爱情，基本涵盖了影视剧选题的所有主要类型。而古装剧、现代剧、民国剧所体现的时代跨度以及悬疑、言情、喜剧所体现出类型丰富性，都可以说明其自制剧内容选题上的丰富程度。

表 3　爱奇艺 2016 年代表自制节目及类型

自制节目	类型	自制节目	类型
《大牌王中王》	明星游戏	《吴晓波频道》	财经脱口秀
《超能大星探》	明星资讯	《晓松奇谈》	文化脱口秀
《奇葩说》	说话达人秀	《偶滴歌神》	音乐
《亲爱的我愿意》	恋爱养成	《热记录》	纪录片
《爱侃》	动画吐槽新闻	《头号人物》	人物访谈
《星爸育儿经》	育儿	《天天神评论》	新闻评论

而爱奇艺的自制节目涵盖了新闻、娱乐、财经、文化、访谈、育儿等多种类型。虽然以娱乐节目为主体的自制节目结构没有发生根本性的改变，但是更加丰富的节目类型，增加了网络自制节目的文化内涵，使网络自制内容承担了更多的社会责任。

（2）自制内容分众化发展

随着网络自制内容生产的进一步发展，各主要网络视频网站的定位逐渐稳定和清晰，于是各视频网站在发展中，逐渐形成了各自优势的节目内容方向。以主打二次元文化的 B 站为例，这个以弹幕为核心，覆盖了吐槽、动漫、搞笑视频等内容为特色网络视频平台，满足了一部分用户的需求，产生了比大众内容更大的用户黏性。而除了 B 站，各主要的视频网站在发展过程中也在逐渐探索并初步形成了自己的内容特色。

表4　主要视频网站的优势内容方向

视频网站	内容特色	视频网站	内容特色
爱奇艺	娱乐脱口秀	腾讯视频	户外真人秀
优酷网	高端、文化	搜狐网	访谈、美剧
芒果 TV	湖南卫视独家资源	凤凰视频	人文纪实
B 站	二次元	乐视网	体育

3. 投资增大，质量提升

网络自制内容在 2012～2014 年的成功，使网络自制内容得到更多资本的青睐，2015 年，网络自制内容市场的投入得以进一步扩大。而投入的增加直接提高了网络自制内容的专业化水平及内容质量。

（1）自制内容投资力度加大

自 2013 年以来，资本大量流入网络自制内容这一市场，而投资力度的加大还在持续。2015 年，国内投资在 2000 万元以上的网剧近 20 部，投资在 5000 万元到 1 亿元之间的约 5 部，而在整个自制内容行业，供应商整体市场规模的估值接近 25 亿元。而 25 亿元这个数字，在 2013 年和 2014 年对应的数字分别是 6 亿元和 12 亿元。自制内容投入正经历着飞跃式的提升。

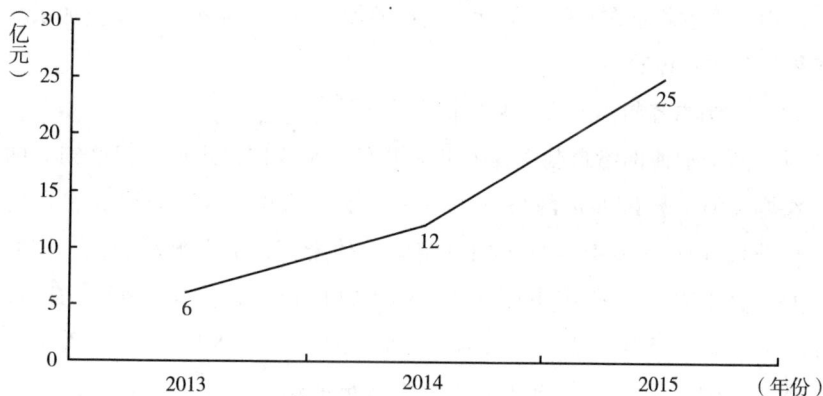

图1　2013～2015 年网络自制内容投入对比

（2）新技术在自制内容中运用

2016 年，在土豆网推出的网络综艺节目《国民美少女》的总决赛中，节目采用了"直播+VR直播"的双直播模式,粉丝可以通过VR直播和选手进行更近距离的接触。虽然VR技术没有在节目中全程使用,但节目对VR技术的大胆使用,为网络自制内容的制作体提供了更多的技术可能。

新华网在2016年两会的报道中开辟了"VR视角"栏目,并发布了17件VR全景作品。新华网在新闻发布会、会议记录、现场采访等环节运用了VR技术。在无人机和摄像机上加装VR摄像设备进行拍摄,观众可以在网页、客户端上通过移动鼠标或者转动手机,全景360度观看整个新闻现场,使受众感官全面接入新闻现场,从单纯地看新闻、听新闻,到走进现场感受新闻,参与新闻,真正让人身临其境。

也是在两会期间,人民网于政协会议开幕当天发布了VR产品《VR带你进会场,政协大会这样开幕》。作品通过全景照片技术摄制,以H5页面形式推出。通过这样的VR全景报道,网友在手机上打开链接,就可以瞬间置身于"神秘"的人民大会堂内部,通过手机角度的变换,就可以完成人民大会堂内部各个方位的场景体验:画面可以拉近,推远,俯仰视角的变换也是流畅无比。这不仅拉近了普通读者与"高端神秘会场"的距离,也降低了常人难得一入的大会堂的参观门槛,让VR全景报道更"接地气"。

以虚拟现实技术和增强现实技术为代表的新的内容制作技术正为视听新媒体自制内容提供着更多制作可能性,它们的加入将为自制内容提供更加炫酷的视觉效果和用户体验。

(3)自制内容制作团队更加专业

投入的增加使网络自制内容吸引了更多的专业创作班底。一些知名的导演、编剧、演员开始涉足网络自制内容,提高了网络自制内容的专业化程度。以搜狐视频在2015年推出的自制剧《他来了,请闭眼》为例。该剧由侯鸿亮担任制片人,孔笙担任导演,而由这两位主创的电视剧《琅琊榜》《伪装者》在2015年大受观众认可。而此剧的演员霍建华、张鲁一等的演技都被业界普遍认可。著名导演与实力派演员的结合,保证了这部网剧的质量。2015~2016年,无论是网络自制剧还是网络自制节目,在制作团队更加专业的基础上,其自制内容在策划、拍摄、剪辑、包装等方面得到全方位的升级,自制内容质量得到全方位的提升,宣告了网络自制内容不再是"粗制滥造"的代表。

4. 网络视听内容反哺电影电视

在视听新媒体发展初期，其内容有一大部分来自传统的电影、电视行业，但随着网络自制内容投资的加大，制作水平的提高，一部分自制内容达到电视播出的水平，并开始反向输出到传统的电影、电视。而长期以来，由网络自制内容原创的品牌内容，其 IP 价值不断提高，成为传统电影、电视 IP 孵化的源头。

（1）自制剧反哺电视

以 2016 年为例，一部分网络自制剧在视频网站播出的同时，被电视台引进并播出。

表5　2016 年网络自制剧反哺电视媒体情况

网络自制剧	制作平台	播出电视台
《老九门》	爱奇艺	东方卫视
《他来了,请闭眼》	搜狐视频	东方卫视
《蜀山战纪之剑侠传奇》	爱奇艺	安徽卫视
《择天记》	腾讯视频	湖南卫视
《暗黑者第三部》	腾讯视频	东方卫视

随着台网互动的增强，网剧与传统电视剧的差异化逐渐缩小，在网剧"小幅试水"成功后，相信 2016 年会有更多的网剧"反哺"电视端，网剧的春天即将到来。

（2）自制节目反哺电视

比起自制剧，网络自制节目反哺电视台的情况更为明显。在电视台节目制播分离常态化的今天，高质量、好口碑的网络自制节目成为电视台不错的选择。

表6　2016 年部分网络自制节目反哺电视媒体情况

网络自制节目	制作平台	播出电视台
《我去上学啦》	爱奇艺	浙江卫视
《我们15 个》	腾讯视频	东方卫视
《爱上超模》	爱奇艺	湖北卫视
《十周嫁出去》	乐视网	安徽卫视
《侣行》	优酷网	旅游卫视

对于视频网站来说，向电视台输出内容是对其内容制作能力的一个肯定，塑造了其优良的品牌形象以及影响力。从台网合作到网台联动，视频网站话语权不断加重，电视媒体与视频网站良好的合作机制，也为未来的深入合作打下坚实基础。内容分发渠道向电视媒体拓展使视频网站增加了在内容制作上获利的可能性，商业模式得到突破，为视听新媒体向产业链纵深发展、生态圈的搭建提供了更多的想象空间。

（3）自制内容 IP 输出

网络视听内容在发展中出现了一些专业化程度高、品牌效应好的精品自制内容。而这些具有价值的 IP 被改编到电视、电影行业，网络视听内容开始走向 IP 输出的新阶段。比如，由搜狐视频的自制剧《屌丝男士》改编的电影《煎饼侠》在影线上映后获得了近 12 亿元的票房，自制剧《万万没想到》的同名电影同样大获成功。安徽卫视播出的电视剧《戴流苏耳环的少女》其实改编自网剧《白衣校花与大长腿》。网络视听内容的创意和品牌向电影、电视行业的延伸，有力地推动了网络视听内容在视听产业中的生态化运营。

5. 商业模式多样，盈利生态健康

视听新媒体产业的收入主要可分为广告部分和非广告部分。非广告部分由二次版权销售、用户增值服务、在线游戏收入业务等构成。2015 年视听新媒体产业的广告收入虽然呈现了递减趋势，但仍然超过 200 亿元。而移动端增值服务等其他类收入的不断增加，构建了视听新媒体产业健康的盈利生态。

（1）培育付费用户

视听新媒体产业在近一年中积极培育向前付费用户，而高质量的网络视听作品成为其增加付费用户的最重要手段。以爱奇艺为例，其在 2016 年初凭借独播剧目《太阳的后裔》的火爆，大大推动了付费用户的增长进程。爱奇艺的付费会员可与韩国观众同步观看更新剧集，普通用户则要延后一周才能观看。除此之外，会员还可以享受下载加速、去除广告等功能。根据爱奇艺公布的数据，截至 2015 年底，该网站的付费会员人数刚突破 1000 万。但仅在《太阳的后裔》热播的不到两个月时间，已有媒体估算称网站会员人数增加了近 500 万。仅会员费一项，这部电视剧就为爱奇艺带来了至少 1.9 亿元的收入。① 而在《太阳的后裔》播出结束之后，爱奇艺又相继推出了《最好的我们》《余罪》等高质量的自制剧目，进一步巩固了其付费用户的增长。

除了影视作品，体育赛事的付费直播范围也逐渐扩大。2016 年 4 月，乐视超级体育会员也正式上线销售。从本赛季中超联赛第十六轮开始，乐视体育每轮将为会员提供至少一场比赛的顶级制作及增值服务，预计到 2018 年实现中超直播全面付费。

而在付费用户的培育中，网络视听内容还通过粉丝经济的形式获利。比如，在腾讯视频的自制节目《我们 15 个》中，用户在购买虚拟货币的前提下，才可以给自己喜欢的选手进行投票，同时一些直播通道也只有在付费情况下才能观看。节目充分利用了观众的粉丝心态，最大限度地挖掘了粉丝的经济价值。

随着网络视听内容质量的提高以及不惜重金对版权的买断，再加之互联网使用群体付费意识增强，主打"内容为王"的视听新媒体产业，付费观看已具备了一定基础并将成为产业收入的重要组成部分。

（2）"视频 + 电商"的盈利模式探索

"视频 + 电商"的盈利模式，可以从"直播 + 电商"和"节目 + 电商"两方面分析。

随着网络视频直播的火爆，以淘宝、蘑菇街等具备电商属性的平台投入的"直播 + 电商"正在崛起。由于服装行业需求大、差异化明显、调性清晰、供应链相对简单的特点，在与直播的结合度上，服装行业是最好的。现在很多网红采取的方法是发一段短视频，来介绍自己店铺的宝贝。在媒体多元化、社交化的过程中，消费者已经从单一的电视消费去中心化，消费者更愿意在视频、电影、社交上花费时间。而"直播 + 电商"的营销模式大大促进了电商盈利的增长。

另外，在网络自制节目中采用的"视频 + 电商"的模式，结合了网络流量与收益的优势，成为视听新媒体盈利方式探索的出口。以爱奇艺的自制节目《爱上超模》为例，节目与京东商城进行合作，超模选手在节目中的穿着装扮均在京东有售，视链技术贯穿播出全程，无缝连接爱奇艺和京东在线销售平

---

① 《〈太阳的后裔〉为爱奇艺撩来 1.9 亿会员费，付费观看，你准备好了吗？》，《工人日报》2016 年 4 月 20 日，http://www.nbd.com.cn/articles/2016 - 04 - 20/999531.html。

台，降低用户跨平台购买成本。

此外视听新媒体一直在与电商的合作中积极探索，比如，奇艺视链、"乐视＋京东"、快播同款标签等功能，用户在观看影视剧时出现商品信息后，可以通过链接进入详细页面，获得更多的商品信息，权衡是否购买，实现"边看边买"，充分挖掘粉丝经济，实现更大的商业价值。

（3）视听内容与游戏共振，拓展产业链

影视与游戏的互动是视听新媒体充分挖掘IP价值的商业模式。自制内容凭借其优质的内容优势吸引了大批的忠实观众，在自制内容IP基础上开发的游戏可以进一步把用户激活，并实现盈利。以电视剧《花千骨》为例，该剧在湖南卫视播出后获得了广泛的关注。随后爱奇艺推出了《花千骨》的衍生网络自制剧《花千骨2015》，进一步提高了这一IP的商业价值。最后，《花千骨》手游的推出，最大限度地打通了影视与游戏的资源，首月手游流水就突破2亿元。目前，将影视剧、节目开发成为网络游戏产品的盈利模式更加流行，已经成为IP开发的普遍运作模式。而随着IP开发的程度逐渐加深，游戏IP改编成电视剧、电影的案例也会慢慢增多。

四 推动跨界融合资本并购频繁

近一年来，视听新媒体产业积极探索跨界合作，通过投资、并购等方式，拓展视听新媒体产业的资本领域，以求实现更大的商业价值。

1. 投资热门行业加深跨界合作

视听新媒体产业通过在体育、影视、智能硬件等朝阳产业的投资并购，拓展视听产业的布局，探索新的产业模式。

（1）投资体育产业

在体育产业的投资中，视听新媒体产业往往砸重金买下竞技类项目的顶级IP和头部赛事，以产业控股的方式构建自己的生态体系。以乐视体育为例，近年来共拿下了英超、中超等17类运动项目的赛事版权；腾讯则拥有了NBA5年的版权；万达体育先后并购了瑞士盈方体育传媒、美国世界铁人公司、入股马德里竞技俱乐部，形成了体育赛事举办、运动员竞技、赛事营销、赛事转播的体育产业链。除了对赛事的俱乐部的投资开发，视听新媒体产业还在产业链下游积极开展彩票、游戏、电商等增值服务，扩展"视听新媒体＋体育"的产业价值。

（2）投资影视产业

近年来，影视产业不断刷新的市场纪录，吸引了视听新媒体产业的战略布局。2015年，互联网企业纷纷成立影视公司，开始涉足影视产业。百度公司成立了电影业务部，加大影视投资的力度，并试图着重发展垂直领域的电影票务。阿里影业将娱乐宝和淘宝电影收购，并携手腾讯入股影视企业。而有着丰富娱乐资源的腾讯视频也成立了腾讯影业与企业影业，利用自己的资源优势开展影视业务服务。

（3）投资VR产业

虚拟现实技术在2015年的火爆同样吸引了视听新媒体产业的专注。为了更好地抢夺VR市场，在未来的竞争中取得领先地位，传媒媒体和商业音视频网站都积极开展了VR产业的战略布局。成立VR技术公司、开发VR产品、上线VR频道等动作，表明了视听新媒体产业在VR市场布局的决心。

比如在2016年两会期间，《光明日报》、光明网两会报道融媒体成员，利用VR技术制作全景视频新闻和委员访谈视频。《光明日报》与光明网的两会报道将VR技术与新闻结缘，其所产生的化学反应——沉浸式全景体验，呈现给用户和受众一种全新的视听观感，将过去平面式的新闻报道提升到新的维度。而VR技术本身，在融媒体新闻作品中也得以升华。

（4）投资智能硬件

2016年7月，阿里巴巴联合华数传媒发布了其第一代电视机顶盒——阿里盒子。而在此之前乐视盒子、PPTV盒子等盒子产品已经存在，这意味着又一互联网巨头布局智能电视领域。而视听新媒体产业涉及智能硬件的领域不仅只有电视盒子，在互联网电视、智能手机、平板电脑等智能硬件产业中都可以看到视听新媒体公司的身影。

五　结语

随着媒介融合的进一步发展，广电媒体正经受着挑战，同时也迎接着历史性的发展机遇。2015～2016年，视听新媒体产业在国家政策的引领下，在传播方式、内容形态、盈利方式、投资方向等方面都呈现了新特点、新气象。日新月异的媒介环境需要我们抓住机遇、应对挑战、更好更快地发展。然而，视听新媒体产业的发展还在路上，仍处在一个十分关键的时期，今后的路程更具挑战性。在国家的大力支持以及广大视听新媒体从业者的共同努力下，我们有理由期待视听新媒体产业的蓬勃发展。

B.22
网络版权保护机制研究*

摘　要： 20世纪以来，网络技术迅猛发展，给我国的版权秩序带了极大冲击。网络版权保护日益成为国家版权保护工作的重点。本文作者总结近十年来的版权保护工作经验，从完善法律法规、加强行政保护、促进刑事保护、推进社会保护、提升技术保护能力五方面进行研究分析。为形成一套行之有效的网络版权保护机制提供有益的借鉴。

关键词： 版权　网络版权　版权保护

时至今日，国际著作权制度经历了300多年的发展变革。随着我国社会、经济的快速发展，著作权保护制度也获得了飞速发展。著作权法已经成为一项密切关系到人们经济、社会、文化生活的基本法律制度。我国现行的著作权保护体制，是指国家依据著作权法、侵权责任法以及民法等相关法律法规所设定的一系列保护制度的总和，主要包括司法保护和行政保护两大部分。

1990年，我国制定了第一部著作权法——《中华人民共和国著作权法》及其实施条例，并于1991年6月开始施行。此后十几年来，我国的著作权法律制度不断确立和完善。1992年10月，"伯尔尼公约"和"世界版权公约"在我国生效。到目前，我国已经加入世界知识产权组织、联合国教科文组织和世界贸易组织管理的所有主要的国际版权公约。2001年10月，我国对著作权法进行了第一次修订。2010年2月，又进行了第二次修订。此后，又陆续制定了《计算机软件保护条例》、《信息网络传播权保护条例》和《著作权行政处罚实施办法》等一系列行政法规和部门规章，一个具有中国特色的著作权

---

* 本报告根据北京市新闻出版研究中心调研类课题"网络版权保护新机制研究"编撰。

保护体系基本形成。

20 世纪以来，网络技术迅猛发展，以互联网为代表的信息网络的普及和应用已经触及社会生活的各个角落。著作权法列举的几乎所有类型的作品，都可以通过数字化的方式传播。近两年我国版权行政执法部门查处的版权侵权案件和全国法院受理的版权诉讼案件中，80% 以上的为网络版权案件。这反映了网络版权保护已经日益成为国家版权保护的重中之重。如何应对信息时代的客观要求，构建适应网络版权保护的新机制，已成为立法机关、司法机关和版权行政部门共同面对的重要课题。

本文的侧重点是从行政监管的视角出发，探讨适应网络版权保护客观要求的新思路和新方法，为构建网络版权保护机制提供有益的借鉴。

一　网络版权保护的现状和面临的问题

在现代信息网络中，作品是以数字化方式存储和传播的。这种传播以海量作品为背景，以海量参与者为对象，参与者既是发布者又是接收者。网络内容提供者只要把作品上传到一个公开网址上，就达到传统复制所达到的效果。同时，只要这个网址公众可以自由登录、浏览，就达到传统发行的目的。在这里，作品的复制和传播在时间和空间上已经融为一体。它不仅具有传统的大众传播（一对多）和人际传播（一对一）的属性，并进而形成一种开放式的多对多的网状传播结构，衍生出与传统传播方式明显不同的特点。

首先，数字化技术和设备的普及应用，让作品的复制、传播简单而快捷，边际成本几乎趋近于零。操作的简捷和成本的降低，使人人都可以方便地参与复制和传播作品。因而也为侵权盗版行为提供了广阔空间。

其次，开放式的网状传播结构使人们可以在任何时间、任何地点方便而迅捷地上传、获得作品。而作品一旦进入网络，其后续传播过程则难于进行有效控制。权利人无法再通过复制发行渠道控制作品的传播，以保障自己的合法权益。

最后，网络环境虚拟和匿名的特点模糊了作品的权利属性，掩盖了合法传播和非法传播的界限，冲淡了作品授权使用的基本观念。权利人不仅难于及时发现和证明侵权行为的存在，更难于计量侵权行为给自己造成的损失。传统的侵权行为通常表现为一对一的明确、具体的权利人与侵权人之间的对应关系。但网络侵权行为涉及大量一对多、多对多等复杂多变的法律关系，使维权难度和成本不断加大。

现代信息网络的这些新特点，对我们传统的著作权保护体制形成了巨大的冲击和严重的挑战。

进入 21 世纪以来，我国的网络版权保护形势一度十分严峻。未经许可，复制、传播他人作品（表演和录音录像制品）的情况曾经成为一种非常普遍的现象。音乐行业的"一听音乐网案件"，视频行业的"天线视频网"和"悠视网"案件，文字行业的"百度文库事件"，都是上述情形的典型案例。

2010 年以来，随着存储和传输技术的快速发展，一些新的侵权形式产生了。其中，利用客户端播放器向公众非法提供他人作品就是一种典型的案例类型。这些客户端播放器不再采用传统的网站分发内容的模式，而是将数据传输技术、解码技术集成到一个客户端播放器，以搜索链接、P2P 共享等名义，向用户提供他人作品。其中比较有代表性的是快播播放器和百度影音播放器。

随着移动互联网的快速发展，移动端 APP 出现的侵权活动的情况已呈明显的上升之势。鉴于移动端互联网的发展特性，移动端互联网经营更讲求用户和粉丝经济，一款 APP 能否在短时间内集聚大量用户成为这款 APP 的生命线。同时，现阶段涉及移动端的司法救济和行政监管程度远不如 PC 端。这就造成当前移动 APP 领域存在大量抄袭、非法使用和非法提供他人作品的情况。

近年来，随着网络技术的快速发展和信息量的迅猛增长，云计算、云存储已经成为人们的一种现实的选择。在这种背景下，各种云平台应运而生。根据对几个主要云平台的监测发现，云平台中涉嫌侵权作品类型广泛，数量巨大。过去在网站间形成的侵权盗版行为在云平台日益泛滥。从影视剧到音乐，从图片到文字，应有尽有。一些云平台已经日益沦为侵权盗版活动新的重灾区。

最近两年，网络直播作为一种新的信息传播方式深受年轻人的追捧。目前，中国在线直播平台接近 200 家，用户达到 2 亿人，市场规模达到约 90 亿元。这种新兴行业的快速发展必然会对现有的著作权保护体系带来严重的冲击。以赢利为目的，未经许可传播、使用他人作品的情况已经在网络直播行业成为普遍现象，应该引起我们足够的重视。

为了有效遏制这些侵权行为，2006 年以来，国家版权局联合公安部、工信部连续十年开展了"打击网络侵权盗版专项行动"。2010年以来，国务院亦直接组织了"打击侵犯知识产权和制售假冒伪劣商品专项行动"。这些专项治理行动的开展，有力地打击了网络侵权盗版活动，有效地遏制了大规模、群体性侵权事件的发生的势头，使我国的网络版权保护形势明显改观。结合这十年专项行动和日常监管实践中积累的网络版权监管及办案经验，我们将从著作权立法、行政保护、两法衔接、社会保护、技术保护五个方面进行梳理和研究，提出构建我国网络版权保护新机制的意见和建议。

二 完善著作权法律体系，夯实网络版权保护的基础

构建网络版权保护的新机制，首先要进一步调整和完善网络版权保护的法律规范，解决有法可依的问题。原有的著作权法律体系基本上是互联网时代前的产物，几乎所有法律规范都是为传统作品及权利样式量身定制的。当我们运用这些法律规范来实施网络版权保护时发现，很多新型案件都难于找到可以准确适用的法律规范。

自20世纪末以来，面对这些新情况和新问题，世界各国都在积极探索网络版权保护的新思路和新机制。1998年，作为互联网发源地和版权大国的美国率先推出美国数字千年版权法案。之后，日本和一些欧洲国家也相继开展了数字版权保护的立法。2001年，我国著作权法第一次修订时，明确了信息网络传播权的概念。2006年，根据著作权法的授权，借鉴美国数字千年版权法的思路，我国制定了第一部网络版权保护的行政法规——《信息网络传播权保护条例》。2011年下半年，我国也正式启动对著作权法进行全面修订的调研工作。我们认为，此次著作权法修订，至少要解决几个涉及网络版权保护的主要问题。

1. 强化作品登记和备案制度，完善自动保护原则

我国著作权法对著作权实行自动保护制度。即作品一旦创作产生，不管发表或登记与否，均享有著作权。在这种制度下，原始权利的产生未经法律程序确认，导致权属不甚清晰，较易形成版权纠纷。作为一种配套和弥补措施，国家版权局于1994年颁布了《作品自愿登记办法》，建立了作品自愿登记制度。但由于自愿登记并不是法律确认程序，只是一种权利的初步证明，因此无法起

到证明原始权利、厘清权属关系、减少或避免版权纠纷、最大限度地保护权利人合法权益的作用。

实行登记保护固然可以更有效地保护权利人的合法权益。但由于确认难度大，社会成本高，目前大多数国家还是没有采用登记保护制度。但有些国家，如美国，采用了一种自动保护和登记保护相结合的制度，在这方面的经验值得我们借鉴。

美国《联邦版权法》虽然实行自动保护制度，但同时实行版权登记制度。把版权登记作为主张权利的前提。未经登记的作品不能提起版权诉讼并获得司法保护。这是一种务实且有效的做法。因此，我们主张借鉴美国的做法，在我国著作权法中规定版权登记制度。对原始权利和许可使用、转让权力实施登记，将有效地厘清版权原始权利和流转状态，对促进版权信息资源共享、预防版权纠纷、保护权利人合法权益、维护版权交易正常秩序都具有重要意义。

2. 科学划分著作权的财产权利种类，把网络版权保护融入著作权法律体系

我国 1990 年制定的著作权法将财产或经济权利统称为"使用权和获得报酬权"。2001 年第一次修订的著作权法把"使用权和获得报酬权"细分为 13 个类别。其中包括新增加的信息网络传播权。但鉴于著作权法中并没有保护这项权利的制度设计，当时只能授权国务院另行制定行政法规予以保护。为了适应网络环境下版权规范、监管的客观要求，2006 年国务院在制定《信息网络传播权保护条例》时，必然吸收了一些国际上通行的经验和做法。在著作权法律体系没有改变的情况下，网络版权保护客观上成为一个游离于著作权保护体系之外的独立规范，从而影响了网络版权保护的有效实施。

从我国近十年来的网络版权保护实践来看，把信息网络传播权单列保护的做法弊大于利。首先，信息网络传播权是信息网络时代产生的一种新型权利，不能直接适用著作权法原有的保护规范。如果重新制定一套规范，势必和著作权法母体发生脱节，影响整个版权保护制度的实施。另外，信息网络传播权和广播权、放映权等其他公开传播权本身就存在竞合与交叉，没有必要再另起炉灶。因此，我们建议，此次著作权法修订，应当从研究传统权利在网络环境中适用的角度出发，顺应国家推动的三网合一规划，重组著作权法原来的财产权划分，重新设定每种权利的控制范围，并设立统一的，包括网络传播权、广播权等在内的更大的网络传播权种类。在著作权法框架内统一设置保护规范。取

消现行的《信息网络传播权保护条例》。

3. 完善"避风港"原则，明确网络服务提供者的法律责任，增列禁止规范

进入 21 世纪，资源分享模式逐渐普及到整个信息网络，一批专门以音乐、视频和图文资源分享为主要经营模式的网站开始出现。综合性门户网站和大中型专业网站也都开设了形式多样的资源分享空间。这种形式是一种网站为用户提供信息存储空间和发布平台，供用户上传、浏览、下载作品的网络经营模式。

"避风港"原则援自美国数字千年版权法案。其基本理念是在实施网络版权保护时，为网络服务提供者提供一种有条件的免责空间，以避免网络服务提供者因提供网络技术服务而承担法律责任。按照我国《信息网络传播权保护条例》的规定，提供自动传输、自动存储服务的基础网络运营商（ISP），在符合法定条件的情况下提供技术服务，即不承担赔偿责任。提供信息存储空间和搜索、链接服务的网络服务提供者，在符合法定条件情况下提供技术服务时，还应当同时履行通知和移除义务，即根据权利人的通知，及时删除用户上传的侵权信息或断开指向侵权信息的链接。即可不承担赔偿责任。

由于社会发展水平、版权保护环境和权利人维权意识等方面的差异，"避风港"原则在美国实施以后，基本上实现了合理保护网络版权的立法初衷，兼顾了权利人和网络企业的合理诉求。而在我国，一些资源分享网站以无偿占有大量版权资源为目的，鼓励甚至纵容用户上传他人作品，并误读、滥用"避风港"原则，以没有对上传作品进行审查的法定义务为由，回避"避风港"原则规定的"应知或者明知"的免责条件，并不断引发大规模、群体性侵权事件。在这种情况下，我们就调整、完善"避风港"原则提出几点意见。

首先，明确设定"红旗"原则，规定网络服务提供者的合理注意义务。信息网络是一个开放、交互式的互动平台。许多源于用户的侵权行为都表现在这个平台上。没有网络服务提供者的配合和支持，将很难控制和制止这些侵权行为。通过设定"红旗"原则可以明确网络服务提供者"应知和明知"的情形。在一定情况下可以转化为网络服务提供者"应知或明知"的主观故意行为，从而使其因触犯"红旗"原则承担相应的法律责任。

其次，设定三振出局规则，有效保护权利人的合法权益。三振出局原是棒球运动中的一个术语，近年来在国际上被移植到反维权领域。即网络服务提供者根据权利人的通知，应当移除用户上传或要求链接的涉嫌侵权的信息。权利

人的通知以两次为限。如果权利人第三次告知网络服务提供者该用户侵权，那么网络服务提供者应当终止与该用户间的服务协议，停止为其提供服务。网络服务提供者如果没有按上述要求停止服务，则应当承担帮助侵权的责任。尽管三振出局立法在国际上颇具争议，其法律实施的效果还有待于进一步发展、完善，但从我国的基本情况出发，实行三振出局的规定，能有效维护网络版权交易的正常秩序。

再次，《信息网络传播权保护条例》的"避风港"规定，采用了美国版权法的免责表述方式，这至少是"避风港"规定在实施中引发误读的一个重要原因。"避风港"规定的本来意义应该是，除了符合"避风港"规定的免责条件外，在未经许可情况下使用他人作品均应承担侵权责任。但该规定的执行却常常被一些人有意无意地理解为，只要不违反"避风港"规定的免责条件，使用作品就不需要承担任何侵权责任。因此，我们建议，下次著作权法修订，一定要采用我国立法常用的归责加例外的方式，把网络侵权行为融入著作权法规定的侵权行为中。明确哪些行为是侵权行为，除法律另有规定的情形外，应当承担侵权责任。避免因立法语言表述方式所带来的不必要的误解和困扰。

最后，将下列行为列为禁止规范：网站未经许可，直接上传他人作品的行为；在用户上传作品中发布广告的行为；默许经常性上传他人作品用户存在，或以用户名义上传他人作品的行为；提供信息存储空间和搜索、链接服务的网络服务提供者不履行通知移除义务等。

4. 提高法定赔偿和行政处罚上限，明确公共利益界定标准，强化行政执法

1990 年我国制定著作权法时，鉴于当时社会发展水平的限制，法定赔偿标准和行政处罚上限都定得比较低。法定赔偿标准实行"添平"原则。即以权利人实际损失和侵权人的违法获利作为赔偿标准。实际损失难以计算的，法院可以酌情判决 50 万元以下赔偿。行政处罚罚款的额度是违法经营额 3 倍以下或者 10 万元以下罚款。但随着我国经济持续稳定的高增长，这样的标准已经不能适应信息网络时代版权保护的需要。过低的赔偿标准和罚款额度使违法成本越来越低，不能发挥遏制侵权盗版行为的警示作用。建议在此次修订著作权法时，提高赔偿标准和罚款额度。只有使违法者因侵权行为付出高昂的代价，才能有效遏制侵权行为的发生。

2001 年我国第一次修改著作权法时，把"同时损害公共利益"列为实施

著作权行政处罚的要件之一。但由于实施著作权行政处罚情况非常复杂，在法律法规没有明确界定什么是公共利益的情况下，使版权行政执法部门在查处版权侵权案件过程中处于两难的境地，影响了著作权行政处罚的有效实施。因此，此次修订著作权法，应当列举出涉及公共利益的一些主要情形，以方便行政执法部门的贯彻执行。如可以列举出涉外案件、群体性侵权案、涉及产业发展秩序的重大案件等。

5. 创新网络环境下授权使用的新机制

按照传统的版权理论，版权的合法使用有合理使用、法定使用、授权使用和转让三种基本情形。当世界进入信息网络时代，面对信息爆炸性的增长和开放的网络传播环境，人们不得不重新审视原有使用方式的利弊得失，尤其是如何创新授权使用方式，以适应网络版权合法使用的客观要求。从我国网络版权保护实际出发，我们在此提出几点建议。

首先，调整、完善著作权法的合理使用范围。如报刊广播电视转载、教学科研及执行公务需要等规定；强调限制商业性使用的原则，修订一些定义不清、可能造成无法控制后果的规定，如汉文翻译成少数民族文字，制作盲文书籍等，扩大限制和保护范围。同时，适应网络传播的特点，将网络版权使用的情形纳入合理使用范围，扩大合理使用的范围，以促进作品的传播。对直接在网络上产生的如微博、UGC 作品等。只有在权利人事先声明不得转播的情况下才予以限制和保护。要增加鼓励权利人主动向社会贡献作品的规定，规定权利人可以事先声明允许转载作品。扩大权利人声明的范围。

其次，适当扩大网络版权法定使用的范围，把一些原来放在合理使用范围内的情况调整到法定使用范围。如汉文翻译成少数民族文字，制作盲文书籍等。允许国家认定的少数公益性图书馆、档案馆、博物馆、艺术馆等将馆藏作品进行复制和传播。

再次，加强著作权集体管理组织和其他权利人组织的作用，鼓励权利人通过著作权集体管理组织和其他权利人组织实施作品授权、开展维权、收转稿酬等活动。

最后，著作权法要突出合同优先原则，鼓励某类著作权集体管理组织和其他权利人组织与网络企业进行版权合作，试行流量分成和广告分成等新的合作模式。

三 加强版权行政保护，构建行政保护和司法保护相结合的版权保护体制

行政保护和司法保护相结合的版权保护体制，是我国1990年制定著作权法时确立的一个重要原则。以我国目前的司法资源现状，尚难以适应全部版权保护的需求。因此，行政保护在相当长的一个时期内还需要进一步加强，不能削弱。

1. 进一步加大行政处罚力度，有效遏制网络侵权盗版行为

行政处罚是版权行政保护的核心环节。著作权法颁布实施以来的执法实践告诉我们，对侵权盗版行为及时予以行政处罚，是遏制侵权盗版行为的一种便捷、有效的行政保护措施。近几年来，全国版权行政部门实施著作权行政处罚平均每年千起左右，这对遏制侵权盗版行为、保护权利人的合法权益、维护版权市场的正常秩序都发挥了极为重要的作用。尤其版权行政部门对一系列重大侵权行为予以行政处罚，引起了较大的社会反响，对有效规范网络版权使用行为产生了重大的影响，如百度文库、百度视频和快播播放器等案件。监测结果表明，这些行政处罚实施后，大批涉及侵权的网站已经停止运营或主动删除侵权作品。网络音乐、视频版权状况有了极大的改观。但同时，由于种种历史原因，我们并没有把这种行政监管手段的优势充分发挥出来。审视近年来我国版权执法的实践经验，有几个主要问题需要尽快解决。

首先，要解决行政执法力量不足的问题。机构人员不足是制约版权行政执法力度加大的一个重要因素。由于国家版权局长期以来一直和新闻出版总署合署办公，在国家一级的主要版权监管部门只有一个版权管理司和几十名专职人员。在省一级版权局，大部分也是和新闻出版局合署办公。北京市版权局机构和人员最多，目前设有一个处和两个中心。版权局加上文化执法总队涉及版权执法的部门，一共也就几十人。天津、上海、重庆和广东，版权局加上文化执法总队涉及版权执法的部门，大约各有十几人。其他各省份的版权局大部分只有一个处，专职人员三人左右。个别省份甚至没有设立专门的版权处。另外，一些省级和中心城市的文化执法部门虽然被赋予版权执法职能，但版权执法能力薄弱，难于承担专业版权执法的职能。根据以上估算，中国的版权行政专业

监管人员在几百人，还没有中国香港地区的知识产权执法人员多。近几年来，我们设立了 12390、12312、12318 等多个全国和省一级的举报投诉受理电话。每年都受理大量涉及版权侵权的举报和投诉。但最终予以行政处罚的案件数量大概不足 20%。其中一个重要原因，是大批投诉举报积压在版权行政执法部门没有力量查处。因此，增加机构和人员编制是加大版权行政执法力度的当务之急。

其次，要解决版权监管体制问题。版权行政部门和新闻出版行政部门合署办公是一个历史遗留问题。在新的历史条件下，把维护私权和维护公权的两种监管任务放在一个部门里实施，无论是从立法还是法律实施层面看，都已经不合时宜。国家应该成立专门的知识产权总局，统一实施包括版权行政执法在内的知识产权保护事宜。

最后，鉴于版权行政部门和新闻出版部门一直合署办公，2005 年国家在文化执法体制改革过程中，把版权执法也纳入文化综合执法体制。由于著作权法是一套以国际条约为基础的法律体系，专业性强、涉外案件多、国际化程度高。其法律基础、执法理念和运行机制都与文化执法有明显的不同。而且，著作权的客体（作品）涵盖社会生活各个领域，版权保护范围并不仅限于文化市场。这种体制的施行，在客观上降低了版权行政执法的力度，阻碍了我国版权保护水平的进一步提升。因此，我们认为，应把版权行政执法从文化综合执法体系中分离出来。

2. 进一步加大著作权调解力度，有效化解著作权纠纷

为了推动建立覆盖全社会的大调解体系，最高人民法院于 2009 年和 2010 年连续发布两个文件，要求在全国范围内建立"诉讼和非诉讼相衔接的矛盾纠纷解决机制"，形成"人民调解、行政调解、司法调解三位一体的调解体系"，贯彻"调解优先，调判结合的工作原则"，积极支持行政部门、社团组织、行业协会和企事业单位开展民事调解活动，以缓解司法资源的压力，通过非诉方式化解矛盾纠纷，保护人民群众的合法权益，维护社会的和谐稳定。

近年来，著作权纠纷的数量呈持续上升的态势，但司法资源却相对紧张，社会上还存在大量没有通过诉讼解决的著作权纠纷。这些矛盾纠纷如果无法有效化解，将严重影响社会的和谐、稳定。在这种背景下，加强著作权纠纷调解，通过非诉方式化解著作权纠纷，维护权利人的合法权益，对于缓解司法资

源的压力、维护社会稳定都具有重要的意义。国家版权局近几年来一直推动各地加大著作权调解工作的力度，建立著作权调解体系。近几年来，上海、浙江、北京等省份都相继成立了省一级著作权调解中心。我们认为，在这个基础上，各级版权行政部门应当加大对著作权调解工作的投入和工作力度，着力做好两方面的工作。

首先，实现著作权调解工作的常态化。组织、协调专门人员，建立专门机构受理社会调解申请，开展著作权行政调解业务。北京市版权局早在21世纪初就成立了专门的版权调解处，专司版权调解职能。每年平均调解著作权纠纷案件40~50起，基本和行政处罚的数量相当。后来虽因机构人员紧张，撤销了版权调解处，但调解工作一直持续进行，每年仍可调解10~20起案件。2011年，北京市版权局和北京市高法达成协议，建立了著作权调解工作联席会议制度，统一组织协调北京地区的著作权调解工作，并授权北京版权调解中心参与承担一部分法院受理的著作权诉讼案件的诉前调解。这一举措既推动了著作权行政调解工作，又缓解了法院的审理压力。2013年首都版权产业联盟成立以后，即承担了著作权调解中心的工作，并努力开展著作权民事调解业务。这种把行政调解和民事调解有机结合的尝试，值得研究和借鉴。

另外，版权行政部门应当着眼涉及产业格局、行业关系的重大著作权纠纷案件，规范产业发展模式。近年来，随着信息网络的飞速发展，网络版权纠纷激增。像深度链接、数字出版、数字图书馆、视频分享、网络音乐、P2P传播等领域涉及的纠纷，已经不再是某个权利人权益，而是新兴行业和传统行业之间、不同的经营方式之间的矛盾和竞争。面对这种新型的版权纠纷，简单使用原有的行政和司法保护手段，已经很难有效地解决问题。通过调解推动行业和解共生，走合作发展之路的重要性，已经日益显现出来。

3. 进一步加强多部门联动，强化行政监管，维护网络版权市场的正常秩序

自2006年以来，北京市版权局在国家版权局的支持下，大力推行版权护航工程。这个工程主要包括了重点企业版权保护制度、对网络企业实行主动监管制度、网络企业违规约谈制度、及时发布政策指导文件、清理网络侵权信息的快速反应机制等行政监管措施。实践证明，这些措施体现了政府的服务职能，融洽了政府和企业的关系，更易于被企业接受，对于促进网络企业贯彻著作权法律法规、规范网络传播秩序、推动企业自律管理都具有十分重要的作

用。其中一些做法值得推广和借鉴。

首先是建立对网络企业的主动监管制度。自 2010 年以来，国家版权局开始建立主动监管制度。对大型门户和专业网站版权使用状况进行跟踪监测、评估。指导思想是规范网络龙头企业和主流企业，以此带动整个行业依法使用版权。为了配合国家版权局的主动监管制度，北京市版权局把他们原来实行的企业违规约谈制度和版权声明制度结合起来，形成了一套行之有效的监管措施。主要做法是，通过网络版权信息监控平台对列入监管对象的网站实施跟踪监测，并对网站的版权状况进行评估。在此基础上，通过工作会议或个别约谈的方式与企业进行沟通，帮助企业制定整改措施并督促其实施。对版权状况良好的企业予以表扬和鼓励。同时，鼓励网站把自己获得授权使用及转让的权利声明公示，以求获得更有力的保护。目前，国家版权局在实施主动监管时，要求企业上报自己获得授权使用及转让的权利证明文件，并建立正版资源数据库。而北京市版权局则采取了鼓励网站自愿发表权利声明的方式。两者虽然都要达到了解网站合法拥有版权资源的情况的目的，但前者带有一定的行政强制色彩且没有后续保护措施；而后者则是一种自觉自愿的监管方式，且带有后续保护措施。建议国家版权局最好也采用这种比较人性化的监管措施，可以把版权声明制度推广到全国，建立统一的版权资源信息库。

其次，对被举报、投诉网站实施定向监测。对其整体版权状况进行分析评估，并采集涉嫌侵权的证据材料。然后约谈该网站，调查涉嫌侵权事实，要求其指定整改措施。对经两次约谈仍未改正侵权行为的，视其情节分别移送行政执法机关或司法机关追究法律责任。

再次，借鉴奥运经验，建立清除含有侵权信息的小网站的快速反应机制。互联网上存在大量未经 ICP 登记从事互联网经营活动和未经广电部门许可从事互联网视听节目传播活动的网站。在搜索引擎的作用下，它们的传播效应被快速放大，从而成为网络音乐、视频侵权盗版行为的一个重灾区。为了及时清理这类网站的违法经营行为，北京版权局借鉴奥运会期间清理侵权转播的经验，于 2010 年 8 月与北京市广播电视局和通讯管理局联合发起了定期清理违法网站的行动。针对未经 ICP 登记从事互联网经营活动、未经许可从事互联网视听节目传播及含有侵权信息行为的个人网站。三家政府部门使用统一的网络监测平台进行监测、汇总，经过警示继续从事违法经营活动的上述网站将被依法及时关闭。2015 年，国家版权局开始对北京的经验进行调研，目前正在筹备联合国家通讯管理局建立快速反应机制，把这个机制推广到全国实施，以起到快速净化网络版权环境的作用。

另外，我们还应加强相关部门的合作，共同净化网络环境。目前，我国对互联网内容的管控越来越严格，互联网协会的不良信息举报中心、国家网信办的 12377 举报中心，全国扫黄办的投诉举报中心都是常态化的针对互联网内容的举报中心，同时国家还会辅以一些专项行动来清理、规范互联网内容，如净网行动等。当前，网络版权监测已经作为主要的版权保护技术手段被广泛应用。在监测过程中我们发现，提供侵权内容的网站或应用程序或多或少地都会提供色情、血腥暴力和国家不允许传播的其他内容，甚至在提供内容时植入木马程序来侵害网民权益。我们认为，版权保护部门如果能够和上述这些部门建立稳定的联系，实现信息共享，将大大提高我国的互联网管理工作的效率，净化网络。

最后，适时制定行政性指导措施，为网络版权保护提供阶段性依据，为版权立法积累经验。立法相对滞后，是社会发展的一个规律。随着网络技术的飞速发展和网络产业爆炸式增长，国家立法的速度很难跟上这种发展步伐。我国目前实行的是行政保护和司法保护相结合的版权保护体制。我们应该发挥这种体制的优势，适时制定一些阶段性的行政保护措施，以解决网络版权保护面临的现实难题，并为版权立法积累经验。

四 进一步探索著作权法和刑法的衔接机制，加强涉嫌犯罪案件移送管理，推进刑事司法保护水平的不断提升

从 1991 年著作权法施行后十几年的实践来看，我国著作权刑事司法保护力度明显偏弱。根据统计，在版权行政部门立案，符合著作权法第四十八条规定的侵权案件中，被追究刑事责任的不足 1%。客观地说，在我国依法推进版权保护的初期阶段，出现这种刑事司法保护偏弱的情况，有其历史的必然性。但是，我们也应该清醒地看到，仅有行政处罚手段是远远不够的。我们必须更多地使用比较严厉的刑事处罚手段，这样才能足以震慑日益蔓延的侵权盗版行

为，实施行之有效的版权保护。因此，进一步加大刑事司法保护力度，是我国今后一个时期版权保护工作的重点突破方向。要实现这个目标，除了应当解决立法层面的问题外，还需解决以下几个实务问题。

1. 版权行政部门应当为著作权刑事处罚提供案源和专业支持

由于我国著作权刑事司法保护尚处于起步阶段，公安机关和检察机关对办理著作权侵权案件缺少准备。在没有专门机构和专业人员的情况下，他们极少主动介入侦办著作权案件。近几年全国的著作权刑事处罚案件大都是由版权行政部门移送。

为了推进著作权刑事司法保护，国家版权局和北京版权局从 2006 年全国第一次开展"打击网络侵权盗版专项行动"开始，每年都选择 1~2 个具有代表性的涉嫌侵犯著作权犯罪的案件移送司法机关追究刑事责任。协助司法机关查处了一批重大的网络著作权刑事犯罪案件。其中包括"007 私服外挂侵权案""金互动公司虚假授权案""hssshopping. com 网站销售侵权音像制品案""天线视频网站侵权案""快播播放器侵权案"等。上述案件都是在一定时期国内外反响强烈、具有典型性和代表性的重大案件，而且大多是在某个领域里第一起成功追究刑事责任的网络侵权案件，在全国具有较强的示范意义。这些案件和全国历次专项行动中成功追究刑事责任的网络侵权案件，把中国版权刑事司法保护水平推进到一个新的历史阶段，获得了中外权利人的认可和国际社会的广泛赞誉。这些案件的成功查处，不仅使我国网络版权管理秩序明显改观，也使司法机关办理网络侵权犯罪案件这类新型案件的能力获得了显著的提升，并培养了一大批熟悉版权业务，了解网络技术的专门司法人才，从而为进一步加强我国网络版权刑事司法保护能力奠定了坚实的基础。

2. 充分发挥我国行政保护和司法保护相结合的体制优势，建立司法机关和版权行政部门的联动机制

近几年来，全国版权行政部门配合司法机关侦破的一系列大案要案，都是比较成功的案例。在这些案件中，司法机关和版权行政部门紧密配合，版权行政部门从移送案件开始，全程支持、配合司法机关的侦办工作；司法机关可以自受侵权案件，提前介入重大案的调查。依法应当追究刑事责任的，由司法机关追究刑事责任；依法应当予以行政处罚的，由版权行政部门行政处罚。版权行政部门和司法机关各司其职，密切配合，创造了许多值得总结的宝贵经验。

另外，随着国家知识产权保护要求不断加大，公检法机关均应加快调整内部专业分工，设立专门的知识产权机构，培养一批专业水准的侦查、检察和审判人员，为实现版权保护体制从以行政保护为主逐步向以司法保护为主过渡奠定坚实的基础。目前，经侦部门和网监部门也开始介入知识产权案件。2014年，北京市正式设立知识产权法，三审合一制度已经呼之欲出。这是一个很好的开端。

五　全面推进社会保护，形成网络版权保护的自律机制

版权保护是一项系统工程。它涉及权利人、网络传播者、社会公众之间的复杂关系和利益平衡。仅靠司法保护或行政监管是远远不够的。国家应当采取司法、行政、社会和技术管理的综合措施，有效保护网络版权，实现权利人、网络传播者、社会公众之间利益的动态平衡。根据我国版权保护的实际情况，版权行政部门当前应当努力推动以下几个重点的工作。

1. 发挥权利人及其组织的作用，进一步提高自我维权意识

著作权作为一种因智力劳动而产生的权利，其客体涵盖社会生活各个领域，权利人生活在社会各个阶层。尽管法律设定了救济渠道，但所有的权利人完全靠自身力量去维权，难度很大，尤其是在信息网络环境下更是如此。根据发达国家的经验，权利人组织和相关行业协会在依法维权方面发挥着十分重要的作用，它们发挥的作用是政府部门和司法机关都无法替代的。同时，强大的权利人组织和行业协会的存在，也形成了一种对国家机关强有力的异体监督作用。像美国电影协会、美国出版商协会、国际唱片业协会、商业软件联盟等行业协会和权利人组织，它们不仅在维护行业和权利人合法权益、市场维护监督和行业自律方面发挥着强有力的作用，在行业立法甚至国际公约的制定方面也有着不可忽视的重要影响力。而我国版权保护体制中最薄弱的环节，就是权利人自我维权的意识不强，权利人组织在维权方面的作用不强。

目前，我国涉及版权的领域也有一批权利人组织和行业协会，但由于历史的原因，我国的这些社团组织的主要职能大多是政府管理职能的延伸，缺少社团组织应当具有的独立性。今后一个时期，我们应当把进一步健全、完善权利

人组织和行业协会，努力培育、发挥它们在维护行业权益和秩序方面的作用，作为构筑我国版权保护体制的一项重要工作来推动。政府要把一部分社会管理职能逐步转移到行业协会和权利人组织内。充分发挥这些社团组织在自律管理和维权方面的功能，逐步培育它们的社会影响力。同时，通过立法明确和完善行业协会和权利人组织的具体职能、组织原则和工作程序，使它们从政府的附属机构转变为真正独立的社团法人，成为行业、权利人与政府联系的桥梁和国家版权保护的支柱。

2. 进一步发挥行业协会等社团的协调组织作用，提高网络企业自律管理水平

在信息网络环境下，各类网络企业是作品传播的主要承担者。如果这些企业能够认真履行版权法律、法规，实行严格的自律管理，我国的版权保护形势就会大大改观。但国内外的经验告诉我们，企业的自律管理一般都是通过行业协会的持续作用而逐渐形成的。国外一些发达国家，行业协会在推进企业自律管理方面发挥着十分重要的作用。这是因为，作为行业的代表，它们不仅关注维护本行业的合法权益，同时也十分关注维护行业的生存和发展。在有些国家，行业协会的作用往往大于政府的作用。

目前，我国也有一批行业和专业协会等社团组织，如互联网协会等。但和权利人组织的情况差不多。因为缺少独立性和内在动力，所以，推动行业自律方面缺少必要的积极性和权威性。

3. 进一步加大普法宣传力度，提高公众的版权保护意识，使其自觉抵制侵权盗版行为

网络版权使用状况和保护体制是每个国家的社会发展状况的产物。在社会发展水平较低的国家实施版权保护要困难得多。但这不意味着发展中国家就不能保护版权。不断提高公众的版权意识，使其自觉抵制侵权盗版行为，始终是版权普法宣传的基本目标。版权普法宣传要始终坚持三个原则，即作者有回报、网站有盈利、公众有内容可看。

鉴于互联网传入我国时的基本国情，网络企业一开始不得不采用免费收看为主要经营方式，而靠广告维持生存和发展。随着我国的经济的发展，GDP已经突破人均5000美元，实现网络收费经营的客观条件正在逐渐成熟。因此，我们要进一步加大版权法律、法规的普及宣传力度，采用宣传材料、媒体、论坛、讲座、广告等多样的宣传、普法形式，向公众灌输"谁使用谁付费"的

观念。提倡自觉抵制盗版、使用正版的良好社会风气。不实行收费经营，网络经营就无以为继，网络企业推进收费使用需要社会环境的配合，政府的普法宣传、教育也必然以网络合理的经营方式为基础。两者之间是共生关系。

六　努力推进技术保护措施，提高网络版权保护的有效性

1. 适应网络版权保护的需要，建设网络版权信息监控平台，不断提升版权行政部门的监管能力

信息网络是建立在计算机和通信技术基础上的高科技产业。面对数字化高速传播和信息量爆炸式增长的监管需求，政府原有的监管方式和手段大多已经失效。转变监管方式，提升监管手段势在必行。没有现代化的监管手段，就无法对现代网络企业实施有效监管。从我国目前版权监管的实际需要出发，像北京、上海、浙江、广东等网络发达、网络企业比较集中的地区，应该建立网络版权信息监控平台。关键是，版权行政部门应当统一组织、协调监测平台的开发建设。从而达到以最小的投入覆盖全网的监控需求。北京的做法是，把网络版权监测职能委托首都版权产业联盟的北京网络版权监测中心实施。政府提出目标任务，购买信息服务。企业用自己的技术平台为政府提供服务，效果很好。几年来，北京网络版权监测中心为各级版权和网络行政部门提供了大量翔实、准确的第一手数据，已经成为全国监测覆盖面最广、提供信息质量最好的网络版权监测机构之一。

2. 建立网络侵权信息预警和通知代理机制，通知移除规定落到实处

通知移除是《信息网络传播权保护条例》规定的一项权利人自我保护的措施，即对提供信息存储空间或者搜索、链接服务的网络服务提供者，权利人认为其服务所涉及的作品、表演、录音录像制品，侵犯自己的信息网络传播权的，可以向该网络服务提供者提交书面通知，要求网络服务提供者删除侵权内容或者断开链接。这项规定出自 1996 年美国的《数字千年版权法案》，十几年来，这项规定在美国的实施效果还是令人满意的。但是，面对海量信息资源、瞬息万变的虚拟空间以及我国的网络版权环境，中国的权利人很难及时发现侵权信息并通过通知来维护自己的权利。即便一些权利人组织，也对"通

知"的效果渐渐失去信心，致使这样一个本来可以便捷有效实施的版权保护措施无法发挥它的作用。为了解决这个问题，一些权利人或组织开始寻求专业机构代理其监控和通知服务。应该说，这是一个有益的尝试和选择。如果我们通过专业代理方式把这项规定落到实处，对于及时清除网络侵权信息、净化网络版权环境、保护权利人的合法权益、维护信息网络的健康发展都具有十分重要的意义。

3. 创新技术保护措施，强化权利人对权利的控制能力

技术措施是权利人为了防止他人非法接触、使用其作品而采取的技术措施。在互联网以前时代，权利人可以通过对作品的复制发行等环节实现对权利的控制。在网络传播时代，作品通过数字化的方式制作和传播。复制和传播在时间和空间上已经融为一体。面对开放式的网络虚拟空间，权利人已经无法按照原有的方式实现对权利的控制。通过实用、便捷的技术保护措施实现权利人对权利的控制，是网络版权保护的重要手段之一。因此，《信息网络传播权保护条例》把保护技术措施列为法律规范，以保证权利人通过技术手段保护自己的合法权益。人们已经开发出一大批类似的作品保护技术，如指纹、水印、时间戳、信息DNA、CA认证技术等网络作品信息加密技术。但目前的技术措施还不够完备、有效，使用范围还很窄，不足以达到大面积保护的目的。因此，继续推动开发网络作品信息加密技术，开发研制新一代的网络协议，推动网络版权技术保护，具有十分重要的意义。

4. 开发网络侵权信息自动识别，通知自动受理、鉴别和发送技术

在推动和普及信息加密技术、加强对作品技术措施保护的基础上，开发网络侵权信息自动识别、统计报警、过滤技术，可以从源头上杜绝未经许可上传、链接他人作品的行为，阻断反复上传、链接他人作品的行为。

开发自动识别技术的基础，是汇集尽可能广泛的版权资源，包括原始权利和由许可、转让产生的流转中的权利，形成版权资源信息库，为识别侵权信息提供准确的参照依据。但是，版权资源不仅涉及企业的商业秘密，也涉及大量公民个人信息。在汇集版权资源过程中如何保证信息安全，始终是一个难以逾越的障碍。

根据权利人通知移除侵权信息，是《信息网络传播权保护条例》规定的一项非常重要的权利保护措施。这项规定的立法原意是动员权利人帮助网站清

理侵权内容，以减轻网站的责任和压力。但在我国，自这项规定实施以来，因网站不能及时履行通知移除义务，引发了持续不断的矛盾和纠纷。我们发现，除了相关网站主观认识上的问题外，在一段时间内，由于通知数量巨大，网站不堪重负也是一个非常客观的因素。经与网络企业反复沟通，它们一致认为这个问题必须通过技术手段加以解决。因此，在目前网络企业的经验和技术措施的基础上，开发一套比较通用的通知自动受理、鉴别和发送技术是可行的，也是必要的。只有这样，才能把通知移除侵权信息的法律规定落到实处。

附 录

Appendix

B.23

2015年北京市新闻出版广电
产业大事记

1月

1月5~6日 全国新闻出版广播影视工作会议在京举行。会议主题是深入贯彻党的十八大和十八届三中、四中全会精神，深入贯彻习近平总书记系列重要讲话精神，紧紧围绕全国宣传部长会议安排部署，总结2014年工作，部署2015年任务。

1月6日 由社会科学文献出版社联合业内媒体及研究机构共同举办的第五届中国学术出版年会在京举行。

1月7日 国家新闻出版广电总局印刷发行司在京发布了《全国出版物发行业年度发展报告》。《报告》显示截至2013年底，全国共有各类出版物发行单位120483家，各类发行网点210019个，从业人员94.3万人，实现出版物销售总额3191.4亿元。

1月8日 北京图书订货会开幕。展馆面积达到5万多平方米，共迎来

8.8万人次参观，来自全国各地及港澳台地区的864家参展单位，共展示了图书50万种。北京图书订货会被业内称为"出版业风向标"。

1月14日 中国记协在京举办第65期新闻茶座，邀请清华大学当代国际关系研究院院长阎学通，围绕"2014年国际形势回顾及2015年展望"主题，向境内外记者和外国驻华使馆外交官介绍情况，并回答记者提问。

1月16日 国家新闻出版广电总局和财政部日前联合印发《关于实施中央广播电视节目无线数字化覆盖工程的通知》。通知明确，中央广播电视节目无线数字化覆盖工程由国家新闻出版广电总局、财政部统一规划、统一标准、统一组织，各省（区、市）新闻出版广电局负责具体建设。

1月16日 北京市新闻出版广电局召开2015年北京市电视剧题材规划会，对2015年电视剧题材规划进行介绍，并对影视精品创作发表了意见，为全年北京电视剧题材储备奠定了基础。

1月20日 国家新闻出版广电总局在京召开2015年度党风廉政建设工作会议。

1月22日 中央人民广播电台和中国科学院在京签署协议，以建设"中国广播云平台"项目为先导，开展全面长期战略合作。

1月27日 李克强在中南海主持召开教科文卫体界人士和基层群众代表座谈会，听取对政府工作报告意见和建议。李克强说，文化是民族的灵魂，承载着亿万群众的精神家园。要打造既有优秀文化传承、又能打动和凝聚人心的良好文化生态，加强知识传播和积累，建设"书香"社会。

1月27日 世界媒体峰会首届全球新闻奖颁奖仪式在京举行。

1月27日 国家新闻出版广电总局在京公布了一批编校质量不合格教辅读物，并依据相关规定对相关出版单位做出行政处罚。河北大学出版社出版的《口算应用题卡·一年级·下册》等13种图书被责令30日内全部收回。

1月27日 由中国出版协会主办、中国新闻出版研究院协办的第八届全国新闻出版业网站年会暨新闻出版业互联网发展大会在京开幕。年会突出"行业互联网发展"主题，将互联网与新闻出版业网站的发展一并考量和探讨，成为未来行业发展的重要趋势和信号。年会发布了《2014全国新闻出版业网站运营分析报告》，为新闻出版业的信息化发展提供了有力的数据支撑和参考。

2月

2月1日 第二届中印媒体高峰论坛在京举行。论坛由中国国务院新闻办公室和印度外交部共同主办，两国近40家主要媒体的负责人以及数十名专家学者与会。两国媒体界人士围绕"媒体在推动两国战略合作伙伴关系中的重要作用""媒体助力两国经济领域合作""移动互联网时代的媒体合作"等议题展开对话讨论。

2月4日 国家数字复合出版系统工程研发工作推进会在京举行。

2月5日 "社会主义核心价值观研究"丛书出版座谈会在京举行。丛书将社会主义核心价值观的24个字、12个主题词独立成卷，加上总论和实践篇，共14卷、430多万字，并对社会主义核心价值观进行了历史观照、系统解读和深入思考，是目前国内第一套全面研究和阐释社会主义核心价值观具体范畴的系列研究著作。

2月9日 我国城市影院电影数字拷贝卫星传输平台在北京电影数字节目管理中心正式启动运行。正式面向全国所有电影发行商和影院提供方便快捷的电影数字拷贝卫星传送服务。平台的所有关键技术拥有自主知识产权，所有接收设备都实现了国产化。

2月10日 新《内部资料性出版物管理办法》在京发布。《办法》从2015年4月1日起施行，原新闻出版总署于1997年12月30日发布施行的《内部资料性出版物管理办法》同时废止。新《内部资料性出版物管理办法》总计28条，比现行《内部资料性出版物管理办法》增加了14条，相关规定进一步细化。

2月12日 中国出版年会在京举行。会议向人民出版社社长黄书元等20位第十二届韬奋出版奖获得者、第五届中华优秀出版物奖获奖单位代表颁奖，年会还发布了《2014年度中国出版业发展报告》、2014年度出版业十件大事、十大人物和30本好书。

3月

3月1日 新华社在海外社交媒体平台的官方统一账号"New China"正式运行。

3月2日 2015CPCC中国版权服务年会在京举行，黄书东、王太利、厦门美图之家科技有限公司等当选"十大中国著作权人"。

3月16日 《北京日报》《天津日报》《河北日报》开辟专栏同步报道两会重要新闻。这是京津冀三省市党报继2014年以来，第二次跨地域联合报道两会。

3月17日 新华社出台"五分开""十禁令"。

3月17日 人民日报社印刷厂就引进数码生产线与北大方正电子有限公司正式签署协议，成为国内首家打造喷墨数码印刷生产线的报业印刷机构。

3月24日 第23届中国国际广播电视信息网络展览会（CCBN2015）第九届数字电视中国峰会在京举行。

3月25日 2014年度中国广播电视行业十大科技关键词评选结果在京公布，"宽带接入""云平台""媒体融合"位列前三名。

3月26日 国家新闻出版广电总局下发通知，叫停"瘦身大赢家""植发造林21天长新发"等31条违规广告。

3月27日 人民交通出版社股份有限公司等59家新闻出版单位入选国家数字复合出版系统工程应用试点。

3月27日 中国音像与数字出版协会大众数字出版工作委员会在京成立。大众数字出版工作委员会由国家新闻出版广电总局批准成立，是中国音像与数字出版协会的重要组成部分。北京中文在线数字出版股份有限公司董事长兼总裁童之磊当选该委员会主任委员。

3月31日 2015年春季北京电视节目交易会在京举行。本届交易会吸引了344家公司、126家电视台（频道）和新媒体以及部分海外买家总计近2500人参展参会，创历史新高。参展电视剧621部、23966集，纪录片及电视栏目35部、2544集，动画片30部、1583集，海外节目7部、230集。交易会被业界称为国内最富活力的电视剧节目推介交易平台。

4月

4月7日 中央电视台召开领导干部会议，会上宣布由国家新闻出版广电总局副局长、党组副书记聂辰席同志兼任中央电视台台长。

4月7日 中国出版集团公司在北京召开内容建设委员会成立暨首届编辑大会。

4月9日 国家数字复合出版系统工程启动大会在北京召开。会上,国家新闻出版广电总局副局长、新闻出版重大科技工程项目领导小组副组长孙寿山为外语教学与研究出版社有限责任公司等19家担任需求分组组长(副组长)的试点单位颁发证书。

4月10日 全国新闻出版信息标准化技术委员会在京成立,标志着该委员会实现了由行业级标委会向国家级标委会的升格。

4月11日 中国电视艺术家协会媒体融合推进委员会成立大会暨首届中国媒体融合论坛在京举行。

4月16～23日 由国家新闻出版广电总局和北京市政府主办的第五届北京国际电影节在京举办。本届电影节“天坛奖”由知名导演吕克·贝松担任评委会主席。经过激烈角逐,《暮年困境》获最佳影片奖,《狼图腾》导演让·雅克·阿诺获最佳导演奖,《白夜》主演阿尔捷米·齐平获最佳男主角奖,《女狙击手》主演尤利娅·佩里希尔德获最佳女主角奖。

4月17日 中国版权协会与北京印刷学院战略合作协议签字仪式在京举行,标志高等院校与行业协会在版权保护领域开展协同创新、培养版权人才等迈出新的步伐。

4月18日 由国家新闻出版广电总局和北京市人民政府共同举办的“2015书香中国暨北京阅读季”启动仪式在京举行,拉开了2015年全国范围的“书香中国”系列活动和第五届北京阅读季的大幕。北京阅读季已成功举办四届,2014年正式更名为“书香中国·北京阅读季”,成为首家国家级全民阅读品牌。

4月23日 “世界读书日”到来之际,由北京市委宣传部、北京市新闻出版广电局联合主办的“北京阅读季·就爱你阅读”全城尚读大型公益活动全面开展。此次活动围绕“阅读点亮中国梦”的主题,积极践行国家领导人所倡导的“阅读是一种生活方式”理念。

4月23日 北京三联韬奋24小时书店在营业一周年之际再开海淀分店,第九届全国人大常委会副委员长、国务院原副总理邹家华为书店题写店名,成为首都第一家24小时营业的实体书店。这一模式创新,在业界起到了良好的示范作用,为促进全民阅读、建设文化强国做出了积极贡献。

4月24日 国家新闻出版广电总局下发《关于当前阶段IPTV集成播控平

台建设管理有关问题的通知》，要求中央电视台和各省电视台加强合作，尽快完成 IPTV（交互式网络电视）播控平台完善建设和对接工作，从而加快完成全国统一的 IPTV 集成播控平台建设。同时，要求各级新闻出版广电行政部门落实属地管理责任，同步加快 IPTV 监管体系建设。

4 月 28 日 由北京电视台原创打造的中国梦主题三维动画片《戚继光》在中国国际动漫节上荣获"金猴奖"动画系列片银奖。本届动漫节共有中国、美国、英国、法国、德国、日本、韩国等 33 个国家和地区的 1007 部作品参加评选。

4 月 28 日 国家新闻出版广电总局与咪咕数字传媒有限公司（原中国移动手机阅读基地）在京签署项目合作协议，共同启动"书香中国 E 阅读"推广工程。该工程主要特点包括：依托中国移动大数据，开展精准推荐。通过对广大移动用户地域属性、消费习惯等大数据分析的结果定位工程目标用户群体，并借助中国移动彩信网络进行精准的彩信推送。

5月

5 月 8～18 日 由北京市新闻出版广电局主办，北京发行集团承办，朝阳区、北京出版发行业协会协办的"2015 北京书市"为期 11 天，共设展位 468 个，集中展销 30 余万种中外文图书、音像制品和电子出版物，举办名家签售、讲座、亲子阅读会等丰富多彩的文化活动 96 场，接待读者 50 余万人次，成功打造了"书文化畅享乐园"，在首都掀起全民阅读的热潮。

5 月 20 日 国家新闻出版广电总局新闻报刊司在京举行 2015 年中央报刊主管单位工作会议。

5 月 29 日 "六一"国际儿童节前夕，国家新闻出版广电总局在京发布了 2015 年向全国青少年推荐百种优秀图书活动入选书目，人民出版社、中国少年儿童新闻出版总社、二十一世纪出版社等 70 余家出版单位的 100 种图书入选。

5 月 29 日 北京市出台"1+3"公共文化政策文件，设定基层公共文化服务建设标准，其中规定：基层公共文化设施每周的开放时间不得少于 56 小时。这是全国首个落实中央《关于加快构建现代公共文化服务体系的意见》的省级地方性实施意见。

6月

6月1日 2015年国家出版基金管理工作座谈会在北京召开，落实和解读2016年度国家出版基金申报指南，加强国家出版基金管理工作。截至目前，国家出版基金共利用中央财政资金24.5亿元，资助了1900多个出版项目，其中1200多项推出了成果，获得社会广泛认可。2015年，国家出版基金规模增加到5.5亿元，比2014年的4.5亿元提高了22%。

6月3日 国家新闻出版广电总局下发《关于进一步加强广播电视主持人和嘉宾使用管理的通知》，进一步加强广播电视主持人和嘉宾使用管理，规定广播电视节目不得设置"嘉宾主持"等。通知将于7月1日起正式执行。

6月11日 北京爱奇艺科技有限公司、北京掌阅科技有限公司荣获第四届"世界知识产权版权组织金奖（中国）"。该奖项是世界知识产权组织（WIPO）目前在中国颁发的版权最高奖项。

6月18日 中宣部、国家新闻出版广电总局、国家网信办共同组织开展的中央新闻单位驻地方机构清理整顿工作取得重要阶段性成果，1134个央媒驻地方机构被撤并。

6月18日 中宣部和国家新闻出版广电总局在京召开纪念抗战胜利70周年出版专题工作会，要求确保重点选题和经典图书的出版、重印、再版、发行和宣传推广等工作有序推进。会上发布了纪念中国人民抗日战争暨世界反法西斯战争胜利70周年重点选题120种，同时启动"百种经典抗战图书"重印再版计划。

6月24日 中国印刷技术协会第八次全国会员代表大会暨换届大会在京举行，选举产生中国印刷技术协会第八届理事会领导机构。王岩镔当选为中国印刷技术协会第八届理事会理事长，梁成林当选为常务副理事长。作为我国印刷业成立最早的社会团体，中国印刷技术协会自1980年成立以来，为促进我国印刷业发展做了大量卓有成效的工作。

6月25日 "第五届书香中国·北京阅读季·书香企业活动启动仪式"举行。该活动由北京市新闻出版广电局、北京市总工会和市国资委联合举办。"书香企业活动"的启动，标志着市属国有企业读书活动进入一个新的阶段。

6月29日 中央人民广播电台央广传媒发展总公司与国高网路宇信息技

术有限公司在京签约组建中国高速公路交通广播运营公司。此举标志着交通运输部与中央人民广播电台的合作进入了一个新阶段。

6月29日 2015年全球出版企业50强排名日前发布，中国4家出版企业榜上有名，分别是凤凰出版传媒集团、中南出版传媒集团、中国出版集团、中国教育出版传媒集团。今年的《全球出版企业排名报告》更关注全球书业的数字化和全球化转型。

7月

7月2日 北京市新闻出版广电局充分发挥网络视听新媒体传播优势，在爱奇艺、优酷、搜狐、BRTN等20多家视听网站推送"宣讲家"网站策划制作的"在伟大转折的历史时期推进全面从严治党——纪念中国共产党成立94周年专题"。此项举措开辟了宣传新渠道，充分利用新媒体阵地，形成了强大的宣传声势，效果明显。

7月9日 中央宣传部、中国作协在京召开全国儿童文学创作出版座谈会。

7月11日 互联网视频正版化联盟在京宣布成立。该联盟由搜狐视频、腾讯、优酷、土豆、凤凰视频、爱奇艺、56网、PPS、PPTV等互联网公司发起组建，旨在通过联盟成员的自律、互助，维护互联网视频版权市场的良好秩序。

7月14日 第六届中国数字出版博览会在京开幕，主题为"融合·创新·发展"。国家新闻出版广电总局副局长孙寿山在作主旨报告时指出，2014年中国数字出版产业收入规模再创新高，达到3387.7亿元，较上年增长33%，标志着我国数字出版产业向着更为成熟的阶段迈进。

7月15日 国家新闻出版广电总局发布《2014年新闻出版产业分析报告》。报告显示，新闻出版产业在国民经济新常态背景下仍继续保持了较好的可持续发展能力。

7月16日 北京市新闻出版广电局新闻报刊管理处组织召开2015年度北京市属报刊专项审读会，20位来自高校、研究院和报刊业的专家与会。此次专项审读工作重点针对41种北京市属社科期刊和15种市属行业报进行审读。

7月17日 中国书刊发行业协会第六次全国会员代表大会在京召开。大会选举产生了协会第六届理事会，艾立民当选为中国书刊发行业协会第六届理事会理事长，谭汶当选为常务副理事长，王宏经、尹昌龙、尹楚鸿、李忠等23 人当选为副理事长。

7 月 21 日　北京十月文艺出版社的《北上》《绝响》《少女萨吾尔登》《声音史》4 种选题入选国家新闻出版广电总局公布的"中国文艺原创精品出版工程"名单。在全国各有关单位申报的 1237 中选题中，共有 77 种选题入选。

7 月 22 日　由南京大学中国社会科学研究评价中心与中国图书评论学会合作研发的"中文学术图书引文索引"项目成果在京发布。中文学术图书引文索引"第一阶段的系统功能研发目前已完成，包括 11 个学科的 3000 余种学术专著。

8月

8 月 3 日　中国互联网发展基金会在北京正式挂牌，这标志着中国同时也是全球范围内第一家互联网领域的公募基金会正式成立。

8 月 6 日　国内唯一获得对外专项出版权的非公有制企业——北京华语联合出版有限责任公司获图书出版资质，并依法依规开展出版活动。

8 月 14 日　由中宣部、中央文明办、中国记协联合举办的"抵制网络低俗语言、倡导文明用语"专题座谈会在京召开。

8 月 25 日　2015 北京国际出版论坛在北京举办，本届论坛主题为"出版国际化的战略选择"。北京国际出版论坛至今已举办了 11 届，是我国对外介绍中国出版业发展及政策走向、中外出版人开展对话交流的重要平台。

8 月 26 日　以"书香北京·阅读之都"为主题的第十三届北京国际图书节拉开帷幕。本届图书节由中共北京市委宣传部、北京市新闻出版广电局（北京市版权局）、顺义区人民政府联合主办，与北京国际图书博览会同时同地举办，来自美、英、法、日、阿联酋、约旦等 82 个国家和地区的 2302 家出版相关机构参展。

8 月 26 日　海外华文媒体纪念抗战胜利 70 周年暨海外华文媒体创办 200 周年座谈会在北京召开，中共中央政治局委员、中央书记处书记、中宣部部长刘奇葆出席会议并讲话，希望海外华文媒体发挥自身优势，积极主动地讲述中国故事、传播中国声音、弘扬中华文化，做凝聚中华儿女、促进中外友好的桥梁纽带。

8 月 26 ~ 29 日 第二十四届北京国际广播电影电视设备展览会（BIRTV2015）在京举办，活动以"媒体的期待我们的行动"为主题，集中展示了广电先进技术设备和发展成果，展会面积超过 5 万平方米，汇集中外参展商 512 家，来自国内和 30 多个国家和地区的 57000 名专业观众参观。

8 月 27 日 《共抗法西斯》中、俄文版新书发布会在第 22 届北京图博会上举行，这是第一本由中俄两国共同编写的反映两国联合抗击法西斯的图书。

8 月 28 日 中国报业协会第五次会员代表大会在京举行。会议选举产生了中国报协第五届理事会，张建星当选理事长，汪家驷当选为常务副理事长。会议还修改并审议通过了《中国报业协会章程》。

8 月 30 日 为期 5 天的第二十二届北京国际图书博览会在京闭幕，北京代表团取得圆满成功。经初步统计，本届图博会北京展区共达成中外版权贸易合同意向 910 项，其中版权输出合作意向 540 项，签订合同 229 项，达成引进意向 141 项。

8 月 31 日 中英版权政府间会谈在京举行。会谈就著作权集体管理和延伸集体管理、追续权、孤儿作品、广播权等双方共同关心的版权问题在本国的法律规定及实施情况进行了交流。

9月

9 月 3 日 民航机载卫星电视直播的成功，标志着我国实现了广播电视对飞机航班的有效覆盖，结束了我国民航客机上长期无法收看电视直播节目的历史，填补了广播电视的覆盖空白。

9 月 8 日 "印刷创新中国行——北京站"活动在京举行。

9 月 9 日 北京师范大学出版集团代表团与北京师范大学文学院专家、北京外国语大学阿语专家以及中国知名小说家和诗人参加了约旦第 20 届国际书展，并在书展期间组织了一系列的文化交流活动。

9 月 9 日 北京国际电影节组委会副秘书长卞建国会见中国—东盟中心教育文化旅游部副主任孙建华一行，双方就第六届北京国际电影节的合作展开洽谈，拟在第六届北京国际电影节框架下举办东盟电影展映，邀请东盟十国参与电影市场、举办相关研讨会等活动。

9 月 11 日 财政部、国家新闻出版广电总局近日联合印发《国家电影事业发展专项资金征收使用管理办法》。办法对规范国家电影事业发展专项资金征收使用做出详细规定，明确电影专项资金纳入中央和省级政府性基金预决算管理。

9 月 11 日 由首都互联网协会主办、北京阅读季领导小组办公室指导的"北京阅读新媒体联盟"在京成立，豆瓣阅读、新浪读书、网易云阅读等 60 个机构成为会员单位。联盟依托第五届"书香中国·北京阅读季"创立的阅读类新媒体平台，旨在团结阅读类新媒体及知名阅读推广人、阅读推广机构，共同促进北京全民阅读。

9 月 22 日 由北京市新闻出版广电局主办、四达时代集团承办的"2015 北京影视剧非洲展播季"活动在南非约翰内斯堡举行。北京市副市长林克庆、中国驻南非大使田学军及南非相关官员出席了启动仪式。

10 月

10 月 8 日 人民日报客户端三期上线暨人民日报社新媒体中心成立仪式在人民网演播大厅举行。此次新上线的客户端三期，在优化内容呈现的同时，把提供政务服务和生活服务作为一大亮点，使《人民日报》向移动互联网的入口和平台迈出了关键性一步。

10 月 9 日 第五届"书香中国·北京阅读季"召开"书香家庭"、"阅读示范社区"和"金牌阅读推广人"系列评选活动专家评审会，国家新闻出版广电总局、中央编译出版社等 10 余位知名专家组成评审组，北京市新闻出版广电局副局长韩昱参会并讲话。

10 月 11 日 由教育部与国家新闻出版广电总局联合举办的"首届全国中小学生电影周"活动在北京 101 中学拉开帷幕。

10 月 13 日 "清华财经新闻论坛：首届经济传播创新峰会"在京举行。

10 月 28 日 12 家经国家版权局批准的国家版权交易中心（国家版权贸易基地、国际版权交易中心）宣布成立"国家版权交易中心联盟"，旨在加强版权保护和运营，发挥各自特点，整合优势资源，互惠互利、资源共享、合作共赢，共同推动版权产业发展。

11 月

11 月 3 日 百度云盘与腾讯视频、优酷土豆等 6 家视频网站及中国电影著作权协会在京签署了云盘版权保护共同声明，携手抵制网络云盘上的侵权盗版行为。

11月5日 "中国广电大数据联盟"成立大会日前在京召开。该联盟是由中国广播电视网络有限公司、北京歌华有线电视网络股份有限公司联合全国30余家省市有线电视网络公司共同成立的。

11月6日 第16个中国记者节前夕，国家互联网信息办公室、国家新闻出版广电总局在京联合举行首批新闻网站记者证发证仪式。首批符合资质的14家中央重点新闻网站共计594名采编人员正式领取了新闻记者证。

11月9日 国家新闻出版广电总局在北京图书大厦举行党的十八届五中全会文件及辅导读物首发式。

11月9日 中央网络安全和信息化领导小组办公室（国家互联网信息办公室）在官网公布：正式开通"中国网信网"微信公众号。

11月10日 第七届中韩媒体高层对话在北京举行，来自两国主流媒体代表就"媒体对加强中韩人文交流、促进经贸合作"和"新媒体的发展现状和展望"两大议题进行了热烈讨论。

11月10日 北京市首家以版权服务为主体的动漫和游戏行业组织——首都版权产业联盟动漫和游戏委员会成立。

11月19日~20日 由英国贸易投资总署主办，英国电影协会（BFI）、艺恩联合承办的"中英电影工作坊"活动在北京举行。

11月25日 由国家新闻出版广电总局指导、新闻出版总署信息中心建设管理的全国全民阅读工作网站"中国全民阅读网"上线仪式在京举行。

12月

12月1日 首届金砖国家媒体峰会在北京开幕。

12月16日 中信出版集团股份有限公司在全国中小企业股份转让系统挂牌敲钟仪式在京举行，正式登陆新三板资本市场，成为该市场首家国有出版股。

12月29日 中国记协新闻道德委员会成立大会在京举行。截至目前，除个别省份外，新闻道德委员会工作已在全国各省（区、市）全面推开，全国和省一级新闻道德委员会工作架构初步形成。

权威报告·热点资讯·特色资源

皮书数据库
ANNUAL REPORT(YEARBOOK)
DATABASE

当代中国与世界发展高端智库平台

所获荣誉

- 2016年，入选"国家'十三五'电子出版物出版规划骨干工程"
- 2015年，荣获"搜索中国正能量 点赞2015""创新中国科技创新奖"
- 2013年，荣获"中国出版政府奖·网络出版物奖"提名奖
- 连续多年荣获中国数字出版博览会"数字出版·优秀品牌"奖

成为会员

通过网址www.pishu.com.cn或使用手机扫描二维码进入皮书数据库网站，进行手机号码验证或邮箱验证即可成为皮书数据库会员（建议通过手机号码快速验证注册）。

会员福利

- 使用手机号码首次注册会员可直接获得100元体验金，不需充值即可购买和查看数据库内容（仅限使用手机号码快速注册）。
- 已注册用户购书后可免费获赠100元皮书数据库充值卡。刮开充值卡涂层获取充值密码，登录并进入"会员中心"—"在线充值"—"充值卡充值"，充值成功后即可购买和查看数据库内容。

社会科学文献出版社 皮书系列
SOCIAL SCIENCES ACADEMIC PRESS (CHINA)
卡号：2580124233164277
密码：

数据库服务热线：400-008-6695
数据库服务QQ：2475522410
数据库服务邮箱：database@ssap.cn
图书销售热线：010-59367070/7028
图书服务QQ：1265056568
图书服务邮箱：duzhe@ssap.cn

S 子库介绍
ub-Database Introduction

中国经济发展数据库

涵盖宏观经济、农业经济、工业经济、产业经济、财政金融、交通旅游、商业贸易、劳动经济、企业经济、房地产经济、城市经济、区域经济等领域，为用户实时了解经济运行态势、把握经济发展规律、洞察经济形势、做出经济决策提供参考和依据。

中国社会发展数据库

全面整合国内外有关中国社会发展的统计数据、深度分析报告、专家解读和热点资讯构建而成的专业学术数据库。涉及宗教、社会、人口、政治、外交、法律、文化、教育、体育、文学艺术、医药卫生、资源环境等多个领域。

中国行业发展数据库

以中国国民经济行业分类为依据，跟踪分析国民经济各行业市场运行状况和政策导向，提供行业发展最前沿的资讯，为用户投资、从业及各种经济决策提供理论基础和实践指导。内容涵盖农业，能源与矿产业，交通运输业，制造业，金融业，房地产业，租赁和商务服务业，科学研究，环境和公共设施管理，居民服务业，教育，卫生和社会保障，文化、体育和娱乐业等100余个行业。

中国区域发展数据库

对特定区域内的经济、社会、文化、法治、资源环境等领域的现状与发展情况进行分析和预测。涵盖中部、西部、东北、西北等地区，长三角、珠三角、黄三角、京津冀、环渤海、合肥经济圈、长株潭城市群、关中—天水经济区、海峡经济区等区域经济体和城市圈，北京、上海、浙江、河南、陕西等34个省份及中国台湾地区。

中国文化传媒数据库

包括文化事业、文化产业、宗教、群众文化、图书馆事业、博物馆事业、档案事业、语言文字、文学、历史地理、新闻传播、广播电视、出版事业、艺术、电影、娱乐等多个子库。

世界经济与国际关系数据库

以皮书系列中涉及世界经济与国际关系的研究成果为基础，全面整合国内外有关世界经济与国际关系的统计数据、深度分析报告、专家解读和热点资讯构建而成的专业学术数据库。包括世界经济、国际政治、世界文化与科技、全球性问题、国际组织与国际法、区域研究等多个子库。

法 律 声 明

社长致辞

　　伴随着今冬的第一场雪，2017年很快就要到了。世界每天都在发生着让人眼花缭乱的变化，而唯一不变的，是面向未来无数的可能性。作为个体，如何获取专业信息以备不时之需？作为行政主体或企事业主体，如何提高决策的科学性让这个世界变得更好而不是更糟？原创、实证、专业、前沿、及时、持续，这是1997年"皮书系列"品牌创立的初衷。

　　1997～2017，从最初一个出版社的学术产品名称到媒体和公众使用频率极高的热点词语，从专业术语到大众话语，从官方文件到独特的出版型态，作为重要的智库成果，"皮书"始终致力于成为海量信息时代的信息过滤器，成为经济社会发展的记录仪，成为政策制定、评估、调整的智力源，社会科学研究的资料集成库。"皮书"的概念不断延展，"皮书"的种类更加丰富，"皮书"的功能日渐完善。

　　1997～2017，皮书及皮书数据库已成为中国新型智库建设不可或缺的抓手与平台，成为政府、企业和各类社会组织决策的利器，成为人文社科研究最基本的资料库，成为世界系统完整及时认知当代中国的窗口和通道！"皮书"所具有的凝聚力正在形成一种无形的力量，吸引着社会各界关注中国的发展，参与中国的发展。

　　二十年的"皮书"正值青春，愿每一位皮书人付出的年华与智慧不辜负这个时代！

社会科学文献出版社社长
中国社会学会秘书长

2016年11月

社会科学文献出版社简介

社会科学文献出版社成立于1985年，是直属于中国社会科学院的人文社会科学专业学术出版机构。

成立以来，社科文献依托于中国社会科学院丰厚的学术出版和专家学者资源，坚持"创社科经典，出传世文献"的出版理念和"权威、前沿、原创"的产品定位，逐步走上了智库产品与专业学术成果系列化、规模化、数字化、国际化、市场化发展的经营道路，取得了令人瞩目的成绩。

学术出版 社科文献先后策划出版了"皮书"系列、"列国志"、"社科文献精品译库"、"全球化译丛"、"全面深化改革研究书系"、"近世中国"、"甲骨文"、"中国史话"等一大批既有学术影响又有市场价值的图书品牌和学术品牌，形成了较强的学术出版能力和资源整合能力。2016年社科文献发稿5.5亿字，出版图书2000余种，承印发行中国社会科学院院属期刊72种。

数字出版 凭借着雄厚的出版资源整合能力，社科文献长期以来一直致力于从内容资源和数字平台两个方面实现传统出版的再造，并先后推出了皮书数据库、列国志数据库、中国田野调查数据库等一系列数字产品。2016年数字化加工图书近4000种，文字处理量达10亿字。数字出版已经初步形成了产品设计、内容开发、编辑标引、产品运营、技术支持、营销推广等全流程体系。

国际出版 社科文献通过学术交流和国际书展等方式积极参与国际学术和国际出版的交流合作，努力将中国优秀的人文社会科学研究成果推向世界，从构建国际话语体系的角度推动学术出版国际化。目前已与英、荷、法、德、美、日、韩等国及港澳台地区近40家出版和学术文化机构建立了长期稳定的合作关系。

融合发展 紧紧围绕融合发展战略，社科文献全面布局融合发展和数字化转型升级，成效显著。以核心资源和重点项目为主的社科文献数据库产品群和数字出版体系日臻成熟，"一带一路"系列研究成果与专题数据库、阿拉伯问题研究国别基础库及中阿文化交流数据库平台等项目开启了社科文献向专业知识服务商转型的新篇章，成为行业领先。

此外，社科文献充分利用网络媒体平台，积极与各类媒体合作，并联合大型书店、学术书店、机场书店、网络书店、图书馆，构建起强大的学术图书内容传播平台，学术图书的媒体曝光率居全国之首，图书馆藏率居于全国出版机构前十位。

有温度，有情怀，有视野，更有梦想。未来社科文献将继续坚持专业化学术出版之路不动摇，着力搭建最具影响力的智库产品整合及传播平台、学术资源共享平台，为实现"社科文献梦"奠定坚实基础。

经 济 类

经济类皮书涵盖宏观经济、城市经济、大区域经济，
提供权威、前沿的分析与预测

经济蓝皮书

2017年中国经济形势分析与预测

李扬 / 主编　2016年12月出版　定价：89.00 元

◆　本书为总理基金项目，由著名经济学家李扬领衔，联合中国社会科学院等数十家科研机构、国家部委和高等院校的专家共同撰写，系统分析了2016年的中国经济形势并预测2017年我国经济运行情况。

中国省域竞争力蓝皮书

中国省域经济综合竞争力发展报告（2015 ~ 2016）

李建平　李闽榕　高燕京 / 主编　2017年2月出版　估价：198.00 元

◆　本书融多学科的理论为一体，深入追踪研究了省域经济发展与中国国家竞争力的内在关系，为提升中国省域经济综合竞争力提供有价值的决策依据。

城市蓝皮书

中国城市发展报告 No.10

潘家华　单菁菁 / 主编　2017年9月出版　估价：89.00 元

◆　本书是由中国社会科学院城市发展与环境研究中心编著的，多角度、全方位地立体展示了中国城市的发展状况，并对中国城市的未来发展提出了许多建议。该书有强烈的时代感，对中国城市发展实践有重要的参考价值。

人口与劳动绿皮书

中国人口与劳动问题报告 No.18

蔡昉　张车伟 / 主编　2017 年 10 月出版　估价：89.00 元

◆　本书为中国社科院人口与劳动经济研究所主编的年度报告，对当前中国人口与劳动形势做了比较全面和系统的深入讨论，为研究我国人口与劳动问题提供了一个专业性的视角。

世界经济黄皮书

2017 年世界经济形势分析与预测

张宇燕 / 主编　2016 年 12 月出版　定价：89.00 元

◆　本书由中国社会科学院世界经济与政治研究所的研究团队撰写，2016 年世界经济增速进一步放缓，就业增长放慢。世界经济面临许多重大挑战同时，地缘政治风险、难民危机、大国政治周期、恐怖主义等问题也仍然在影响世界经济的稳定与发展。预计 2017 年按 PPP 计算的世界 GDP 增长率约为 3.0%。

国际城市蓝皮书

国际城市发展报告（2017）

屠启宇 / 主编　2017 年 2 月出版　估价：89.00 元

◆　本书作者以上海社会科学院从事国际城市研究的学者团队为核心，汇集同济大学、华东师范大学、复旦大学、上海交通大学、南京大学、浙江大学相关城市研究专业学者。立足动态跟踪介绍国际城市发展时间中，最新出现的重大战略、重大理念、重大项目、重大报告和最佳案例。

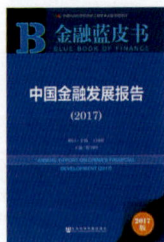

金融蓝皮书

中国金融发展报告（2017）

李扬　王国刚 / 主编　2017 年 1 月出版　估价：89.00 元

◆　本书由中国社会科学院金融研究所组织编写，概括和分析了 2016 年中国金融发展和运行中的各方面情况，研讨和评论了 2016 年发生的主要金融事件，有利于读者了解掌握 2016 年中国的金融状况，把握 2017 年中国金融的走势。

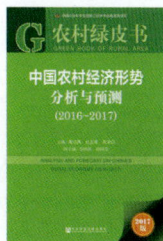

农村绿皮书

中国农村经济形势分析与预测（2016～2017）

魏后凯　杜志雄　黄秉信/著　　2017年4月出版　估价：89.00元

◆　本书描述了2016年中国农业农村经济发展的一些主要指标和变化，并对2017年中国农业农村经济形势的一些展望和预测，提出相应的政策建议。

西部蓝皮书

中国西部发展报告（2017）

姚慧琴　徐璋勇/主编　　2017年9月出版　估价：89.00元

◆　本书由西北大学中国西部经济发展研究中心主编，汇集了源自西部本土以及国内研究西部问题的权威专家的第一手资料，对国家实施西部大开发战略进行年度动态跟踪，并对2017年西部经济、社会发展态势进行预测和展望。

经济蓝皮书·夏季号

中国经济增长报告（2016～2017）

李扬/主编　　2017年9月出版　估价：98.00元

◆　中国经济增长报告主要探讨2016~2017年中国经济增长问题，以专业视角解读中国经济增长，力求将其打造成一个研究中国经济增长、服务宏微观各级决策的周期性、权威性读物。

就业蓝皮书

2017年中国本科生就业报告

麦可思研究院/编著　　2017年6月出版　估价：98.00元

◆　本书基于大量的数据和调研，内容翔实，调查独到，分析到位，用数据说话，对我国大学生教育与发展起到了很好的建言献策作用。

社 会 政 法 类

社会政法类皮书聚焦社会发展领域的热点、难点问题，
提供权威、原创的资讯与视点

社会蓝皮书

2017年中国社会形势分析与预测

李培林　陈光金　张翼／主编　2016年12月出版　定价：89.00元

◆　本书由中国社会科学院社会学研究所组织研究机构专家、高校学者和政府研究人员撰写，聚焦当下社会热点，对2016年中国社会发展的各个方面内容进行了权威解读，同时对2017年社会形势发展趋势进行了预测。

法治蓝皮书

中国法治发展报告No.15（2017）

李林　田禾／主编　2017年3月出版　估价：118.00元

◆　本年度法治蓝皮书回顾总结了2016年度中国法治发展取得的成就和存在的不足，并对2017年中国法治发展形势进行了预测和展望。

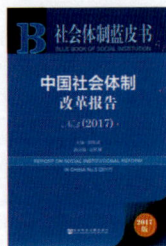

社会体制蓝皮书

中国社会体制改革报告No.5（2017）

龚维斌／主编　2017年4月出版　估价：89.00元

◆　本书由国家行政学院社会治理研究中心和北京师范大学中国社会管理研究院共同组织编写，主要对2016年社会体制改革情况进行回顾和总结，对2017年的改革走向进行分析，提出相关政策建议。

社会心态蓝皮书

中国社会心态研究报告（2017）

王俊秀　杨宜音 / 主编　2017 年 12 月出版　估价：89.00 元

◆　本书是中国社会科学院社会学研究所社会心理研究中心
"社会心态蓝皮书课题组"的年度研究成果，运用社会心理学、
社会学、经济学、传播学等多种学科的方法进行了调查和研究，
对于目前我国社会心态状况有较广泛和深入的揭示。

生态城市绿皮书

中国生态城市建设发展报告（2017）

刘举科　孙伟平　胡文臻 / 主编　2017 年 7 月出版　估价：118.00 元

◆　报告以绿色发展、循环经济、低碳生活、民生宜居为理念，
以更新民众观念、提供决策咨询、指导工程实践、引领绿色
发展为宗旨，试图探索一条具有中国特色的城市生态文明建
设新路。

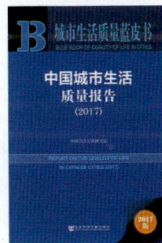

城市生活质量蓝皮书

中国城市生活质量报告（2017）

中国经济实验研究院 / 主编　2017 年 7 月出版　估价：89.00 元

◆　本书对全国 35 个城市居民的生活质量主观满意度进行了
电话调查，同时对 35 个城市居民的客观生活质量指数进行了
计算，为我国城市居民生活质量的提升，提出了针对性的政策
建议。

公共服务蓝皮书

中国城市基本公共服务力评价（2017）

钟君　吴正杲 / 主编　2017 年 12 月出版　估价：89.00 元

◆　中国社会科学院经济与社会建设研究室与华图政信调查组
成联合课题组，从 2010 年开始对基本公共服务力进行研究，
研创了基本公共服务力评价指标体系，为政府考核公共服务与
社会管理工作提供了理论工具。

行业报告类

行业报告类皮书立足重点行业、新兴行业领域，
提供及时、前瞻的数据与信息

企业社会责任蓝皮书

中国企业社会责任研究报告（2017）

黄群慧　钟宏武　张蒽　翟利峰／著　2017年10月出版　估价：89.00元

◆　本书剖析了中国企业社会责任在2016～2017年度的最新发展特征，详细解读了省域国有企业在社会责任方面的阶段性特征，生动呈现了国内外优秀企业的社会责任实践。对了解中国企业社会责任履行现状、未来发展，以及推动社会责任建设有重要的参考价值。

新能源汽车蓝皮书

中国新能源汽车产业发展报告（2017）

黄中国汽车技术研究中心　日产（中国）投资有限公司

东风汽车有限公司／编著　　2017年7月出版　　估价：98.00元

◆　本书对我国2016年新能源汽车产业发展进行了全面系统的分析，并介绍了国外的发展经验。有助于相关机构、行业和社会公众等了解中国新能源汽车产业发展的最新动态，为政府部门出台新能源汽车产业相关政策法规、企业制定相关战略规划，提供必要的借鉴和参考。

杜仲产业绿皮书

中国杜仲橡胶资源与产业发展报告（2016～2017）

杜红岩　胡文臻　俞锐／主编　　2017年1月出版　估价：85.00元

◆　本书对2016年来的杜仲产业的发展情况、研究团队在杜仲研究方面取得的重要成果、部分地区杜仲产业发展的具体情况、杜仲新标准的制定情况等进行了较为详细的分析与介绍，使广大关心杜仲产业发展的读者能够及时跟踪产业最新进展。

企业蓝皮书

中国企业绿色发展报告No.2（2017）

李红玉　朱光辉／主编　2017年8月出版　估价：89.00元

◆　本书深入分析中国企业能源消费、资源利用、绿色金融、绿色产品、绿色管理、信息化、绿色发展政策及绿色文化方面的现状，并对目前存在的问题进行研究，剖析因果，谋划对策。为企业绿色发展提供借鉴，为我国生态文明建设提供支撑。

中国上市公司蓝皮书

中国上市公司发展报告（2017）

张平　王宏淼／主编　2017年10月出版　估价：98.00元

◆　本书由中国社会科学院上市公司研究中心组织编写的，着力于全面、真实、客观反映当前中国上市公司财务状况和价值评估的综合性年度报告。本书详尽分析了2016年中国上市公司情况，特别是现实中暴露出的制度性、基础性问题，并对资本市场改革进行了探讨。

资产管理蓝皮书

中国资产管理行业发展报告（2017）

智信资产管理研究院／编著　2017年6月出版　估价：89.00元

◆　中国资产管理行业刚刚兴起，未来将中国金融市场最有看点的行业。本书主要分析了2016年度资产管理行业的发展情况，同时对资产管理行业的未来发展做出科学的预测。

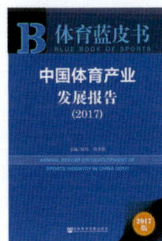

体育蓝皮书

中国体育产业发展报告（2017）

阮伟　钟秉枢／主编　2017年12月出版　估价：89.00元

◆　本书运用多种研究方法，在对于体育竞赛业、体育用品业、体育场馆业、体育传媒业等传统产业研究的基础上，紧紧围绕2016年体育领域内的各种热点事件进行研究和梳理，进一步拓宽了研究的广度、提升了研究的高度、挖掘了研究的深度。

国别与地区类

国别与地区类皮书关注全球重点国家与地区，提供全面、独特的解读与研究

美国蓝皮书

美国研究报告（2017）

郑秉文 黄平/主编 2017年6月出版 估价：89.00元

◆ 本书是由中国社会科学院美国所主持完成的研究成果，它回顾了美国2016年的经济、政治形势与外交战略，对2017年以来美国内政外交发生的重大事件及重要政策进行了较为全面的回顾和梳理。

日本蓝皮书

日本研究报告（2017）

杨伯江/主编 2017年5月出版 估价：89.00元

◆ 本书对2016年拉丁美洲和加勒比地区诸国的政治、经济、社会、外交等方面的发展情况做了系统介绍，对该地区相关国家的热点及焦点问题进行了总结和分析，并在此基础上对该地区各国2017年的发展前景做出预测。

亚太蓝皮书

亚太地区发展报告（2017）

李向阳/主编 2017年3月出版 估价：89.00元

◆ 本书是中国社会科学院亚太与全球战略研究院的集体研究成果。2016年的"亚太蓝皮书"继续关注中国周边环境的变化。该书盘点了2016年亚太地区的焦点和热点问题，为深入了解2016年及未来中国与周边环境的复杂形势提供了重要参考。

德国蓝皮书

德国发展报告（2017）

郑春荣／主编　2017 年 6 月出版　估价：89.00 元

◆　本报告由同济大学德国研究所组织编撰，由该领域的专家学者对德国的政治、经济、社会文化、外交等方面的形势发展情况，进行全面的阐述与分析。

日本经济蓝皮书

日本经济与中日经贸关系研究报告（2017）

王洛林　张季风／编著　2017 年 5 月出版　估价：89.00 元

◆　本书系统、详细地介绍了 2016 年日本经济以及中日经贸关系发展情况，在进行了大量数据分析的基础上，对 2017 年日本经济以及中日经贸关系的大致发展趋势进行了分析与预测。

俄罗斯黄皮书

俄罗斯发展报告（2017）

李永全／编著　2017 年 7 月出版　估价：89.00 元

◆　本书系统介绍了 2016 年俄罗斯经济政治情况，并对 2016 年该地区发生的焦点、热点问题进行了分析与回顾；在此基础上，对该地区 2017 年的发展前景进行了预测。

非洲黄皮书

非洲发展报告 No.19（2016 ~ 2017）

张宏明／主编　2017 年 8 月出版　估价：89.00 元

◆　本书是由中国社会科学院西亚非洲研究所组织编撰的非洲形势年度报告，比较全面、系统地分析了 2016 年非洲政治形势和热点问题，探讨了非洲经济形势和市场走向，剖析了大国对非洲关系的新动向；此外，还介绍了国内非洲研究的新成果。

地方发展类

地方发展类皮书关注中国各省份、经济区域，
提供科学、多元的预判与资政信息

北京蓝皮书

北京公共服务发展报告（2016~2017）

施昌奎／主编　2017年2月出版　估价：89.00元

◆　本书是由北京市政府职能部门的领导、首都著名高校的教授、知名研究机构的专家共同完成的关于北京市公共服务发展与创新的研究成果。

河南蓝皮书

河南经济发展报告（2017）

张占仓／编著　2017年3月出版　估价：89.00元

◆　本书以国内外经济发展环境和走向为背景，主要分析当前河南经济形势，预测未来发展趋势，全面反映河南经济发展的最新动态、热点和问题，为地方经济发展和领导决策提供参考。

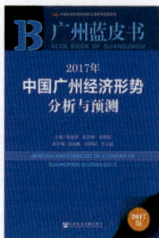

广州蓝皮书

2017年中国广州经济形势分析与预测

庾建设　陈浩钿　谢博能／主编　2017年7月出版　估价：85.00元

◆　本书由广州大学与广州市委政策研究室、广州市统计局联合主编，汇集了广州科研团体、高等院校和政府部门诸多经济问题研究专家、学者和实际部门工作者的最新研究成果，是关于广州经济运行情况和相关专题分析、预测的重要参考资料。

文化传媒类

文化传媒类皮书透视文化领域、文化产业，
探索文化大繁荣、大发展的路径

新媒体蓝皮书

中国新媒体发展报告 No.8（2017）

唐绪军／主编　2017 年 6 月出版　估价：89.00 元

◆　本书是由中国社会科学院新闻与传播研究所组织编写的关于新媒体发展的最新年度报告，旨在全面分析中国新媒体的发展现状，解读新媒体的发展趋势，探析新媒体的深刻影响。

移动互联网蓝皮书

中国移动互联网发展报告（2017）

官建文／编著　　2017 年 6 月出版　　估价：89.00 元

◆　本书着眼于对中国移动互联网 2016 年度的发展情况做深入解析，对未来发展趋势进行预测，力求从不同视角、不同层面全面剖析中国移动互联网发展的现状、年度突破及热点趋势等。

传媒蓝皮书

中国传媒产业发展报告（2017）

崔保国／主编　2017 年 5 月出版　估价：98.00 元

◆　"传媒蓝皮书"连续十多年跟踪观察和系统研究中国传媒产业发展。本报告在对传媒产业总体以及各细分行业发展状况与趋势进行深入分析基础上，对年度发展热点进行跟踪，剖析新技术引领下的商业模式，对传媒各领域发展趋势、内体经营、传媒投资进行解析，为中国传媒产业正在发生的变革提供前瞻行参考。

经济类

"三农"互联网金融蓝皮书
中国"三农"互联网金融发展报告（2017）
著(编)者：李勇坚 王弢　2017年8月出版 / 估价：98.00元
PSN B-2016-561-1/1

G20国家创新竞争力黄皮书
二十国集团（G20）国家创新竞争力发展报告（2016~2017）
著(编)者：李建平 李闽榕 赵新力　周天勇
2017年8月出版 / 估价：158.00元
PSN Y-2011-229-1/1

产业蓝皮书
中国产业竞争力报告（2017）No.7
著(编)者：张其仔　2017年12月出版 / 估价：98.00元
PSN B-2010-175-1/1

城市创新蓝皮书
中国城市创新报告（2017）
著(编)者：周天勇 旷建伟　2017年11月出版 / 估价：89.00元
PSN B-2013-340-1/1

城市蓝皮书
中国城市发展报告 No.10
著(编)者：潘家华 单菁菁　2017年9月出版 / 估价：89.00元
PSN B-2007-091-1/1

城乡一体化蓝皮书
中国城乡一体化发展报告（2016~2017）
著(编)者：汝信 付崇兰　2017年7月出版 / 估价：85.00元
PSN B-2011-226-1/2

城镇化蓝皮书
中国新型城镇化健康发展报告（2017）
著(编)者：张占斌　2017年8月出版 / 估价：89.00元
PSN B-2014-396-1/1

创新蓝皮书
创新型国家建设报告（2016~2017）
著(编)者：詹正茂　2017年12月出版 / 估价：89.00元
PSN B-2009-140-1/1

创业蓝皮书
中国创业发展报告（2016~2017）
著(编)者：黄群慧 赵卫星 钟宏武等
2017年11月出版 / 估价：89.00元
PSN B-2016-578-1/1

低碳发展蓝皮书
中国低碳发展报告（2016~2017）
著(编)者：齐晔 张希良　2017年3月出版 / 估价：98.00元
PSN B-2011-223-1/1

低碳经济蓝皮书
中国低碳经济发展报告（2017）
著(编)者：薛进军 赵忠秀　2017年6月出版 / 估价：85.00元
PSN B-2011-194-1/1

东北蓝皮书
中国东北地区发展报告（2017）
著(编)者：朱宇 张新颖　2017年12月出版 / 估价：89.00元
PSN B-2006-067-1/1

发展与改革蓝皮书
中国经济发展和体制改革报告No.8
著(编)者：邹东涛 王再文　2017年1月出版 / 估价：98.00元
PSN B-2008-122-1/1

工业化蓝皮书
中国工业化进程报告（2017）
著(编)者：黄群慧　2017年12月出版 / 估价：158.00元
PSN B-2007-095-1/1

管理蓝皮书
中国管理发展报告（2017）
著(编)者：张晓东　2017年10月出版 / 估价：98.00元
PSN B-2014-416-1/1

国际城市蓝皮书
国际城市发展报告（2017）
著(编)者：屠启宇　2017年2月出版 / 估价：89.00元
PSN B-2012-260-1/1

国家创新蓝皮书
中国创新发展报告（2017）
著(编)者：陈劲　2017年12月出版 / 估价：89.00元
PSN B-2014-370-1/1

金融蓝皮书
中国金融发展报告（2017）
著(编)者：李扬 王国刚　2017年12月出版 / 估价：89.00元
PSN B-2004-031-1/6

京津冀金融蓝皮书
京津冀金融发展报告（2017）
著(编)者：王爱俭 李向前
2017年3月出版 / 估价：89.00元
PSN B-2016-528-1/1

京津冀蓝皮书
京津冀发展报告（2017）
著(编)者：文魁 祝尔娟　2017年4月出版 / 估价：89.00元
PSN B-2012-262-1/1

经济蓝皮书
2017年中国经济形势分析与预测
著(编)者：李扬　2016年12月出版 / 定价：89.00元
PSN B-1996-001-1/1

经济蓝皮书·春季号
2017年中国经济前景分析
著(编)者：李扬　2017年6月出版 / 估价：89.00元
PSN B-1999-008-1/1

经济蓝皮书·夏季号
中国经济增长报告（2016~2017）
著(编)者：李扬　2017年9月出版 / 估价：98.00元
PSN B-2010-176-1/1

经济信息绿皮书
中国与世界经济发展报告（2017）
著(编)者：杜平　2017年12月出版 / 估价：89.00元
PSN G-2003-023-1/1

就业蓝皮书
2017年中国本科生就业报告
著(编)者：麦可思研究院　2017年6月出版 / 估价：98.00元
PSN B-2009-146-1/2

就业蓝皮书
2017年中国高职高专生就业报告
著(编)者：麦可思研究院　2017年6月出版 / 估价：98.00元
PSN B-2015-472-2/2

科普能力蓝皮书
中国科普能力评价报告（2017）
著(编)者：李富 强李群　2017年8月出版 / 估价：89.00元
PSN B-2016-556-1/1

临空经济蓝皮书
中国临空经济发展报告（2017）
著(编)者：连玉明　2017年9月出版 / 估价：89.00元
PSN B-2014-421-1/1

农村绿皮书
中国农村经济形势分析与预测（2016～2017）
著(编)者：魏后凯 杜志雄 黄秉信
2017年4月出版 / 估价：89.00元
PSN G-1998-003-1/1

农业应对气候变化蓝皮书
气候变化对中国农业影响评估报告 No.3
著(编)者：矫梅燕　2017年8月出版 / 估价：98.00元
PSN B-2014-413-1/1

气候变化绿皮书
应对气候变化报告（2017）
著(编)者：王伟光 郑国光　2017年6月出版 / 估价：89.00元
PSN G-2009-144-1/1

区域蓝皮书
中国区域经济发展报告（2016～2017）
著(编)者：赵弘　2017年6月出版 / 估价：89.00元
PSN B-2004-034-1/1

全球环境竞争力绿皮书
全球环境竞争力报告（2017）
著(编)者：李建平 李闽榕 王金南
2017年12月出版 / 估价：198.00元
PSN G-2013-363-1/1

人口与劳动绿皮书
中国人口与劳动问题报告 No.18
著(编)者：蔡昉 张车伟　2017年11月出版 / 估价：89.00元
PSN G-2000-012-1/1

商务中心区蓝皮书
中国商务中心区发展报告 No.3（2016）
著(编)者：李国红 单菁菁　2017年1月出版 / 估价：89.00元
PSN B-2015-444-1/1

世界经济黄皮书
2017年世界经济形势分析与预测
著(编)者：张宇燕　2016年12月出版 / 定价：89.00元
PSN Y-1999-006-1/1

世界旅游城市绿皮书
世界旅游城市发展报告（2017）
著(编)者：宋宇　2017年1月出版 / 估价：128.00元
PSN G-2014-400-1/1

土地市场蓝皮书
中国农村土地市场发展报告（2016～2017）
著(编)者：李光荣　2017年3月出版 / 估价：89.00元
PSN B-2016-527-1/1

西北蓝皮书
中国西北发展报告（2017）
著(编)者：高建龙　2017年3月出版 / 估价：89.00元
PSN B-2012-261-1/1

西部蓝皮书
中国西部发展报告（2017）
著(编)者：姚慧琴 徐璋勇　2017年9月出版 / 估价：89.00元
PSN B-2005-039-1/1

新型城镇化蓝皮书
新型城镇化发展报告（2017）
著(编)者：李伟 宋敏 沈体雁　2017年3月出版 / 估价：98.00元
PSN B-2014-431-1/1

新兴经济体蓝皮书
金砖国家发展报告（2017）
著(编)者：林跃勤 周文　2017年12月出版 / 估价：89.00元
PSN B-2011-195-1/1

长三角蓝皮书
2017年新常态下深化一体化的长三角
著(编)者：王庆五　2017年12月出版 / 估价：88.00元
PSN B-2005-038-1/1

中部竞争力蓝皮书
中国中部经济社会竞争力报告（2017）
著(编)者：教育部人文社会科学重点研究基地
　　　　　南昌大学中国中部经济社会发展研究中心
2017年12月出版 / 估价：89.00元
PSN B-2012-276-1/1

中部蓝皮书
中国中部地区发展报告（2017）
著(编)者：宋亚平　2017年12月出版 / 估价：88.00元
PSN B-2007-089-1/1

中国省域竞争力蓝皮书
中国省域经济综合竞争力发展报告（2017）
著(编)者：李建平 李闽榕 高燕京
2017年2月出版 / 估价：198.00元
PSN B-2007-088-1/1

中三角蓝皮书
长江中游城市群发展报告（2017）
著(编)者：秦尊文　2017年9月出版 / 估价：89.00元
PSN B-2014-417-1/1

中小城市绿皮书
中国中小城市发展报告（2017）
著(编)者：中国城市经济学会中小城市经济发展委员会
　　　　　中国城镇化促进会中小城市发展委员会
　　　　　《中国中小城市发展报告》编纂委员会
　　　　　中小城市发展战略研究院
2017年11月出版 / 估价：128.00元
PSN G-2010-161-1/1

中原蓝皮书
中原经济区发展报告（2017）
著(编)者：李英杰　2017年6月出版 / 估价：88.00元
PSN B-2011-192-1/1

自贸区蓝皮书
中国自贸区发展报告（2017）
著(编)者：王力　2017年7月出版 / 估价：89.00元
PSN B-2016-559-1/1

社会政法类

北京蓝皮书
中国社区发展报告（2017）
著(编)者：于燕燕　2017年2月出版／估价：89.00元
PSN B-2007-083-5/8

殡葬绿皮书
中国殡葬事业发展报告（2017）
著(编)者：李伯森　2017年4月出版／估价：158.00元
PSN G-2010-180-1/1

城市管理蓝皮书
中国城市管理报告（2016~2017）
著(编)者：刘林　刘承水　2017年5月出版／估价：158.00元
PSN B-2013-336-1/1

城市生活质量蓝皮书
中国城市生活质量报告（2017）
著(编)者：中国经济实验研究院
2017年7月出版／估价：89.00元
PSN B-2013-326-1/1

城市政府能力蓝皮书
中国城市政府公共服务能力评估报告（2017）
著(编)者：何艳玲　2017年4月出版／估价：89.00元
PSN B-2013-338-1/1

慈善蓝皮书
中国慈善发展报告（2017）
著(编)者：杨团　2017年6月出版／估价：89.00元
PSN B-2009-142-1/1

党建蓝皮书
党的建设研究报告 No.2（2017）
著(编)者：崔建民　陈东平　2017年2月出版／估价：89.00元
PSN B-2016-524-1/1

地方法治蓝皮书
中国地方法治发展报告 No.3（2017）
著(编)者：李林　田禾　2017年3出版／估价：108.00元
PSN B-2015-442-1/1

法治蓝皮书
中国法治发展报告 No.15（2017）
著(编)者：李林　田禾　2017年3月出版／估价：118.00元
PSN B-2004-027-1/1

法治政府蓝皮书
中国法治政府发展报告（2017）
著(编)者：中国政法大学法治政府研究院
2017年2月出版／估价：98.00元
PSN B-2015-502-1/2

法治政府蓝皮书
中国法治政府评估报告（2017）
著(编)者：中国政法大学法治政府研究院
2016年11月出版／估价：98.00元
PSN B-2016-577-2/2

反腐倡廉蓝皮书
中国反腐倡廉建设报告 No.7
著(编)者：张英伟　2017年12月出版／估价：89.00元
PSN B-2012-259-1/1

非传统安全蓝皮书
中国非传统安全研究报告（2016~2017）
著(编)者：余潇枫　魏志江　2017年6月出版／估价：89.00元
PSN B-2012-273-1/1

妇女发展蓝皮书
中国妇女发展报告 No.7
著(编)者：王金玲　2017年9月出版／估价：148.00元
PSN B-2006-069-1/1

妇女教育蓝皮书
中国妇女教育发展报告 No.4
著(编)者：张李玺　2017年10月出版／估价：78.00元
PSN B-2008-121-1/1

妇女绿皮书
中国性别平等与妇女发展报告（2017）
著(编)者：谭琳　2017年12月出版／估价：99.00元
PSN G-2006-073-1/1

公共服务蓝皮书
中国城市基本公共服务力评价（2017）
著(编)者：钟君　吴正杲　2017年12月出版／估价：89.00元
PSN B-2011-214-1/1

公民科学素质蓝皮书
中国公民科学素质报告（2016~2017）
著(编)者：李群　陈雄　马宗文
2017年1月出版／估价：89.00元
PSN B-2014-379-1/1

公共关系蓝皮书
中国公共关系发展报告（2017）
著(编)者：柳斌杰　2017年11月出版／估价：89.00元
PSN B-2016-580-1/1

公益蓝皮书
中国公益慈善发展报告（2017）
著(编)者：朱健刚　2017年4月出版／估价：118.00元
PSN B-2012-283-1/1

国际人才蓝皮书
海外华侨华人专业人士报告（2017）
著(编)者：王辉耀　苗绿　2017年8月出版／估价：89.00元
PSN B-2014-409-4/4

国际人才蓝皮书
中国国际移民报告（2017）
著(编)者：王辉耀　2017年2月出版／估价：89.00元
PSN B-2012-304-3/4

国际人才蓝皮书
中国留学发展报告（2017）No.5
著(编)者：王辉耀　苗绿　2017年10月出版／估价：89.00元
PSN B-2012-244-2/4

海洋社会蓝皮书
中国海洋社会发展报告（2017）
著(编)者：崔凤　宋宁而　2017年7月出版／估价：89.00元
PSN B-2015-478-1/1

行政改革蓝皮书
中国行政体制改革报告（2017）No.6
著（编）者：魏礼群 2017年5月出版 / 估价：98.00元
PSN B-2011-231-1/1

华侨华人蓝皮书
华侨华人研究报告（2017）
著（编）者：贾益民 2017年12月出版 / 估价：128.00元
PSN B-2011-204-1/1

环境竞争力绿皮书
中国省域环境竞争力发展报告（2017）
著（编）者：李建平 李闽榕 王金南
2017年11月出版 / 估价：198.00元
PSN G-2010-165-1/1

环境绿皮书
中国环境发展报告（2017）
著（编）者：刘鉴强 2017年11月出版 / 估价：89.00元
PSN G-2006-048-1/1

基金会蓝皮书
中国基金会发展报告（2016~2017）
著（编）者：中国基金会发展报告课题组
2017年4月出版 / 估价：85.00元
PSN B-2013-368-1/1

基金会绿皮书
中国基金会发展独立研究报告（2017）
著（编）者：基金会中心网 中央民族大学基金会研究中心
2017年6月出版 / 估价：88.00元
PSN G-2011-213-1/1

基金会透明度蓝皮书
中国基金会透明度发展研究报告（2017）
著（编）者：基金会中心网 清华大学廉政与治理研究中心
2017年12月出版 / 估价：89.00元
PSN B-2015-509-1/1

家庭蓝皮书
中国"创建幸福家庭活动"评估报告（2017）
国务院发展研究中心"创建幸福家庭活动评估"课题组著
2017年8月出版 / 估价：89.00元
PSN B-2012-261-1/1

健康城市蓝皮书
中国健康城市建设研究报告（2017）
著（编）者：王鸿春 解树江 盛继洪
2017年9月出版 / 估价：89.00元
PSN B-2016-565-2/2

教师蓝皮书
中国中小学教师发展报告（2017）
著（编）者：曾晓东 鱼霞 2017年6月出版 / 估价：89.00元
PSN B-2012-289-1/1

教育蓝皮书
中国教育发展报告（2017）
著（编）者：杨东平 2017年4月出版 / 估价：89.00元
PSN B-2006-047-1/1

科普蓝皮书
中国基层科普发展报告（2016~2017）
著（编）者：赵立 新陈玲 2017年9月出版 / 估价：89.00元
PSN B-2016-569-3/3

科普蓝皮书
中国科普基础设施发展报告（2017）
著（编）者：任福君 2017年6月出版 / 估价：89.00元
PSN B-2010-174-1/3

科普蓝皮书
中国科学人才发展报告（2017）
著（编）者：郑念 任嵘嵘 2017年4月出版 / 估价：98.00元
PSN B-2015-513-2/3

科学教育蓝皮书
中国科学教育发展报告（2017）
著（编）者：罗晖 王康友 2017年10月出版 / 估价：89.00元
PSN B-2015-487-1/1

劳动保障蓝皮书
中国劳动保障发展报告（2017）
著（编）者：刘燕斌 2017年9月出版 / 估价：188.00元
PSN B-2014-415-1/1

老龄蓝皮书
中国老年宜居环境发展报告（2017）
著（编）者：党俊武 周燕珉 2017年1月出版 / 估价：89.00元
PSN B-2013-320-1/1

连片特困区蓝皮书
中国连片特困区发展报告（2017）
著（编）者：游俊 冷志明 丁建军
2017年3月出版 / 估价：98.00元
PSN B-2013-321-1/1

民间组织蓝皮书
中国民间组织报告（2017）
著（编）者：黄晓勇 2017年12月出版 / 估价：89.00元
PSN B-2008-118-1/1

民调蓝皮书
中国民生调查报告（2017）
著（编）者：谢耘耕 2017年12月出版 / 估价：98.00元
PSN B-2014-398-1/1

民族发展蓝皮书
中国民族发展报告（2017）
著（编）者：郝时远 王延中 王希恩
2017年4月出版 / 估价：98.00元
PSN B-2006-070-1/1

女性生活蓝皮书
中国女性生活状况报告 No.11（2017）
著（编）者：韩湘景 2017年10月出版 / 估价：98.00元
PSN B-2006-071-1/1

汽车社会蓝皮书
中国汽车社会发展报告（2017）
著（编）者：王俊秀 2017年1月出版 / 估价：89.00元
PSN B-2011-224-1/1

青年蓝皮书
中国青年发展报告（2017）No.3
著(编)者：廉思 等　2017年4月出版 / 估价：89.00元
PSN B-2013-333-1/1

青少年蓝皮书
中国未成年人互联网运用报告（2017）
著(编)者：李文革 沈杰 季为民
2017年11月出版 / 估价：89.00元
PSN B-2010-156-1/1

青少年体育蓝皮书
中国青少年体育发展报告（2017）
著(编)者：郭建军 杨桦　2017年9月出版 / 估价：89.00元
PSN B-2015-482-1/1

群众体育蓝皮书
中国群众体育发展报告（2017）
著(编)者：刘国永 杨桦　2017年12月出版 / 估价：89.00元
PSN B-2016-519-2/3

人权蓝皮书
中国人权事业发展报告 No.7（2017）
著(编)者：李君如　2017年9月出版 / 估价：98.00元
PSN B-2011-215-1/1

社会保障绿皮书
中国社会保障发展报告（2017）No.9
著(编)者：王延中　2017年4月出版 / 估价：89.00元
PSN G-2001-014-1/1

社会风险评估蓝皮书
风险评估与危机预警评估报告（2017）
著(编)者：唐钧　2017年8月出版 / 估价：85.00元
PSN B-2016-521-1/1

社会工作蓝皮书
中国社会工作发展报告（2017）
著(编)者：民政部社会工作研究中心
2017年8月出版 / 估价：89.00元
PSN B-2009-141-1/1

社会管理蓝皮书
中国社会管理创新报告 No.5
著(编)者：连玉明　2017年11月出版 / 估价：89.00元
PSN B-2012-300-1/1

社会蓝皮书
2017年中国社会形势分析与预测
著(编)者：李培林 陈光金 张翼
2016年12月出版 / 定价：89.00元
PSN B-1998-002-1/1

社会体制蓝皮书
中国社会体制改革报告No.5（2017）
著(编)者：龚维斌　2017年4月出版 / 估价：89.00元
PSN B-2013-330-1/1

社会心态蓝皮书
中国社会心态研究报告（2017）
著(编)者：王俊秀 杨宜音　2017年12月出版 / 估价：89.00元
PSN B-2011-199-1/1

社会组织蓝皮书
中国社会组织评估发展报告（2017）
著(编)者：徐家良 廖鸿　2017年12月出版 / 估价：89.00元
PSN B-2013-366-1/1

生态城市绿皮书
中国生态城市建设发展报告（2017）
著(编)者：刘举科 孙伟平 胡文臻
2017年9月出版 / 估价：118.00元
PSN G-2012-269-1/1

生态文明绿皮书
中国省域生态文明建设评价报告（ECI 2017）
著(编)者：严耕　2017年12月出版 / 估价：98.00元
PSN G-2010-170-1/1

体育蓝皮书
中国公共体育服务发展报告（2017）
著(编)者：戴健　2017年12月出版 / 估价：89.00元
PSN B-2013-367-2/4

土地整治蓝皮书
中国土地整治发展研究报告 No.4
著(编)者：国土资源部土地整治中心
2017年7月出版 / 估价：89.00元
PSN B-2014-401-1/1

土地政策蓝皮书
中国土地政策研究报告（2017）
著(编)者：高延利 李宪文
2017年12月出版 / 估价：89.00元
PSN B-2015-506-1/1

医改蓝皮书
中国医药卫生体制改革报告（2017）
著(编)者：文学国 房志武　2017年11月出版 / 估价：98.00元
PSN B-2014-432-1/1

医疗卫生绿皮书
中国医疗卫生发展报告 No.7（2017）
著(编)者：申宝忠 韩玉珍　2017年4月出版 / 估价：85.00元
PSN G-2004-033-1/1

应急管理蓝皮书
中国应急管理报告（2017）
著(编)者：宋英华　2017年9月出版 / 估价：98.00元
PSN B-2016-563-1/1

政治参与蓝皮书
中国政治参与报告（2017）
著(编)者：房宁　2017年9月出版 / 估价：118.00元
PSN B-2011-200-1/1

中国农村妇女发展蓝皮书
农村流动女性城市生活发展报告（2017）
著(编)者：谢丽华　2017年12月出版 / 估价：89.00元
PSN B-2014-434-1/1

宗教蓝皮书
中国宗教报告（2017）
著(编)者：邱永辉　2017年4月出版 / 估价：89.00元
PSN B-2008-117-1/1

行业报告类

SUV蓝皮书
中国SUV市场发展报告（2016~2017）
著(编)者：靳军　2017年9月出版／估价：89.00元
PSN B-2016-572-1/1

保健蓝皮书
中国保健服务产业发展报告 No.2
著(编)者：中国保健协会 中共中央党校
2017年7月出版／估价：198.00元
PSN B-2012-272-3/3

保健蓝皮书
中国保健食品产业发展报告 No.2
著(编)者：中国保健协会
　　　　中国社会科学院食品药品产业发展与监管研究中心
2017年7月出版／估价：198.00元
PSN B-2012-271-2/3

保健蓝皮书
中国保健用品产业发展报告 No.2
著(编)者：中国保健协会
　　　　国务院国有资产监督管理委员会研究中心
2017年3月出版／估价：198.00元
PSN B-2012-270-1/3

保险蓝皮书
中国保险业竞争力报告（2017）
著(编)者：项俊波　2017年12月出版／估价：99.00元
PSN B-2013-311-1/1

冰雪蓝皮书
中国滑雪产业发展报告（2017）
著(编)者：孙承华 伍斌 魏庆华 张鸿俊
2017年8月出版／估价：89.00元
PSN B-2016-560-1/1

彩票蓝皮书
中国彩票发展报告（2017）
著(编)者：益彩基金　2017年4月出版／估价：98.00元
PSN B-2015-462-1/1

餐饮产业蓝皮书
中国餐饮产业发展报告（2017）
著(编)者：邢颖　2017年6月出版／估价：98.00元
PSN B-2009-151-1/1

测绘地理信息蓝皮书
新常态下的测绘地理信息研究报告（2017）
著(编)者：库热西·买合苏提
2017年12月出版／估价：118.00元
PSN B-2009-145-1/1

茶业蓝皮书
中国茶产业发展报告（2017）
著(编)者：杨江帆 李闽榕　2017年10月出版／估价：88.00元
PSN B-2010-164-1/1

产权市场蓝皮书
中国产权市场发展报告（2016~2017）
著(编)者：曹和平　2017年5月出版／估价：89.00元
PSN B-2009-147-1/1

产业安全蓝皮书
中国出版传媒产业安全报告（2016~2017）
著(编)者：北京印刷学院文化产业安全研究院
2017年3月出版／估价：89.00元
PSN B-2014-384-13/14

产业安全蓝皮书
中国文化产业安全报告（2017）
著(编)者：北京印刷学院文化产业安全研究院
2017年12月出版／估价：89.00元
PSN B-2014-378-12/14

产业安全蓝皮书
中国新媒体产业安全报告（2017）
著(编)者：北京印刷学院文化产业安全研究院
2017年12月出版／估价：89.00元
PSN B-2015-500-14/14

城投蓝皮书
中国城投行业发展报告（2017）
著(编)者：王晨艳 丁伯康　2017年11月出版／估价：300.00元
PSN B-2016-514-1/1

电子政务蓝皮书
中国电子政务发展报告（2016~2017）
著(编)者：李季 杜平　2017年7月出版／估价：89.00元
PSN B-2003-022-1/1

杜仲产业绿皮书
中国杜仲橡胶资源与产业发展报告（2016~2017）
著(编)者：杜红岩 胡文臻 俞锐
2017年1月出版／估价：85.00元
PSN G-2013-350-1/1

房地产蓝皮书
中国房地产发展报告 No.14（2017）
著(编)者：李春华 王业强　2017年5月出版／估价：89.00元
PSN B-2004-028-1/1

服务外包蓝皮书
中国服务外包产业发展报告（2017）
著(编)者：王晓红 刘德军
2017年6月出版／估价：89.00元
PSN B-2013-331-2/2

服务外包蓝皮书
中国服务外包竞争力报告（2017）
著(编)者：王力 刘春生 黄育华
2017年11月出版／估价：85.00元
PSN B-2011-216-1/2

工业和信息化蓝皮书
世界网络安全发展报告（2016~2017）
著(编)者：洪京一　2017年4月出版／估价：89.00元
PSN B-2015-452-5/5

工业和信息化蓝皮书
世界信息化发展报告（2016~2017）
著(编)者：洪京一　2017年4月出版／估价：89.00元
PSN B-2015-451-4/5

工业和信息化蓝皮书
世界信息技术产业发展报告（2016~2017）
著(编)者：洪ános一　2017年4月出版 / 估价：89.00元
PSN B-2015-449-2/5

工业和信息化蓝皮书
移动互联网产业发展报告（2016~2017）
著(编)者：洪 一　2017年4月出版 / 估价：89.00元
PSN B-2015-448-1/5

工业和信息化蓝皮书
战略性新兴产业发展报告（2016~2017）
著(编)者：洪 一　2017年4月出版 / 估价：89.00元
PSN B-2015-450-3/5

工业设计蓝皮书
中国工业设计发展报告（2017）
著(编)者：王晓红 于炜 张立群
2017年9月出版 / 估价：138.00元
PSN B-2014-420-1/1

黄金市场蓝皮书
中国商业银行黄金业务发展报告（2016~2017）
著(编)者：平安银行　2017年3月出版 / 估价：98.00元
PSN B-2016-525-1/1

互联网金融蓝皮书
中国互联网金融发展报告（2017）
著(编)者：李东荣　2017年9月出版 / 估价：128.00元
PSN B-2014-374-1/1

互联网医疗蓝皮书
中国互联网医疗发展报告（2017）
著(编)者：宫晓东　2017年9月出版 / 估价：89.00元
PSN B-2016-568-1/1

会展蓝皮书
中外会展业动态评估年度报告（2017）
著(编)者：张敏　2017年1月出版 / 估价：88.00元
PSN B-2013-327-1/1

金融监管蓝皮书
中国金融监管报告（2017）
著(编)者：胡滨　2017年6月出版 / 估价：89.00元
PSN B-2012-281-1/1

金融蓝皮书
中国金融中心发展报告（2017）
著(编)者：王力 黄育华　2017年11月出版 / 估价：85.00元
PSN B-2011-186-6/6

建筑装饰蓝皮书
中国建筑装饰行业发展报告（2017）
著(编)者：刘晓一 葛顺道　2017年7月出版 / 估价：198.00元
PSN B-2016-554-1/1

客车蓝皮书
中国客车产业发展报告（2016~2017）
著(编)者：姚蔚　2017年10月出版 / 估价：85.00元
PSN B-2013-361-1/1

旅游安全蓝皮书
中国旅游安全报告（2017）
著(编)者：郑向敏 谢朝武　2017年5月出版 / 估价：128.00元
PSN B-2012-280-1/1

旅游绿皮书
2016～2017年中国旅游发展分析与预测
著(编)者：张广瑞 刘德谦　2017年4月出版 / 估价：89.00元
PSN G-2002-018-1/1

煤炭蓝皮书
中国煤炭工业发展报告（2017）
著(编)者：岳福斌　2017年12月出版 / 估价：85.00元
PSN B-2008-123-1/1

民营企业社会责任蓝皮书
中国民营企业社会责任报告（2017）
著(编)者：中华全国工商业联合会
2017年12月出版 / 估价：89.00元
PSN B-2015-511-1/1

民营医院蓝皮书
中国民营医院发展报告（2017）
著(编)者：庄一强　2017年10月出版 / 估价：85.00元
PSN B-2012-299-1/1

闽商蓝皮书
闽商发展报告（2017）
著(编)者：李闽榕 王日根 林琛
2017年12月出版 / 估价：89.00元
PSN B-2012-298-1/1

能源蓝皮书
中国能源发展报告（2017）
著(编)者：崔民选 王军生 陈义和
2017年10月出版 / 估价：98.00元
PSN B-2006-049-1/1

农产品流通蓝皮书
中国农产品流通产业发展报告（2017）
著(编)者：贾敬敦 张东科 张玉玺 张鹏毅 周伟
2017年1月出版 / 估价：89.00元
PSN B-2012-288-1/1

企业公益蓝皮书
中国企业公益研究报告（2017）
著(编)者：钟宏武 汪杰 顾一 黄晓娟 等
2017年12月出版 / 估价：89.00元
PSN B-2015-501-1/1

企业国际化蓝皮书
中国企业国际化报告（2017）
著(编)者：王辉耀　2017年11月出版 / 估价：98.00元
PSN B-2014-427-1/1

企业蓝皮书
中国企业绿色发展报告No.2（2017）
著(编)者：李红玉 朱光辉　2017年8月出版 / 估价：89.00元
PSN B-2015-481-2/2

企业社会责任蓝皮书
中国企业社会责任研究报告（2017）
著(编)者：黄群慧 钟宏武 张蒽 翟利峰
2017年11月出版 / 估价：89.00元
PSN B-2009-149-1/1

汽车安全蓝皮书
中国汽车安全发展报告（2017）
著(编)者：中国汽车技术研究中心
2017年7月出版 / 估价：89.00元
PSN B-2014-385-1/1

汽车电子商务蓝皮书
中国汽车电子商务发展报告（2017）
著（编）者：中华全国工商业联合会汽车经销商商会
　　　　　　北京易观智库网络科技有限公司
2017年10月出版 / 估价：128.00元
PSN B-2015-485-1/1

汽车工业蓝皮书
中国汽车工业发展年度报告（2017）
著（编）者：中国汽车工业协会 中国汽车技术研究中心
　　　　　　丰田汽车（中国）投资有限公司
2017年4月出版 / 估价：128.00元
PSN B-2015-463-1/2

汽车工业蓝皮书
中国汽车零部件产业发展报告（2017）
著（编）者：中国汽车工业协会 中国汽车工程研究院
2017年10月出版 / 估价：98.00元
PSN B-2016-515-2/2

汽车蓝皮书
中国汽车产业发展报告（2017）
著（编）者：国务院发展研究中心产业经济研究部
　　　　　　中国汽车工程学会 大众汽车集团（中国）
2017年8月出版 / 估价：98.00元
PSN B-2008-124-1/1

人力资源蓝皮书
中国人力资源发展报告（2017）
著（编）者：余兴安　2017年11月出版 / 估价：89.00元
PSN B-2012-287-1/1

融资租赁蓝皮书
中国融资租赁业发展报告（2016～2017）
著（编）者：李光荣 王力　2017年8月出版 / 估价：89.00元
PSN B-2015-443-1/1

商会蓝皮书
中国商会发展报告No.5（2017）
著（编）者：王钦敏　2017年7月出版 / 估价：89.00元
PSN B-2008-125-1/1

输血服务蓝皮书
中国输血行业发展报告（2017）
著（编）者：朱永明 耿鸿武　2016年8月出版 / 估价：89.00元
PSN B-2016-583-1/1

上市公司蓝皮书
中国上市公司社会责任信息披露报告（2017）
著（编）者：张旺 张杨　2017年11月出版 / 估价：89.00元
PSN B-2011-234-1/1

社会责任管理蓝皮书
中国上市公司社会责任能力成熟度报告（2017）No.2
著（编）者：肖红军 王晓光 李伟阳
2017年12月出版 / 估价：98.00元
PSN B-2015-507-2/2

社会责任管理蓝皮书
中国企业公众透明度报告（2017）No.3
著（编）者：黄速建 熊梦 王晓光 肖红军 *
2017年1月出版 / 估价：98.00元
PSN B-2015-440-1/2

食品药品蓝皮书
食品药品安全与监管政策研究报告（2016～2017）
著（编）者：唐民皓　2017年6月出版 / 估价：89.00元
PSN B-2009-129-1/1

世界能源蓝皮书
世界能源发展报告（2017）
著（编）者：黄晓勇　2017年6月出版 / 估价：99.00元
PSN B-2013-349-1/1

水利风景区蓝皮书
中国水利风景区发展报告（2017）
著（编）者：谢婵才 兰思仁　2017年5月出版 / 估价：89.00元
PSN B-2015-480-1/1

私募市场蓝皮书
中国私募股权市场发展报告（2017）
著（编）者：曹和平　2017年12月出版 / 估价：89.00元
PSN B-2010-162-1/1

碳市场蓝皮书
中国碳市场报告（2017）
著（编）者：定金彪　2017年11月出版 / 估价：89.00元
PSN B-2014-430-1/1

体育蓝皮书
中国体育产业发展报告（2017）
著（编）者：阮伟 钟秉枢　2017年12月出版 / 估价：89.00元
PSN B-2010-179-1/4

网络空间安全蓝皮书
中国网络空间安全发展报告（2017）
著（编）者：惠志斌 唐涛　2017年4月出版 / 估价：89.00元
PSN B-2015-466-1/1

西部金融蓝皮书
中国西部金融发展报告（2017）
著（编）者：李忠民　2017年8月出版 / 估价：85.00元
PSN B-2010-160-1/1

协会商会蓝皮书
中国行业协会商会发展报告（2017）
著（编）者：景朝阳 李勇　2017年4月出版 / 估价：99.00元
PSN B-2015-461-1/1

新能源汽车蓝皮书
中国新能源汽车产业发展报告（2017）
著（编）者：中国汽车技术研究中心
　　　　　　日产（中国）投资有限公司 东风汽车有限公司
2017年7月出版 / 估价：98.00元
PSN B-2013-347-1/1

新三板蓝皮书
中国新三板市场发展报告（2017）
著（编）者：王力　2017年6月出版 / 估价：89.00元
PSN B-2016-534-1/1

信托市场蓝皮书
中国信托业市场报告（2016～2017）
著（编）者：用益信托工作室
2017年1月出版 / 估价：198.00元
PSN B-2014-371-1/1

信息化蓝皮书
中国信息化形势分析与预测（2016~2017）
著(编)者：周宏仁　2017年8月出版 / 估价：98.00元
PSN B-2010-168-1/1

信用蓝皮书
中国信用发展报告（2017）
著(编)者：章政　田侃　2017年4月出版 / 估价：99.00元
PSN B-2013-328-1/1

休闲绿皮书
2017年中国休闲发展报告
著(编)者：宋瑞　2017年10月出版 / 估价：89.00元
PSN G-2010-158-1/1

休闲体育蓝皮书
中国休闲体育发展报告（2016~2017）
著(编)者：李相如　钟炳枢　2017年10月出版 / 估价：89.00元
PSN G-2016-516-1/1

养老金融蓝皮书
中国养老金融发展报告（2017）
著(编)者：董克用　姚余栋
2017年6月出版 / 估价：89.00元
PSN B-2016-584-1/1

药品流通蓝皮书
中国药品流通行业发展报告（2017）
著(编)者：佘鲁林　温再兴　2017年8月出版 / 估价：158.00元
PSN B-2014-429-1/1

医院蓝皮书
中国医院竞争力报告（2017）
著(编)者：庄一强　曾益新　2017年3月出版 / 估价：128.00元
PSN B-2016-529-1/1

医药蓝皮书
中国中医药产业园战略发展报告（2017）
著(编)者：裴长洪　房书亭　吴滌心
2017年8月出版 / 估价：89.00元
PSN B-2012-305-1/1

邮轮绿皮书
中国邮轮产业发展报告（2017）
著(编)者：汪泓　2017年10月出版 / 估价：89.00元
PSN G-2014-419-1/1

智能养老蓝皮书
中国智能养老产业发展报告（2017）
著(编)者：朱勇　2017年10月出版 / 估价：89.00元
PSN B-2015-488-1/1

债券市场蓝皮书
中国债券市场发展报告（2016~2017）
著(编)者：杨农　2017年10月出版 / 估价：89.00元
PSN B-2016-573-1/1

中国节能汽车蓝皮书
中国节能汽车发展报告（2016~2017）
著(编)者：中国汽车工程研究院股份有限公司
2017年9月出版 / 估价：98.00元
PSN B-2016-566-1/1

中国上市公司蓝皮书
中国上市公司发展报告（2017）
著(编)者：张平　王宏淼
2017年10月出版 / 估价：98.00元
PSN B-2014-414-1/1

中国陶瓷产业蓝皮书
中国陶瓷产业发展报告（2017）
著(编)者：左和平　黄速建　2017年10月出版 / 估价：98.00元
PSN B-2016-574-1/1

中国总部经济蓝皮书
中国总部经济发展报告（2016~2017）
著(编)者：赵弘　2017年9月出版 / 估价：89.00元
PSN B-2005-036-1/1

中医文化蓝皮书
中国中医药文化传播发展报告（2017）
著(编)者：毛嘉陵　2017年7月出版 / 估价：89.00元
PSN B-2015-468-1/1

装备制造业蓝皮书
中国装备制造业发展报告（2017）
著(编)者：徐东华　2017年12月出版 / 估价：148.00元
PSN B-2015-505-1/1

资本市场蓝皮书
中国场外交易市场发展报告（2016~2017）
著(编)者：高峦　2017年3月出版 / 估价：89.00元
PSN B-2009-153-1/1

资产管理蓝皮书
中国资产管理行业发展报告（2017）
著(编)者：智信资产管理研究院
2017年6月出版 / 估价：89.00元
PSN B-2014-407-2/2

文化传媒类

传媒竞争力蓝皮书
中国传媒国际竞争力研究报告（2017）
著(编)者：李本乾 刘强
2017年11月出版 / 估价：148.00元
PSN B-2013-356-1/1

传媒蓝皮书
中国传媒产业发展报告（2017）
著(编)者：崔保国　2017年5月出版 / 估价：98.00元
PSN B-2005-035-1/1

传媒投资蓝皮书
中国传媒投资发展报告（2017）
著(编)者：张向东 谭云明
2017年6月出版 / 估价：128.00元
PSN B-2015-474-1/1

动漫蓝皮书
中国动漫产业发展报告（2017）
著(编)者：卢斌 郑玉明 牛兴侦
2017年9月出版 / 估价：89.00元
PSN B-2011-198-1/1

非物质文化遗产蓝皮书
中国非物质文化遗产发展报告（2017）
著(编)者：陈平　2017年5月出版 / 估价：98.00元
PSN B-2015-469-1/1

广电蓝皮书
中国广播电影电视发展报告（2017）
著(编)者：国家新闻出版广电总局发展研究中心
2017年7月出版 / 估价：98.00元
PSN B-2006-072-1/1

广告主蓝皮书
中国广告主营销传播趋势报告 No.9
著(编)者：黄升民 杜国清 邵华冬 等
2017年10月出版 / 估价：148.00元
PSN B-2005-041-1/1

国际传播蓝皮书
中国国际传播发展报告（2017）
著(编)者：胡正荣 李继东 姬德强
2017年11月出版 / 估价：89.00元
PSN B-2014-408-1/1

纪录片蓝皮书
中国纪录片发展报告（2017）
著(编)者：何苏六　2017年9月出版 / 估价：89.00元
PSN B-2011-222-1/1

科学传播蓝皮书
中国科学传播报告（2017）
著(编)者：詹正茂　2017年7月出版 / 估价：89.00元
PSN B-2008-120-1/1

两岸创意经济蓝皮书
两岸创意经济研究报告（2017）
著(编)者：罗昌智 林咏能
2017年10月出版 / 估价：98.00元
PSN B-2014-437-1/1

两岸文化蓝皮书
两岸文化产业合作发展报告（2017）
著(编)者：胡惠林 李保宗　2017年7月出版 / 估价：89.00元
PSN B-2012-285-1/1

媒介与女性蓝皮书
中国媒介与女性发展报告(2016~2017)
著(编)者：刘利群　2017年9月出版 / 估价：118.00元
PSN B-2013-345-1/1

媒体融合蓝皮书
中国媒体融合发展报告（2017）
著(编)者：梅宁华 宋建武　2017年7月出版 / 估价：89.00元
PSN B-2015-479-1/1

全球传媒蓝皮书
全球传媒发展报告（2017）
著(编)者：胡正荣 李继东 唐晓芬
2017年11月出版 / 估价：89.00元
PSN B-2012-237-1/1

少数民族非遗蓝皮书
中国少数民族非物质文化遗产发展报告（2017）
著(编)者：肖远平（彝）柴立（满）
2017年8月出版 / 估价：98.00元
PSN B-2015-467-1/1

视听新媒体蓝皮书
中国视听新媒体发展报告（2017）
著(编)者：国家新闻出版广电总局发展研究中心
2017年7月出版 / 估价：98.00元
PSN B-2011-184-1/1

文化创新蓝皮书
中国文化创新报告（2017）No.7
著(编)者：于平 傅才武　2017年7月出版 / 估价：98.00元
PSN B-2009-143-1/1

文化建设蓝皮书
中国文化发展报告（2016~2017）
著(编)者：江畅 孙伟平 戴茂堂
2017年6月出版 / 估价：116.00元
PSN B-2014-392-1/1

文化科技蓝皮书
文化科技创新发展报告（2017）
著(编)者：于平 李凤亮　2017年11月出版 / 估价：89.00元
PSN B-2013-342-1/1

文化蓝皮书
中国公共文化服务发展报告（2017）
著(编)者：刘新成 张永新 张旭
2017年12月出版 / 估价：98.00元
PSN B-2007-093-2/10

文化蓝皮书
中国公共文化投入增长测评报告（2017）
著(编)者：王亚南　2017年4月出版 / 估价：89.00元
PSN B-2014-435-10/10

文化蓝皮书
中国少数民族文化发展报告（2016~2017）
著(编)者：武翠英 张晓明 任乌晶
2017年9月出版 / 估价：89.00元
PSN B-2013-369-9/10

文化蓝皮书
中国文化产业发展报告（2016~2017）
著(编)者：张晓明 王家新 章建刚
2017年2月出版 / 估价：89.00元
PSN B-2002-019-1/10

文化蓝皮书
中国文化产业供需协调检测报告（2017）
著(编)者：王亚南 2017年2月出版 / 估价：89.00元
PSN B-2013-323-8/10

文化蓝皮书
中国文化消费需求景气评价报告（2017）
著(编)者：王亚南 2017年4月出版 / 估价：89.00元
PSN B-2011-236-4/10

文化品牌蓝皮书
中国文化品牌发展报告（2017）
著(编)者：欧阳友权 2017年5月出版 / 估价：98.00元
PSN B-2012-277-1/1

文化遗产蓝皮书
中国文化遗产事业发展报告（2017）
著(编)者：苏杨 张颖岚 王宇飞
2017年8月出版 / 估价：98.00元
PSN B-2008-119-1/1

文学蓝皮书
中国文情报告（2016~2017）
著(编)者：白烨 2017年5月出版 / 估价：49.00元
PSN B-2011-221-1/1

新媒体蓝皮书
中国新媒体发展报告No.8（2017）
著(编)者：唐绪军 2017年6月出版 / 估价：89.00元
PSN B-2010-169-1/1

新媒体社会责任蓝皮书
中国新媒体社会责任研究报告（2017）
著(编)者：钟瑛 2017年11月出版 / 估价：89.00元
PSN B-2014-423-1/1

移动互联网蓝皮书
中国移动互联网发展报告（2017）
著(编)者：官建文 2017年6月出版 / 估价：89.00元
PSN B-2012-282-1/1

舆情蓝皮书
中国社会舆情与危机管理报告（2017）
著(编)者：谢耘耕 2017年9月出版 / 估价：128.00元
PSN B-2011-235-1/1

影视风控蓝皮书
中国影视舆情与风控报告（2017）
著(编)者：司若 2017年4月出版 / 估价：138.00元
PSN B-2016-530-1/1

地方发展类

安徽经济蓝皮书
合芜蚌国家自主创新综合示范区研究报告（2016~2017）
著(编)者：王开玉 2017年11月出版 / 估价：89.00元
PSN B-2014-383-1/1

安徽蓝皮书
安徽社会发展报告（2017）
著(编)者：程桦 2017年4月出版 / 估价：89.00元
PSN B-2013-325-1/1

安徽社会建设蓝皮书
安徽社会建设分析报告（2016~2017）
著(编)者：黄家海 王开玉 蔡宪
2016年4月出版 / 估价：89.00元
PSN B-2013-322-1/1

澳门蓝皮书
澳门经济社会发展报告（2016~2017）
著(编)者：吴志良 郝雨凡 2017年6月出版 / 估价：98.00元
PSN B-2009-138-1/1

北京蓝皮书
北京公共服务发展报告（2016~2017）
著(编)者：施昌奎 2017年2月出版 / 估价：89.00元
PSN B-2008-103-7/8

北京蓝皮书
北京经济发展报告（2016~2017）
著(编)者：杨松 2017年6月出版 / 估价：89.00元
PSN B-2006-054-2/8

北京蓝皮书
北京社会发展报告（2016~2017）
著(编)者：李伟东 2017年6月出版 / 估价：89.00元
PSN B-2006-055-3/8

北京蓝皮书
北京社会治理发展报告（2016~2017）
著(编)者：殷星辰 2017年5月出版 / 估价：89.00元
PSN B-2014-391-8/8

北京蓝皮书
北京文化发展报告（2016~2017）
著(编)者：李建盛 2017年4月出版 / 估价：89.00元
PSN B-2007-082-4/8

北京律师绿皮书
北京律师发展报告No.3（2017）
著(编)者：王隽 2017年7月出版 / 估价：88.00元
PSN G-2012-301-1/1

北京旅游蓝皮书
北京旅游发展报告（2017）
著(编)者：北京旅游学会　2017年1月出版 / 估价：88.00元
PSN B-2011-217-1/1

北京人才蓝皮书
北京人才发展报告（2017）
著(编)者：于淼　2017年12月出版 / 估价：128.00元
PSN B-2011-201-1/1

北京社会心态蓝皮书
北京社会心态分析报告（2016～2017）
著(编)者：北京社会心理研究所
2017年8月出版 / 估价：89.00元
PSN B-2014-422-1/1

北京社会组织管理蓝皮书
北京社会组织发展与管理（2016～2017）
著(编)者：黄江松　2017年4月出版 / 估价：88.00元
PSN B-2015-446-1/1

北京体育蓝皮书
北京体育产业发展报告（2016～2017）
著(编)者：钟秉枢 陈杰 杨铁黎
2017年9月出版 / 估价：89.00元
PSN B-2015-475-1/1

北京养老产业蓝皮书
北京养老产业发展报告（2017）
著(编)者：周明明 冯喜良　2017年8月出版 / 估价：89.00元
PSN B-2015-465-1/1

滨海金融蓝皮书
滨海新区金融发展报告（2017）
著(编)者：王爱俭 张锐钢　2017年12月出版 / 估价：89.00元
PSN B-2014-424-1/1

城乡一体化蓝皮书
中国城乡一体化发展报告·北京卷（2016～2017）
著(编)者：张宝秀 黄序　2017年5月出版 / 估价：89.00元
PSN B-2012-258-2/2

创意城市蓝皮书
北京文化创意产业发展报告（2017）
著(编)者：张京成 王国华　2017年10月出版 / 估价：89.00元
PSN B-2012-263-1/7

创意城市蓝皮书
青岛文化创意产业发展报告（2017）
著(编)者：马达 张丹妮　2017年8月出版 / 估价：89.00元
PSN B-2011-235-1/1

创意城市蓝皮书
天津文化创意产业发展报告（2016～2017）
著(编)者：谢思全　2017年6月出版 / 估价：89.00元
PSN B-2016-537-7/7

创意城市蓝皮书
无锡文化创意产业发展报告（2017）
著(编)者：谭军 张鸣年　2017年10月出版 / 估价：89.00元
PSN B-2013-346-3/7

创意城市蓝皮书
武汉文化创意产业发展报告（2017）
著(编)者：黄永林 陈汉桥　2017年9月出版 / 估价：99.00元
PSN B-2013-354-4/7

创意上海蓝皮书
上海文化创意产业发展报告（2016～2017）
著(编)者：王慧敏 王兴全　2017年8月出版 / 估价：89.00元
PSN B-2016-562-1/1

福建妇女发展蓝皮书
福建省妇女发展报告（2017）
著(编)者：刘群英　2017年11月出版 / 估价：88.00元
PSN B-2011-220-1/1

福建自贸区蓝皮书
中国（福建）自由贸易实验区发展报告（2016～2017）
著(编)者：黄茂兴　2017年4月出版 / 估价：108.00元
PSN B-2017-532-1/1

甘肃蓝皮书
甘肃经济发展分析与预测（2017）
著(编)者：朱智文 罗哲　2017年1月出版 / 估价：89.00元
PSN B-2013-312-1/6

甘肃蓝皮书
甘肃社会发展分析与预测（2017）
著(编)者：安文华 包晓霞 谢增虎
2017年1月出版 / 估价：89.00元
PSN B-2013-313-2/6

甘肃蓝皮书
甘肃文化发展分析与预测（2017）
著(编)者：安文华 周小华　2017年1月出版 / 估价：89.00元
PSN B-2013-314-3/6

甘肃蓝皮书
甘肃县域和农村发展报告（2017）
著(编)者：刘进军 柳民 王建兵
2017年1月出版 / 估价：89.00元
PSN B-2013-316-5/6

甘肃蓝皮书
甘肃舆情分析与预测（2017）
著(编)者：陈双梅 郝树声　2017年1月出版 / 估价：89.00元
PSN B-2013-315-4/6

甘肃蓝皮书
甘肃商贸流通发展报告（2017）
著(编)者：杨志武 王福生 王晓芳
2017年1月出版 / 估价：89.00元
PSN B-2016-523-6/6

广东蓝皮书
广东全面深化改革发展报告（2017）
著(编)者：周林生 涂成林　2017年12月出版 / 估价：89.00元
PSN B-2015-504-3/3

广东蓝皮书
广东社会工作发展报告（2017）
著(编)者：罗观翠　2017年6月出版 / 估价：89.00元
PSN B-2014-402-2/3

广东蓝皮书
广东省电子商务发展报告（2017）
著(编)者：程晓 邓顺国　2017年7月出版 / 估价：89.00元
PSN B-2013-360-1/3

广东社会建设蓝皮书
广东省社会建设发展报告（2017）
著(编)者：广东省社会工作委员会
2017年12月出版 / 估价：99.00元
PSN B-2014-436-1/1

广东外经贸蓝皮书
广东对外经济贸易发展研究报告（2016~2017）
著(编)者：陈万灵　2017年8月出版 / 估价：98.00元
PSN B-2012-286-1/1

广西北部湾经济区蓝皮书
广西北部湾经济区开放开发报告（2017）
著(编)者：广西北部湾经济区规划建设管理委员会办公室
广西社会科学院广西北部湾发展研究院
2017年2月出版 / 估价：89.00元
PSN B-2010-181-1/1

巩义蓝皮书
巩义经济社会发展报告（2017）
著(编)者：丁同民　朱军　2017年4月出版 / 估价：58.00元
PSN B-2016-533-1/1

广州蓝皮书
2017年中国广州经济形势分析与预测
著(编)者：庚建设　陈浩钿　谢博能
2017年7月出版 / 估价：85.00元
PSN B-2011-185-9/14

广州蓝皮书
2017年中国广州社会形势分析与预测
著(编)者：张强　陈怡霓　杨秦　2017年6月出版 / 估价：85.00元
PSN B-2008-110-5/14

广州蓝皮书
广州城市国际化发展报告（2017）
著(编)者：朱名宏　2017年8月出版 / 估价：79.00元
PSN B-2012-246-11/14

广州蓝皮书
广州创新型城市发展报告（2017）
著(编)者：尹涛　2017年7月出版 / 估价：79.00元
PSN B-2012-247-12/14

广州蓝皮书
广州经济发展报告（2017）
著(编)者：朱名宏　2017年7月出版 / 估价：79.00元
PSN B-2005-040-1/14

广州蓝皮书
广州农村发展报告（2017）
著(编)者：朱名宏　2017年8月出版 / 估价：79.00元
PSN B-2010-167-8/14

广州蓝皮书
广州汽车产业发展报告（2017）
著(编)者：杨再高　冯兴亚　2017年7月出版 / 估价：79.00元
PSN B-2006-066-3/14

广州蓝皮书
广州青年发展报告（2016~2017）
著(编)者：徐柳　张强　2017年9月出版 / 估价：79.00元
PSN B-2013-352-13/14

广州蓝皮书
广州商贸业发展报告（2017）
著(编)者：李江涛　肖振宇　荀振英
2017年7月出版 / 估价：79.00元
PSN B-2012-245-10/14

广州蓝皮书
广州社会保障发展报告（2017）
著(编)者：蔡国萱　2017年8月出版 / 估价：79.00元
PSN B-2014-425-14/14

广州蓝皮书
广州文化创意产业发展报告（2017）
著(编)者：徐咏虹　2017年7月出版 / 估价：79.00元
PSN B-2008-111-6/14

广州蓝皮书
中国广州城市建设与管理发展报告（2017）
著(编)者：董皞　陈小钢　李江涛
2017年7月出版 / 估价：85.00元
PSN B-2007-087-4/14

广州蓝皮书
中国广州科技创新发展报告（2017）
著(编)者：邹采荣　马正勇　陈爽
2017年7月出版 / 估价：79.00元
PSN B-2006-065-2/14

广州蓝皮书
中国广州文化发展报告（2017）
著(编)者：徐俊忠　陆志强　顾涧清
2017年7月出版 / 估价：79.00元
PSN B-2009-134-7/14

贵阳蓝皮书
贵阳城市创新发展报告No.2（白云篇）
著(编)者：连玉明　2017年10月出版 / 估价：89.00元
PSN B-2015-491-3/10

贵阳蓝皮书
贵阳城市创新发展报告No.2（观山湖篇）
著(编)者：连玉明　2017年10月出版 / 估价：89.00元
PSN B-2011-235-1/1

贵阳蓝皮书
贵阳城市创新发展报告No.2（花溪篇）
著(编)者：连玉明　2017年10月出版 / 估价：89.00元
PSN B-2015-490-2/10

贵阳蓝皮书
贵阳城市创新发展报告No.2（开阳篇）
著(编)者：连玉明　2017年10月出版 / 估价：89.00元
PSN B-2015-492-4/10

贵阳蓝皮书
贵阳城市创新发展报告No.2（南明篇）
著(编)者：连玉明　2017年10月出版 / 估价：89.00元
PSN B-2015-496-8/10

贵阳蓝皮书
贵阳城市创新发展报告No.2（清镇篇）
著(编)者：连玉明　2017年10月出版 / 估价：89.00元
PSN B-2015-489-1/10

贵阳蓝皮书
贵阳城市创新发展报告No.2（乌当篇）
著(编)者：连玉明　2017年10月出版 / 估价：89.00元
PSN B-2015-495-7/10

贵阳蓝皮书
贵阳城市创新发展报告No.2（息烽篇）
著(编)者：连玉明　2017年10月出版 / 估价：89.00元
PSN B-2015-493-5/10

贵阳蓝皮书
贵阳城市创新发展报告No.2（修文篇）
著(编)者：连玉明　2017年10月出版 / 估价：89.00元
PSN B-2015-494-6/10

贵阳蓝皮书
贵阳城市创新发展报告No.2（云岩篇）
著(编)者：连玉明　2017年10月出版 / 估价：89.00元
PSN B-2015-498-10/10

贵州房地产蓝皮书
贵州房地产发展报告No.4（2017）
著(编)者：武廷方　2017年7月出版 / 估价：89.00元
PSN B-2014-426-1/1

贵州蓝皮书
贵州册亨经济社会发展报告 (2017)
著(编)者：黄德林　2017年3月出版 / 估价：89.00元
PSN B-2016-526-8/9

贵州蓝皮书
贵安新区发展报告（2016~2017）
著(编)者：马长青 吴大华　2017年6月出版 / 估价：89.00元
PSN B-2015-459-4/9

贵州蓝皮书
贵州法治发展报告（2017）
著(编)者：吴大华　2017年5月出版 / 估价：89.00元
PSN B-2012-254-2/9

贵州蓝皮书
贵州国有企业社会责任发展报告（2016～2017）
著(编)者：郭丽 周航 万强
2017年12月出版 / 估价：89.00元
PSN B-2015-512-6/9

贵州蓝皮书
贵州民航业发展报告（2017）
著(编)者：申振东 吴大华　2017年10月出版 / 估价：89.00元
PSN B-2015-471-5/9

贵州蓝皮书
贵州民营经济发展报告（2017）
著(编)者：杨静 吴大华　2017年3月出版 / 估价：89.00元
PSN B-2016-531-9/9

贵州蓝皮书
贵州人才发展报告（2017）
著(编)者：于杰 吴大华　2017年9月出版 / 估价：89.00元
PSN B-2014-382-3/9

贵州蓝皮书
贵州社会发展报告（2017）
著(编)者：王兴骥　2017年6月出版 / 估价：89.00元
PSN B-2010-166-1/9

贵州蓝皮书
贵州国家级开放创新平台发展报告（2017）
著(编)者：申晓庆 吴大华 李泓
2017年6月出版 / 估价：89.00元
PSN B-2016-518-1/9

海淀蓝皮书
海淀区文化和科技融合发展报告（2017）
著(编)者：陈名杰 孟景伟　2017年5月出版 / 估价：85.00元
PSN B-2013-329-1/1

杭州都市圈蓝皮书
杭州都市圈发展报告（2017）
著(编)者：沈翔 戚建国　2017年5月出版 / 估价：128.00元
PSN B-2012-302-1/1

杭州蓝皮书
杭州妇女发展报告（2017）
著(编)者：魏颖　2017年6月出版 / 估价：89.00元
PSN B-2014-403-1/1

河北经济蓝皮书
河北省经济发展报告（2017）
著(编)者：马树强 金浩 张贵
2017年4月出版 / 估价：89.00元
PSN B-2014-380-1/1

河北蓝皮书
河北经济社会发展报告（2017）
著(编)者：郭金平　2017年1月出版 / 估价：89.00元
PSN B-2014-372-1/1

河北食品药品安全蓝皮书
河北食品药品安全研究报告（2017）
著(编)者：丁锦霞　2017年6月出版 / 估价：89.00元
PSN B-2015-473-1/1

河南经济蓝皮书
2017年河南经济形势分析与预测
著(编)者：胡五岳　2017年2月出版 / 估价：89.00元
PSN B-2007-086-1/1

河南蓝皮书
2017年河南社会形势分析与预测
著(编)者：刘道兴 牛苏林　2017年4月出版 / 估价89.00元
PSN B-2005-043-1/8

河南蓝皮书
河南城市发展报告（2017）
著(编)者：张占仓 王建国　2017年5月出版 / 估价：89.00元
PSN B-2009-131-3/8

河南蓝皮书
河南法治发展报告（2017）
著(编)者：丁同民 张林海　2017年5月出版 / 估价：89.00元
PSN B-2014-376-6/8

河南蓝皮书
河南工业发展报告（2017）
著(编)者：张占仓 丁同民　2017年5月出版 / 估价：89.00元
PSN B-2013-317-5/8

河南蓝皮书
河南金融发展报告（2017）
著(编)者：河南省社会科学院
2017年6月出版 / 估价：89.00元
PSN B-2014-390-7/8

河南蓝皮书
河南经济发展报告（2017）
著（编）者：张占仓　2017年3月出版 / 估价：89.00元
PSN B-2010-157-4/8

河南蓝皮书
河南农业农村发展报告（2017）
著（编）者：吴海峰　2017年4月出版 / 估价：89.00元
PSN B-2015-445-8/8

河南蓝皮书
河南文化发展报告（2017）
著（编）者：卫绍生　2017年3月出版 / 估价：88.00元
PSN B-2008-106-2/8

河南商务蓝皮书
河南商务发展报告（2017）
著（编）者：焦锦淼　穆荣国　2017年6月出版 / 估价：88.00元
PSN B-2014-399-1/1

黑龙江蓝皮书
黑龙江经济发展报告（2017）
著（编）者：朱宇　2017年1月出版 / 估价：89.00元
PSN B-2011-190-2/2

黑龙江蓝皮书
黑龙江社会发展报告（2017）
著（编）者：谢宝禄　2017年1月出版 / 估价：89.00元
PSN B-2011-189-1/2

湖北文化蓝皮书
湖北文化发展报告（2017）
著（编）者：吴成国　2017年10月出版 / 估价：95.00元
PSN B-2016-567-1/1

湖南城市蓝皮书
区域城市群整合
著（编）者：童中贤　韩未名
2017年12月出版 / 估价：89.00元
PSN B-2006-064-1/1

湖南蓝皮书
2017年湖南产业发展报告
著（编）者：梁志峰　2017年5月出版 / 估价：128.00元
PSN B-2011-207-2/8

湖南蓝皮书
2017年湖南电子政务发展报告
著（编）者：梁志峰　2017年5月出版 / 估价：128.00元
PSN B-2014-394-6/8

湖南蓝皮书
2017年湖南经济展望
著（编）者：梁志峰　2017年5月出版 / 估价：128.00元
PSN B-2011-206-1/8

湖南蓝皮书
2017年湖南两型社会与生态文明发展报告
著（编）者：梁志峰　2017年5月出版 / 估价：128.00元
PSN B-2011-208-3/8

湖南蓝皮书
2017年湖南社会发展报告
著（编）者：梁志峰　2017年5月出版 / 估价：128.00元
PSN B-2014-393-5/8

湖南蓝皮书
2017年湖南县域经济社会发展报告
著（编）者：梁志峰　2017年5月出版 / 估价：128.00元
PSN B-2014-395-7/8

湖南蓝皮书
湖南城乡一体化发展报告（2017）
著（编）者：陈文胜　王文强　陆福兴　邝奕轩
2017年6月出版 / 估价：89.00元
PSN B-2015-477-8/8

湖南县域绿皮书
湖南县域发展报告 No.3
著（编）者：袁准　周小毛　2017年9月出版 / 估价：89.00元
PSN G-2012-274-1/1

沪港蓝皮书
沪港发展报告（2017）
著（编）者：尤安山　2017年9月出版 / 估价：89.00元
PSN B-2013-362-1/1

吉林蓝皮书
2017年吉林经济社会形势分析与预测
著（编）者：马克　2015年12月出版 / 估价：89.00元
PSN B-2013-319-1/1

吉林省城市竞争力蓝皮书
吉林省城市竞争力报告（2017）
著（编）者：崔岳春　张磊　2017年3月出版 / 估价：89.00元
PSN B-2015-508-1/1

济源蓝皮书
济源经济社会发展报告（2017）
著（编）者：喻新安　2017年4月出版 / 估价：89.00元
PSN B-2014-387-1/1

健康城市蓝皮书
北京健康城市建设研究报告（2017）
著（编）者：王鸿春　2017年8月出版 / 估价：89.00元
PSN B-2015-460-1/2

江苏法治蓝皮书
江苏法治发展报告 No.6（2017）
著（编）者：蔡道通　龚廷泰　2017年8月出版 / 估价：98.00元
PSN B-2012-290-1/1

江西蓝皮书
江西经济社会发展报告（2017）
著（编）者：张勇　姜玮　梁勇　2017年10月出版 / 估价：89.00元
PSN B-2015-484-1/2

江西蓝皮书
江西设区市发展报告（2017）
著（编）者：姜玮　梁勇　2017年10月出版 / 估价：79.00元
PSN B-2016-517-2/2

江西文化蓝皮书
江西文化产业发展报告（2017）
著（编）者：张圣才　汪春翔
2017年10月出版 / 估价：128.00元
PSN B-2015-499-1/1

街道蓝皮书
北京街道发展报告No.2（白纸坊篇）
著(编)者：连玉明　2017年8月出版 / 估价：98.00元
PSN B-2016-544-7/15

街道蓝皮书
北京街道发展报告No.2（椿树篇）
著(编)者：连玉明　2017年8月出版 / 估价：98.00元
PSN B-2016-548-11/15

街道蓝皮书
北京街道发展报告No.2（大栅栏篇）
著(编)者：连玉明　2017年8月出版 / 估价：98.00元
PSN B-2016-552-15/15

街道蓝皮书
北京街道发展报告No.2（德胜篇）
著(编)者：连玉明　2017年8月出版 / 估价：98.00元
PSN B-2016-551-14/15

街道蓝皮书
北京街道发展报告No.2（广安门内篇）
著(编)者：连玉明　2017年8月出版 / 估价：98.00元
PSN B-2016-540-3/15

街道蓝皮书
北京街道发展报告No.2（广安门外篇）
著(编)者：连玉明　2017年8月出版 / 估价：98.00元
PSN B-2016-547-10/15

街道蓝皮书
北京街道发展报告No.2（金融街篇）
著(编)者：连玉明　2017年8月出版 / 估价：98.00元
PSN B-2016-538-1/15

街道蓝皮书
北京街道发展报告No.2（牛街篇）
著(编)者：连玉明　2017年8月出版 / 估价：98.00元
PSN B-2016-545-8/15

街道蓝皮书
北京街道发展报告No.2（什刹海篇）
著(编)者：连玉明　2017年8月出版 / 估价：98.00元
PSN B-2016-546-9/15

街道蓝皮书
北京街道发展报告No.2（陶然亭篇）
著(编)者：连玉明　2017年8月出版 / 估价：98.00元
PSN B-2016-542-5/15

街道蓝皮书
北京街道发展报告No.2（天桥篇）
著(编)者：连玉明　2017年8月出版 / 估价：98.00元
PSN B-2016-549-12/15

街道蓝皮书
北京街道发展报告No.2（西长安街篇）
著(编)者：连玉明　2017年8月出版 / 估价：98.00元
PSN B-2016-543-6/15

街道蓝皮书
北京街道发展报告No.2（新街口篇）
著(编)者：连玉明　2017年8月出版 / 估价：98.00元
PSN B-2016-541-4/15

街道蓝皮书
北京街道发展报告No.2（月坛篇）
著(编)者：连玉明　2017年8月出版 / 估价：98.00元
PSN B-2016-539-2/15

街道蓝皮书
北京街道发展报告No.2（展览路篇）
著(编)者：连玉明　2017年8月出版 / 估价：98.00元
PSN B-2016-550-13/15

经济特区蓝皮书
中国经济特区发展报告（2017）
著(编)者：陶一桃　2017年12月出版 / 估价：98.00元
PSN B-2009-139-1/1

辽宁蓝皮书
2017年辽宁经济社会形势分析与预测
著(编)者：曹晓峰 梁启东
2017年1月出版 / 估价：79.00元
PSN B-2006-053-1/1

洛阳蓝皮书
洛阳文化发展报告（2017）
著(编)者：刘福兴 陈启明　2017年7月出版 / 估价：89.00元
PSN B-2015-476-1/1

南京蓝皮书
南京文化发展报告（2017）
著(编)者：徐宁　2017年10月出版 / 估价：89.00元
PSN B-2014-439-1/1

南宁蓝皮书
南宁经济发展报告（2017）
著(编)者：胡建华　2017年9月出版 / 估价：79.00元
PSN B-2016-570-2/3

南宁蓝皮书
南宁社会发展报告（2017）
著(编)者：胡建华　2017年9月出版 / 估价：79.00元
PSN B-2016-571-3/3

内蒙古蓝皮书
内蒙古反腐倡廉建设报告 No.2
著(编)者：张志华 无极　2017年12月出版 / 估价：79.00元
PSN B-2013-365-1/1

浦东新区蓝皮书
上海浦东经济发展报告（2017）
著(编)者：沈开艳 周奇　2017年1月出版 / 估价：89.00元
PSN B-2011-225-1/1

青海蓝皮书
2017年青海经济社会形势分析与预测
著(编)者：陈玮　2015年12月出版 / 估价：79.00元
PSN B-2012-275-1/1

人口与健康蓝皮书
深圳人口与健康发展报告（2017）
著(编)者：陆杰华 罗乐宣 苏杨
2017年11月出版 / 估价：89.00元
PSN B-2011-228-1/1

山东蓝皮书
山东经济形势分析与预测（2017）
著(编)者：李广杰　2017年7月出版 / 估价：89.00元
PSN B-2014-404-1/4

山东蓝皮书
山东社会形势分析与预测（2017）
著(编)者：张华 唐洲雁　2017年6月出版 / 估价：89.00元
PSN B-2014-405-2/4

山东蓝皮书
山东文化发展报告（2017）
著(编)者：涂可国　2017年11月出版 / 估价：98.00元
PSN B-2014-406-3/4

山西蓝皮书
山西资源型经济转型发展报告（2017）
著(编)者：李志强　2017年7月出版 / 估价：89.00元
PSN B-2011-197-1/1

陕西蓝皮书
陕西经济发展报告（2017）
著(编)者：任宗哲 白宽犁 裴成荣
2015年12月出版 / 估价：89.00元
PSN B-2009-135-1/5

陕西蓝皮书
陕西社会发展报告（2017）
著(编)者：任宗哲 白宽犁 牛昉
2015年12月出版 / 估价：89.00元
PSN B-2009-136-2/5

陕西蓝皮书
陕西文化发展报告（2017）
著(编)者：任宗哲 白宽犁 王长寿
2015年12月出版 / 估价：89.00元
PSN B-2009-137-3/5

上海蓝皮书
上海传媒发展报告（2017）
著(编)者：强荧 焦雨虹　2017年1月出版 / 估价：89.00元
PSN B-2012-295-5/7

上海蓝皮书
上海法治发展报告（2017）
著(编)者：叶青　2017年6月出版 / 估价：89.00元
PSN B-2012-296-6/7

上海蓝皮书
上海经济发展报告（2017）
著(编)者：沈开艳　2017年1月出版 / 估价：89.00元
PSN B-2006-057-1/7

上海蓝皮书
上海社会发展报告（2017）
著(编)者：杨雄 周海旺　2017年1月出版 / 估价：89.00元
PSN B-2006-058-2/7

上海蓝皮书
上海文化发展报告（2017）
著(编)者：荣跃明　2017年1月出版 / 估价：89.00元
PSN B-2006-059-3/7

上海蓝皮书
上海文学发展报告（2017）
著(编)者：陈圣来　2017年6月出版 / 估价：89.00元
PSN B-2012-297-7/7

上海蓝皮书
上海资源环境发展报告（2017）
著(编)者：周冯琦 汤庆合 任文伟
2017年1月出版 / 估价：89.00元
PSN B-2006-060-4/7

社会建设蓝皮书
2017年北京社会建设分析报告
著(编)者：宋贵伦 冯虹　2017年10月出版 / 估价：89.00元
PSN B-2010-173-1/1

深圳蓝皮书
深圳法治发展报告（2017）
著(编)者：张骁儒　2017年6月出版 / 估价：89.00元
PSN B-2015-470-6/7

深圳蓝皮书
深圳经济发展报告（2017）
著(编)者：张骁儒　2017年7月出版 / 估价：89.00元
PSN B-2008-112-3/7

深圳蓝皮书
深圳劳动关系发展报告（2017）
著(编)者：汤庭芬　2017年6月出版 / 估价：89.00元
PSN B-2007-097-2/7

深圳蓝皮书
深圳社会建设与发展报告（2017）
著(编)者：张骁儒 陈东平　2017年7月出版 / 估价：89.00元
PSN B-2008-113-4/7

深圳蓝皮书
深圳文化发展报告(2017)
著(编)者：张骁儒　2017年7月出版 / 估价：89.00元
PSN B-2016-555-7/7

四川法治蓝皮书
丝绸之路经济带发展报告（2016～2017）
著(编)者：任宗哲 白宽犁 谷孟宾
2017年12月出版 / 估价：85.00元
PSN B-2014-410-1/1

四川法治蓝皮书
四川依法治省年度报告 No.3（2017）
著(编)者：李林 杨天宗 田禾
2017年3月出版 / 估价：108.00元
PSN B-2015-447-1/1

四川蓝皮书
2017年四川经济形势分析与预测
著(编)者：杨钢　2017年1月出版 / 估价：98.00元
PSN B-2007-098-2/7

四川蓝皮书
四川城镇化发展报告（2017）
著(编)者：侯水平 陈炜　2017年4月出版 / 估价：85.00元
PSN B-2015-456-7/7

四川蓝皮书
四川法治发展报告（2017）
著（编）者：郑泰安　2017年1月出版 / 估价：89.00元
PSN B-2015-441-5/7

四川蓝皮书
四川企业社会责任研究报告（2016～2017）
著（编）者：侯水平 盛毅 翟刚
2017年4月出版 / 估价：89.00元
PSN B-2014-386-4/7

四川蓝皮书
四川社会发展报告（2017）
著（编）者：李羚　2017年5月出版 / 估价：89.00元
PSN B-2008-127-3/7

四川蓝皮书
四川生态建设报告（2017）
著（编）者：李晟之　2017年4月出版 / 估价：85.00元
PSN B-2015-455-6/7

四川蓝皮书
四川文化产业发展报告（2017）
著（编）者：向宝云 张立伟
2017年4月出版 / 估价：89.00元
PSN B-2006-074-1/7

体育蓝皮书
上海体育产业发展报告（2016～2017）
著（编）者：张林 黄海燕
2017年10月出版 / 估价：89.00元
PSN B-2015-454-4/4

体育蓝皮书
长三角地区体育产业发展报告（2016～2017）
著（编）者：张林　2017年4月出版 / 估价：89.00元
PSN B-2015-453-3/4

天津金融蓝皮书
天津金融发展报告（2017）
著（编）者：王爱俭 孔德昌
2017年12月出版 / 估价：98.00元
PSN B-2014-418-1/1

图们江区域合作蓝皮书
图们江区域合作发展报告（2017）
著（编）者：李铁　2017年6月出版 / 估价：98.00元
PSN B-2015-464-1/1

温州蓝皮书
2017年温州经济社会形势分析与预测
著（编）者：潘忠强 王春光 金浩
2017年4月出版 / 估价：89.00元
PSN B-2008-105-1/1

西咸新区蓝皮书
西咸新区发展报告（2016~2017）
著（编）者：李扬 王军　2017年6月出版 / 估价：89.00元
PSN B-2016-535-1/1

扬州蓝皮书
扬州经济社会发展报告（2017）
著（编）者：丁纯　2017年12月出版 / 估价：98.00元
PSN B-2011-191-1/1

长株潭城市群蓝皮书
长株潭城市群发展报告（2017）
著（编）者：张萍　2017年12月出版 / 估价：89.00元
PSN B-2008-109-1/1

中医文化蓝皮书
北京中医文化传播发展报告（2017）
著（编）者：毛嘉陵　2017年5月出版 / 估价：79.00元
PSN B-2015-468-1/2

珠三角流通蓝皮书
珠三角商圈发展研究报告（2017）
著（编）者：王先庆 林至颖
2017年7月出版 / 估价：98.00元
PSN B-2012-292-1/1

遵义蓝皮书
遵义发展报告（2017）
著（编）者：曾征 龚永育 雍思强
2017年12月出版 / 估价：89.00元
PSN B-2014-433-1/1

国际问题类

"一带一路"跨境通道蓝皮书
"一带一路"跨境通道建设研究报告（2017）
著（编）者：郭业洲　2017年8月出版 / 估价：89.00元
PSN B-2016-558-1/1

"一带一路"蓝皮书
"一带一路"建设发展报告（2017）
著（编）者：孔丹 李永全　2017年7月出版 / 估价：89.00元
PSN B-2016-553-1/1

阿拉伯黄皮书
阿拉伯发展报告（2016～2017）
著（编）者：罗林　2017年11月出版 / 估价：89.00元
PSN Y-2014-381-1/1

北部湾蓝皮书
泛北部湾合作发展报告（2017）
著（编）者：吕余生　2017年12月出版 / 估价：85.00元
PSN B-2008-114-1/1

大湄公河次区域蓝皮书
大湄公河次区域合作发展报告（2017）
著（编）者：刘稚　2017年8月出版 / 估价：89.00元
PSN B-2011-196-1/1

大洋洲蓝皮书
大洋洲发展报告（2017）
著（编）者：喻常森　2017年10月出版 / 估价：89.00元
PSN B-2013-341-1/1

德国蓝皮书
德国发展报告（2017）
著（编）者：郑春荣　2017年6月出版 / 估价：89.00元
PSN B-2012-278-1/1

东盟黄皮书
东盟发展报告（2017）
著（编）者：杨晓强 庄国土
2017年3月出版 / 估价：89.00元
PSN Y-2012-303-1/1

东南亚蓝皮书
东南亚地区发展报告（2016～2017）
著（编）者：厦门大学东南亚研究中心　王勤
2017年12月出版 / 估价：89.00元
PSN B-2012-240-1/1

俄罗斯黄皮书
俄罗斯发展报告（2017）
著（编）者：李永全　2017年7月出版 / 估价：89.00元
PSN Y-2006-061-1/1

非洲黄皮书
非洲发展报告 No.19（2016～2017）
著（编）者：张宏明　2017年8月出版 / 估价：89.00元
PSN Y-2012-239-1/1

公共外交蓝皮书
中国公共外交发展报告（2017）
著（编）者：赵启正 雷蔚真
2017年4月出版 / 估价：89.00元
PSN B-2015-457-1/1

国际安全蓝皮书
中国国际安全研究报告（2017）
著（编）者：刘慧　2017年7月出版 / 估价：98.00元
PSN B-2016-522-1/1

国际形势黄皮书
全球政治与安全报告（2017）
著（编）者：李慎明 张宇燕
2016年12月出版 / 估价：89.00元
PSN Y-2001-016-1/1

韩国蓝皮书
韩国发展报告（2017）
著（编）者：牛林杰 刘宝全
2017年11月出版 / 估价：89.00元
PSN B-2010-155-1/1

加拿大蓝皮书
加拿大发展报告（2017）
著（编）者：仲伟合　2017年9月出版 / 估价：89.00元
PSN B-2014-389-1/1

拉美黄皮书
拉丁美洲和加勒比发展报告（2016～2017）
著（编）者：吴白乙　2017年6月出版 / 估价：89.00元
PSN Y-1999-007-1/1

美国蓝皮书
美国研究报告（2017）
著（编）者：郑秉文 黄平　2017年6月出版 / 估价：89.00元
PSN B-2011-210-1/1

缅甸蓝皮书
缅甸国情报告（2017）
著（编）者：李晨阳　2017年12月出版 / 估价：86.00元
PSN B-2013-343-1/1

欧洲蓝皮书
欧洲发展报告（2016～2017）
著（编）者：黄平 周弘 江时学
2017年6月出版 / 估价：89.00元
PSN B-1999-009-1/1

葡语国家蓝皮书
葡语国家发展报告（2017）
著（编）者：王成安 张敏　2017年12月出版 / 估价：89.00元
PSN B-2015-503-1/2

葡语国家蓝皮书
中国与葡语国家关系发展报告·巴西（2017）
著（编）者：张曙光　2017年8月出版 / 估价：89.00元
PSN B-2016-564-2/2

日本经济蓝皮书
日本经济与中日经贸关系研究报告（2017）
著（编）者：张季风　2017年5月出版 / 估价：89.00元
PSN B-2008-102-1/1

日本蓝皮书
日本研究报告（2017）
著（编）者：杨柏江　2017年5月出版 / 估价：89.00元
PSN B-2002-020-1/1

上海合作组织黄皮书
上海合作组织发展报告（2017）
著（编）者：李进峰 吴宏伟 李少捷
2017年6月出版 / 估价：89.00元
PSN Y-2009-130-1/1

世界创新竞争力黄皮书
世界创新竞争力发展报告（2017）
著（编）者：李闽榕 李建平 赵新力
2017年1月出版 / 估价：148.00元
PSN Y-2013-318-1/1

泰国蓝皮书
泰国研究报告（2017）
著（编）者：庄国土 张禹东
2017年8月出版 / 估价：118.00元
PSN B-2016-557-1/1

土耳其蓝皮书
土耳其发展报告（2017）
著（编）者：郭长刚 刘义　2017年9月出版 / 估价：89.00元
PSN B-2014-412-1/1

亚太蓝皮书
亚太地区发展报告（2017）
著（编）者：李向阳　2017年3月出版 / 估价：89.00元
PSN B-2001-015-1/1

印度蓝皮书
印度国情报告（2017）
著（编）者：吕昭义　2017年12月出版 / 估价：89.00元
PSN B-2012-241-1/1

印度洋地区蓝皮书
印度洋地区发展报告（2017）
著(编)者：汪戎　　2017年6月出版 / 估价：89.00元
PSN B-2013-334-1/1

英国蓝皮书
英国发展报告（2016～2017）
著(编)者：王展鹏　　2017年11月出版 / 估价：89.00元
PSN B-2015-486-1/1

越南蓝皮书
越南国情报告（2017）
著(编)者：广西社会科学院 罗梅 李碧华
2017年12月出版 / 估价：89.00元
PSN B-2006-056-1/1

以色列蓝皮书
以色列发展报告（2017）
著(编)者：张倩红　　2017年8月出版 / 估价：89.00元
PSN B-2015-483-1/1

伊朗蓝皮书
伊朗发展报告（2017）
著(编)者：冀开运　　2017年10月出版 / 估价：89.00元
PSN B-2016-575-1/1

中东黄皮书
中东发展报告 No.19（2016～2017）
著(编)者：杨光　　2017年10月出版 / 估价：89.00元
PSN Y-1998-004-1/1

中亚黄皮书
中亚国家发展报告（2017）
著(编)者：孙力 吴宏伟　　2017年7月出版 / 估价：98.00元
PSN Y-2012-238-1/1

皮书序列号是社会科学文献出版社专门为识别皮书、管理皮书而设计的编号。皮书序列号是出版皮书的许可证号，是区别皮书与其他图书的重要标志。

它由一个前缀和四部分构成。这四部分之间用连字符"-"连接。前缀和这四部分之间空半个汉字（见示例）。

《国际人才蓝皮书：中国留学发展报告》序列号示例

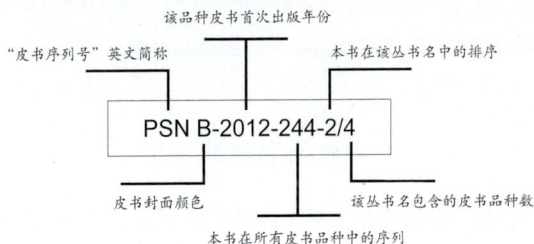

该品种皮书首次出版年份
"皮书序列号"英文简称
本书在该丛书名中的排序

PSN B-2012-244-2/4

皮书封面颜色
该丛书名包含的皮书品种数
本书在所有皮书品种中的序列

从示例中可以看出，《国际人才蓝皮书：中国留学发展报告》的首次出版年份是2012年，是社科文献出版社出版的第244个皮书品种，是"国际人才蓝皮书"系列的第2个品种（共4个品种）。

❖ 皮书起源 ❖

"皮书"起源于十七、十八世纪的英国，主要指官方或社会组织正式发表的重要文件或报告，多以"白皮书"命名。在中国，"皮书"这一概念被社会广泛接受，并被成功运作、发展成为一种全新的出版形态，则源于中国社会科学院社会科学文献出版社。

❖ 皮书定义 ❖

皮书是对中国与世界发展状况和热点问题进行年度监测，以专业的角度、专家的视野和实证研究方法，针对某一领域或区域现状与发展态势展开分析和预测，具备原创性、实证性、专业性、连续性、前沿性、时效性等特点的公开出版物，由一系列权威研究报告组成。

❖ 皮书作者 ❖

皮书系列的作者以中国社会科学院、著名高校、地方社会科学院的研究人员为主，多为国内一流研究机构的权威专家学者，他们的看法和观点代表了学界对中国与世界的现实和未来最高水平的解读与分析。

❖ 皮书荣誉 ❖

皮书系列已成为社会科学文献出版社的著名图书品牌和中国社会科学院的知名学术品牌。2016 年，皮书系列正式列入"十三五"国家重点出版规划项目；2012~2016 年，重点皮书列入中国社会科学院承担的国家哲学社会科学创新工程项目；2017 年，55 种院外皮书使用"中国社会科学院创新工程学术出版项目"标识。

中国皮书网
www.pishu.cn

发布皮书研创资讯，传播皮书精彩内容
引领皮书出版潮流，打造皮书服务平台

栏目设置

关于皮书：何谓皮书、皮书分类、皮书大事记、皮书荣誉、
皮书出版第一人、皮书编辑部
最新资讯：通知公告、新闻动态、媒体聚焦、网站专题、视频直播、下载专区
皮书研创：皮书规范、皮书选题、皮书出版、皮书研究、研创团队
皮书评奖评价：指标体系、皮书评价、皮书评奖
互动专区：皮书说、皮书智库、皮书微博、数据库微博

所获荣誉

2008 年、2011 年，中国皮书网均在全国新闻出版业网站荣誉评选中获得"最具商业价值网站"称号；
2012 年，获得"出版业网站百强"称号。

网库合一

2014 年，中国皮书网与皮书数据库端口合一，实现资源共享。更多详情请登录 www.pishu.cn。

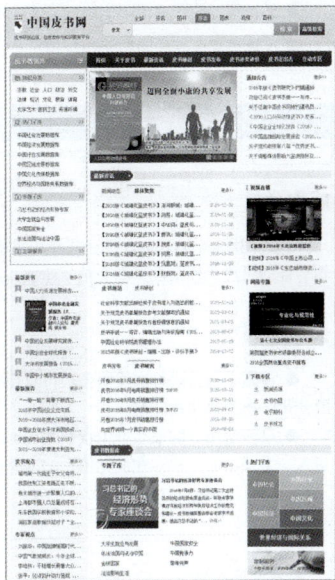

权威报告·热点资讯·特色资源

皮书数据库
ANNUAL REPORT(YEARBOOK)
DATABASE

当代中国与世界发展高端智库平台

所获荣誉

- 2016年，入选"国家'十三五'电子出版物出版规划骨干工程"
- 2015年，荣获"搜索中国正能量 点赞2015""创新中国科技创新奖"
- 2013年，荣获"中国出版政府奖·网络出版物奖"提名奖
- 连续多年荣获中国数字出版博览会"数字出版·优秀品牌"奖

WWW.PISHU.COM.CN

成为会员

通过网址www.pishu.com.cn或使用手机扫描二维码进入皮书数据库网站，进行手机号码验证或邮箱验证即可成为皮书数据库会员（建议通过手机号码快速验证注册）。

会员福利

- 使用手机号码首次注册会员可直接获得100元体验金，不需充值即可购买和查看数据库内容（仅限使用手机号码快速注册）。
- 已注册用户购书后可免费获赠100元皮书数据库充值卡。刮开充值卡涂层获取充值密码，登录并进入"会员中心"—"在线充值"—"充值卡充值"，充值成功后即可购买和查看数据库内容。

数据库服务热线：400-008-6695
数据库服务QQ：2475522410
数据库服务邮箱：database@ssap.cn

图书销售热线：010-59367070/7028
图书服务QQ：1265056568
图书服务邮箱：duzhe@ssap.cn